GLOBAL PERSPECTIVES

ON

Global History

THEORIES AND APPROACHES IN
A CONNECTED WORLD

连 通 世 界 中 的
理 论 与 方 法

DOMINIC
SACHSENMAIER

全球视角 中的 全球史

GLOBAL PERSPECTIVES ON
GLOBAL HISTORY

〔德〕
多米尼克·萨克森迈尔 —— 著

董欣洁 —— 译

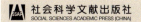
社会科学文献出版社
SOCIAL SCIENCES ACADEMIC PRESS (CHINA)

目　录

中文版序言

感谢董欣洁研究员的翻译工作,在社会科学文献出版社的支持下,拙著《全球视角中的全球史:连通世界中的理论与方法》现在得以与更广泛的中国读者见面。与许多其他社会一样,中国也日益关注全球史和跨国史的历史思考。而且,正如世界上许多其他地方一样,中国越来越多的历史学家也开始创作优秀的作品,推动了我们对地区或国界之外的历史的研究。[1]

全球史研究在世界许多不同地区的影响日益增长,这使得我在本书中讨论的问题可能比几年前更加适时。毕竟,我们不能把全球史研究日益提高的知名度仅仅视为全球史学家自娱自乐的一个成功故事。全球史研究在许多国家的持续传播,也加剧了我在本书中讨论过的该领域必须面对的一些危险和挑战。

全球史学家未来需要面对的一些挑战,与我们对历史的思考方式有关。当然,在一个日益相互联系和相互依存的世界里,全球史学家可以为我们提供许多新的思维方式。但是,全球史的批评者们指出了一个重大问题:他们认为,相对于人类历史的其他方面,全球史学家优先考虑的是人口流动、货物流通和思想迁移的历史。[2] 作为一种更广泛的趋势,全球史研究确实更加关注移民、旅居者、旅行者或精英管理者等群体。含蓄而言,没有移民背景的农民或城市贫民等社会群体的历史,在全球史领域只扮演了相当次要的角色。

实际上,全球研究和跨国研究的兴起为揭示人类历史的某些方面,尤

---

[1] 全球史研究在世界范围内传播的综述见 Sven Beckert, Dominic Sachsenmaier, eds. , *Global History*, *Globally*, London: Bloomsbury, 2018。

[2] 例如,见 Stuart A. Rockefeller, "Flow", *Current Anthropology*, Vol. 52, 2011, pp. 557 – 578; Richard Drayton, David Motadel, "The Futures of Global History", *Journal of Global History*, Vol. 13, Issue 1, 2018, pp. 1 – 21。

其是那些处于以国家为中心或以地区为中心的历史学传统的夹缝中的领域，做了许多工作。在很大程度上，这些方面确实是人、物、机构和思想之间的流动、联系和相互作用，跨越了各种政治、文化和地理的界限。然而，从长远来看，在研究流动和迁移的全球史学家与关注历史其他方面的地方史学家或国家史学家之间，倘若要做严格的分隔，则很难令人信服。对于全球史学家来说，扩大他们的研究范围并更多地关注长期以来在全球史研究中相对次要的主题，是非常重要的。例如，对农民结构的研究，对并没有跨越广泛地理距离的人群的研究，就是这种情况。我相信，书写那些没有跨洋或到其他国家旅居的人群的全球史，是有可能也有必要的。① 他们的生活也受到各种全球交流和变革的影响。

然而，全球史学家未来需要面对的挑战，不仅仅局限于我们思考过去的方式。全球史学家在国际层面上相互交流的方式也存在许多持久的问题。例如，尽管全球史著作往往对以欧洲为中心的视角持高度批评的态度，但在历史学家的工作中，大部分现实的专业实践变化要缓慢得多。这是本书的另一个方面，我认为在过去的几年里，这一点甚至变得更加重要。

在我们这个时代，世界各地的院校史学家，在一个全球性的专业领域中生活和工作。中国、西班牙或印度的专业历史学家的日常工作（包括机构环境）彼此非常相似，比两百年前更相似。所有这些都与 19 世纪和 20 世纪全球变化的历史和大学作为高等教育机构的全球传播有关。然而，尽管世界各地的历史学家都属于一个大致相似的专业领域，但这个领域的景观肯定不是平面的，相反，我们可以把它们比作山脉。有些顶级机构被人们视为其领域中的顶峰，有些期刊因其自身质量而获得了大多数专业人士对其权威的尊重。

这里举一个例子，在本书中也有类似的例子：一个英国或美国的历史学家，甚至在不了解世界上其他地方特别是西方以外地区的研究作品的情况下，就可以成为一个权威的全球理论家。而且，美国的学者可以在撰写社会史或世界史等领域的一般性研究报告和综述文章时，无须说明他们关注的只是英语国家的研究状况。但是，一位中国或韩国的学者，不可能在仅仅引用中国或韩国的文献情况下，发表世界史或任何其他领域的所谓

---

① 例如，见 Dominic Sachsenmaier, *Global Entanglements of a Man Who Never Traveled: A Seventeenth-Century Chinese Christian and His Conflicted Worlds*, New York: Columbia University Press, 2018。

"全球"综述。巴西、中东、日本和世界其他许多地方的学者和公共知识分子需要熟悉欧洲和美国的最新研究成果,但是,这些努力并没有得到主要在西方开展研究工作的大多数学者的回报。

在考察史学的全球状况、人文社会科学的全球状况时,还有许多其他的问题尚未得到充分的研究。其中一个问题涉及各种学术体系之间的关系,它们长期以来主要与西方学术界联系在一起,但彼此之间没有联系。一个很有说明性的例子是中国和印度之间的关系。显然,两国在规模、多样性以及日益增长的地缘经济权重方面有很多共同点。而且,两国还是历史交往密切的邻国。尽管有这些共同点和深厚的历史关联,但是两国的人文社会科学之间并没有很多的联系。这两个国家的学者仍然与西方大学具有更多的联系。

所有这些都说明了全球史研究中持久的以西方为中心的结构。正如我在本书中所言,这些结构有许多根源,如果我们真的想要克服"欧洲中心论"传统,就需要更详细地研究它们。要做到这一点,我们不仅要关注史学思想,而且需要更密切、更系统、更批判性地研究全球史领域的专业发展状况。

我们应该对自己提出哪些问题?例如,全球等级制度在全球史领域的全球格局中所起的强大作用,是否具有我们在其他专业领域也能看到的典型特征?我会回答是的,对于人文社会科学来说确实如此,但对其他专业领域甚至在学术界内部而言,则要回答一个明显的"否"。可以看一看自然科学和应用科学的情况。与我们的学科相比,这些领域的某些部分更明显地走向多极世界。当然,在自然科学领域中,我们还远远没有看到一个学术影响更平衡、更公正的世界,遗憾的是,对于新兴的"多极世界"而言,似乎也同样如此。但至少在引用和注册国际专利方面,我们可以清楚地看到,在数学、工程、自然科学和技术领域,东亚(以及世界其他一些地区)的顶级研究机构现在已经可以与西方的研究中心相提并论。欧洲和北美不再能够忽视这些地区的学术成果。而且,与人文科学相比,将世界各地的学者联系起来进行团队合作,参与全球交流网络,在自然科学中更加常见。

我不想建议,作为历史学家我们可以而且应该转变成理论物理学或无机化学等领域常见的运作方式。然而,全球互动中的差异是显著的。将人文社会科学与学术界以外的其他专业领域进行比较,同样引人注目。例如,在国际外交或全球商业圈中,我们看到超越西方中心的网络正在出现。许多全球公司和政府间组织已经能够感受到地缘政治力量的变化，中国、印度或巴西等国家在国际上的影响力远远超过 20 年前。这无疑影响了西方许多商界领袖和外交官的社会现实：他们再也不能忽视东亚、南亚或其他国家的同行群体正在做什么。

相比之下，在全球史等领域，西方主要历史学家中有多少人对日本、中国、巴西或印度等重要国家（以及与全球史有关的学术地点）自身领域的最新发展有所了解？有多少学者在西方以外的社会中，拥有长期生活和工作的亲身经历？我认为只有一小部分。在我们的研究领域中，具有全球影响力的学者的正常职业道路往往是通过西方机构来实现，而不是通过全球途径来实现。

历史学的全球文化和社会学概况，指出了全球史目前发展中的一个痛点。如前所述，全球史的大多数参与者在最广泛的意义上都对"欧洲中心论"（尽管可能各有定义）进行批判。此外，许多全球史学家都试图更多地强调先前叙述不足或叙述错误的群体的重要性，例如殖民地工人和少数族裔。这一点很清楚：全球史研究中的世界正在成为一个相当互动的地方，没有明确的中心，也没有先验地被界定为主要推动者的群体。从这个意义上讲，其他历史推动者应该获得叙事上的存在或者说"声音"。

但是，对于西方的机构而言，目前西方人文科学的大多数学者真的试图让他们的同行享有更多的能动性、更大的"声音"吗？作为一个全球性的专业领域，我们是否为全球史领域的全球发展日益去中心化做出了贡献？特别是那些处理跨区域问题和全球研究问题的历史学家，应该更公开地讨论全球史领域的明显裂痕。我们作为研究人员的广受好评的准则与我们生活中的专业现实之间的矛盾非常明显。例如，对于一位全球史学家来说，强调非洲、拉丁美洲和中国的行为者作为全球历史的共同创造者的重要性，但同时完全无视现在非洲、拉丁美洲或中国的学者，这是否真的有意义？

当然，我不想听起来太天真，认为一个学术互动日益增长的世界将是协同效应和学术交叉融合的福祉。然而，如果我们继续按照当前全球知识等级制度的逻辑运作，可能就会错失在我们自己的领域内进行激烈辩论的机会。如果我们更认真地对待我们现实中的专业实践，跨国史和全球史的学术研究不仅仅是有潜力成为跨国研究的论坛。除此之外，它们还可以填补迄今为止政府间组织、非政府组织或智库尚未能填补的全球研究的空白。毕竟，大学可以而且应该成为尝试新的社会结构和对话论坛的场所。原则上，大学是世界上最具包容性的机构之一，远远超过议会，甚至可能超过民间社会部门。这使得更令人惊讶的是，尽管有这些公开的国际化努力，许多旧的世界等级秩序仍然存在于历史学等领域。

所有这些都表明，我们应该停下来思考，并反思一些棘手的问题。当然，人们可以争辩说，我们领域的研究内容和知识成果比我们生活中的现实更重要。在某种程度上，我同意这种说法。但是，如果我们的全球史思维与现实的全球专业实践之间存在这样的矛盾，那么我们的领域最终会真正让我们的批评者、其他领域的同事和社会公众信服吗？而且，如果人文科学的全球专业发展（就其等级制度而言）更接近 19 世纪世界秩序的各个方面，而非 21 世纪的世界秩序，那么当前对欧洲中心视角的批判真的能进一步发展为新的、可持续的研究前景吗？用相当通俗的话来说：我们最终不会被指责"只能夸夸其谈，不能付诸实践"吗？

多米尼克·萨克森迈尔

2021 年 12 月

致　谢

　　如果没有到世界各地（特别是北美、欧洲和东亚）做大量的会议旅行和研究逗留，这样一本书是无法写成的。如果没有相对较高的流动性，我也几乎不可能对全球的和跨国的史学研究在世界各地的发展状况进行思考，更普遍地说，几乎不可能对历史研究的全球景观进行考察。在过去约五年的时间里，我的雇主，加利福尼亚大学圣塔芭芭拉分校，以及后来的杜克大学，都慷慨地给我提供了充足的时间和资源从事研究，这些研究经常远离我的专业基础。此外，各种机构提供的校外资金，能让我在不同国家停留更长的时间，从而查阅图书馆资料，访问广泛领域的学者。对我的研究的各个环节进行赞助的众多机构包括加利福尼亚大学的环太平洋项目（Pacific Rim Program）、德国的洪堡基金会（Humboldt Foundation）、由韩国政府资助的韩国学中央研究院补助金（Academy of Korean Studies Grant, AKS - 2010 - DZZ - 3103）以及德国科学基金会（German National Research Foundation）。另外，我还荣幸地获得了柏林社会科学研究中心、伊拉斯谟世界计划（Erasmus Mundus）全球研究项目（莱比锡）和德国康斯坦茨高等研究所（Institute of Advanced Study）的夏季研究基金，在康斯坦茨我完成了第一份完整的手稿。

　　如果没有所有这些支持，我就无法获取必要的专业积淀，来处理如此规模的研究项目。可能更重要的是，我将无法获得必要的宁静，以便及时完成此书。此外，在各机构里，我获得了研究助理们的帮助，他们在各种琐事上支持我，范围从网络搜索到文献工作。这使我能够把更多精力放在自己的研究工作特别是本书的构思和写作上。虽然助理的人数太多无法一一列举，但是我想特别感谢我最年幼的弟弟——扬·萨克森迈尔（Jan Sachsenmaier），他在高中课程结束后，花费了大量时间编辑我的脚注和参考书目。

　　我能够与全球的学者们一道引领众多催人奋进的讨论和对话，意义重大。在会议、研讨会和私人对话中，我有机会向众多学者阐述我的观点，由于人数太多，无法一一列举。然而，所有这些交流极大地帮助我能够对我的一些假设进行批判的反思，留意到一些新的要素，以及调整我的整个方法论框架。一些学者还阅读了我的部分手稿，就单章提出了宝贵的反馈意见。他们是哈佛大学的斯文·贝克特（Sven Beckert）、杜克大学的威廉·雷迪（William Reddy）、罗文大学和北京大学的王晴佳（Edward Wang）以及我的祖父辈朋友、麻省理工学院的布鲁斯·马兹利什（Bruce Mazlish）。在德国，柏林自由大学的塞巴斯蒂安·康拉德（Sebastian Conrad）、康斯坦茨大学的于尔根·奥斯特哈梅尔（Jürgen Osterhammel）、莱比锡大学的马蒂亚斯·米德尔（Matthias Middell）以及柏林洪堡大学的安德烈亚斯·埃克特（Andreas Eckert）对本书的部分章节进行了评论，或者是提供了重要的建议，特别是对第 3 章。同样还有弗赖堡大学的赖纳·霍夫曼（Rainer Hoffmann），我在夏季游学期间和他一起构思了本书的部分章节。在东亚，我同复旦大学的金燕（Jin Yan）和金光耀（Jin Guangyao）、香港中文大学的熊秉真（Hsiung Ping-Chen）和蒲慕州（Poo Mu-chou），以及首尔汉阳大学的林志弦（Lim Jie-Hyun），围绕本书的不同主题，进行了深入的对话。不用说，虽然本书深深地受益于世界各地学者的大力支持，但书中任何可能的缺点、失误或不准确，完全由我负责。

在本书的写作过程中，我的父亲米夏埃尔·萨克森迈尔（Michael Sachsenmaier）博士，长期都是一位活跃和积极的讨论伙伴。不幸的是，他于2009 年的夏天与世长辞，未能得见本书的出版。谨以本书献给我的父亲，奉上我对他的挚爱与感激之情。

导言 被忽视的多样性

0.1 领域的现状

近些年来，历史学的大多数分支领域表明了跨边界视角下的研究急剧增加。到目前为止，一些不常见的空间概念，如跨国的、跨区域的或跨大陆的，在不同的史学分支学科中都越来越清晰可见，其范围从"文化史"的复杂景观，延伸到"经济史"的多重环境。当然，并非所有这些跨边界视角都是"全新的"、从未被前代人考虑过。但是现在已出现了决定性的变化：史学研究景观中之前流淌的一些孤立的涓流，如今已经汇聚成越来越明显的涌流。以往在历史学术中处于边缘地位的微观性和宏观性的研究兴趣，如今已经日益接近该领域的关注中心。

和许多思想发展一样，跨国的与全球的历史研究方法的重要性与日俱增，并不等于是对以往研究方法的根本性的观念突破。正如后续各章将要显示的那样，此类研究是通过致力于相关主题的新的研究项目，及教授职位、协会、丛书和会议的出现，一步一步积累发展起来的。在此基础上，虽然它既不谋求也不可能垄断历史研究中的众多领域，但它确实对这些领域产生了进一步的影响。由于日益发展的跨边界视角经历了一个长期的过程，有人可能会觉得经常被提及的学术"转向"[①] 的比喻略显不足，因为它暗示的是一种清晰的、明确的方向变化。使用"趋势"这个词可能更为贴切，它意味着研究兴趣和学术爱好的一种更加渐进性的变化状况。[②]

后者（"趋势"一词）并不是说对转变的空间观念的研究缺乏清晰可见的迹象和象征性的标示。实际上，"全球史"一词日益增长的重要性便是其中一个标志，该词已经蔓延至世界各地和各种语言之中。例如，在汉语中，

---

① 在很多突出的例子中包括关于文化转向、拓扑学转向（topological turn）以及空间转向（spatial turn）的争论。Döring 和 Thielmann（2008）对此进行了概述。

② 例如，参见 Veit – Brause（1990）。

"全球历史"或"全球史"的表达已经变得更为常见，同样的情况也反映在日语的"gurobaru reikishi"或者德语的"Globalgeschichte"上。① 然而尽管领域的名称、命名和分类在思想趋势的传播中具有重要作用，但它们不应与这些学术变革相混淆。正如我对史学学术的不同领域的研究所揭示的那样，通常包含在"全球史"名下的研究种类繁多，不可能用确切的定义和精确的分类固定下来。把"全球史"与其他几个术语如"世界史"或"跨国史"（transnational history）等适当分离的想法，也是不可行的。因此，我使用"全球史"的术语主要是指很多研究类型，它们超越了那些长期主导多种——学术的以及其他的——历史解读方法的空间观念。

以下各章，其中有些是对特定社会中全球史发展的案例研究，并没有完全忽视要描绘当今以及早前时期的跨地域史学学术所面临的很多巨大的挑战。但是，本书的首要目标不是为目前跨边界的和全球的历史研究提供全面的鸟瞰视角。相反的，我的工作寻求提供一种理论分析，它是基于如下理念：全球史固有的多样特性的一个重要方面，就在于这一趋势目前正经历着世界各地对此兴趣程度不断飙升的事实。同时，与在西方一样，亚洲、非洲、拉丁美洲以及其他地区的越来越多的学者日益相信，把我们的研究局限在特定的国家性或地区性视角并不是对大部分人类历史的最佳理解。此外，在许多学术团体中，新的机构形式与学科间合作已经开始支持跨越国家和其他边界的历史研究。我相信，全球的和跨国的历史研究的这种广泛增殖，值得进一步的反思，特别是在其概念内涵与实际后果方面的反思。

在这个意义上，本书的核心理念是，关于全球史的可能性和风险性的争论，不能仅仅是在狭义的、方法论意义上的概念性探讨，还需要考虑到其他因素，例如这一领域潜在的国际学术环境，这些因素无疑会影响历史学家的观念。当学者们试验到目前为止还不常见的空间范式时，从事全球史研究的历史学家对其所运用的思想的、制度上的、地方的和全球的各种空间需要具有批判意识。实际上，历史学家应用于历史研究的学术运动和专业网络中的一系列问题，对全球史理论而言同样重要。如果全球史学家不能考虑他们自己的知识社会学，以及构成他们活动框架的各种社会、政治和文化背景的话，那么该领域的观念争论将只不过是对其本身潜在可能

① 一个特殊情况是法语的"histoire globale"一词，该词原来主要是意味着研究历史中一个给定主题的包罗万象的途径。然而最近，该词也开始用来表示"全球史"的意思。例如，Beaujard、Berger 和 Norel（2009）。

性的一种苍白反射。换言之，全球史学家的技能需要包括一种高度的专业
自我反思能力。显然，如果历史与史学之间的关系变得更加复杂的话，那
么围绕着研究人类互动、共享空间、相遇地区的史学上的理论探讨，将会
继续扩散。

到目前为止，已经出现了一些优秀的对跨地域史和世界史的学术、路
径依赖与发展水平的概述，但其中的绝大多数主要集中在单一语言的学术
著作上。① 其他一些出版物，最明显的是编辑的作品，虽然对该领域提供了
国际性视角，但在大多数情况下忽视了差异性分析，通常会把国别性的特
定世界史传统划分成不同的章节。② 而在这些方法论框架下，当今全球史学
特有的跨国的流动性、动力和等级制度，受到的关注还不充分。也许令人
惊讶的是，全球史和世界史中的很多重要理论贡献，也没有做出明确的努
力，去跨越它们认为学术机构中存在的很多国家的或语言的边界。特别是
在西方学术界，自我反思的墙继续围绕在对全球史的很多概念的交流上，
而来自世界其他地区的声音经常被忽视。造成这些认识差距的原因并不是
缺乏关于世界其他地区的全球史学研究的有用信息，所以这就特别有问题。
事实上，对很多国家的全球史和世界史研究的概述性著作已经用英语和其
他一些西方语言的形式出版了。但是到目前为止，关于当代的全球史方法
如何能够丰富西方学术的讨论是很少的。西方对全球史领域的研究如何才
能有助于改善国际研究环境，使其在性质上变得更具交流性、合作性和对
话性，也少有讨论。甚至可以说，欧洲和北美的大部分全球史研究，更加
具有将日益浓厚的兴趣集中在"关于"世界的学术而非"位于"世界（in
the world）的学术上的特征。

如果史学研究中的全球趋势主要起源于西方的话，对世界其他地区近
期学术发展的如此广泛的忽视，至少更容易解释。然而，我们的全球学术
体系仍然表现出很成问题的等级制度的特征，绝不能简单地把英美学术界
或"西方"的任何其他部分看作当前这种跨国学术浪潮的主要源头。仔细
考察，事实表明，跨地域历史思维的重要性日益增长的背后的主要动力，
并不是发源于一个清晰可识别的中心。相反，全球史学趋势的充满活力的

---

① 例如，对英美世界的相关论述：Manning（2003）以及 Bentley（1996b）。
② 提供文章分析该领域在若干社会中发展状况的有：Manning（2008b）。关于世界史在（大
　部分）西方社会的发展状况的论述参见 Stuchtey 和 Fuchs（2003）。另见 Loth 和 Osterhammel
　（2000）；Middell（2002b）。

全球分布，需要被看作地方性因素与全球性因素之间的一种复杂互动。此外，我们有很好的理由认为，虽然存在各种国际性纠葛，但是跨边界研究并没有经历一个全球性趋同的过程。各种社会中的全球史和跨国史在具体主题、方法论和公众问题方面仍然各有特点。例如，即使是所有术语中最具全球性的"全球化"一词，在各种语言中也承载着截然不同的意义范畴，其他概念如"现代性"或"历史"，也是如此。根据特定的当地条件，"全球史"的主要对照物也各有不同：某些情况下主要是国家，另一些情况下是地区，或者一些带有文化或民族属性的概念。

然而，对全球史项目中的地方特性给予应有的关注，需要谨慎地不要将世界不同地区的学术异域化。在当今的思想和学术形势下，全球与地方通过广泛的各种各样的方式相互纠缠。今天，学术机构中的历史研究在很大程度上是全球变革的产物，其中许多是与世界范围内民族国家的出现联系在一起。此外，从现代历史学开端以来，各种学术概念和思想流派就已经跨越了政治的、语言的和其他的边界。例如，一些新趋势（如社会史的兴起或者随后的文化转向）能够在世界许多地区被感知。在许多学术团体中，历史学在研究方法方面变得相当碎片化，跨国性联系已经成为许多方法论流派的一个重要方面。尽管如此，但历史学绝不会演变成一个类似于自然科学的学科，在全球基本相同的方法论范畴下工作。其他一些力量，国家的或地区的偶然事件仍然调节着历史学的学科结构。例如，对特定的机构设置、资金供应、政治影响、公共记忆模式和整体思想氛围来说情况就是这样。因此，即使方法论的多样化与国际学术联系变得更加强烈，地方因素也极有可能将继续影响全球史视野的范围。

考虑到现代研究形势的复杂性，如果不对现代学术史的文化和结构给予适当的批判性关注，几乎不可能反思全球史学的发展轨迹。在这个意义上说，思考当前的全球史趋势将带领我们回到本源，回到与史学的基本结构和指导原则紧密相关的一些非常基本的问题之中。进入这样的方向可能看似有些不同寻常，在许多国家，其中包括美国，讨论该领域基本前提的热情似乎已经消失数十年了。2002年，这种形势促使美国历史协会的时任主席林恩·亨特（Lynn Hunt）发问："所有的理论都去哪里了？"①

反思世界不同地区全球史趋势的性质，可以为重新认识这些关键主题，

---

① Hunt（2002）。

诸如知识界的国际等级制度或者历史学的公共角色，提供充足的机会。鉴于围绕着这些问题的重要的思想挑战，在有关全球史的讨论与智力活动的其他领域之间架设沟通的桥梁，不仅是可取的，而且也是必要的。特别是当我们就全球史趋势对世界不同地区的学术蕴涵以及它们之间合作的潜在模式进行反思时，情况尤其如此。通过与各种关键点的对话，全球史的研究能够收获丰富的、富有成效的新问题。例如，如果能更加系统地考虑关于"西方中心论"与各种史学文化之间关系的理论探讨，至少其中某些方面，效果可能更好。① 类似的事情可以说也存在于围绕着更具公共性的主题的学术领域，例如全球公民社会的理念，这些主题通常在历史系中不受重视。②

不用说，全球史的多元特征和对多维透视的日益增长的需求，几乎不会考虑要复苏那些可以同样和毫不含糊地适用于各地情况的垄断性理论及宏大解释框架。此类冒失的主张将直接违背在多样化的世界中思考全球史的方式。有必要反思全球史的跨区域的纠葛状态所固有的挑战和机遇，而不是要建立可用于全世界的普遍模式。这将有助于在一种比历史学任何其他分支更加基于共享空间观念的研究领域中发展对话和跨国合作模式。

换言之，当新的无所不包的理论不再适合于将全球意识与地方敏感性结合起来的需求时，可能正是把围绕着历史学作为一种社会学现象和认识论尝试之性质的一些重大问题重新提上讨论日程的良机。于是，本书并不寻求一种新的普遍性，而是在非常温和的意义上寻求某种形式的共性：旨在通过发现更多的共同点，以使不同的观点能够进行切磋，为历史学术做出贡献。更具体而言，本书不仅尝试向作为一种学术趋势的全球史的理论探讨注入一些新的视角，而且努力促使非常基本的社会学、体制结构、学科价值体系和史学目标成为更持久的讨论主题。这肯定需要成为在变动世界中反思全球史的一个方面——这个世界里真正的复杂性经常隐藏在"全球化"这种流行语的背后。

0.2 全球视角中的全球史

一本既要关注全球又要保持地方敏感性的书，不可能设置出一个阿基米德支点以使整个叙事组织起来。如果主张重视地方偶然性，那么就不可

能只关注所谓的全世界的共性可以表征的历史学中一种日益发展的趋势。与此同时，仅仅讨论全球史研究的地方呈现也是不现实的，因为这将不可避免地忽视该领域内各式各样的跨国性相互关系与交流形式。因此本书需要在全球概述和地方性案例研究之间切换视角。不过，这种双管齐下的写作方法不仅仅是一副方法论拐杖，而是反映了全球史作为一种跨国研究环境的性质。如同当今世界的许多学科一样，它的轮廓正沿着地方与跨地域动力的接触线而不断演变。然而，与沃纳·海森堡（Werner Heisenberg）关于给定粒子的位置和动量的不确定性原理相类似，我们也不可能将一个学术领域中的地方性状态和全球性浪潮同时概念化。因此，为了将全球展望与去中心的观点相结合，对每个方面采取更加独立的方法，这在方法论上更有优势。

这种认识论挑战要求本书沿两条轴线构成。第 1 章和结语探讨了与全球史相关的跨国性动力和一般性问题，第 2～4 章则专注于单一语言和学术的团体。两组章节追求不同的研究路线以及截然不同的叙述策略。本书中面向全球的部分主要采取"由外而内"①的视角来进行。第 1 章主要阐明全球环境、跨国动力和国家因素之间的相互作用，这需要被理解为全球史趋势的框架。通过案例研究，结语回到了第 1 章主要的全球视角。这是通过反复思考潜在的知识方向和对未来全球史学术的公共干预来实现的，特别是如果该领域变得更加具有跨国学术结构、网络与互动的特点。本书的其他部分则采取不同的方法，主要是"由内而外"地研究美国、德国和中国的全球史与跨国史，即主要关注这些社会中的地方性动力。除了学术理论与实践的发展之外，我还思考了从社会变革到变化的政治环境等相关因素。此外，我还注意到一些重要的跨国动力，例如知识移民对美国学术界的影响，或者欧洲一体化在德国学术上的反响。

由于当今跨国学术形势的复杂性，为我的个案研究绘制边界就有几个选择。关注以单一语言出版的全球和跨国趋势的成果，当然是可能的。例如，英语的、法语的和汉语的出版物的印制正在横跨各种各样的政治边界、学术团体和经济体系。然而，即使在相对保守的学术界公共领域，语言领域形成如此复杂的模式，以至于要想将它们恰当地描绘出来，可能需要对

---

① 非常感谢杜赞奇（Prasenjit Duara）为我提供了这种比喻，杜赞奇在他的大作（2009）第 1 页中也使用过。

每个个案做单独成书一样的研究，特别是如果关注它们之间的关联、地理差异与知识层次结构的话。例如，在英语世界中，北美洲、欧洲、印度、撒哈拉以南非洲、加勒比海和澳大利亚的学术生产，从条件到背景之间都存在巨大的差异。类似的观察可见于一系列的其他语言，包括法语、西班牙语和葡萄牙语等，它们像英语一样，在殖民主义的影响下全球传播。即使是在我的第二个和第三个案例研究的核心语言中，即德语和汉语，其出版物的生产也横跨了各种各样的政治背景、学术体系和历史记忆图景。①

因此，不只是出于叙述可行性的考虑，在本书的地方导向的章节中，我决定主要致力于三个国家的学术体系。正如本书中这些章节所表明，国家因素对历史学术而言仍然十分重要，它们通过包括具体资助体系、主导性公共话语在内的多种因素发挥作用。同时，在研究前景、出版模式、方法论流派的传播等方面，当然无法按照国家的界限进行明确的划分。在我的案例研究中，我试图公平对待一种学术环境，国家体系虽然是国际研究中的因素，但并不是其中的牢固单位。当我主要致力于单一国家体系内的结构性变革时，我并没有略过各种语言之内和跨越语言的思想流动或思想交流。例如，我当然没有忽视在美国、德国和中国产生影响的出版物，即使它们是在其他地区出版的。

我对不同学术体系之间的内部联系、交流和其他动力的关注，并不是我的方法论摆脱结构比较的分析框架的唯一方式。当我对以上三个案例中全球史学术的背景和轨迹进行研究时，并没有对每一个都采用完全相同的时间轴线、范畴和议题。那样做就意味着编织了一件系统的紧身衣，剥夺了我对多方面的地方偶然性和全球纠葛保持敏感的研究的必要空间，正是这些内容构成了世界不同地区的跨国史学。确切地说，我的方法保持很大程度的叙事特征，使我能够把中国、德国和美国的全球史学术视作更复杂的国际联系中的交会点。

更精确而言，第 2～4 章不只是要识别三个案例研究间的共性和区别，因为它们各自的观点也意味着相互补充。而且还因为，这些地方导向的章节都不旨在对所有的世界史传统以及近来的全球史和跨国史研究提供详尽无遗的概述。各章强调的是全球史和跨国史作为一种更广泛趋势的特殊方

---

① 参见 Q. Wang（2010a）。与汉语世界中（也包括新加坡的高等教育中心）的差异相比，德语国家之间的差异是相当小的。

面与发展。这些内容对各自的地方背景而言是重要的，但同时也显示出其他学术体系中亦可观察到的问题区域。例如，只有专注于美国的第一个案例研究，在讨论"全球史"如何定义的问题（特别是相对于各种替代性的术语选择）时，进行得相当详细。以下各章在涉及这个主题时就更加简要，而是把重心放在全球史趋势的其他方面，例如在关于中国的一章中，在对全球史和跨国史研究的当前发展进行评估时，现代性理论就很难被忽视。

因此，虽然本书的主要框架不可能按照相同的探索层次组织起来，但是随后各章展现出同一领域的不同特点，在此意义上它们互为补充。在这样的背景下，需要指出的是，案例研究的见解和本书其他部分采取的宏观视角，都不能充分地反映出全球与地方要素之间的纠葛。实际上，两者不应该有主从高低之分。然而，全球性视角和地方性视角既组合也分离，使我们能够把握历史学术的复杂性，而不站在任何一方。

由于本书旨在进行理论分析，因此它更加侧重于史学和相关领域中的最近发展。我也并未忽视对理解当前状态的全球史具有重要意义的一些历史起源和长期轨迹，只是重点在于目前。此外，在当代学术体系中，我优先考虑的是 19 世纪和 20 世纪的历史学，仅在较小程度上讨论更早期的研究。我这样做是因为在现代历史研究中，同一时代里史学的民族取向与不断加强的全球关联之间的对比特别鲜明。由于经常面临着不协调的主流，全球和跨国的研究方法的兴起，通常呈现出修正主义的特征。我注重最近的历史学的另一个原因在于未来的考古学，即全球史将需经历的必要的反省过程。全球史的主题研究——从现代学术体系的形成到跨国的公共领域——有助于为该领域在面对未来可能的变化时提供重要的洞察力。通过这种方式，全球史研究的主体与客体就能进入一种非常直接的交流关系。

第 1 章　运动与模式：全球史的环境

1.1　传统的问题

全球史在未来可能经历世界各地学者之间更多的持续对话，这个想法导致了更深层次的理论挑战，比乍看起来的可能要明显。最重要的是，在当今复杂的知识与学术形势下，存在着如何概念化"地方"角度的问题。正如我在导言中所说的，全球史的多元方法，不能简单地基于对"差异性"或口头的"真实性"的颂扬。在寻求更大程度的包容的同时，也有必要考虑该领域的全球状况（网络、流动和不平等）。毕竟，学术的历史学在全世界而言，至少部分是国际权力博弈、全球变革和现代迁移的产物。[①]　现代[②]历史学的这些跨地域的纠葛，当我们通过全球视角审视该领域，考虑到伴随其传播到世界各地而产生的认识论以及社会学的变化时，就会变得特别明显。尽管如此，基于大学的史学（或称院校史学）的全球化，并不会导致全世界的学术的标准化。

显然，关于全球史的多元方法的争论，很难回避这样一个问题：地方具体观点的阐述是否或者在什么方面与其他史学文化的存在有关？这 011个问题的重要性远远超过了对某些问题的争论，例如全球史应当主要被视为一种"新的"还是"旧的"学术努力。[③]　而且，一些重要的规范性

---

① 对此话题的精彩论述参见 Wallerstein（1996）。关于美国的背景参见 Appleby、Hunt 和 Jacob（1995），第 1 部分。

② 当然，"现代"（modern）一词备受争议，没有进一步的澄清几乎不能使用。我选择将该词用于 19 世纪和 20 世纪的大部分历史学，因为该学科在大学中的主要特点是对传播历史知识的早期方式的重大突破。此外，在过去的两个世纪中，史学的建立往往是同政治与社会的现代性话语联系在一起。这方面的研究例如 Iggers（2002）。关于现代性的多元性参见 Sachsenmaier、Riedel 和 Eisenstadt（2002）。

③ 在 20 世纪 90 年代，许多有关全球化（及其历史前情）的争论大多是围绕"新"和"旧"的分类展开的。更多详细信息见 Guillén（2001）。

问题和认识论问题处于岌岌可危的境地。例如，如果当今的跨边界学术能够在文化方面追溯到长时段的特定的史学传统，人们就没有更多理由担心世界史会把西方的标准强加给他人。① 在这种情况下，全球的史学思想的特点将是观点的多样性，其中每一种都植根于广泛的独立学术传统，暗示着对西方的叙事提供了替代性观点。然而，如果我们把史学中的这种全球趋势置于现代学术世界里考察，这个世界长时间以来至少部分特点呈现为西方的主导和史学思想与实践并行的纠结，多元视角的问题看起来就完全不同了。

在一般意义上，当然可以说全球史或世界史的思想具有悠久的"传统"，并且把希罗多德（Herodotus）或伊本·赫勒敦（Ibn Khaldun）这样著名的人物视作该领域的鼻祖。② 在许多文化和地区里，都存在早期形式的世界史学术，在某些情况下甚至可以追溯至历史编纂之始。③ 但是，当谈到更具体意义上的"传统"即贯穿古今的脉络时，问题就会变得异常复杂。问题的关键在于，对于现代跨边界史学的前情的认定并不能回答有关概念的、社会的乃至制度的连续性问题。例如，在中国，由于自司马迁时代以来各种不同的方法论特征，如果草率地构建一种颇为永恒的学术文化观念的话，就肯定是很有问题的。④ 实际上，盲目地假设"古典"文本与当今全球史学术之间存在认识论的恒久性，将会危险地把我们推向一系列有问题的知识立场，其中包括东方主义的新版本和对原始民族文化的信仰。

世界上几乎所有地区的院校史学，都至少部分是认识论的不连续性、外在影响以及共享转变的结果。正如我将要进一步详细阐述的那样，这些因素在广义上对世界史学术潜在的空间概念也具有影响。在历史学作为一种现代学术领域得到传播以前，跨边界的史学的写作通常有一个明确的文化、宗教甚至伦理中心的视角，这意味着它们倾向于与不同的价值主张联系在一起。这种情况在19世纪和20世纪发生了重大变化，殖民统治或国家构建的努力对选择何种要素进入史学的学术标准产生了重要影响，导致许

① 相关批判性观点见 Dirlik（2002a）和 Mignolo（2000）。
② 例如，Patrick O'Brien 说道，"自希罗多德时代以来，全球史确实是存在的"。见 P. O'Brien（2000）。另见 Hughes–Warrington（2005）；Manning（2003），第1、2章；P. O'Brien（2006）和 Crossley（2008）。
③ 相关话题的概述，见 Bright 和 Geyer（2005）。
④ 对于此类问题的解读经常见于一些比较史学的争论中。例如，见 C. Huang（2007）。相关批判性回答见 Q. Wang（2007b）。

多早期的知识形式居于次要地位。① 特别是在西方之外的许多国家，地缘政治环境和国内变革不再允许历史学家们把文化自我定义为"世界"历史钻研的中心。② 但是我们不能就此认为，在世界历史的主流思想中，这种中心性和边缘性的二元论就已经不存在了。用迪佩什·查卡拉巴提（Dipesh Chakrabarty）的话说，在许多学者对专业史学在全球传播期间及之后的印象里，一个"超现实的欧洲"③ 在其中占据着重要地位。作为一般趋势，在19 世纪和 20 世纪期间，来自不同大洲的许多学者开始分享关于世界史的中心与边缘的相似意象图与核心假设。在此期间，历史学的学术的重要部分可能已经变得更具全球意识了，但它们在接受多重的、差异的和平等的话语中心的意义上并没有变得更加国际化。

对跨越文明疆界的早期史学形式进行简要回顾，有助于我们对这一相对简略的草图进行更加详细的描绘，并进一步强调：这种不断变化的空间概念已经成为世界许多不同地区现代史学的基础。这相应地将使我们对当前史学的制度与观念之状况给全球史潮流带来的具体挑战、危险和机遇进行思考。跨文化历史著述的早期版本中一个著名的欧洲范例是希腊的历史学家希罗多德，他与埃佛罗斯（Ephoros，卒于公元前 330 年）、波里比阿（Polybios）和狄奥多罗斯（Diodorus）等人在近期的世界史著述中经常被提到。④ 在对希波战争的描述中，希罗多德试图站在一个超然的立场上，描绘出各种不同的条件和传统，但与此同时，他的主体叙事是围绕一个明确的区分展开的——把希腊城邦视为自由的港湾，而把波斯帝国视为暴政的堡垒。⑤ 一种可以说是更为中心的视角见于罗马帝国后期的基督教普遍史的体裁中，其代表人物是尤西比厄斯（Eusebius，卒于 340 年）和奥罗修斯（Orosius，卒于 417 年）。关于已知世界的一些重要的历史书，例如奥托·冯·弗莱辛（Otto von Freising，卒于 1158 年）⑥ 和几个世纪之后的雅克·

013

① 在那个时期，历史编纂的地方性传统并未完全消失，但还是被局限在现代大学和其他国家认可的研究机构之中，其作用往往变得极其有限。
② 正如后续章节将要阐明的，这种发展（往往与现代研究型大学的建立紧密相关）在全球范围内并不是同时出现的，而是具有相当复杂的过程和阶段。
③ Chakrabarty（2000）。
④ Manning（2003）和 Christian（2005）。关于这些历史学家在欧洲学术界的地位，见 Momigliano（1990）。
⑤ 更多详细信息见 Hartog（1988）。
⑥ Otto，Bishop of Freysing（1966）。

博须埃（Jacques Bossuet，卒于 1704 年）的著名作品，都是按照基督教的时间线编排的，《圣经》中的事件如创世、大洪水和基督降生则被描绘成世界历史发展节奏的主要因素。

在欧洲外部，世界历史的观点通常也是遵照对各自文化体验中规范权威的信仰而写作的。例如，那些至少可追溯至汉代（公元前 202～公元 220 年）的属于中国式的"普遍史"的主要作品便是如此。同样，著名的阿拉伯历史学家伊本·艾西尔（Ibn Al Athir，卒于 1233 年）所写的"全史"，主要是从伊斯兰教的视角来描述外部世界，其所遵循的是宗教的年表。[1] 而且，伊斯兰教对十字军东征或蒙古征服，像他们的基督教同行一样，通常没有本着多元视角的精神来书写。[2] 伊斯兰教旅行者伊本·赫勒敦（卒于 1406 年）的著名的历史著作中就包括比较性的探索，并且将伊斯兰世界描绘为独特、典范的——这在他那个时代是十分出类拔萃的。虽然伊本·赫勒敦强调文明的兴起和衰落，但他始终认为只有伊斯兰教拥有一种普遍的使命，根据他的观点，这种使命的伟大价值之一，就是在所有其他文明都将宗教的和世俗的领域分开的时候而将两者统一起来。[3] 同样，在 16 世纪和 17 世纪帝国扩张时期出现的奥斯曼各重要学派，虽然经常包含对非穆斯林社会的论述，但并没有抛弃以伊斯兰教首要性为中心的叙述。[4]

当然，世界历史在前现代时期的文化中心主义视角既不是全球一致的，也不是一成不变的。例如，在东亚，由于中国在该地区占据主导地位，朝鲜和日本的学术经常需要对文化归属和相关规范要求进行商榷。但同样是在这里，对于东亚以外其他但平等的文化中心，能够表示认可的世界观可以说是极为少见的。这并不是说其逆流不存在于前现代时期的亚洲。即使是在帝制中国时期，对中国中心的世界观的挑战也会出现，特别是在政治动荡时期。[5] 与此同时，纵观中国历史，世界史思想的主要脉络并不是基于这样一个假设，即一个遥远的大陆（比如，后来的"欧洲"）构成一个重要的参考文化，当人们思考历史时，这种参考文化可以用来界定许多重要的

---

① 见 Hillenbrand（2000）。
② 见 Taher（1997）。
③ 例如，见 Cheddadi（2005）。
④ 例如，见 Robinson（2003）。
⑤ 更多详细信息参见第 4 章。

历史范畴。

随着现代大学在全球范围的传播以及史学文化发生的巨大变化，世界许多地区接受了把欧洲视为现代学术的唯一发源地的观点。这并不意味着欧洲史学确实比其他历史解读方式更加先进或普遍化。更确切地说，全球势力集团之间的复杂联系和迅猛变化催生出新的国际学术体系，它使许多地方性历史写作传统边缘化，而青睐于"科学的"历史学术形式。[1] 后者似乎是源于长期的欧洲传统。[2] 在此使用"似乎"一词是很必要的，因为在欧洲学术界对其他地区的历史研究产生重大影响的同时，西方的史学也在经历着巨大的变革。[3] 同样在欧洲，现代院校史学的建立使其他历史写作形式趋于边缘化，其中不乏具有悠久传统的写作形式。

015

在欧洲自身经历的这种大变革的条件下，现代院校史学许多具有全球影响力的特色优势不应被视为所谓的纯粹欧洲传统的输出品，而是更广泛的全球性变革和纠葛的副产品。同样的情况也反映在那些对世界各地的历史学术进行塑造的基本空间概念上。总之，在 18 世纪末期以前的欧洲，认为国家是地方史的主要容器的观点以及把西方视为世界史动力源泉的理念都是很不常见的。[4] 这种新的历史观是对 19 世纪和 20 世纪的政治秩序和全球势力构成形式的反映。它们与院校史学的全球传播和相应的社会政治变革一道，开始产生广泛的影响作用。

因此，认为以欧洲为中心的历史主题全球传播是从西方扩散至世界其他地区的想法就是错误的。在这个不断演变的学术体系中，即使这种观点在其中心和外围都具有很大影响力，但对西方世界内部和外部的含义也很不一样。在欧洲，人们可以把史学描绘成一份共同的可以追溯至古希腊时期的西方遗产的自然产物。相反，在一些地区如印度、中国或中东地区，现代学科的构成是变化之中的地缘政治互动的一部分，虽然许多本土传统仍然存在于大学特别是大学以外的地方。在新兴的全球南方和全球东方的许多地区，帝国主义、欧洲的知识优势和不可避免地把国家化（至少部分地）理解成西方化的现实，使这些地区不可能把本土的历史和地方学术设

---

① 见 Berger（2007b），第 3 页。

② 有关史学的全球史文献的增长，典型例子有：Iggers、Q. Wang 和 Mukherjee（2008），Raphael（2003），Woolf（2011）。另见 Taylor（1989）。

③ 见 Berger、Donovan 和 Passmore（1999），Dussel（1993）。另见 Bayly（2004a）。

④ 例如，见 K. O'Brien（1997）和 Woolf（2005）。

置成衡量世界其他地区的标准。相反，对西方和其他所谓的先进国家的熟悉度，则被视为新的和适时的历史写作方法的必要前提。因此，在非洲、拉丁美洲和中东的很多地区，一个结构庞大的"西方"或"欧洲"在新兴学术团体的方法论、概念体系和共同的背景知识中自然占有很大比例。① 相比之下，西方的大多数学者从未被强迫地面对如下想法，即他们自己的概念世界和理性文化至少部分是全球性互动和外在影响的产物。

　　总而言之，发生在 19 世纪和 20 世纪的学术变革，对世界各地的历史学家关于地方史和跨地域史空间范畴的思考具有重要的启示意义。例如，虽然司马迁和伊本·赫勒敦等思想家仍然可以相信自己是植根于自己的文化环境之中，并用相应的视角来看待外部世界，但对于过去一两个世纪之中的中国和中东地区的历史学家来说，情况已经发生了巨大的变化。即使对于激进的国家主义或文化沙文主义的学术而言，也不可能采用一些基于儒家的、伊斯兰教的或其他所谓未受破坏的历史传统解读的世界史视角。地方知识观和大学机构框架受外在发展的影响最为明显。换言之，对于世界许多地区而言，迁移和外部影响的历史长期以来并没有被看作对本土性国家史话语的补充，相反，它占据了现代历史和史学的最显著位置。②

　　从这个意义上讲，某些知识等级制度开始在现代史学的概念体系中变得根深蒂固。不断变化的动力和长期存在的等级制度是史学作为一种全球性专业环境的重要特征，要想对全球史研究方法的现实和未来之可能性进行探索，我们就必须对这种特征进行批判性研究。下一步，我将首先对一些历史模式进行讨论，这些历史模式源于院校史学的兴起这种几乎在全世界范围内普遍存在的现象。若干发展促成了（学者们）对空间和历史意义的一些共同假设，从而使史学成为一个学术领域。对于这些发展，我将做专门的描述。由于现代院校史学传播背后的各种进程是在全球范围内纠葛在一起的，因此我将首先对欧洲的发展情况进行概述，然后再把焦点转向世界其他地区。可以肯定的是，欧洲社会对史学传统问题的回答方式，与世界其他地区的多数学术团体相比，是很不一样的。

---

① 关于"欧洲""西方"和其他元地理概念的全球性传播，见 Wigen 和 Lewis（1997）。

② Osterhammel（2003；2000c）。

1.2　一个学科的形成——对欧洲的考察

史学在大学的传播并不是源于单一源头的单线过程。[①] 带有科学风格的史学的制度创新和相应层面，[②] 如由教授和博士生组建的用来进行学术讨论和开展资料批判工作的研讨会等，经常被誉为"兰克主义"。但近来的案例研究开始对这样一种观点提出质疑，即认为德国或其他学术体系对世界其他地区的历史系机构化的方式施加了大范围的直接影响。[③] 这并不是说史学作为一种带有广泛公共章程的专业训练和研究领域，完全独立地产生于各国相似的运动之中。其传播路径要比"一到多"的机构传播形式复杂得多。由于院校史学在 19 世纪和 20 世纪早期的增长体现出丰富的思想和地区多样性，我们不可能面面俱到，因此我将仅对该领域中与全球史视角的兴起有关的主要模式进行描述。

作为一种总体趋势，在欧洲院校的历史系中从事的研究甚至都没能反映出近代早期前夕共存的各种史学类型。[④] 这并不是说院校史学是独立于更广泛的知识运动之外的。例如，一些在知识导向甚至公共观念上的转变同样体现在该领域的世界史观点中。尽管许多先进的启蒙思想家至少在原则上拥护不同文明之间相互学习的观念，[⑤] 但在工业革命时期，欧洲的知识氛围逐渐转向西方之发达无与伦比的观念。[⑥] 当然，同样是在 19 世纪和 20 世纪早期，也有反对把"西方"视为主导性文明的明显逆流。但是在越来越多的舆论场中，中国、印度和世界其他许多地区的历史，如今往往被看成与欧洲的全球音乐会的巨响相对而言的单调而低沉的旋律。许多著名的思想家再也无意于把世界其他地区的现状拿来，作为西方社会未来甚至是世界秩序的灵感来源的可能性。作为这种状况的一部分，欧洲的部分地区，

018

---

① 在不同的欧洲国家，史学的路线方向略有不同。例如，19 世纪法国的史学非常注重文化史和社会史。在英国和意大利，与独立个人写作的历史相比，院校史学长期以来都处于较为边缘的地位。见 Iggers、Q. Wang 和 Mukherjee（2008），自第 76 页起。

② 例如，见 Feldner（2003）。

③ 见 Woolf（2005），第 60 页。美国的情况见 Lingelbach（2003），日本的情况见 Mehl（1998）。

④ 对 18 世纪和 19 世纪欧洲多元化的宗教和世俗历史的考察，见 Woolf（2005）和 Grafton（2007）。

⑤ K. O'Brien（1997）和 Mungello（1977）。相关简要概述，见 Sachsenmaier（2001）。

⑥ 见 Osterhammel（1998a），Mungello（1999），Lach（1965～1993）。

特别是欧洲南部和东部，也被划入当时的历史图景的外围。①

这种世界观和（潜在的）全球权力模式在欧洲大学的学科迈向制度化的过程中，逐步明确了学科分工中的定位。② 一些已经处于早期阶段的领域，如汉学和印度学等，则具有语言学导向性，被认为应当把关注焦点放在前现代时期，而对这些地区在较近时期发展的研究则被边缘化了。它们不是作为对其他学科如史学或社会学具有重大影响的学术性学科而设计的。人们并不期望能从其他遥远文明中得出具有普遍意义的模型。③ 在许多国家中，诸如"东方学"等学术科目并不是按照 18 世纪启蒙运动的世界主义观念组织起来的，而是按照 19 世纪的国家主义和"欧洲中心论"组织起来的。④ 即使就其社会网络系统和专业活动范围而言，它们也被限定在一定的框架之内：与亚洲学者的交流以及其他成体系的跨大陆合作形式并不构成其专业要求的核心。

随着学科任务和专门化课题规范的铺开，史学发现自己处于通则性社会科学与人文科学之间，后者不那么被期待能从社会现实中推导出一般性规律。⑤ 对于人文科学中的普遍模式，历史学家们往往会表现出一种厌恶和不信任，对被运用到不同的情境中但并没有对其中的地方性特征表现出相应兴趣的各种理论，也是如此。但与社会科学一样，产生于 19 世纪的一些伟大史学流派，如马克思主义、实证主义和历史主义等，都遵从科学发展和客观研究标准的理念。⑥ 历史真相被认为是可以通过一些辅助性学科如语言学研究和文本分析等得到揭示。⑦ 当然，史学从来都不是同质的，许多社会中著名的学者〔如威廉·狄尔泰（Wilhelm Dilthey）、卡尔·兰普雷希特

---

① 例如，见 Todorova（1997）。

② 见 Ross（1991）和 Pletsch（1981）。

③ 通过对德国印度学的历史分析发现，印欧人与闪米特人之间的严格区别能够从受政府支持的反犹太主义（anti-Semitism）的演变形式中看出来。见 Pollock（2002）。

④ 需要注意的是，我们不能过度强调在国家化的院校史学出现之前，启蒙运动的世界主义在欧洲社会的地位。在整个 19 世纪末期，用《圣经》的标准对其他文明进行衡量的基督教通史，在一些知识界和部分公共领域仍然享有盛誉。此外，特别是从 18 世纪后半叶开始，甚至连德国一些著名的启蒙思想家也持有相当极端的观点，认为欧洲文明是唯一可被普遍化的理性文明。相关概述见 Osterhammel（1994a）。

⑤ 关于社会科学和人文科学，见 Mazlish（1998b）、Heilbron、Magnusson 和 Wittrock（1998）、Porter 和 Ross（2003）。与欧洲史学的起源有关的更多详细信息，见 Berger、Donovan 和 Passmore（1999）。

⑥ 例如，见 Iggers 和 Powell（1990）。另见 Jäger 和 Rüsen（1992）。

⑦ 见 Iggers（1997b）。

（Karl Lamprecht）、贝奈戴托·克罗齐（Benedetto Croce）和 R. G. 柯林武德
（Robin G. Collingwood）等］都对所谓的科学探究模式提出了质疑。但不管
怎样，在多数西方国家，不断增长的史学主流流向了一种受普遍方法论信
念驱动的学科文化。此外，从若干重要层面上看，对史学起支撑作用的科
学主义并不是一个普遍的科学主义，而是具有明显的地方性。其宗旨"让
史学研究在被运用到各自后院时显得最有效用"，[①] 经常倾向于把国家定义
成院校史学研究的基本空间框架。另外，虽然历史研究的方法论和探究模
式经常被认为是具有普遍性的，但通常也有很多人不愿意完全赞同跨国性
学术协会的理念。

　　实际上，在社会科学和人文科学中，几乎没有学术领域像史学这样从
最初就紧紧地和民族国家的概念及机构联系在一起。[②] 从多种层面来讲，
史学研究的方向遵循着新的国家现实，包括研究资金和其他研究激励的
可利用性，以及国家档案（对研究）与日俱增的重要性。虽然哲学与神
学在 18 世纪欧洲的历史写作中扮演着重要角色，但如今国家已经成为
该领域的主要参照体系。这就意味着政治精英们的历史在很多史学中占
据了最为显要的位置。此外，与 18 世纪文人共和国的理想和乌托邦不
同，历史学家的出身和个人背景已经变得非常重要：随着高等院校的不　　020
断扩展，越来越多的讲母语者和本国公民被招录进各种教员岗位。至少
从这个层面上讲，学术文化更加靠近新的国民大众的理念了，虽然学术
话语仍然难免对此表现出鄙夷之情。[③] 历史学家在很大程度上成为民族国
家的积极倡导者，他们以客观学术研究的形式，从神化的历史中挖掘更大
范围的国家认同。

　　在院校领域，史学构建使国家性空间假设高于跨国式空间假设，使世俗
的（或者至少是有限的宗教性）范式高于忏悔的和《圣经》的视角。总而言
之，进步和发展的观念作为历史时间的标志变得越发重要，而就确定的边界
而言，历史空间的界定变得越发僵化。[④] 由于多数国家史被理解成从原初核心
的展开，因此，帝国主义倾向于被描述为欧洲国家的对外延伸，而对殖民者
本身几乎没有反作用。在多数情况下，国家构建与帝国主义被历史化为两个

---

①　Wallerstein（1996），第 16 页。
②　关于史学中的民族国家框架及其解构，见 Palti（2001）。另见 Hobsbawm（1992）。
③　见 Wittrock（2000）。
④　见 Calhoun（1999）。

泾渭分明的过程。① 这并不是说帝国主义在 19 世纪和 20 世纪早期的国家史学中完全就是可憎的事物，而是说殖民历史通常主要被视为民族自豪感的对象，而不是用来对有关国家自给自足的表述提出质疑。② 如此一来，一些论述（如"欧洲中心论"、社会达尔文主义和种族主义）不仅成为许多世界史视角的基础，也使国家史学受到严重影响。③

鉴于一个普遍的设想，即认为世界其他地区的社会现状对西方的重要性并不大，因此在欧洲历史学家的会堂中，非欧洲史通常只能坐在后排座位。④ 根据同样的逻辑，世界史和跨文化史所获得的学术资金通常也比较少，相应的学术研究动力也不是太大。⑤ 当然，院校学术并未完全抛弃对世界史的反思，但是与 18 世纪一些具有类似风格的重要传统⑥相反，民族国家经常成为主要的分析单位。例如，由该领域的老前辈兰克所写的《世界史》（Weltgeschichte），即是对不同国家传统的一种堆砌式叙述，这也意味着国内的紧张局势和跨国势力都被贬谪到史学图景的边缘地带。⑦ 由于兰克和其他许多有影响的学者都把民族国家视为最文明的政治秩序表现形式，因此他们的世界史叙述倾向于把世界上那些尚未建立民族国家的地区进行边缘化处理。⑧ 在这类学术圈子里，强权政治和外交的逻辑被视为评判各国国际行为的主要框架。⑨ 兰克不相信普遍叙事的存在，他认为每个时期和地方都应在各自的情境中进行理解，而不能选用超然的视角。但他对世界史的思考仍然没能摆脱针对历史和文明价值评判所做的大规模、结构性解释的影响。例如，他对中国的描写所围绕的核心思想是认为中国的整个历史是一个倒退的运动，因此将其发展路线描述成与欧洲的发展路线截然相反。⑩

---

① 当然，包括马克思主义和韦伯式研究法在内的许多理论框架都注重帝国主义与国家构建过程之间的关联。但即使对于一些殖民国家来说，如英国、法国、比利时等，这些宏观的方法也没能对那一时期的主要史学潮流产生影响。有关帝国主义与竞争性的国家资本主义之间关系的精彩论述，见 Duara（1995），第 3 章。

② 例如，见 Hill（2008）的出色研究。

③ 例如，见 Hawkins（1997）和 Weitz（2003）。

④ 参照 Osterhammel（1997b）。

⑤ 参照 Bentley（1996b）。另见 Pomper（1995）。

⑥ Harbsmeier（1991）和 van Kley（1971）。

⑦ 见 Schulin（1988）。

⑧ 见 Mollin（2000）。

⑨ 更多有关社会科学的综述，见 Wagner（1990）。

⑩ 参照 Pigulla（1996），第 283 页。

同样，在历史主义学派之外，许多世界史的思维模式都毫不顾忌地带有"欧洲中心论"特点。例如，在颇具影响力的黑格尔传统中，历史倾向于被看成人类状况在世界的物质变化和思想认识这种辩证发展过程中的展现（"世界观"）。黑格尔本人及其众多追随者甚至认为其他的文化（如中国、印度和波斯等）从进步的意义上讲都构不成任何历史，因为他们认为这些国家都陷入了无尽的朝代更迭循环之中，没有任何线性发展。[①]几十年后，黑格尔哲学中的左派渐起，特别是马克思主义的世界历史思想最初也把这样一种假设作为自己的前提：在西方国家构建活动之外没有真正的历史。[②]与此同时，马克思聚焦于下层社会的整体框架，证明有益于赋予非西方社会更多的适应力量。其中颇具影响力的便是帝国主义理论，在共产国际成立后，该理论得到了政治势力的推动。希法亭（Hilferding）和布哈林（Bukharin）等人为该理论做了思想准备，后由列宁（Lenin）发展和推广开来。[③]但即使在列宁主义史学中，其时间线和分析范畴几乎完全是从欧洲的经验中引申出来的。

尽管起源不同，但韦伯针对西方所做的批判，主要也是建立在对民族国家秩序和欧洲文明普遍性的信仰之上。[④]虽然韦伯的作品主要聚焦于文化上的差异，但在论述中仍然坚持"欧洲例外论"，尽管这并不是以必胜主义者的口吻展现的。他把欧洲解读为一个理性的文明，并认为理性是其优于世界其他地区的关键。韦伯不认为欧洲以外的世界对努力展望未来世界具有重要性。韦伯可能会因现代性的"铁笼"而感到哀伤，但他的鸿篇巨制《世界宗教的社会学》（*The Sociology of World Religions*）便是对一系列总体问题的回答，如欧洲的哪些品质是其他文明所缺少的，成功地"打破桎梏"并走向"现代性"的为何是欧洲而非其他文明。[⑤]显然，这种分析框架把欧洲的现代性标榜为独一无二的，同时也把欧洲说成世界上唯一可以推而广之的文明。根据一些历史学家的观点，韦伯的这种颇具目的论的视角和把

①　有一种观点认为，欧洲最先打破了传统桎梏的束缚，从而达成了一个更高层次的和更加活跃的文明，这种文明是通过让个人发挥各自的潜能而变得强大的。此种观点在殖民主义表述中也扮演着重要角色，特别是用来为欧洲扩张主义和帝国主义进行辩解。

②　见 S. Kim（1993）。

③　见 Brewer（1980）。

④　见 Schluchter（1981）。

⑤　见 Naffrisi（1998）。

竞争视为历史的关键原则的倾向，与他本人的国家主义信念有关。①

当然，在西方也存在着一些重要的相反的表述，并且是从更底层群体的视角来看待世界史。② 特别是在一战时期，世界史的欧洲中心视角越发成为被批判的对象。③ 欧洲一些著名的学者和知识分子，对把西方经验作为全球标准的来源提出质疑。例如，阿诺德·汤因比（Arnold Toynbee）和奥斯瓦尔德·斯宾格勒（Oswald Spengler）等历史学家的著作被翻译成多种语言，他们公开表示抛弃历史的进步主义理念，④ 而代之以围绕文明的框架展开论述，并对那些被理解为衰变机制的内容给予更多关注。斯宾格勒采用的是一种循环式的历史视角，在其论述中，他强调了文明的兴衰机制。⑤ 他将自己去除"西方中心论"的努力比喻成从托勒密体系到哥白尼体系的转换。在后者中，所有的天体都是相互影响的，没有一个固定的中心点。另一方面，汤因比在其十卷本《历史研究》（Study of History）中，鉴别出 21 个文明和 5 个"停滞的文明"，每个文明都有特定的宗教或其他"文化"特色。⑥ 不过，针对"地理大发现"之后的时期，这位著名的英国史学家提出了一种"波及全球的西方文明"，但并没有对其与其他文明之间的关系进行更多的详细论述。⑦

兰克主义、马克思主义、韦伯主义和文明分析的主要观点表明，史学上的"欧洲中心论"并不是浑然一体的，而是与在世界范围内得到传播的不同群体各自的世界史表述紧密相关。⑧ 无论世界史思想的主要范畴是否按照国家、阶级或文明来界定，西方的历程往往都被设定为一种高等的或模范性的经验，用来衡量其他案例。讽刺的是，甚至许多意在分析西方衰落

---

① 见 Mommsen（1984）。

② 例如，见 Kelly（1999）。

③ 不过，尽管它们仍然十分引人注目，但此类课题通常不会突破为现代西方文明寻找"东方"替代物的范围。例如，见 Sachsenmaier（2007a）和 Adas（2004）。

④ 有关 Spengler 和 Toynbee 的理论的综述，见 Manning（2003），自第 37 页起。

⑤ 见 Spengler（1918）。

⑥ 见 Toynbee（1934～1961）。Toynbee 在其后来的著作中把上帝（God）作为一种因素，引入其历史理论之中，并通过对道德发展路线的描述，对其循环视角做了修改。有关文明的论述见 Wigen 和 Lewis（1997），第 126～135 页。

⑦ Von Laue（1987）指出了这一悬而未决的问题。有关第二次世界大战后根据文明分析传统书写的作品，见第 2 章。

⑧ 对现代世界史思想模式的另一种选择和分类见 Osterhammel（1998b）。对 20 世纪之前的世界史著述的综述见 Manning（2003），第 1、2 章。

原因或对西方扩张主义持高度怀疑态度的著作，也会落入类似的窠臼之中。在此类批判性著作中，有很多大体上把欧洲置于全球故事线的中心。[①]

　　需要再次强调的是，"欧洲中心论"之所以具有如此强大的影响力，不仅是西方学术的特征使然，同时也是世界学术体系不断演化的一种表现。甚至在许多由西方以外学术界书写的世界史著作中，也含有很多以欧洲为指向的论述，就像世界其他地区在人类发展的新阶段中总是被划分为"落后的"或"倒退的"一样。如前所述，多数史学思想中的这种西方偏见与方法论的国家主义在全球范围内的胜利之间的关系，要比初看起来紧密得多。许多国际知识等级制度都在人们对地理的构想中留下了痕迹，而许多世界史著作便是据此写成的。

1.3　隐形地理学：史学在全球传播过程中的模式

　　在全世界许多社会中，院校史学的建立都是以国家构建为背景的。[②] 在那个时期，不论是总体的现代学术原则还是具体的史学，都倾向于被认为需要从所谓的成功的现代化者那里移植过来，正如许多国家的全国交通体系或城市布局规划大都照搬自外来模式一样。在这样一种力量的集合中，历史视角往往是按照杜赞奇所描述的模式进行转换的：国家成了历史的主题，正如历史也成了国家的基础和存在方式一样。[③] 在许多案例中，国家的历史被用来激发新公民的团结意识、共同传统和共有的历史纽带。根据许多人的预计，这将足以动员社会大众来建立一个朝气蓬勃、紧密团结的国家。由于院校史学被视为现代教育的一部分，以及建立有效的民族国家的一个必要前提，[④] 因此历史叙事面临着按照所谓理性的、国家的和科学的原则进行重构的压力。

　　从这个角度看，尽管有各种地方变化，在许多非西方社会中院校史学普遍地受到国家中心视角与欧洲中心视角的双重主导，也就不足为奇了。但与欧洲的许多案例相反，世界其他多数地区的国家构建过程都与"向世

---

① 例如，见 Young（1990）和 Dirlik（2002a）。
② 尽管如此，国家史并不都是由民族国家创造的。在许多案例中，"现代"历史运动的开端早在殖民统治时期便已出现了。
③ 现代化论述与反帝国主义观念的结合，径直地成为国家认同的一部分，同时也成为历史意识的表现形式。例如，见 Duara（1995），第 27 页。
④ 例如，见 Lönnroth、Molin 和 Ragnar（1994）。另见 C. Conrad 和 S. Conrad（2002a）。

界中心学习"的口号紧紧联系在一起。这种冲动的一个重要因素就是，人们认为欧洲在本质上构成了一种理性文化。① 如此一来，以科学的方式探索历史，不仅被视为国家社会构建的积极动力，同时也是理解世界其他地区特别是那些看起来更加先进和进步的社会的方式。受此原因及其他因素的影响，世界史从现代院校学术建立之初，便倾向于在西方以外的许多（尽管不是全部）国家中发挥更为主导的作用。其中就包括东半球的日本和中国，以及西半球的智利和墨西哥。该领域的一个常见预设任务是去探索促使工业强国在全球范围内取得成功的所谓的普遍动力。② 对于把新式世界史解读为主要是早期土著传统的延续的观念，上述预设并没有为之留下太多余地。

同样的情况也见于在全球范围内萌生的各种新型国家史。在多数案例中，它们至少部分被视为源自成功的现代化者的舶来品。③ 通过对这种新型的国家意识的调动，该领域通常被认为有助于实现国家主权与民族解放这两个互为关联的目标。④ 因此，"现代"史学的一些基本原则通常被认为具有普遍意义，有助于把不连贯的地方历史编织到有针对性的国家史的表述之中。⑤ 因此在许多国家中，国家中心的史学的空间设想不仅具有国家性，同时也具有国际性和"西方中心论"的特点。虽然这种"西方中心论"特点并不必然是对西方的全球角色的认可，例如，在中国、印度和中东的大部分学术中，围绕新的史学展开的现代化论述都内在地具有反帝国主义的观念。⑥ 此外，在院校史学中的"欧洲中心论"导向并不必然意味着"西方"是世界史思想中唯一的参照系。⑦ 例如，自19世纪晚期以来，日本历史和史学就在中国产生了很大影响。不过，日本的经验通常被视为西方元素在东亚环境的成功适用。

随着院校史学在全世界范围的传播，认识论和机构设置也发生了重大变化，而不断改变的参照空间以及进步主义话语的重要性，便是这些变化的一小部分表现。促成了院校史学科系建立的这种转变，通常伴随着早期

① 更多详细信息见 Wigen 和 Lewis（1997），第 81~92 页。
② 这种表述经常与"文明"（civilization）的概念联系在一起。见 G. Gong（1984）。
③ 例如，有关印度的分析见 Lal（2003）；有关朝鲜的分析见 H. Pai（2000）。
④ 相关综述见 Iggers、Q. Wang 和 Mukherjee（2008）。
⑤ 例如，有关中国的分析见 L. Kwong（2001）；有关日本的分析见 Conrad（1999b）。
⑥ 有关中国的分析见 Duara（2009），特别是第 1、2 章。
⑦ 更多详细信息见第 4 章。

知识形式的边缘化。在某些情形下，这一过程最初是由殖民干预直接推动的，而在其他案例中则主要是受当地精英分子的带动，以期对社会进行重构。① 经常伴随现代大学的建立以及院校史学的出现而产生的这种认识论上的中断乃至行为，并不必然地表现为明显的断裂和决定性的突破。相反，它们往往具有本地特色，表现为充满对立观点、杂交融合以及不同史学传统同时发展的漫长过程。

例如，在埃及或叙利亚等许多伊斯兰社会中，从历史维度和概念维度上对"西方"的解读可以追溯至 18 世纪和 19 世纪，而且在这一时期，"国家"或"文明"等术语也在历史学家之间得到了使用。② 此后，使单一社会实现国家化的努力与把阿拉伯民族写进历史的努力之间便出现了旷日持久的紧张关系。不过，在这两种情况下，方法论、机构设置以及对历史的解读方式都与以往的传统大相径庭。③ 同样在日本的明治时期，在依照西方模式对国家部门进行大规模机构改革和职能改革的过程中，日本的院校史学也发生了重大变革。④ 虽然这些国家机构对日本国家历史文献的内容影响有限，但它们对于日本的史学学术在民族精神感召下的专业化和科学化进程来说，仍然是至关重要的。⑤

当然在许多案例中，史学研究的这种所谓的国家化也并不是没有反对者。例如，在 19 世纪和 20 世纪早期，在日本、中国和印度都出现了明显反对激进的西方化的运动，许多团体提倡进行有限形式的改革。⑥ 但是在关于史学未来的讨论中，有关追赶世界少数强国的说法仍然占有重要地位。例如，对于日本那些希望按照德国模式重建历史研究的改革者而言，兰克学派的直接代表人物就是一大依凭。同样的，在 19 世纪的俄国，史学改革运动中的许多重要人物都有到德国和其他国家的学术中心游学的经历，并部分地从中获取权威。⑦ 总而言之，诸如此类的案例表明，西方与西方以外世

027

---

① Berger（2007c）对一些相关案例进行了讨论。

② 例如，见 Haddad（1994），Choueri（2000）和 Crabbs（1984）。

③ 例如，见 Schaebler（2007）。

④ 见 Morris - Suzuki（1993）。另见由 Hill（2008）进行的比较研究。

⑤ Brownlee（1997）和 Mehl（1998）。

⑥ 见 Sato（1991b）。更多详细信息见 Gottlob（1997）。

⑦ 例如，Sergey Solvyov（1820～1879）便是如此，他以斯特罗加诺夫家族的家庭教师的身份，游历了欧洲各国。他的主要著作是《自远古以来的俄国史》（*A History of Russia from Earliest Times*），该书强调了俄国的基督教根源，并且是根据国家史学的精神写成的。见 Siljak（1999）和 Thaden（1999）。

界的这种层次关系理念构成了历史研究中许多机构设置的基础。

拉丁美洲本土的历史表述早在 16 世纪即被严重破坏，从 19 世纪 30 年代起，在拉美的一些新独立国家中便出现了使现代院校史学机构化的集中努力。① 此处的历史表述的国家化遵循着不同的路线，它更加强调人口的不同部分。例如，虽然阿根廷等国的国家史大体上是围绕早期殖民者争取独立的斗争展开的，但墨西哥的国家史则更加注重前殖民时期的历史。不过，这并不是说墨西哥的主流史学必然寻求在新的大学领域里延续其本土的史学传统。② 但在诸如秘鲁的许多案例中，国家史的一些新概念则广泛地压制了社会的多样性。③ 在其他欧洲早期殖民地如澳大利亚，也能观察到类似的发展过程。④

在印度，现代专业史学的许多机构性设置在殖民时代晚期便已建立起来，特别是在一些教会学校以及用来培养公共管理精英的当地语教育中心。不过，这些殖民组织最终成为与国家主义和国家历史主题有关的辩论场。⑤甚至连许多反殖民主义运动和后独立时代的思想家也开始接受这样一种观点，即认为在欧洲列强到来之前，印度没有真正的历史。实际上一些对"西方经验"相当直率的批判主要是针对欧洲和美国而言的，以此来反衬其新型地方史或国家史的视角。例如，印度总理尼赫鲁著名的《世界历史掠影》（*Glimpses of World History*）并没有将西方文明理想化，甚至提出了一条印度式的现代化道路。但与此同时，他的著作也没有完全抛弃西方历史理论，而是结合印度的实际，将其运用到对印度解放的探索之中。⑥ 许多在南亚及其他地区写成的世界历史，也将其世界史表述聚焦于那些促使多数非西方世界陷入被动地位的权力中心及其精英阶层。从以国家为中心的宽泛视角来看，游牧民族、散居人群和其他跨国群体都不在论述范畴之内。⑦

产生于印度的殖民统治时期并于 1947 年印度独立后得以延续的一些新的国家性历史设想，试图把印度教传统作为印度建国理念的核心。早在 20世纪初，印度学术界便有一种强烈的倾向，把伊斯兰教（在印度）的存在

---

① De Freitas Dutra（2007）和 Woll（1982）。
② 见 Bouchard（2001）。
③ 例如，见 Adorno（1986）。
④ 例如，见 Hearn（2007）和 Haebich（2005）。
⑤ Chatterjee（1993）。
⑥ Nehru（1939）。甘地是少有的几位对新的历史观念表示高度关注的印度独立领导人之一。
⑦ 见 Christian（2005）和 P. O'Brien（2006）。

描绘成对印度教主导的所谓国家文化的入侵，并相应地对伊斯兰教到来以前的历史和非伊斯兰教的历史抱有越来越浓厚的兴趣。之后，经过非殖民化运动，院校史学的方法论和研究范畴变得更广泛。在 20 世纪六七十年代，马克思主义在印度大学中一度盛行，但运用马克思主义分析法的历史学家即使对过去的历史持批判态度，也仍然忠于国家的观念。就此而言，越来越多的印度思想家仍然主要依靠西方的历史范畴来寻求为次大陆注入他们所谓的"西方式的动力"。[①] 不过，根据对历史上的印度到底是一个印度教社会还是一个多宗教社会这一问题的不同回答，有关国家的话语和主流表述仍然陷于困境。[②]

在世界其他一些地区，只有在冷战时期才采取了在现代大学中建立国家史学的果断举措。例如，在一些刚取得独立的阿拉伯社会中，世俗的历史叙事自 20 世纪 60 年代起受到了大力提倡。此种叙事会在不同历史观之间，尤其是在国家主义历史观、泛阿拉伯主义历史观以及伊斯兰教历史观之间引起强烈的竞争。在该地区的几个国家里，不同的史学潮流都聚焦于一些问题上，如为什么西方大步朝前，而伊斯兰教地区却停滞不前。[③] 因此，在该地区内，国家框架的、反殖民的甚至反西方的史学当中便包含了"欧洲中心论"的特点。在撒哈拉以南的非洲国家中情况也是如此，这些国家在非殖民化后都公开决定遵循欧洲模式而将史学国家化。[④] 就像印度一样，这在寻求把线性的和国家性的历史思维研究制度化的同时，也延续了某些殖民主义举措。在新独立的国家中，不同的学科之间，统治阶级倾向于支持以对本土历史的长期和科学的研究为依托的发展和进步的话语。越来越多的人认为，在任何新形成的国家背景中，相同的政治步骤以及制度措施可适用于不同的文化之中。[⑤]

世界不同地区的院校史学的发展表明，地方经验极具多样性和历时性。与此同时，有些社会虽然彼此之间没有十分紧密的交流，但我们也能从中找到它们的一些总体趋势。在世界很多国家中，在尝试温和改革和寻求新旧观念相结合的初始阶段之后，往往都会继之以更激进的西方化运动，并

029

①　更多详细信息见 Gottlob（1997）。
②　见 Lal（2003）。
③　例如，见 Fürtig 和 Höpp（1998）。另见 Freitag（1999）。
④　例如，关于印度见 Chakrabarty（2006），关于非洲见 Eckert（1999）。
⑤　见 Cooper（1997b）。

对包括史学在内的诸多知识领域产生重要影响。

土耳其的情况可进一步成为这种具体模式的例子。在奥斯曼帝国晚期的坦志麦特（Tanzimat）改革期间，一个高度构建起来的"欧洲"成为历史学的一个重要参照基准，但同时，早期形式的历史学术仍有发展空间，如编年史方法的运用。① 之后，穆斯塔法·凯末尔（Mustafa Kemal）的新世俗历史学将伊斯兰教的表述以及奥斯曼帝国的表述边缘化，转而支持土耳其史观。土耳其史观公开模仿欧洲民族国家历史的话语，这种新的世俗历史学也被赋予了一些反传统的元素。② 在这里，正如其他情况一样，一种"消极"传统出现的同时，也会出现将历史观点植入国家框架的努力。同样，在19世纪，波斯的传统习俗在政治领域和思想领域内仍然颇具影响，尽管那时坚持国家主义的历史学家们已经更加明确地开始将波斯文化及历史与伊斯兰教区分开来。然而在大战之后，国家主义历史学与世俗的高等院校都得到了极大的发展。③ 在大学里，史学作为学术学科是国家主导学科的一部分，史学的学者被期望在新历史意识的创造和传播过程中发挥重要作用。这些过程是在学术环境之内发生的，伊斯兰教对历史的阐释在社会的其他方面仍然很有影响。④

虽然把西方视为国际先驱和示范的观点得到广泛传播，但是在作为现代科学分析基础的史料批判研究方面，在西方之外自然也有先行者。一些研究方案，如从对代代相传的历史记载的怀疑到对客观性的探索等，已经在中国、印度以及伊斯兰世界的部分地区出现。⑤ 方法论研究领域的情况亦是如此，包括文本分析、文献学、金石学以及古文书学等研究领域。这种批判性文本学术的具体起源具有很大的地方特性，例如，使这种文本研究在18世纪的印度发挥更大作用的主要力量之一是所有权引起的法律争端，而解决这种争端则需要档案专业知识。⑥ 之后，此类认识论学派可以被视为现代化努力的组成部分，并且可以被融入历史学的新的国家化形式中。然而，在一些例子中，本土的科学传统却被大多数在大学执教的历史学家们

① 见 Kuran（1962）。
② 见 Kafadar（1996）。
③ 见 Tavakoli - Targhi（2001）。
④ 关于波斯，见 Mirsepassi（2000）。
⑤ 例如，关于中国，见 Elman（1984）。关于伊斯兰世界，见 Al - Azmeh（2002），该书指出了早期伊斯兰史学也具备原始的科学方法论。
⑥ 见 Sen（2005）。另见 Guha（2004）。关于中国见第4章。

忽视甚至边缘化。① 坚定的西方化者与地方传统的捍卫者之间渐行渐远，导 　031
致两者无法本着寻求替代性学术模式的精神，对新、旧两种研究方法进行
调和。

如前所述，民族国家并不是唯一获得全球影响的空间范畴。如"大
陆"、"文化"和"文明"等一系列概念被许多语言的语义模式所接受，
并成为世界不同地区历史学家的指导性概念。在这种意义上说，这些术语
和概念变得全球化了。然而，其中的许多概念至少含蓄地暗示着不平等的
世界秩序的存在。"文明"这个术语的双重含义就是这样一个例子。一方
面在很多语言中，它指的是本土文化；另一方面它指的却是普遍的发展，
即典型地体现在西方的人类发展新阶段。② 此外，"大陆"这个概念通常被
运用于这样的基础上，即欧洲代表着最先进的文明。欧洲经验特殊到足以
获得大陆地位，这一观点在全球范围内被接受，尽管它没有明确的地理
界线。③

除了空间概念之外，许多其他在国际上有影响的历史范畴，如"种族"
或"进步"的概念，至少含蓄地同欧洲霸权思想联系在一起。④ 同样显著的
还有马克思主义（概念）范畴在世界范围内的传播，包括无产阶级和其他
特定阶级的称谓，以及封建主义等历史阶段的观念。马克思主义史学的国
际分布状况的复杂程度自然是分裂世界的冷战概念所不能比拟的。它对世
界历史思想的冲击并不仅仅局限在受苏联影响的区域内。⑤ 在日本、印度以
及一些西方国家，马克思主义模式在历史学家群体中的影响力非常大，尤
其是在二战之后。⑥ 一些依照卡尔·曼海姆（Karl Mannheim）、安东尼奥·
葛兰西（Antonio Gramsci）和伊曼纽尔·沃勒斯坦（Immanuel Wallerstein） 　032
的研究而衍生的社会科学研究方法在世界不同地区变得相当重要。⑦ 不过，

---

① 例如，见 Chatterjee（2005）。

② 例如，见 Duara（2002）。

③ 见 Wigen 和 Lewis（1997）。毋庸赘言，由于所谓的欧洲经验的核心区域是西欧，因此这种
地理解说也将欧洲的许多地区底层化。

④ 在许多公开反抗欧洲霸权思想的政治和知识运动中，它们被用于对抗统治现状，因此也含
蓄地加强了欧洲全球主导地位的比喻。见 Geulen（2007）。

⑤ 采取后一种立场：Erdmann（2005），第 14～17 章。

⑥ 关于印度，见 Sarkar（1997），第 1～49 页。关于日本，见 Conrad（1999b）和 Hoston
（1986）。

⑦ 见 Raphael（2003），第 7 章。关于西方世界体系理论的例子见 Modelski、Denemark、Fried-
man 和 Gills（2000）。另见本章的后面部分。

在共产党执政的许多社会当中，马克思主义对国家史以及世界史的重新表述是在政府的推动下进行的。这往往使马克思主义思想的创新力量被分割和僵化。① 苏联史学的方法论僵化版本可以通过直接压力在国际上传播，尤其是在东欧，或者是通过一些政府自愿接纳，如 20 世纪 50 年代的中国或古巴。不管怎样，中国、越南、非洲或东欧的历史学家都试图使各自的社会历史符合马克思主义的范畴和理念。②

正如马克思主义同更右翼形式的发展主义之间的对抗所表现的那样，历史研究的"现代化"或"西方化"可以被理解为一种同质化力量的假说也是错误的。早在 20 世纪初期，就可以观察到在意识形态上互相对立的史学风格之间的争论。这些争论通常与关于未来国家体系的政治文化斗争联系在一起。在拉丁美洲、东亚、欧洲的许多国家，以及其他地方的社会中，历史研究的国家的和国际主义的方法，为在此领域加强自身影响而展开竞争。在不同的地方环境下，研究方法相对抗的时间跨度和激烈程度也不尽相同，其结果通常由政治因素和一些限制行为所决定。③

1.4　史学的全球层面

史学作为一个所谓的科学领域，其在全球的传播方式不是千篇一律的。在许多社会和地区内，院校史学更是经历了融合、选择性适应以及不同思想流派的争鸣等一系列过程。然而，这些复杂的全球过程以及地方过程导致专业史学在概念世界和制度特征上具有全球范围内显著的共同性。这些共同性可以在方法论、专业行为模式、制度以及空间构思层面鉴别出来。

例如，许多替代性的空间观念通常都要依归于一个观点，即国家才是历史上演的舞台。政治分界线与意识形态分界线是 20 世纪大部分地区的一大特点，而这些分界线多以国家的框架为主。在苏联和许多其他共产党执政的国家里，绝大多数的历史学家忠于民族国家观念，并且明显将马克思

---

① 例如，见 Thomas（1994）。见 Shteppa（1962）。
② 例如，见 Service（2007）。关于中国见第 4 章。
③ 例如，见 Lehmann 和 von Horm（2003）。

主义概念范畴置于民族国家的从属地位。① 同样，前殖民地国家设法要建立的现代史学也包含国家要素至上的特点。在南亚、拉丁美洲以及撒哈拉以南非洲的众多社会中，新成立的大学中的历史学家们倾向于接受这样一个观点，即认为民族国家就是他们本身的地方史框架。殖民统治与依附的历史经常被强调，但却没有从全球的和跨国的史观来做更深层次的考虑。许多情况下，殖民地历史的呈现是为了突出将特定的国家历史从不利的跨国纠葛中解放出来的目的。②

　　一些新形成的"西方化"导向的史学体系暗示着在世界历史研究中，"欧洲中心论"主题以及一些相关传统主题在全球范围内的激增。在这种情况下人们可能会认为，欧洲拥有地球上最有活力的文明，因此注定会统治世界其他地区。这种观点在全球很有影响。另一个观点的影响力与其不相上下，即"西方"最终将使人类摆脱传统、压迫以及迷信的自我桎梏。③ 在两次世界大战之间以及冷战初期，一些西方强国倡导右翼的黑格尔历史观的同时，④ 受苏联影响地区的世界史学的表述特点在许多方面同黑格尔历史观也不是完全不同。同样，一些有影响的表述通常支持欧洲历史经验，尤其是像俄国革命这样的事件，并将它们视为普遍历史的主要来源。不用说，这些观点至少倾向于贬低非西方世界，将非西方世界的前现代历史归为人类历史的黑暗点。

034

　　一般来说，院校史学的传播不仅仅是通过将线性时间的概念投射到历史上的方法来重塑过去的形象。对一种科学的史学方法论的信仰也暗示着地理概念的重要性。这些概念同时也倾向于以国家和西方为中心。⑤ 随着 20 世纪不断向前推进，为了构建新型国家历史，研究人员不仅需要熟悉西方的方法论，同时也需要熟悉欧洲历史以及美国历史。这一观点受到了广泛

---

① 例如，见 Brunnbauer（2004）。在某些情况下，例如在拉脱维亚，民族觉醒这样的主题仍然显得很重要。另见 Dribins（1999）。关于苏联史学见 Sanders（1998）。即使是世界共产主义运动的许多有影响的历史，也主要被划分到国家特定的章节中。

② 例如，见 Nagano（2004）。

③ 见 Blaut（1993）以及 Said（1989）对一些案例的讨论。尽管 William McNeill 的重要作品《西方的兴起》没有支持欧洲优越主义，但是之后作者称他的作品"对历史变迁的受害者的遭遇给予的关注不够多"。见 W. McNeill（1990）。

④ 对现代化理论的政治性论述见 Latham（2003）。当然，这并不意味着此种观点在美国和其他西方社会中是没有争议的。见第 2 章关于对美国案例的讨论。

⑤ 这并不意味着"西方"是整个世界唯一的参照体系。例如，在中国，日本历史以及日本历史研究方法在现代史学的初期很有影响力。更多详细信息见第 4 章。

认可。在这样一种"西方主义"的心态下，世界上许多历史学家认为研究欧洲是理解本国历史的必要前提，而对西方之外地区的研究却被降级为背景。[①] 这意味着从拉美到东亚一系列国家内，新型国家历史不能被定义为从本土的过去到未来的线性轨迹。历史的现代化观点需要遵循更加复杂的道路，这同样由西方经验以及从属于它的概念世界所主导。

035　　在像日本这样的案例中，历史参照空间的改变是很显著的。兴起于16世纪的原始国家史学植根于中国中心主义的世界观，而19世纪晚期新型的国家史学却是自觉地效仿部分真实、部分虚构的西方范例。[②] 同时，历史研究的国家化伴随着对西方教育和研究领域的更高水平的关注。[③] "西方"作为一个参考空间，其在日本新的史学中所处的中心位置正如福泽谕吉（Fukuzawa Yukichi）那句名言所形容的一样，即"脱离亚洲"。[④] 这些新的地理背景对许多新型国家史学包含的目标有重大影响。毕竟，从东亚经验看来，国家主义似乎同帝国主义有内在联系。[⑤] 对欧洲表述的认同因此也可能包括为帝国主义辩护的模式。例如，许多有影响的日本学者将朝鲜历史描述为停滞不前、落后的历史，并且附属于中国，而现代化的日本能将其从中解放出来。[⑥] 换句话说，通过将日本定义为所谓的落后东亚中的充满活力的强国，许多日本历史学家在明治维新之后的几十年间，非常自觉地试图将西方版本的"东方主义"搬到东亚这个舞台上来，以表达他们的政治诉求。[⑦] 朝鲜史学发展了一系列国家理论来反对日本作为殖民者所持有的历史观。其中的一些理论本着社会达尔文主义精神，并且试图呈现出朝鲜早期的文化核心。他们从现代欧洲、中国甚至日本的学术当中得到启示，但是"西方"仍然是一个重要的参照模式。[⑧]

---

① 应指出的是，这里我并不是按那些拉丁美洲重要的后殖民理论家的方式运用"西方主义"的。这些理论家对这个术语的提及是为了强调在拉丁美洲的话语中它可与"东方主义"相提并论。例如，见 Mignolo（2000）。关于暗示着跨大西洋文明的"西方"范畴，见 Gowilt（1995）。

② 例如，见 Tanaka（2004）。向欧洲观念的转向是由以日本历史为中心的运动推动的。这些运动兴起于16世纪，并且在朝鲜也有类似运动。例如，见 Haboush（2005）。

③ 见 Schwentker（1997）。

④ Bonnet（2000）。

⑤ 例如，见 Duara（2008）。

⑥ 例如，见 H. Pai（2000）。

⑦ 见 Tanaka（1993）。

⑧ 例如，见 H. Lim（2001）和 Y. Shin（2000）。

从这些例子可以看出，院校史学还未发展成一个全球性的同质系统，但是它却发展了一些重要的全球范围的共同性及关联性。除了在概念、方法以及观点这些层面上，这样的全球相似性也可以在制度层面上观察到。例如，像博士这样的学位在全世界不同社会中都具有意义。这些学位会使那些通过研究和批判性探索从而发展了"新"视野、探索了历史"新"层面的人获得尊重。一些方法论原则，如对史料的批判性分析和添加脚注等，已经在全世界范围内通行开来，接受和应用这些原则的学者越来越多，不限于特定的地方性学术团体。① 此外，在世界的众多社会当中，在历史系的结构中反映出强烈的国家偏见。世界上的许多历史学家只精通单一民族国家历史或者单一文化领域中的历史。② 如今，即使在那些学术界一直积极质疑政治国家主义的社会中，上述偏见依然存在。③

036

因此，在现代学术史学中探寻全球学科文化的元素也具有了可能性。但是，"欧洲中心论"和国家历史的史观在全球传播的背后过程并不是仅仅由同一行业的力量推动的。由于在许多国家中，追赶所谓更加先进的学术领域的理念在院校历史学术的建立方面发挥了重要作用，因而在国际学术体系中以及地缘政治体系中的不平等也强力推动了学术实践和标准在全球范围内的同化。从很多方面来说，历史学的专业化同工业化社会以及后工业化社会中工作的整体专业化是相联系的。④ 因此，在 19 世纪和 20 世纪期间，西欧以及北美的学者在地缘学术环境下的支配地位同国际上那些技术和商业精英的地位相类似，也就不足为奇了。

尽管新的国家史学的重要标准就是将对外国统治的批判作为出发点，西方学术主导的这些模式仍然同时恰恰是因此而展现出来。在世界许多地区内，学术史学是维系在国家建设项目中的，这也说明了为什么在这个领域内，国家要优于跨国的或者移民的团体而占支配地位。作为这种努力的一部分，本国公民经常能直接或间接地在历史系教职招聘过程中获得受聘

---

① 例如，见 Grafton（1997）。

② 在美国这样的社会中，历史系的特点是强大的区域专业知识的多样化，但即使是在这样的社会中，国家空间或者宏观区域空间仍然构成了历史学术的重要内容。直到最近，美国史、欧洲史、拉美史或者东亚史等领域都强烈倾向于分裂为单独的研究团体。参照 Wallerstein（1996），自第 33 页起。

③ 例如，见 Iriye（1994）。

④ 例如，见 Charle、Schriewer 和 Wagner（2004）。关于 19 世纪之前的欧洲经验，见 Reinhard（1996b）。

的优先权。① 在一些情况下，历史系教员的国家化甚至被认为与早期的发展是相反的。例如，在19世纪，叙利亚学者大量存在于埃及各个大学的现象，不论是对于政府还是学术界来说，都被认为是有问题的。这也导致了一些旨在根据国家背景同化历史学家的政策产生。②

同时，历史系的国家化不仅仅意味着会导致孤立的学术性团体。历史学家作为一种专业类型，仅仅民族国家本身并不足以构成其正当性来源。③即使在以国家为中心的学术团体中，国际联系以及跨国知识网络对于赋予专业历史学家地位和威望也是重要的。④ 通过与更广泛的学术领域建立联系，学术权威们能够向国家并为国家发言，但这也可能会抑制对现代学术中的国际知识等级制度的批判。

现代学者在国家的和国际的专业领域之间这种不安的地位通常出于政治力量的推动。例如，国际竞争话语通常并且至今仍有利于在国家层面上筹集研究资金。⑤ 另一方面，历史学家活动和互动的主要制度领域，包括协会、期刊和基金会等，至少在世界上大部分地区，长期以来主要是在国家范围内。当然，自19世纪起，就存在具体的努力，想通过交流项目、共同计划以及国际会议实现世界不同地区学者的相互交流。⑥ 但在很多情况下，例如可以追溯到19世纪晚期的国际历史科学大会这样的活动，就被发展为国家代表的集会。⑦

因此，就像其他许多学术精英一样，现代历史学家察觉到自己在非常特殊的空间界限内工作。从世界性的视角来看，他们是专业文化的全球性互动的一部分，但他们的专业职责和利益的主要活动场所仍然局限于特定的民族国家、语言领域或地区内。从一开始，社会环境与现代历史学家的

---

① 一些移民社会如美国，更为广泛和系统地雇用移民（最初这些移民来自欧洲，后来越来越多的移民来自世界其他地区）。
② Reid（1990）。另见 Iggers、Q. Wang 和 Mukherjee（2008）。
③ 见 Bourdieu（1988）。关于对历史学家的专业世界的描述，见 Bloch（1974），这一研究仍然是相当充分的。
④ 例如，见 Charle、Schriewer 和 Wagner（2004）；Bourdieu（2002）。
⑤ 例如，见 Charle（1996）和 Evans（1965）。
⑥ 例如，见 Iriye（1997）；Porter 和 Ross（2003）；Erdmann（2005）。
⑦ 例如，每五年召开一次的国际历史科学委员会（the International Committee of Historical Sciences）是由 Woodrow Wilson 建立的世界性协会。此协会长期以来都是由国家代表团构成的。尽管一些跨国的次级组织已经开始发挥越来越重要的作用，这种情况仍然如此。见 Erdmann（2005），更多最新信息见 www.cish.org。

认识论主张之间就呈现出一种紧张的状态。历史学家既被视为地方性的拥 038
护者，同时又属于跨国的专业团体，这在观念上存在隐性冲突。对科学普
遍主义和地方归属这两种话语世界的忠诚可能会产生某些压力。一方面，
历史学家从其与国际学术潮流的联系当中汲取大量的权威与合理性；另一
方面，他们经常会参与明确的特殊项目，例如，努力为新兴民族国家灌输
原始主义或文化真实性的叙事。①

1.5　全球专业环境及其等级制度

史学的全球状况总是会形成一张复合的网络，在此网络内，重叠的地
方组织、区域组织、国家组织以及全球组织互相交织。但是尽管史学形势
经常发生变化，其中仍然延续着往昔的不平衡性和依附形式。最显著的是，
不同语言、国家以及机构之间的等级关系仍然是史学这一世界性专业领域
中基础的一部分。今天的学术团体当然没有形成一个个独立而平等的威斯
特伐利亚式的单位。例如，史学所在的全球环境仍倾向于向一些语言（一
般为西方语言）给予特权，同时又试图使其他语言逐渐被人遗忘。② 尽管后
殖民主义及其相关领域的影响力日益变大，但是此种结构上的不平等仍然
没有得到足够批判，即便是在围绕全球史趋势的理论探讨中也是如此。

更加明显的仍是世界不同地区的历史系之间在物质条件上的差异。例如，
在非殖民化时期出现的厚望之后，世界各地区如撒哈拉以南非洲以及中亚部
分地区，民族国家的危机导致了学术研究资金的锐减。这使许多历史系以及
研究基础设施（如档案馆）无法正常运转，而且在人口众多的广大地区都是
如此。③ 在许多情况下，民族国家的衰败及其问题加深了富裕国家的学术在 039
知识领域占支配地位的模式。④ 例如，西方社会写就的非洲历史仍然在撒哈
拉以南非洲的大多数大学体系中发挥重要作用。在世界其他地区也可观察
到类似状况，包括拉丁美洲、南亚以及东亚这些区域内相当大的一部分地
区。⑤ 相反，用其他语言（不包括英语）出版的关于北美历史的研究方法的
著作，通常在美国的研究当中却处于边缘化地位。

---

① 例如，见 Appiah（1997）。
② 关于知识等级制度这个主题的概述，见 Naylor（2005）和 Pinch（1999）。
③ 例如，关于非洲见 Ajayi 和 Festus（1994）。另见 Eckert（1999）。
④ 关于此问题详细的讨论，见本书结语。
⑤ 例如，见 Hein 和 Selden（2000）；Cooper（2000）。

更加引人注意的是，那些未将全球其他地区的专家讨论成果包含在内的起源于西方的全球理论，在世界很多地区却仍然颇具影响力。例如，一些著作如塞缪尔·亨廷顿（Samuel Huntington）的《文明的冲突》（*Clash of Civilizations*）和弗朗西斯·福山（Francis Fukuyama）的《历史的终结》（*End of History*），在世界范围内引起了激烈的辩论，尽管这两本书几乎都没有将英语国家之外的学术考虑在内。① 相比之下，以英语发表的一些关于理论观点和研究方案的著作强烈影响着其他地区的学术发展；而未译成英文的其他语言著作却很难突破地方学术的界限。② 例如，在中国或是阿拉伯地区产生的全球理论，即使译成英文，其在欧洲和美国产生的影响也很小。③ 总览一般图书市场，就可以进一步认识到这种以英语为中心的世界模式。美国翻译图书所占的比例从 1960 年的 8.6% 下降到目前的已不足 3%，而在欧洲大陆许多国家，翻译图书的所占比例已经上升了 15% ~20% 的幅度。④

英语文献占据优势地位的这种模式反映出在将全球状况（包括世界历史）理论化时，谁更有资本忽视另一方。例如，一名英国或美国的历史学家甚至无须了解其他语种的作品便可成为一名主要的理论家，而使用波斯语、汉语或者其他语言的学者就没有这种特权。另外，美国的学者无须详述其他、只专注于英语国家的研究就可以写研究报告或是综述论文。但是，例如一名日本学者只引用日本文献的话，就不能提交其对世界史或其他领域的所谓"全球"的概述。世界许多地区的学术研究人员和公共知识分子欲获得其信誉，必须要熟悉欧洲和美国的最新研究。信誉的获得不仅是在国际学术环境中，首先并且最主要的是在其当地的学术社团内。他们这些努力却没得到西方学者的回报。⑤ 在这样一个不平等的世界里，欧洲历史上的经典著作如马克思或韦伯的作品，仍然发挥着知识参考的作用。相反，中国、撒哈拉以南的非洲以及其他一些地区的地方传统通常被假设为不再发挥作用，即这些传统被视为研究对象，对于当前的研究没有任何认识论上

---

① 关于这两本书的全球影响，例如，见 Iggers、Q. Wang 和 Mukherjee（2008），第 8 章。

② 另见 Mignolo（2000）。

③ 下一节会述及一些最近在全球具有影响力的知识潮流。这些潮流在象征意义上源自西方之外。

④ 见 Cusset（2008），第 38 页。欧洲翻译书籍的数量增长并不意味着欧洲对全球对话兴趣的增长。欧洲图书市场上大多数的翻译作品的源语言也是欧洲语言。

⑤ 例如，对此问题批判性的观点见 Chakrabarty（1992）。

的指导意义。①

　　尽管英语占据着强势的地位，但是若认为所有其他语言和学术体系在全球知识形势下处于同等边缘的地位也是不正确的。例如，许多国家及其语言有很强的区域性影响，这可以说是在有限的地理范围之内对知识优势性模式的复制。在一些情况下，甚至仍有可能在当今全球学术形势下识别出殖民统治的持久形态。例如，虽然产生于法国的学术在塞内加尔和越南这样受法语影响的国家内的学术交流中占据中心位置，② 但是在英语社会和葡语社会中却仍处于更为边缘化的地位。③ 当然，由于二战后美国学术界在全球范围内的吸引力日益增长之类的因素，这样的殖民地理因素可能日益变弱，但是仍然会持续存在。

　　在其他情况下，即在殖民主义创造的语境范畴之外，我们也可观察到国际影响力的连锁效应。德国就是一个例证。许多历史学家抱怨产生于他们国家的学术得不到美国和其他英语国家的充分认可。然而同时，德国学术体系相对于其他一些国家来说也具有中心性。以德语出版的学术文献在其邻国的史学领域颇具影响，这些国家包括捷克、波兰、丹麦以及荷兰等。但是，在德国，源自这些国家的出版物通常在特定区域研究之外却不被认可。这种情况下，它们也就无法对方法论转向、概念论辩以及新型研究方 ₀₄₁ 案的组建这些方面施加影响，即便是在处理欧洲或是全球史问题时也是如此。④ 除法语之外，对邻国语言的精通并不是德国知识生活标准的一部分。最重要的是，没有人肯付出努力通过翻译使这些国家的学术可以供学术界人士使用。

　　中国同西方之间的学术关系也深受等级制度和不平等的影响。⑤ 例如，在 20 世纪 90 年代，在社会科学和人文科学的学术著作中，由英语译成汉语的是由汉语译成英语的 13 倍。对 20 世纪 90 年代和 21 世纪初期在中国发表

---

① 例如，见 Chakrabarty（2000），自第 6 页起。

② 见 Middell（2003）。

③ 当然，法国理论中的一些元素超越了语言学的很多界限，并且在世界不同地区变得更具影响力。

④ 在世界史和跨国史领域挑选的 10 篇论文中，除了法语引文外，没有任何德国邻国语言的引文。见第 3 章。

⑤ 在研究世界史的中国学生中进行的民意调查也证明了这种趋势。例如，最近一项在 37 所大学中进行的调查显示，中国学生希望接受更多的外国主要是西方"经典"的世界历史写作的强化培训。同样研究表明，学生在课外时间阅读的 5 篇最常被引用的文本都是西方文本。见 J. Xia 和 L. Wan（2006）。

的关于跨国史以及全球史研究主题的重要论文进行的粗略分析，揭示了同一问题的另一方面，即平均来说，超过 60% 的引用文章出自英文出版物，部分是经过翻译后使用。[①] 此外，涌向西方求学的中国学生远远多于来中国求学的西方学生。例如，在 2008 年，6 万名中国学生在美国求学，2.6 万名中国学生在德国求学，而仅仅 1200 名德国学生和不到 5000 名美国学生在中国大学里求学。西方对中国学生持续的吸引力也引起了中国持续的人才迁移或者说是"人才外流"。根据 2009 年中国教育部的一份声明，自 1979 年以来，中国已经有 139.15 万名学生出国留学，其中只有 39 万名（约占总数的 28%）学生回到祖国。[②] 这不仅仅是人才外流，而且强烈表明了持续的学术失衡。从智利到菲律宾，一系列国家中存在着大批接受西式教育的历史教员，这些地区的聘用模式部分受到北美或欧洲高等教育机构对世界其他地区而言的持续声誉的影响。[③] 美国的情况也证实了这一基本模式。尽管美国的学术体系已经对欧洲和北美以外的移民更加开放，但属于这一群体的大多数教员通常毕业于西方大学而非其他地方的大学。

目前学术体系的西方偏见不仅仅是由物质条件决定的，同时也由隐含的世界秩序观以及对全球知识引力的假设所决定。一些批判性学派如底层研究运动，长期以来都在质疑一个事实，这个事实就是西方认识论的主导已经变为地方性的知识、文化、社会以及政治结构的内在组成部分。[④] 在印度，人们强烈意识到即便是对国家或者区域历史进行解读的方式，都已经受到殖民主义和其他全球互动的决定性影响。[⑤]

同样，在宏观区域研究中，西方偏见表现得更加明显。例如对非洲或拉丁美洲的研究，就算作为地理上或文化上的整体，这些地区也没有历史根源，而是起源于欧洲的规划、干预和发明。[⑥] 把"西方"从历史学家的工具箱中剔除的做法，必然会成为反抗强大的学术主流的重大举措。对于西

---

① 这个数据是我对此领域内 20 篇论文分析后得出的结果。这些论文发表于一些主流期刊如《世界历史》，以及其他的一些论文集，如 Yu（2007b）。
② 2009 年 3 月 25 日，新华社发布。
③ 例如，见 Nagano（2004）。在一些情况下，受西方训练的教员至少在地理范围上一直变化。例如在印度，由于在英国受训的印度历史学家比例在下降，因而英国在印度的殖民控制也在减弱。越来越多受过外国培训的教师是在美国、澳大利亚以及其他国家接受的培训。参照 Bayly（1997）。
④ 见 Prakash（1994）。
⑤ 见 Chakrabarty（2000）。
⑥ 例如，见 Mudimbe（1988）和 Mignolo（2005）。

方的欧洲历史学家的专业研究领域来说，了解世界其他地区历史的基本模式仍然不是专业必要条件，就更不要说让他的研究受这些模式影响了。① 在欧洲的欧洲化史学的趋势里，这一点尤为引人注目，在欧洲，对方法论国家主义的解构没有引起类似的对"欧洲中心论"的激烈挑战。甚至很多年轻的欧洲历史学家都认为，这个大陆的内部历史大体上可以被理解为独立于全球纠葛。②

很显然，在目前的国际学术体系中存在着重要性、影响力以及权力之间的差异。这些差异至少在某些方面将 19 世纪和 20 世纪的世界秩序的影响加之于 21 世纪。面对这种情况，有人可能会将全球院校史学的基本范畴比作世界体系理论中的概念世界，并且区分全球学术中心、具有区域影响力的半边缘地区，以及在其他语言中作用不大的边缘地区。这种模式甚至会充分地显示出这样一个局面，即长期以来处于学术边缘的国家之间只保持着相对较少的联系，因此也就巩固了更核心地区的主导地位。③ 例如，拉丁美洲和东亚的历史系之间的知识迁移和学术交流水平，明显低于西方在这两个地区的影响。在学术知识的全球社会学中，"西方中心论"的持久影响明显限制了其知识潮流的发展方向。从这个意义来说，"欧洲中心论"和历史学家之间全球交流的贫乏是密切相关的问题。

用世界体系理论的话语可能有助于我们阐释全球学术环境中的一些关键方面，但是这种抽象却显然不足以描述史学的全球现实。具有世界影响力的学术中心的分布状况之复杂，是任何宏观的模型都无法完全把握的，特别是把国家和语言作为主要的分析单位。例如，在像美国或英国这样的国家中，资金丰厚的私立大学和社区学院就其提供的职业机会以及对学术话语的影响而言，可能截然不同。

此外，我们不应因为学术等级制度在世界范围内的存在就错误地断言史学的全球环境在很大程度上停滞不前。恰恰相反，全球环境已经发生了深刻的变化。例如，在世界一些地区，尤其是东亚地区内，一些国家政府已开始在大学部门投入大量资金。这已经开始对全球知识交流模式产生影

---

① 例如，见 Dirlik（2002a）和 Chakrabarty（2000），尤其是第 1 章。
② 例如，见 Sachsenmaier（2009b）和 Osterhammel（2004）的批判性讨论。
③ 例如，中国在印度史或中东史研究领域的专家数量，与美国史、欧洲史以及俄国史领域的专家相比就相形见绌了。

044 响。① 例如，20 年前，在全球范围内最具影响力的中国史学研究中心仍位于英语世界和中国台湾，如今，中国大陆的研究部门的影响力越来越大。全球学术形势中发生的这些变化在未来很可能有更加深远的意义，并且连同其他因素，可能有助于改变全球学术体系的平衡。

1.6 "去中心化"运动和冷战

　　自现代史学传播以来，就出现了一些反向运动，旨在反抗现代学术的标准及其固有的世界秩序表述。在早期阶段，对西方知识霸权的挑战就经常和世界不同地区各种形式的政治抗争联系在一起。② 这些反抗运动通常以地方性的知识抵制形式出现，例如黑人文化传统学派这样的跨国组织在欧洲殖民秩序似乎尚且完好时，便已经产生了影响力。③ 尽管之前发生了重要的反抗运动，但那些试图打破"欧洲中心论"和"国家中心论"思维联盟的运动，却是在冷战时期尤其自 20 世纪 70 年代开始在不同学术环境以及周围的公共领域内变得越来越多。结果在一系列复杂的变化之后，越来越多的学术界开始更加公开地批判"欧洲中心论"以及史学这一科学领域内的其他重要范式。与 20 世纪初期相反的是，当今对西方偏见的批评已在世界范围内的学术群体中成为一种更加普遍的现象。但是，正如之前关于全球学术等级制度的讨论提醒我们的一样，这并不意味着"欧洲中心论"的结构和思想已在全球学术景观中消失。

　　批判"欧洲中心论"的形式极其多样，要将其一一呈现是很难的，最好的方式莫过于概述一些重要的案例。就总体轮廓而言，若是忽略无数的更加繁杂的现实，可以将对"欧洲中心论"的批判粗略地区分为两个主要阶段。在基于文明或国家的立足点上提出对全球权力体系的批判是在二战后的前 20 年；而认识论问题是在 20 世纪七八十年代才逐渐变得突出。早期的批判形式是从国家或大陆等概念出发，而它们现在正日益成为知识反思的对象：这些概念被归为西方统治的产物而受到质疑。但是，这并不是说国家和国家历史的概念在此时期受到了明显的抨击。例如，中国的情况就表明，在一些不断寻求替代的、非欧洲中心的史学方法的学术群体中，国家历史甚至得到了进一步强调。

045

----

　　① 更多详细内容见第 4 章。
　　② 见 Young（2001）对这些政治思想运动的历史概述。
　　③ 例如，见 Wilder（2005）。

　　在知识分子抵制"欧洲中心论"思潮的历史过程当中，两次世界大战当然是一个很重要的因素。[①] 尤其二战和法西斯主义的经历在思想上加深并且扩大了人们对欧洲历史标准意义的怀疑。一些思想家如弗朗茨·法农（Frantz Fanon）、艾梅·塞泽尔（Aimé Césaire）和利奥波德·桑戈尔（Léopold Senghor），都深深地植根于法国社会、学术和政治当中。他们认为西方文明的信誉完全被从殖民主义到法西斯主义的发展轨迹破坏了。[②] 例如，在塞泽尔看来，法西斯主义是对帝国主义的直接延续，因此它表明欧洲文明轨迹发展到了极致而不是从其中偏离。[③] 在相似假设的基础上，桑戈尔呼吁新形式的人文主义来追求西方至今尚未达到的成就。[④] 不同学派的很多思想家提出，诸如进步、唯物主义和理性主义等现代性的逻辑，只是人类存在的一个可怜的阴影。这也意味着从欧洲资产阶级的生活方式、习惯以及价值观当中发现人类和人道主义的存在水平降低。同时，即便是像塞泽尔这样的重要人物也都乐于运用像"文明"或"国家"这样的空间概念。这些概念是由西方主导的世界秩序的标志。[⑤]

　　对迄今为止仍占主导地位的政治秩序意识形态的普遍祛魅在 1968 年首次达到象征意义上的高潮。那时，此类抗议运动在一些西方国家、华沙条约组织国家以及中国进行着。[⑥] 当然，这些运动的动机是不同的，并且大多数运动是在国家框架内进行的。然而，那段时期的全球理论思潮在许多方面包括方向性上非常引人注意。例如，在从美国到印度再到东南亚的一系列社会中，公共舆论越来越多地提及毛泽东思想，尽管在许多情况下它还远不能被这些社会中的主流舆论所接受。在许多方面，毛泽东的语录和毛泽东其他作品的流行，标志着形成于中国的另一种现代性观点首次在全球产生了如此程度的吸引力。[⑦] 当然，1968 年的影响可能被夸大了。1968 年之后，产生于西方的理论在全球范围内仍然具有很大的影响。但是从宏观

---

① 关于在一战后对西方现代性的怀疑的跨国传播，见 Sachsenmaier（2006）。

② Césaire（1955）。关于宏观的思想和政治环境，见 Wilder（2004）。

③ 另见 Young（1990）。

④ 见 Senghor（1997）。

⑤ 早期的黑人文化传统运动潮流甚至没有试图对种族和族群话语进行解构。例如，见 Wilder（2005）。

⑥ 学者们对 1968 年运动的历史特点持不同观点。将其视为世界性革命：见 Wallerstein（1993）。不同解释的集合：见 Fink、Gassert 和 Junker（1988）。另见 Klimke（2009）。

⑦ 见 Sachsenmaier（2009a）。

趋势来说，全球学术流动模式已经变得非常复杂，以至于无法明确区分许多跨国知识运动的发源地与接受者。[①]

在冷战的后半期，欧洲殖民帝国的分崩离析以及同时发生的国家构建过程，意味着国籍对于世界大多数地区不再是一个无法实现的目标。在许多社会中，全球新环境促进了旨在获取更多地方权力的尝试，这在学术界引起了关于如何使学术连同政治解放斗争实现非殖民化的辩论。在两个超级大国以及意识形态体系主导的地缘政治背景下，这样的思想动力通常被引入第三世界的团结运动里。[②] 这至少部分是对华盛顿和与其相对的莫斯科所提倡的发展信念的批判。

在刚摆脱殖民统治的社会中，发展项目的失败只是人们对将美国和苏联作为国际模式和指导这一观念产生怀疑的原因之一。全球学术氛围进一步受到更多长期变革的影响，包括西方在全球 GDP 中所占比例的逐渐下降以及非国家行为者在政治、文化、经济部门中的重要性日益增强。[③] 此外，在像美国这样的一些社会中，知识移民和对族裔公民身份观念的部分偏离，对学术理论化产生了重要影响。[④] 此时尤其是人文科学见证了人们的日渐高涨的呼吁，那就是要求被抑制的知识形式的崛起以及日益增多的对线性和普遍的宏大叙事的反对。[⑤] 所有的这一切都对当前占主导地位的世界历史表述和国家历史表述增加了压力。

接下来，我会简要讨论两个主要的跨国性运动，即依附理论和底层研究，这也是 20 世纪后半期在寻求去中心化观点过程中所发生的变化例子。这两个学派都极其多样，以至于无法准确地对它们下定义，所以只能阐述一些大体的模式和倾向。依附理论的主流和稍晚出现的底层研究的共同点是，它们都试图加强替代性视角在历史研究中的地位。在这两种情况下，这都与具体的政治目标和社会观点联系在一起，对占主导地位的世界史叙事的批评在其知识主题的谱系中发挥了重要作用。有一点很明显，那就是对依附理论的主要批判通常是基于国家观点之上的。相比之下，对国家和其

---

① 相关的社会学理论见 Castells（1996）。
② 例如，见 S. Tan 和 Acharya（2008）。
③ 例如，见 Maier（2000）和 Iriye（2002）中关于此种长期发展的内容。
④ 见 Fahrmeir（2007）。更多关于美国情况的详细信息见第 2 章。
⑤ 见 Taylor 和 Winquist（2001）中对"后现代主义"及其历史所涵盖的广泛立场的描述，另见 Cusset（2008）。

他概念批判性的重新评估却是底层研究运动中尤为重要的一部分。

依附理论的前身或者说早期版本出现于二战之前的拉丁美洲。它们根源于悠久的知识传统，批判拉丁美洲国家对外国政治和经济力量的依赖。[①] 在 20 世纪五六十年代，拉丁美洲的公共知识分子向美国领导的发展计划提出了挑战。就像其他任何思想运动一样，依附理论朝不同方向迅速拓展。其中一些较为激进，另一些就其政治观点来说则更温和。但是，多数理论家普遍认为，西方自由市场经济的存在而非缺失，是导致格兰德河边界以南的多数国家出现经济萧条、引发社会危机的根本原因。[②] 换句话说，此阵营的学者倾向于认为导致第三世界贫穷的不是当地的文化和社会结构，而是全球经济体系的结构及其机制。在这种方式下，像"欠发达"这样的概念不再被视为一个社会停滞不前的标志，而是被看作历史形成的不利关系的标志。有观点认为，西方的介入使其他社会不可能再沿着各自的历史路线继续发展。

社会主义同资本主义之间的对比是许多依附理论家话语中的一个重要方面，[③] 但我们应该牢记一个事实：此阵营里的多数思想家在根本上并不追求任何形式的国际主义的解决方案。通常他们的主要目标是为了增强对地方发展观念和机制的控制，这暗含着对国际性知识方向和流动的激烈批判。一些思想家甚至更进一步，寻求打破当地将自身定义为欧洲从属地位的习惯。在许多国家中，此种理论活动是与国有企业主、劳动者和实行干涉主义的国家之间寻求建立保护主义同盟的政治努力联系在一起的。在许多依附理论家看来，这将推翻长期形成的国际贸易规则，这些规则一直以来都在侵蚀那些处于边缘地位的国家争取自身权益的机会。[④]

由于这样不利的全球环境并非拉丁美洲所独有，因此依附理论运动也传播到了世界其他地区。在这些地区，依附理论被应用于新的知识背景里。例如，在非洲，当对国家的解放前景及其西方化框架出现质疑时，批判人士便会引用依附理论。[⑤] 事实上，对依附理论的应用和撒哈拉以南地区一些

---

① 例如，见 Lindström（1991）。
② 见 Bernecker 和 Fischer（1995）中对依附理论在拉丁美洲的起源和发展做出的很好的概括。另见 Kay（1989）。
③ 参照 Packenham（1992）。
④ 例如，见 Menzel（1994）。另见 Bernecker 和 Fischer（1995）。
⑤ 见 Cooper（1994）。

国家领导人对苏联理论的应用有一定的重叠。在 20 世纪 60 年代，包括塞古·杜尔（Sékou Touré）和克瓦米·恩克鲁玛（Kwame Nkrumah）在内的许多非洲领导人至少受到依附理论运动的部分影响。^① 许多著名的政治人物坚持认为他们国家的欠发达是殖民剥削以及帝国主义直接造成的。但是，一些领导人更倾向于苏联的解释，而另一些领导人则认为非帝国主义的资本主义发展为他们国家摆脱困境提供了出路。^②

049

　　依附理论传播至非洲和其他地区的途径和方式，远比拉丁美洲的直接传播要复杂得多。事实上，在 20 世纪 60 年代，依附理论开始在美国引起广泛关注，这对其日后在国际上的进一步传播非常重要。^③ 一些学者如安德烈·贡德·弗兰克（Andre Gunder Frank）将其发展到同马克思主义概念世界更相近的程度，尽管是以改良的形式。^④ 虽然美国学者发挥了重要作用，但是依附理论却代表着一个兴起于部分非西方环境下的国际著名的学术派别。这样说可能不太精确，但是将非西方地区及其知识界视为冷战主导理论立场的全球替代方案的源泉是很重要的。换种方式来说，尽管通常被归入依附理论的研究方法产生于跨地区的联系网之中，但拉丁美洲仍继续被视为这场运动的象征和概念表达中心。努力使西方以外地区的经验为世人所知，对于这些研究方法是基础性的。在这种意义上说，依附理论就意味着不仅是对"欧洲中心论"的挑战，而且也是对以西方为中心的"欧洲中心论"批判的挑战。^⑤

　　像依附理论这样的学派是集中在经济以及其他物质观点之上的，而在一段时期内，尤其是 20 世纪七八十年代，一些左翼理论将所谓的"软因素"推到了显著的位置上。这为将学术文化的批判性研究方法与对全球文化、经济以及政治现实的尝试性干预结合在一起开创了新的可能性。一些颇具影响的思想家进一步发展了一种观点，即认为学者所运用的概念范畴是全球等级制度以及不平衡运行机制的一部分。一些旨在复兴迄今为止被边缘化观点的努力开始朝着与世界体系理论及其早期形式的立场显著不同

---

① 见 Young（2001），自第 46 页起。
② 见 Grundy（1966）。
③ 见 Cardoso（1977）提供的早期但依旧准确的概括。
④ 一部重要著作是 A. Frank（1969）。参照 Packenham（1992）。早期美国的相关思想立场见 Baran（1957）。
⑤ 例如，见 Wolfe（1997），第 405 页。

的方向发展。例如，在美国及其他学术团体里，所谓的"文化转向"的一大特色就是对作为学术研究对象的表征、身份和象征意义具有日益浓厚的兴趣。

050

许多努力从弱势群体的角度重新解释全球发展的国际知名学者实际上都拥有跨国背景。爱德华·萨义德（Edward Said）便是其中的著名人物，他是巴勒斯坦思想家，执教于美国。他认为西方学术在殖民计划中通过将之前自治的社会纳入主导框架而发挥了结构性作用。他的观点在全世界不同地区的知识界产生了强烈影响。① 他的主要作品《东方学》（Orientalism）② 在不同社会引起的争论即是对当时学术氛围正在发生巨大变化的强有力的体现。同非殖民化时期以及战前时期比较，国际学术界如今更愿意从社会科学与全球统治和权力模式之间的关系上对社会科学提出质疑。同样在世界史领域，也有通过提出一些与殖民者有关的难题来质疑世界史在哲学上的"更高道德"的强烈倾向，这些难题包括，为何殖民者认为各地区的土地和民族是由于自身原因而受到殖民统治的、并把自己说成是他们的合法历史学家。③

在大多数学术领域里，坚持这些研究方向的学者在数量上虽然不多，但是他们的呼声却变得越来越强，尤其是在人文科学领域内。自称为"底层研究"或者之后同"底层研究"相联系的那些运动的兴起就是对这种趋势的另一个证明。"底层研究"意味着一个多样的研究领域，总的来说，与后殖民主义的其他分支相比，它与历史部门更加紧密地纠缠在一起。④ 底层研究的直接根源要回溯到 20 世纪 70 年代发生于印度的政治社会文化危机的具体语境。那时，在英迪拉·甘地政府所主导的资本主义现代化运动下，印度国内的社会差距、地区差距以及政治差距显著加大，而抗议此趋势的运动也日益高涨。为应对日渐恶化的形势，印度当局一方面采取镇压政策，一方面又掀起民粹主义运动以获得大众的支持。政府在保持其权力方面仅　051
仅取得了有限的成功：民族国家存活了下来，但是在许多人眼中危机削弱了一些国家制度的合法性，如国家行政制度以及法律制度。⑤

---

① 例如，见 Freitag（1997）和 Lütt（1998）。
② 见 Said（1979）。
③ 见 Gran（1996），第 5 页。
④ 例如，见 Young（2001）对后殖民理论的概述；Gandhi（1998）和 Loomba（1998）。
⑤ 见 Prakash（1994），尤其是第 1474 ~ 1476 页。

之后发生的关于谁可以代表印度的争论也演变成了关于谁可以代表印度历史的辩论。一些思想家如拉纳吉特·古哈（Ranajit Guha）指出了在20世纪70年代早期动摇了整个印度的农民起义，并且认为新的民族精英正在对弱势群体进行分类和工具化，这些新的精英已经取代了以前的殖民地精英。① 尽管底层研究的方法极具多样性，但是坚持底层研究的团体一致认为，印度的精英话语要么是资产阶级民族主义的，要么是马克思主义的，同印度农民的观点和处境都是不相协调的。结果，随着争论的进行，印度农民中潜在的有利政治心态和社会结构被降至底层的位置上。② 一些思想家进一步主张，国家的解放可能打破印度作为一个被动社会的刻板印象，但其同时仍然遵循之前殖民者的思维范畴。③ 许多知识分子断言次大陆只有探索出可以代表自己尤其是代表大众的方式，它才有未来可言。④

在这种环境下，学术性学科所扮演的角色受到了大量的批评，尤其是史学的学科。⑤ 很多学者认为不论是右翼还是左翼的历史研究方法都将印度历史强行禁锢在外生的铁笼内，即西方观念之内，这样做至少暗示着在质问印度在进步、现代化以及合理化等范畴中表现如何。随着争论的进行，"保守的"民族主义者通过将其核心概念提升至同欧洲一样的高度来标榜印度历史，一些马克思主义的研究者也不愿将印度历史同欧洲分割开来。这将会削弱像"阶级"这样的概念在全球的力量，并且使对物质依附的批判变得不可能。

根据许多评论家的观点，欧洲的概念范畴向印度的运用，将意味着使长期以来对欧洲地缘政治优势起支撑作用的知识模式长久存在下去。基于此种评估，相当多的学者最初试图恢复"底层"声音，并且通过本地的价值体系、研究方案以及历史观对其进行探索。⑥ 这种概念至少部分是受寻求重新获得将印度的历史与现实概念化的逻辑权威所驱动的。之后，大量的底层研究将其注意力转移到研究说服和强迫的机制上来。殖民地精英以及后来的国家精英就是通过这些机制来保证自己的利益和权力。例如，一些

---

① 例如，见 Guha（1982a）和 Chatterjee（1993）。

② 例如，见 Guha（1982b）和 O'Hanlon（1998）。

③ 例如，见 Prakash（1990）。

④ 参照 Inden（1986）。

⑤ 例如，Gyan Prakash 呼吁新的后基础史学，见 Prakash（1990）。更多详细信息见 Young（2001），自第 4 页起。

⑥ 见 Spivak（1998）和 Bhabha（1994a）讨论的情况。

研究项目寻求揭示在印度独立运动期间，印度的掌权集团是如何在将某些大众运动形式边缘化的同时又利用其他一些运动的。[①]

有一点很重要，那就是应当强调底层研究不是而且从未宣称是反抗全球力量的地方性运动。尽管最初具有地方性的方案，但底层研究团体主要是跨地区知识流动的产物。其他思潮如法国理论、剑桥学派、后现代哲学以及毛泽东思想要素都被认为在底层研究中发挥了重要作用。[②] 此外，许多早期底层研究的领导人物的教育背景，既有印度又有西方（通常在英美社会）。例如，帕沙·查特吉（Partha Chatterjee）在加尔各答长大，毕业于美国一所大学。在 20 世纪 70 年代，他回到家乡居住几年，就是在这段时间内他发展了自己主要的思想框架。后来，查特吉将他的研究基础转向西方，并且获得了西方一些名校的教职。在西方他和一些有印度背景的学者，如迪佩什·查卡拉巴提、吉安·普拉卡什（Gyan Prakash）和佳亚特里·斯皮瓦克（Gayatri Spivak），很快声名鹊起，影响力远远超出了美国和印度学术界。同时，与拉丁美洲在依附理论中的象征作用相似，印度也应被视作底层研究的概念中心，是其批判的主要关注和阐述的地方。

1.7　认识论怀疑

由底层研究和其他知识运动所阐释的认识论关注遭到了不同程度的批评。例如，一些学者认为，所谓的视角多元化实际上是学术象牙塔内差异的市场化。按照他们的说法，在主要以文本为导向的研究当中纳入性别研究和具体区域的视角使学术体系的基础更加稳固，同时转到晚期资本主义的逻辑上来，并且因此抛弃了对激进的解放运动的追求。[③] 在这种环境下，一些评论家将后殖民理论的兴起更少地解读为对底层呼声的研究，更多地解读为一些知识分子的权力的表达。这些知识分子来自第三世界，在西方学术界已经获得了相当高的地位，而且他们已经从贫穷国家的现实当中脱离出来。[④] 从另一个角度来看，其他学者认为，底层研究和后来的后殖民批判的成功主要是在西方社会，而全球南方许多地区的主要学术理论思潮却

053

---

① 例如，Chatterjee（1993）。类似的分析见 Sh. Amin（1984）。
② 见 Lal（2002）。
③ 例如，Kaiwar（2004）、Jameson（1991）、Appiah（1991）。
④ Dirlik（1994）。关于这种批评见 Moore-Gilbert（1997），自第 18 页起。

是朝向不同的方向发展的。①

此类批判主要针对在西方被制度化的底层研究以及相关研究方案。它指出的一些主题和问题，实际上有待进一步反思、推理和讨论。无论如何，全球知识等级制度中的特权地位作为众多底层研究观点的关注点，受这场知识批判运动的影响十分有限。与此同时，西方的底层研究或者后殖民主义也仅仅是在地理上更广阔联系的一部分。这种联系加深了对学术文化、概念和结构的怀疑。一般说来，在世界的许多地区，一种问题意识越来越强劲，这种意识一方面是关于概念、比喻以及语言之间的关系，另一方面是关于支配模式和权力结构。这种愈加强烈的怀疑当然还没有形成一个连贯的全球知识运动。② 所以对未来的历史学家来说，要将其在 20 世纪后半叶的全球研究途径以及模式描绘出来，仍然是一项极其艰难的任务。

在智力活动的许多不同领域，都出现了学者同既定的学术概念相疏远的状况。将西方范畴运用于欧洲之外的地方环境的做法已经在一些研究领域产生了问题。这些研究领域长期以来对于认识论上的批评已经很不敏感。例如，在许多国家中，即使像经济学这样的学科都已经产生出这样一些研究：这些研究虽然数量少但是却日益增多，受嵌入观点以及区域敏感视角吸引，而从基于普遍的经济人理念的新古典主义模式中分离出来。③ 此外，至少部分全球导向的研究领域，如发展研究领域、环境研究领域以及健康研究领域，如今比上一代人更加重视地方的观点和背景研究方法。④ 更高水平的国际以及学科间的合作，甚至包括人文科学与自然科学之间的合作，丰富了此研究方向的一些项目。作为这种发展的一部分，对于地方差异如何让学术研究的主体、客体关系变得更加复杂，许多学科表现出更高程度的敏感性。

同时，这种发展可以被看作学科危机，在过去的几十年里很多学术领域内经历过这样的危机。例如，在美国以及其他一些社会中，对文明社会与欠发达社会的区分曾经是人类学的基础，但是这种区分如今在人类学的主体部分中已经越来越不适用了。这种学科文化的改变是相当重要的。事

054

---

① 例如 Mallon（1994）。

② 见第 4 章以及结语。

③ 例如，见 Harvey 和 Garnett（2008）；Goodwin、Nelson、Ackerman 和 Weiskopf（2008）。

④ 例如，关于在环境和健康研究领域的活动，见 envhealthasia. aas. duke. edu。关于发展研究，见 Sachsenmaier（2009c）；Apffel – Marglin 和 Marglin（1996）。另见 W. Tu（2002）。

实上，在冷战期间的大部分时间里，人类学的主流思想仍然支持旨在帮助其他社会发展的进步主义的研究项目。① 另外，在同一时期内，像社会学等一些研究领域面对的问题是普遍视角的概念遭受着日益增多的反对，认为未来的全球模式可以从西方经验中衍生出来的想法同样遭到反对。由此导致的学科文化之争通常与国际组织内甚至政府范围内的范式改变联系在一起。除了像世界经济去中心化这样的宏观过程所带来的影响外，还要面对众多摆脱殖民地地位的社会中的教育现代化失败的事实。尽管之前就有对普遍世界观的批评，但对"西方中心论"范式的怀疑在过去的 40 年里已经逐渐变得更加强烈，并且在全世界范围内互相联系得更紧密。

在全世界许多历史学家的研讨会上，也可以感受到此种认识论上的不满以及对权力结构的批判意识。例如，在撒哈拉以南非洲的大部分地区产生了一些重要的辩论。这些辩论围绕民族国家范式的替代历史想象问题而展开论述，尽管民族国家范式仍然在高等院校中占有支配地位。② 虽然之前就有先例，但 20 世纪 80 年代已经见证了一场日益壮大的运动，寻求更加有尊严的方式将非洲历史同世界其他区域联系起来。这些方式主要不是用西方的视角看待非洲，并且赋予当地的团体更高层次的力量。③ 例如，在方法论层面来说，非洲和西方的关于非洲历史的学术研究，见证了历史学家们为从西方语言的书面原始资料占统治地位的境遇中脱离出来所做的更多努力。这在某些情况下可能会导致人们对口述传统产生更大的兴趣。④ 此外，尤其是在那些国立大学已经失败了的国家内，世俗的、国家的或科学的范式越来越受到挑战，其作为殖民的或后殖民的强制实施并不符合当地的社会、文化和政治团体的现实。⑤ 在一些情况下，这样的过程与伊斯兰和其他可供选择的知识形式的日益增多是并行的。但是，这种趋势的范围和影响不应被夸大，尽管它们变得更具影响力了，西方知识生活在非洲的支配地位仍然构成了一系列未解决的问题，尤其是在学术范围内。在许多国家之中，院校史学的结构仍然支持"国家中心论"视角以及"欧洲中心论"视角的相互作用。

---

① 例如，见 Ferguson（1997）。

② 例如，见 Diouf（2000）；Cooper（2000）。

③ 例如，Boahen（1987）。

④ 例如，见 Feierman（1993）。

⑤ 例如，见 Harneit-Sievers（2002）。

在其他一些情况下，对历史的国家话语在不同方向都承受着压力。例如，在许多社会中，史学受到一些团体所带来的压力的影响，如一些妇女运动要求此领域给予性别问题更多的关注。这改变了在许多社会中长期以来受父权观点主导的学科研究。此外，在一些长期受白种人主导的前殖民地当中，从更加强调迄今为止被边缘化的种族群体的经验意义上来说，已经出现了偏离国家史的过程。除了在第 2 章要讨论到的美国之外，澳大利亚就是这样一个例子。在澳大利亚，让土著居民和亚洲移民更多地参与学术研究和国家支持的历史教育的尝试，激起了大范围的公众辩论，甚至受到了保守派的抵制。① 还有在拉丁美洲，由于在一些社会中长期以来都不承认种族多元化的历史，因而出现了强烈的运动要求对种族和文化的多样性给予更高水平的关注和欣赏。尤其是自 20 世纪 90 年代起，土著和当地的一些团体发起了联合运动，要求建立一个多元化的社会。这样的社会允许更高水平的文化自我表达，因此有助于改变历史意识的形式。②

这些例子表明，在许多情况下，统一国家史叙事承受着越来越大的压力，如今还要面对来自一些身份团体的反对。这些团体寻求从在政治上受支持的历史意识形式中争取发言权。一些新的学派和运动更加努力地探索替代的社会和文化形态，并且在含蓄地改变一些历史传统，这些历史传统将国家作为相当统一的实体。在某种程度上，这自然是学术环境内社会变化导致的结果。例如，在许多国家中，教育部门的扩展将来自新的社会和种族背景的个人带到学术象牙塔内。这作为普遍的发展趋势，给早期的以精英为中心的话语带来压力。③ 就像"欧洲中心论"和"国家中心论"在现代历史学全球传播期间通常属于同一概念组的组成部分，许多近期的反对运动实际上既反对方法论的国家主义，同时也反对将西方作为主要的全球参照空间的理念。

必须要再次强调的是，日益增多的学术批评以及这种形式的研究活动不应当被误解为多数性的话语。在世界上很多地区，国家框架以及"西方中心论"仍然支配着学术环境。并且在某些情况下，对国家视角的批评也遭到了学术上的强烈反对。另外，正如之前讨论的，全球知识格局在很多方面仍然是分等级的，并且仍然广泛地以享有特权的西方社会为中心。但

① 例如，见 Haebich（2005）；Hearn（2007）。
② 例如，见 Millet（2006）；Jackson 和 Warren（2005）。
③ 见 Altbach（2007）。从不同角度的论述，见 Gibbons（1994）。

在全球学术理论中仍有一些正在发生改变的模式，其中的一些模式同全球
史发展趋势紧密相关。正如在导言中提到的，在同时考虑全球和地方视角　057
时，无法评估这些变革背后的复杂动态。由于这一章阐述了全球学术文化
的一些基本方面，因而接下来的三章将会集中在美国、德国和中国的全球
史趋势的各个方面。结合其他因素考虑，融入全球史趋势的知识力量、大
众力量以及政治力量在这三个国家内是不相同的。这反过来在全球史领域
也创造了具体的途径、模式以及重心。　058

第2章 一个术语和一种趋势：
美国的研究概况

2.1 学术形势的变化

正如前章所述，批判"院校史学"各方面状况的几场跨国运动都与美国的大学有着紧密的联系。虽然我们不能因此就认为，有关欧洲中心史观的这种日益高涨的问题意识是从美国扩散至世界各地的，但美国学术界在全球学术交流中起着枢纽的重要作用。而且，美国高等院校在相关学术上的变革不只是由学者们的国际运动引起的，同时也是国内发展使然。由于这种变化的节奏不甚一致，因此我们只好从中选取几支主要力量，即在过去的半个世纪中，美国院校在历史学术上发生的重大变化的相关动因，来做简要分析。

对于在美国人文社会科学的一些重要领域发生的某些大变革而言，区域史研究可以说是一个举足轻重的例子。自20世纪40年代以来，美国大学的区域研究得到了美国政府以及一些私人基金会的大力支持，其主要目的在于为国家新的全球干预和发展目标培养一批技术人才。[①] 区域研究的机构化在20世纪60年代增长迅猛，并于70年代达到顶峰，90年代之后则进入缓慢下行的区间。在许多决策者看来，这些领域最初是为了顺应政策的需要而兴起的，用来作为（相关人才的）培训机构，提供战略相关地区的信息。换句话说，区域研究的建立既不是为了挑战普遍规律性学科（如社会学和政治学等）赖以维系的概念框架，也不是为了对一般的历史研究提供重要启示。然而在随后的几十年里，随着对西方之外世界各地相关学术知识的积累，区域研究被逐渐引入包括史学在内的一些更大领域之中。特别是从20世纪70年代末开始，许多系都系统地设立关注世界其他地区的区域

---

① 例如，见 Palat（2000）和 Manning（2003）。一战后，拉丁美洲史就已在制度上得到了扩充。

研究的教职，某些学科体系的研究形势也发生了变化。由此产生的后果就是，以教授北美史或欧洲史为主的美国历史系教员在国内所占比例降至66% 左右，而且在某些研究型大学，这一比例甚至更低。①

连同其他因素的影响，这种结构性变化给世界史和国家史研究的主流表述带来了更大的压力。② 不消说，多元化的区域研究并没有以同质化的方式向前发展，因而无法对其统而论之。③ 不过作为一种总体趋势，这一进程促使世界不同地域的专家能够进行合作，实现共同干预。最引人注目的是，它至少让有关西方历史的学术研究同针对世界其他地区的专门研究更容易发生碰撞。在研究除欧洲和北美以外的世界各地区的学者当中，通过各种复杂的、非线性的发展，越来越多的人开始相信，有必要打破这种各自为战的研究状况。例如，一些有影响力的学者质疑那些用欧洲中心的范畴来评估和分析世界不同地区（如中国、印度、中东等地）的做法。相应地，更多基于区域研究或其附属研究的学者开始对那些在本领域被奉为圭臬的认识论主张和研究方案提出挑战。④

美国大学在区域研究上的变化，不过是美国整个学术界在冷战时期和冷战之后所经历的更大规模的、彼此联系的变革的一个方面。构成这一历史背景的一个重要进展就是大学日益呈现出的多元化趋势，不过，我们不能把这一进程同缩小美国的社会差距混为一谈。同世界其他许多地区一样，⑤ 美国的高等教育机构在战后得到了大规模的扩充，这也意味着专业学者和学生的数量迅速增长。⑥ 大学的扩充在政策上被赋予了优先性，这是由多方面原因造成的。例如，在许多人看来，对受教育人口和接受高级培训人口的扩充，是对国家新型地缘政治角色和发展战略的正确响应。从 1944 年的《退伍军人教育法》到 1958 年的《国防教育法》，一系列措施为新的社会群体和社会阶层拓宽了接受高等教育的门路。⑦ 值得一提的是，在此背

060

---

① 见 Townsend（2001）和 Gräser（2009）。

② 其中一个例子就是"西方文明课程"日益遭受批判，特别是在 20 世纪七八十年代。例如，见 Allardyce（1982）和 Naumann（2007）。

③ 区域研究的某些分支在一些方面往往比其他分支更加关键，例如，南亚研究中的底层研究就比东亚研究中的更有力。

④ 例如，见 Cumings（1998）。

⑤ 见 Scott（2006），另见本书第 1 章。

⑥ 例如，见 Bender（1997）。

⑦ 见 Krige（2006）。

景下，教员和学生群体得到迅速扩充的学科不仅限于科学技术领域，人文社会科学也经历了同样的过程。在之后的几十年里，为接受高等教育拓宽渠道、扩大覆盖面的主张继续得到了政府、社会和私人方面的高度支持。即使在"婴儿潮"一代开始步入成年之时，学生占总人口的比例仍在持续上涨。[1]

这一过程有利于学者和学生在社会和文化背景方面呈现多样化趋势，同时也对研究和教学方案产生了重要影响。虽然从 20 世纪 70 年代起，教员数量不再呈现大幅增长的态势，但美国的大学开始经历一场社会变革，使学生的种族、性别和社会背景的多样化水平提升到一个新的高度。[2] 例如，在加利福尼亚大学伯克利分校，亚裔（包括外来移民和本国公民）的研究生和本科生所占比例，分别从 1983 年的 7% 和 23% 增至 2007 年的17.6% 和 41.7%。[3] 历史系教员的构成也与之类似，虽然在程度上有一定差异：除女性学者加入外，越来越多的社会背景迥异的非欧洲裔学者也加入了这一学科的教学队伍。[4] 在人口构成的变革方面，美国的历史系虽然称不上人口转变的先驱，但高加索（Caucasian）教员的比例，即属于"白色人种"教员的比例从 1988 年的 95.4% 降至 2007 年的 85.3%。[5] 此外，女性占专业历史学家的比例从 1980 年的 14% 增至 2008 年的 30.4%。[6] 这些变化的结果就是，在全国历史教员中以前占据主导地位的"白人"群体如今仅占一半多一点，[7] 而且带有盎格鲁—撒克逊新教背景的人数比例也显著低于这一数字。

这种人口变革在全国范围内的变化轨迹不尽相同。有些社会变化形式具有区域特征，例如，美国南方的社会政治环境使之在出发点上就很难与国内其他地方的大学相比。此外，教员和学生的多样化程度在不同院校之间可能有较大差距，其提升的动因包括社会政治压力和经济利益等因素。一些案例研究使我们得以窥见美国大学在冷战时期和冷战之后所经历的复

---

① 见 Geiger（2005）。
② 见 Higham（1989）。
③ 资料来源：osr2. berkeley. edu/Public/STUDENT. DATA/set/set_ registrants/html。
④ 有关历史系教员的多样性的概论：Appleby、Hunt 和 Jacob（1995），自第 206 页起。
⑤ 资料来源：美国教育部、国家教育统计中心，2004 年和 1988 年的全国高等教育教员研究。
⑥ 见 Townsend（2008）。
⑦ 见 Townsend（2008）。

杂变革的来龙去脉。① 不过，还有很多案例仍需做更为详尽的历史考察，其中就包括杜克大学。该大学在 20 世纪 60 年代初还是一个奉行保守的种族隔离主义的南方精英院校，而一代人之后就演变成种族构成极为多样的大学，还设立了文化研究、后殖民主义和新马克思主义等研究领域。②

在大量案例研究的基础上，有必要将历史化的范畴拓展到更加宽泛的关联上，即每所大学的发展都与彼此、与社会密切相连。当然，学术界发生的社会变革绝不是在独立的象牙塔内完成的，而是与更为广泛的社会运动和政治改革交织在一起。更为重要的是，由民权运动和越南战争产生的冲击波，对美国的院校产生了重大影响，增强了人们要求大学向社会弱势群体开放的呼声。一时间，在美国许多大学里经常相当公开的种族主义舆论被迫转入防守。对于日益壮大的美国高等教育体系而言，多元化取代了隔离化，成为这一时期的重要呼声，这种呼声如此强烈，以至于那些经济利益提供者、学术管理机构和政治势力再也无法对其等闲视之了。

062

作为一种总体性进展，社会变革和美国大学日益高涨的包容性呼声对人文和社会科学的概念体系产生了极为深远的影响。在文学和人类学等学科领域，随着矛盾压力不断积聚，最终爆发了相当激烈的学科文化战争，促使研究和教学方案从"西方中心论"的偏见中摆脱出来。历史系也是其中一个重要战场，③ 虽然在这里发生的学术对抗运动表现得不像其他学科那么剧烈。④ 当冷战进行到下半场，越来越多的学者和公共知识分子开始提出自己的看法，认为主流的史学研究并没有对国内的多样化给予应有的公平对待。⑤ 人们纷纷对美国的历史研究的惯常方式提出质疑，怀疑其是否充分体现了社会历程，还是仅仅局限于特权或精英阶层的观点和视角。从这个意义上讲，这种旨在使美国大学在教学和研究方案上实现民主化的构想，

---

① 例如，见 Lowen（1997）和 Conkin（1995）。
② 一些有趣的见解参见美国历史协会首位非洲裔主席 John Hope Franklin 的自传，见 Franklin（2005）。
③ Novick（1988）。
④ 参照 Bonnelli 和 Hunt（1999）。
⑤ 影响力较大的著作是 Zinn（1980）。

至少是与"从下层看历史"等学术潮流与日俱增的重要性交织在一起。① 许多倡导底层视角的群体在美国大学中得到了越来越多的支持，他们往往通过身份认同的原因或政治目标而凝聚起来。② 在其他进展中，越来越多的研究领域，从性别研究到美国黑人研究，开始以更加激进的方式对美国历史的统一性提出质疑，提出诸如"谁的历史?"之类的问题。换句话说，它们通过聚焦于那些难以用主流言辞修饰的历程和群体，来反抗占据主导地位的研究方案。③

当然，早在 19 世纪晚期，美国就已出现了若干种运动，旨在寻求更加开阔、多样化的，言外之意就是民主化的史学和历史记忆。④ 但真正把美国历史系活动的多样化水平提升到特定高度，使其能够提出新的和带有明显政治倾向的历史客观性问题的，则还要归结于 20 世纪 60 年代之后的变革。"文化转向"等运动，或者更加泛泛地讲，这种针对简化论者的归纳法提出的怀疑论，在许多学术门类中都能直接或间接地被感知出来。⑤ 在相关进展中，美国的大学成为批判"西方中心论"的重要舞台。一些反霸权主义思潮，如底层研究、后殖民主义和后现代主义，虽然在美国可能仅见于少数论述中，但其机构基础已经远远强于世界其他许多地方，同样重大的还包括其对整个学术生活的影响。⑥ 略带夸张地讲，在后殖民主义和其他思想运动兴起之时，西方的学术机构第一次被用来对抗西方。⑦ 不过，这一时期的学术变化确实非常剧烈，使美国的学术界远远偏离了其原有的主导路线。

本书对美国大学自 20 世纪 60 年代以来在社会和认识论上的变化的概述，应该被看作不同形式的全球史和跨国史出现的一般背景。本章接下来

---

① 越来越多的研究开始关注美国地缘政治角色的转变与国内种族关系斗争之间的关联。在争夺第三世界的冷战时期，连国内的一些保守势力也迫于一定压力，试着去证明美国属于一个包容性社会而不是排外性社会。见 Borstelmann（2002）和 Dudziak（2002）。

② Bastedo（2005）和 Searle（1994）。

③ 在这一背景下，针对广泛流行的历史宏大叙事的批判越发强大，步调也变得更加一致。例如，许多学者尖锐地批驳了把美国边疆视为西方历史顶点并描绘成自由的展现的观点。见 W. McNeill（1995）回忆录，自第 10 页起。

④ 见 Novick（1988）。

⑤ Bonnelli 和 Hunt（1999）。

⑥ 对这一主题的批判性论述：Chomsky（1997）、Robin（2001）和 Cusset（2008）。

⑦ Young（2001），第 64 页。有人可能会想到 19 世纪和 20 世纪在某些西方国家存在的马克思主义。

的部分将主要集中于史学不同分支中一些较新的研究进展。这些部分讨论的是具体的研究领域甚至是特定的某些出版物，而不是去探究社会变革与史学领域的观念革新之间存在的直接因果联系。本章接下来在对大量学术文献进行研究的时候，将以美国为侧重点，但将"美国"学术做狭窄界定也是不可能的。也就是说，笔者也会考察许多源于其他国家、但对美国史学产生影响的英文出版物。正如在导言部分所讨论的，任何学术团体中都存在着一定程度的国际交融。不过，就德国和中国等地的情况而言，在全球层面流通的大量英文文献，从语言上讲，可清楚地分辨其源自不同的表述中心，而实际上给人的感受亦是如此。虽然在美国市场上能够找到来自世界不同地区的英文文献，但这并不意味着美国学术界与世界其他地区的研究动向有着多么紧密的联系。通常来讲，源于世界其他地区的研究中，只有小部分才会用英语呈现出来，而能够为美国历史学家团体所认可的则少之又少。

2.2　"全球史"——新术语的提出

学术领域的多样化属性对我们认识这种变化规律具有重要的启示意义。一些新思潮会相当迅速地围绕一部著作、一位思想家或一个思想流派建立起来。一些例子如世界体系理论、东方主义学派等，在早期就创立了经典篇章，然后其支持力量据此来表达它们的观点。不过，就多数情况而言，学术趋势的产生途径和模式往往会显得更加分散。那些最终在学术领域引起大变革的学说，往往是以游移的观点、兴趣和个人嗜好为开端的。由于它们最初是相当分散的，所以在最早的支持者或反对者将其表述为一种新趋势之前，往往要经历一段时间。实际上，当人们开始创立新术语来描述一个特殊的研究领域或方法论流派的时候，其中蕴含的学术趋势早已悄然上路了。也正是在这一阶段，围绕新观念和新方法产生的较大的学术争议通常才会逐步显现。①

在此情形下，要想对单一学术流派的属性和核心方案进行准确界定几乎是不可能的。例如，当一些新创立的术语（如"社会史""文化史"）被推举出来时，它们并不必然地昭示着一个清晰的研究范围。通过简单回顾过去一些思潮的提出和发展（如"社会史"和"文化史"），我们可以知

----

① 关于史学领域一些重要的学术争议，见 Raphael（1990）。

道，在新兴的研究领域中，不确定的含义和模糊的方案是再寻常不过的事了。① 实际上，对于任何学术运动的思想轮廓而言，为其确定一个明确的开端，并将其同密切相关的领域分门别类地区分开来，几乎是不可能的。在对新领域进行划分时，会出现各种各样的问题。例如，只有一小部分学者可以被归入某一知识运动，该领域的新称谓真正能够代表他们并被他们用于作品标题。此外，能够与一种趋势发生联系的学说，通常也与其他大量思想流派有着千丝万缕的联系。

我们不能被方法论的多元性和某些刻意提出的异议引入歧途，认为大部分学术趋势不过是人为贴上的标签。其中一个例子是"全球化"这个术语，它在 20 世纪 70 年代还被视为新名词，② 但在同一时期已成为社会理论的重要概念，并成为公开辩论中的流行语。③ 尽管其属性和意义比较宽泛，但针对"全球化"所做研究的一大特色，就是它们在很大程度上拥有共同的研究议题，这是那些指出其缺乏所谓的一致性的批评家们所不曾想到的。当然，某些学术流派和意见阵营倾向于以个性化的方式对"全球化"进行解读，④ 例如：有的学者把全球化看成一种文化的趋同作用，而有的学者则认为，隶属于该关键词的一些过程将催生新的多元性。⑤ 新自由主义和新马克思主义的一些思想家把全球化大体看成一个经济过程，其他种类的文献则把它描绘成各种变革相互交织在一起的一个结合体，这里也可以把社会和文化力量作为其主要因素包含进去。⑥

尽管存在相互矛盾的解读，但"全球化"作为一个关键词，已经构成了跨越大量学科的一种重要发展。从本质上讲，它意味着对区域间沟通、变革过程以及对超越政治、地理边界的共同影响的研究日益重要。同其他许多国家一样，美国的与全球化有关的研究，从人类学到经济学，从社会

065

066

---

① 试图描述和进一步强调这一运动的理论文献有：Hunt（1989）和 Darnton（1984）。

② 例如，Modelski（1972）。另见 Cox（1996），自第 21 页起。

③ Mazlish（1998）。

④ 关于全球化的国际语义学的详细研究尚待进行。相关讨论见于一些著作，例如，Scholte（2000）。

⑤ 对于此问题的讨论，见 Robertson（1995）。即使在同一个学术流派中，如世界体系理论中，对全球化也可能有完全不同的解读：例如，有的人认为它是一个超越现有的"核心—边缘"结构的过程，而有的人则认为它进一步强调历史形成的全球等级制度。例如，见 Arrighi（2000）。

⑥ 例如，在 Applebaum 和 Robinson（2005）、Ritzer（2004）、Chanda（2007）中可以发现不同的立场。

学到哲学，都已开始走向制度化。近年来甚至出现了一些特殊的"全球研究"项目和机构。①

从多种角度看，全球性和跨国性历史学术的与日俱增的重要性，应当被置于这样一种背景下看待，即各学科之间的联系和交流兴趣变得越来越浓厚。与其他许多学术领域相比，特别是相对于社会科学和经济学而言，"全球的"这个词语进入史学领域的过程要缓慢得多。在20世纪70年代早期，社会学研究的英文标题中使用"全球化"这个术语的次数与史学出版物相差不大，然而，到了2001年，前者数量是后者的八九倍。② 此后差距又逐渐缩小。史学领域的一些发展，有的几乎是直接由其他学术领域或社会大众间关于全球化的争论所引发的。③ 不过，正如我将要表明的，在这一洪流中也有专属于史学的大变革。

与此同时，它借鉴了史学领域内各种形式的发展。由于这一学术趋势的起源缺少明确的核心理论家，因此有关"全球史"的各种意义和内容在梳理的时候是极为困难的。而且，这一趋势中的认识变化和游移不定的研究兴趣在本质上都是相当分散的，因此导致"全球史"这个术语的运用领域也变得丰富多彩。实际上，早在"全球史"这个新词语被专业历史学者们所熟知之前，在其他大量领域中就已经出现了相应的积极的发展。越来越多具有不同研究兴趣的历史学者不再像从前那样对某些类型的地方史进行单独研究，而是试着另辟蹊径，研究它们之间的相互关联。如此一来，"全球史"这个术语在研究性别和文化的历史学者以及研究社会史或经济史的专家眼里，都已经变得十分熟悉了。

067

从方法论的角度讲，在全球史这个不断发展的领域中，与其为它寻求一个精确的定义，不如透过多种视角，去对这种现象进行研究，这样可以捕捉到它在美国环境下的一些关键特征。例如，随着"全球史"这个术语在研究和机构设置层面上变得日益突出，揭示语义变化对此现象的引导作用就是十分重要的。此外，讨论（全球史）这个新术语与其他类似概念

---

① 有关全球研究的兴起，见 Sachsenmaier（2004）。更多全球研究机构的名单见全球化研究协会的成员名单：www.gstudynet.com。当然，全球研究及其相关领域的制度建设，并不能据此认为人们都不反对把"全球化"当作一个学术概念来研究。

② 具体数据见 Guillén（2001），第 241 页。在学术著作中"全球化"和"现代性"等关键词的出现频率的数据可以参见 Cooper（2005）。

③ Guillén（2001）对社会科学家之间的主要争论做了概述。

（从世界史到跨国史）之间的关系，也会有很大收获。

在英语世界里，"全球史"一词似乎最早出现于1962年。在这一年，恰巧出版了两本独立的著作，其标题中都含有"global history"一词。不过，两本书赋予"全球史"的意义、研究方案和内容有着很大的差别。第一本书名为《民族主义时代：全球史的首个时期》（*Age of Nationalism: The First Era of Global History*），作者是著名的思想理论家汉斯·库恩（Hans Kohn），这个术语在该书中承载着明显的现代意义。① 第二本书是由斯塔夫里阿诺斯（Leften Stavrianos）和其他几位作者合著的，名为《人类全球史》（*A Global History of Man*）。与第一本不同，该书是对整个人类历史所做的教科书式的描述。② 因此，对于全球史究竟应当涵盖哪些历史时期和史学类型，从一开始就不够明确。不过，两者在对"全球史"这个术语的使用上也存在某些共性，因为两者都关乎如何采取一种新的、受"欧洲中心论"影响较小的视角来看待世界历史的问题。不过，在这两本书付梓之际，关于"全球史"可能的定义以及它与其他领域的潜在区别，尚未出现争论。在相当长的一段时间里，"世界历史"和"西方文明"等表述仍是致力于宏大叙事的史学著述中学术争论的关键词。③

在之后的二三十年里，"全球史"这个表达仍然处于比较沉寂的状态，仅被偶尔使用，多见于由斯塔夫里阿诺斯编写的一些教科书中。④ 差不多从冷战结束时起，随着一部分学者开始倡导将"全球史"作为研究过去的一种特定方法，情况才有所转变。⑤ 在那时"全球史"很大程度上暗示着为未来的研究提供假设，而如今利用该术语的研究机构已经出现了。院校史学见证了越来越多与"全球史"有关的学术奖项、会议和其他专业活动。例如，罗格斯大学为研究生开设了一门有关比较史学和全球史的辅修课，北卡罗来纳大学教堂山分校制定了全球史的博士课程，乔治敦大学开设了全球历史与理论课程。⑥ 一些聚焦于整个全球史或其中某些方面的丛书和期刊

---

① Kohn（1962），这本书对所谓的民族主义形式的二分法进行了详细论述，即西方/世俗和东方/神话。

② Stavrianos 等（1962）。

③ 见 Middell 和 Naumann（2006）。

④ 例如，Stavrianos（1970，1966）。

⑤ 在 Mazlish 和 Buultjens（1993）中阐释了很多观点。

⑥ 见 http://history.rutgers.edu/index.php?option=com_content&task=view&id=135&Itemid=169；http://history.unc.edu/fields/globalhistory/globalhistoryphd。

也纷纷推出。[①] 此外，一些直接提及"全球史"的学术团体也成立起来。20世纪 90 年代末在哈佛大学和麻省理工学院出现了"新全球史"。[②] 另外，一些主要的学术团体也开始围绕"全球史"或与之紧密相关的派生术语开展活动。例如，美国历史协会在 2009 年的年度大会就以"全球化的历史"作为主题。

　　"全球史"这种表达还突破了学术工作的范畴，在公共领域也流行开来。这个术语如今频繁地见于高中课本和大学科目之中，[③] 以及报纸、网站和其他与历史和历史记忆有关的公共论坛上。2010 年 9 月，在谷歌的常规搜索中，"全球史"的搜索结果达到了约 61.5 万条。与之相比，对于诸如"文化史"这种进入史学主流领域较早（至少 20 年以上）且在学术界之外也流行已久的词条的搜索结果，达到 350 万条左右。换句话说，与"文化史"这种久为人知的史学分支相比，"全球史"这个词的搜索结果差不多相当于其 20%。这也是全球史和跨国史在美国影响日盛的一种表现。随着传播和制度支持的迅速提升，该术语将在较长时期内持续存在，其重要性也很可能在学术界和社会领域继续提高。

069

2.3　对全球史的界定必然具有不可能性

　　作为史学园地中的一朵新花，全球史吸引了众多好奇的目光，试图揭示其形态、轮廓和特质。随着该术语在 20 世纪 90 年代早期的流行程度越来越高，开始出现试图把"全球史"的意义界定到一个特定研究领域的初步尝试。[④] 例如，在布鲁斯·马兹利什（Bruce Mazlish）、雷蒙德·格鲁（Raymund Grew）和沃尔夫·舍费尔（Wolf Schäfer）等学者看来，该术语应当被界定为以二战后的全球化进程（及其历史前情）为主的新研究领域。与"欧洲中心论"的论调相反，他们认为全球史研究的首要任务是对现代全球化及其历史前情的研究。[⑤] 然而，人们对"全球史"这一术语的使用却迅速

---

① 例如，剑桥大学出版社于 2006 年开始出版的《全球史杂志》（*Journal of Global History*）。

② 更多信息见 www. newglobalhistory. org。

③ 高中课本的例子见 Willner（2006）；"全球史"在美国的教学讨论中的应用见 Betterly（2000）。

④ 例如，见 Mazlish 和 Buultjens（1993）。

⑤ 对此观点的独到概述见 Mazlish 和 Iriye（2005）。

超越了任何试图将其归入特定研究方案的努力。①

　　试着为全球史做出不同定义的做法可能是具有吸引力的，但结合目前发表的文献可以看出，使用了"全球史"这一术语的出版物彼此之间的共通性是相当低的。例如，对该领域应当涵盖怎样的时期，学界就没有形成一个共识。有的学者坚决反对把该术语用于19世纪甚至是二战之前的时期，而有的以"全球史"冠名的著作则专指古代世界。② 同样缺乏共识的还包括全球史所应当包含的时间跨度。有的学者认为，"全球"这种宏大的空间范畴最好能够与同样宏大的历史时间框架结合起来，也就是整个人类历史，③ 而其他以"全球史"名义进行的研究则涵盖了较短的时期，如几个世纪、几十年甚至是某几年。④

070

　　与底层研究或世界体系理论等思潮不同的是，全球史无法根据一个核心的政治方案或社会责任进行界定。从各种文献对"全球史"概念的运用上看，其世界观、观点和立场的跨度是非常大的。例如，有的学者强调多中心的模式，公开反对目的论的表述，⑤ 而其他学者选择以西方进程作为其全球史视角的主线。⑥ 此外，当一些历史学家把全球史的概念运用到宏观解读、发展的视角或历史的一般类型时，⑦ 也有很多学者却在有意地回避制造全球性宏大叙事的抱负和尝试。⑧ 而且，当一些思想家把经济作为宏观历史发展的主要因素、卷入有关全球史的争论的时候，⑨ 其他学者则更注重其中的文化或宗教的流动以及政治进程。⑩ 在具有如此多样性视角的情况下，我

---

① 这迫使20世纪90年代早期的一些主要倡导者改换术语，使用"新全球史"（New Global History）来界定其研究方案。例如，Mazlish（2006）。根据Mazlish的观点，该术语是为了表达"在过去50年里发生了重要事情，……如果我们想充分理解并有效地应对它，就需要一种新的开放性和一种新的心态"。

② 例如，de Souza（2008）。

③ 此类文献参见Kotkin（2006），涵盖了从公元前5000年至21世纪初的整个时期。

④ 例如，Bentley（2009）；Nussbaum（2003）；Bayly（2004c）；Weinberg（1995）；Reynolds（2000）；Wills（2002）。P. O'Brien（2006）认为对长期变革和进程的研究应当被视为全球史的固有部分。

⑤ 例如，Hopkins（2002b）和Kossock（1993）。

⑥ 例如，Black（2005）；Riley（2001）；Kotkin（2006）；Bodley（2002），这是基于普遍发展阶段的假设。

⑦ 例如，Darwin（2007）和Fernandez–Armesto（2006）。

⑧ Hopkins（2006）对全球史和普遍主义的问题进行了讨论。

⑨ 对此类文献的论述（包括对全球史的参考资料）见于Pomeranz（2001）的引言。

⑩ 例如，Walters（1998）；Chidester（2000）；Ferro（1997）。

们甚至无法断定，全球史作为一个新兴的研究领域，对全球化进行的究竟是积极的还是消极的解读。

由于缺少一个坚实的方法论核心，观察家们对该领域的描述方式多种多样。例如，有的学者把自古代以来的所有宏观历史思想统统划入"全球史"的名下，[①] 有的学者则把它定义为近期方法论发展的集合。[②] 既然没有清晰的时间框架和方法论来帮助我们对全球史的真实轮廓进行准确勾画，那么似乎至少它可能以"全球"这种空间性为特征。但问题在于，许多以"全球史"冠名的出版物，其所采取的全球性视角和整体性叙事似乎并不够"全球"。虽然有些在标题中含有"全球史"的著作确实是旨在对全人类的历程进行描述，[③] 但也有的仅仅聚焦于有限区域的样本案例。[④] 就后者而言，"全球"主要起到了一个空间参考的作用，使历史学家们能够对区域性案例研究适用新的空间视角。乍看起来，这可能会与我们的直觉相反，多数有关"全球史"的著作实际上并不寻求涵盖整个地球，而更倾向于进行地方样本研究。不过，我们应当意识到，某些对国家史所做的最有开拓性的贡献，也并不是从整体上对某个特定国家进行全面分析的，而是聚焦于某些地区、城市或省份。

特别是由于全球史已经发展为一个普遍确立的概念，因此也不再可能采用先验定义，也就是说，不能从"全球的"和"历史"两个词的组合关系上来推导其意义。那样虽然在语义上更明确，在逻辑上也更连贯，但也脱离了这个术语在现实学术世界中的使用方式。该术语仅能通过勾勒可以隶属于它的学术文献的主体轮廓和可能的未来方向来做后验的定义。只有这样，我们才有望把握住已经与这一相当新的概念衔接的历史观和研究形式。

我们只能在语义和话语的层面上对全球史的主要方面进行描述，而不是明确的界定。实际上，这一领域目前的状态是极其复杂的，以至于两种看似相反的描述都有一定道理：一方面，把"全球史"看作方法论流派、

①　Crossley（2008）。
②　例如，Pomeranz（2001），特别见于其引言部分；Grew（2000），结合了医疗、文化、社会学和其他视角。
③　例如，Bentley（2009）和Bulliet（2004）。
④　例如，Stone（1994），其主题主要聚焦于大西洋区域；Pomeranz（2001），虽然使用了"全球史"一词，但主要讨论的是西欧和中国的特定地区。

研究领域或特定时期的研究兴趣，从而对其界限进行明确勾勒的做法是不可行的；另一方面，对于一个更广泛的学术趋势而言（实际上比公开提到"全球史"概念的学术文献要宽泛得多），用这个词作为其标志是完全合理的。

批评全球史的人可能认为，该领域需要与其他较早建立的术语如"世界史"或"国际史"做更加充分的区别，否则任何用全球史来标记新趋势的主张都将化为泡影。然而任何试图为"全球史"和"世界史"之类的词语划清界限的努力，都将把我们带回到要精确地确定每个领域的核心方法论、理论、范式和研究视角的徒劳任务之中。全球史实践者给"全球史"赋予了十分宽泛的含义，这就意味着它的特性已经很难与"世界史"之类的术语明确区分。另外，由于有关全球史或世界史的研究并不都是旨在涵盖整个地球和全部人类，因此它甚至都无法与"跨文化""跨地域""跨区域"或其他历史学术形式严格区分开。不过，任何此类术语都有其各自内在的暗示、典故、细微差别和侧重点。因此，过去发生过与这些术语的潜在区别和共性有关的争论并不足怪。虽然这对厘清不同的方法论选择和方法论之可能性具有重要意义，但跨边界研究的范围目前仍然缠杂不清，以至于不可能将这一研究领域进一步细分为若干带有明显区别特征的分支领域。

当然，"世界史"或与之类似的"普遍史"等习语具有与"全球史"截然不同的历史。前两个术语要古老得多，都可以追溯至前现代时期，而且在欧洲语境中长期以来都带有基督教的意味。基督教内涵对从 18 世纪起日益流行的世俗的世界史观产生了影响。[1] 虽然现代历史学的兴起带来了替代性的研究方法，[2] 但世界史和普遍史长期以来仍带有"欧洲中心论"叙事和进步的目的论视角的特征。在 19 世纪和 20 世纪大部分时间里，这种现象在西方学术界以及世界其他地方的学术界都是现实存在的。鉴于此，有的学者认为，"世界史"这个词语因其自身历史而太过沉重，以至于无法与较新的领域名称如"全球史"兼容。[3]

近几十年，世界史研究采取的路线和模式，使该领域的形态较之前有了很大差别。值得一提的是，作为世界历史思想新取向的一部分，"普遍

---

① 对 1900 年之前世界历史著述的综述见 Manning（2003），第 1、2 章。
② 例如，Hughes－Warrington（2009）。
③ 例如，Mazlish（1998a）。

史"一词在美国已经失去了意义。在其英语内涵中，"universal"一词经常被视为与重要的欧洲中心论的和传播论的世界观媾和，因此很多历史学家都不愿在其跨边界研究中使用这个词。① 虽然"世界史"的表述仍在使用，但受到新学术和新的批判性争论的压力，其含义和制度景观也发生了重大改变。② 例如，美国世界史领域的大师威廉·麦克尼尔（William Mc-Neill）在其较近的著作中，大量修改了其原有的基于"欧洲的兴起"的文明视角，更倾向于将各种跨区域的纠葛当作叙事的主线。③ 受世界体系理论的启发，他开始把世界经济变化视为引起不同地域文明中的政治、文化和社会一系列发展的决定性因素。④ 麦克尼尔最近的著作以及其他大量的有影响力的世界史研究，更加注重例如"网络"一类的整合的隐喻，⑤ 或包含纠葛和关联性的类似概念。⑥

　　这种发展标示着一个更为广泛的趋势，我们从很多世界史著作中就能看出。虽然早期的方法论传统并没有完全消失，但世界历史领域不再以带有"欧洲中心论"或线性目的论色彩的"文明的"比喻为主导了。⑦ 为了更好地研究西方以外世界，学界做了大量努力。⑧ 例如，对霸权势力的回应和对西方秩序替代方案的探索都受到更多关注。⑨ 除了摒弃目的论时间线的观念外，如今许多"世界史"运用了更加复杂的空间模式。对于网络、互动和交流的研究已经取得显著发展，它们取代了基于文明和国家为主要历史单位的叙事。⑩ 但后两种形式并未消失，而是被视为一定历史条件下的产物，并非客观的规定，在运用时更加谨慎。⑪

　　虽然商业图书和教科书历来被视为"世界史"的主要产品，但其作为

---

① 最近，一些有关大型社会系统的研究（对模式、法律和规律的跨区域研究）已经开始在"宏观历史"的支持下展开。见 Galtung 和 Inayatullah（1997）。

② 例如，见 Manning（2003）。

③ 见 W. McNeill（1990）；另见 W. McNeill（2005）。

④ 有关 McNeill 本人对这种转变的论述，见 W. McNeill（1995）。

⑤ W. McNeill 和 J. McNeill（2003）。

⑥ 显然，正如 Jonathan Spence 在他对 McNeill 的"人类之网"的评论中指出的，围绕与日俱增的纠葛展开的世界史叙事面临着落入分散性和毫无价值的分析的危险，这样就无法对植根于过去的殖民主义史、帝国主义史和其他苦难史做充分的评判。见 Spence（2003）。

⑦ 见 Feierman（1993）和 Sachsenmaier（2007c）。

⑧ 见 Bentley（2003）。

⑨ 例如，Duara（2004）；Cooper（1997a）；Aydin（2007）。

⑩ 例如，见 Pomper、Elphik 和 Vann（1998）。

⑪ 见 Bentley（2006）。

研究领域与史学其他分支的最新成果的联系日益紧密，这也成为"世界史"新的特色。① 作为此种变革的一部分，越来越多的人试图改变世界史（在美国）现有的学术结构，即长期以来以教学领域为主，主要为学院和小型大学服务。② 例如，美国的世界历史协会的年度会议吸引了越来越多具有不同研究背景的历史学家参与。为了表明其志在克服欧洲中心论范式的目标，该协会有一半的会议是在世界其他地区举办的，这是一个值得注意的举措。③

与全球史相毗邻的其他领域名称还包括国际史传统。该学科深深植根于 19 世纪，长期以来把民族国家视为历史研究最重要的单位。因此，国际史过去与国际关系的学科逻辑十分相近，注重对外交关系和地缘政治等课题的研究。在许多颇具影响力的研究中，世界在很大程度上被视为各个国家角色进行冲突和联合的舞台。不过近几十年来，社会史的兴起和文化转向等思潮也对该领域产生了重大影响。越来越多的人认识到，对国际政治进行威斯特伐利亚式的研究，与"欧洲中心论"视角其实大同小异，因为它们都会使世界其他许多地区的历史看上去有点不伦不类。毕竟，在进入 20 世纪之后，包括欧洲殖民地在内的世界许多地区的政治秩序都具有显著的非国家形式。而若以威斯特伐利亚式的视角来看待全球互动的历史，这些地方则很难被看作历史推动力的来源。

为了削弱"欧洲中心论"对国际史的影响，该领域的一些实践者开始试着摒弃以北方列强为主的传统视角，把殖民地、帝国和经济结构也包含进来。此外，在国际史的研究中还注入了文化的和社会的历史研究方法，这对其概念基础造成了深远的后果。④ 例如，该领域对外交界的共同生活世界、媒体和其他压力群体在国际决策过程中的作用、国际组织中有关种族的话语等主题开放了。如今一些学者不再把国际组织主要看作谈判国家利益的会堂，而是具有不同文化、网络和其他特色的社交空间。⑤ 总而言之，出现了一股以历史的"去国家化以促国际化"为精神的著述潮流。⑥ 同时，

---

① 关于此问题更详细的论述见 Moore（1997）。
② 见 Manning（2003）。
③ 更多有关世界历史协会的信息，见 www.thewha.org。
④ 例如，见 Iriye（1989）；Gienow‐Hecht 和 Schumacher（2003）。
⑤ 例如，Sluga（2006）。
⑥ Iriye（1989）。

国际关系也不再仅仅被看作国家行为的产物，它也是国家形成中的重要因素。这促使许多国际史学的理论家开始寻求新的方法，把宏观和微观、全球和地方层面的分析结合起来。①

学者们越来越排斥把国家势力定义为国际交流的主要组成部分，是另一种学术表达的兴起趋势之一，这种表达已经在英语和其他一些语言中流行起来："跨国史"。② 在不同方面的支持下，该术语在 20 世纪 60 年代第一次广为人知，而后它的重要性又开始慢慢下降。到了 20 世纪 80 年代，它在社会科学领域变得更加常见，③ 而开始在历史学家之中频繁使用则是在 20 世纪 90 年代后期。从基本层面上讲，跨国史是指对思想流动、经济交流和跨越国界而不以民族国家为主要推动力的组织等主题的研究，这包括对"国家主体虽然参与其中，但有时候被非国家的、跨国的甚至是反国家力量所超越的那些情况"的研究。④

在我们寻求对各领域进行详细划分的过程中，这些术语（比如跨国史、世界史、国际史、全球史等）究竟要把我们引向何处？其实并不很远。在纯粹的术语层次上，可以对它们做一定的区分。正如许多学者所认为的，"跨国史"和"国际史"这两种表达所指的仍然是民族国家，虽然它们（特别是"跨国的"这个词）可能意味着这些政治单位并不在此种历史考察中扮演核心角色。这个问题虽然并不发生在"全球史"和"世界史"的运用上，但它们也面临着一个潜在的困境：至少在对它们进行某些解读的时候，它们似乎是以一种颇具整体性的方式来指代整个地球。⑤ 再者，通过观察当前历史学家们对这些术语的处理方式，我们会发现进行明确区分的要求显得有些不适当。例如，在现有研究项目中，"全球的"和"跨国的"用法经常产生重叠，⑥ 而且"国际史"和"全球史"之间的界限也非常模糊，使

076

---

① Manning（2003）认为新的国际史在本质上已经与世界史的各个分支没有什么区别了。另见 Lehmkuhl（2001），特别是第 423 页。

② 例如，Milza（1998）。

③ 关于跨国史概念的历史沿革见 Saunier（2008）。另见 Clavin（2005）。

④ Iriye（2008），第 6 页。

⑤ 例如，Nina Glick‐Schiller 对全球性分析层面和跨国性分析层面进行了区分，认为前者主要是对全球现象的阐述，而后者则包含对跨越政治边界的过程的分析研究：Glick‐Schiller（2005）。相对于"世界的"一词而言，"全球的"一词更加表现出对世界不同地区间流动、交换和相互反应的研究兴趣。

⑥ 跨国史研究现状综述：Iriye 和 Saunier（2009）；各种领域内的跨国研究：Levitt 和 Khagram（2008）。

得对这些领域的精确区分变得既不可能，也无必要。① 更为关键的是，同一批历史学家已经成为这几个术语的重要理论家。例如，入江昭（Akira Iriye）的著作对国际史、跨国史和全球史的进一步发展产生了深远的影响，而他并没有试图明确地区分这些术语。②

由于这些流行的术语（如世界史、全球史和跨国史）具有高度的重合性，因此很多人建议采用替代性术语，使其能够很好地表现出现有跨边界研究中的空间思想的复杂性。例如，一些历史学家开始借用其他社会科学领域的新概念，如"国内外"（intermestic），该词指的是国际和国内关切的融合。③ 也有学者推行过"区际史"④ 的概念，它在对互动进程、交流和共同变革进行研究时，不设置专门单位。⑤ 此外，诸如"纠葛史"⑥ 和"关联史"⑦ 等名词也被特意创造出来，以表明迁移和外部接触对理解各种地方史的重要性，其中也包括各殖民国家和殖民地社会彼此之间的迁移与接触。在对历史空间新概念的探寻中，像区际史和纠葛史这样的概念，可以理解为有针对性的理论干预。所有这些术语的拥护者都明确应用了各种各样的思想流派，他们通常不会寻求建立新的独立研究领域。

总之，跨地域层面的研究者们不仅不担心这些术语的精确分类问题，而且还在互换使用。在许多案例中，历史学家们在运用"世界史""全球史"以及其他一系列概念时，具有相当的灵活性，他们倾向于把这些术语大体上看作互为同义词。⑧ 甚至连《全球史杂志》和《世界史杂志》等出版平台对各自的品牌术语的运用也并不苛求一致，而是允许作者们使用大量流行的和生僻的领域描述词。在过去的二十年里，虽然这些词的流行程度越来越高，但各种领域名称并没有凝结为一系列针锋相对的学术派别，相反，它们之间的关系越来越密切。虽然这些词在语义的内涵上有所不同，但之所以能够出现重叠，是因为它们很多都是指向同一个学术趋势的。由

① 在某些案例中，新国际史的方法论通过使用"全球史"一词，被运用到国际关系的研究中。例如：Young 和 Kent（2004）。
② 例如，Iriye（1989）；Mazlish 和 Iriye（2005）；Iriye 和 Saunier（2009）。
③ French（2006b）。
④ Wigen（2005）。
⑤ 这种开放性也表明，地方认同和形成往往是这种跨地域交流的产物。
⑥ 例如，Cañizares - Esguerra（2007）。
⑦ 例如，Subrahmanyam（1997）。
⑧ 丛书编辑 Michael Adas 在他为美国历史协会有关比较史和全球史的论文集写的序言中就是这样做的。另一个例子是 Pomper（1998），第 3 页。

于学者们在对各领域名称的使用和定义方式上存在很大共性，因此不可能分门别类地把全球史同跨国史或世界史等领域区别开。而且，全球史（和其他许多术语一样）可以被看作对一个更为广泛的学术趋势的简称，我们也可以选择称之为史学的"全球趋势"。

078

2.4　全球史作为一种知识趋势：在现有领域的发展

正如在上节所讨论的，从方法论的角度讲，对"全球史"进行狭义的和预定的解读都是不正确的。与其人为地把一个复杂的学术现实强行挤压到一个虚构的界限分明的领域中，不如采取更为广泛的视角，多关注那些与史学的全球趋势紧密相关的众多发展。这样一种方法，当然也应考虑没有提及"全球史"一词的那些文献，不可能以整体的方式进行，因为许多相关的知识变化是在没有紧密联系的情况下发生的。一种更有前景的方法论选择是，分别研究史学各个分支上的相关发展。在样本分析的基础上，一系列调查研究能够帮助我们对全球史这一学术趋势的节奏、方向和模式有更清晰的把握。很明显，各种新的和创造性的历史空间概念，其实都是这种知识运动的共同特征。

需要注意的是，当前对全球史问题日益高涨的研究兴趣，并不完全源于那些曾潜心于国际史、跨国史或世界史研究的学者们。从经济史到社会史等各个分支领域的历史学家们，越来越对跨国、跨地区甚至是跨洲的研究产生兴趣。起初，这些发展多是以独立的形式出现的，尚不构成一个表达明确的知识项目。但是，这种趋势先于名称出现甚至是与名称同时出现，也就是说，虽然没有被明确称为"全球史"或与之相近的概念，但这种趋势在全球史作为一个独特的项目得到提倡之前或于同一时期就已经出现了。

朝着更加复杂的历史空间概念发展的一个典型例子见于比较史领域。虽然比较的视角由来已久，但只有在二战结束之后，多种形式的历史比较研究才变得重要起来，成为史学和历史社会学中独立的研究领域。[①] 基于宏观的研究方法和对普遍范畴的偏爱（这被认为是适用于所有的分析单位），许多比较研究学者继续按照马克思主义或韦伯式的传统对过去做概念化处理。例如，在诸如政治革命、法西斯主义的出现等主题上，学者们从特殊

079

[①] 见 Berger（2007a）和 D. Smith（1991）。相对于世界史分析而言，许多历史社会学家更青睐于进行社会的和文明宏观结构的分析。在他们看来，世界史分析没有达到相同程度的抽象。见 Tilly（1984），特别是自第 21 页起。

的历史语境中抽象出社会压力、经济变革和其他范畴，这样就可以在较高层面上对这些现象做比较分析。① 考虑到这种高度的理论抽象水平，以及学者们对跨区域交流研究兴趣的缺失，这些研究中有很大一部分其实是属于历时性比较而非共时性比较，也就不足为奇了。

特别是从 20 世纪 80 年代起，随着文化史视角和后殖民主义视角对学术环境的影响越来越大，抽象的历史比较法遭受了越来越多的批判，② 批判者既有历史学家，也有社会学家。历史学家纷纷对这种方法论提出挑战，而这一挑战在 19 世纪晚期被称为"高尔顿问题"，③ 也就是一种两难困境：比较方法必须忽视相互作用、迁移和交流的历史，但比较的对象正是在这些互动中持续地改变、发展和相互影响。此外也有人认为，结构性比较通常暗含的前提是，工业化和政治革命等变革过程即使不遵循普遍模式，也存在共同特征。④ 基于此，一些学者认为，比较法把"国家""文明"和"文化"等概念作为预定范畴使用，然后再对其予以确认。殊不知，这些概念主要是通过交流过程和其他跨地域动力构建的。⑤ 在针对"欧洲中心论"的范畴和方法论的批评日益高涨的时代，认为一个学术研究者可以先验地将其研究对象从历史情境中分离出来的想法是很难站得住脚的。⑥

经过这些发展，比较史学的潮流如今已经从固定的一系列范畴移开，转而开展更复杂的案例研究，这种研究不再拘泥于单一的、所谓的通用变量。特别是在比较史开始转向心态和知识运动等文化主题之后（这些主题一直是迁移研究的焦点），新的方法论的可能性就产生了。研究者日益认识到，不但比较方法需要考虑交流过程，而且，如果进行得当，有关流动、迁移和共同变革的史学研究也需要引入比较的视角。要想弄清某些思想、运动和制度如何在跨地域流动过程中发生变化，就需要比较这些纠葛所处的不同情境。

随着结构性比较在数量和影响力上逐渐降低，比较方法开始逐步融入跨边界史学。受这些发展的影响，比较史逐步向国际史靠拢，而且在这一

080

---

① 例如，Skocpol（1979）和 Moore（1966）。
② Lamont 和 Thévenot（2000）。
③ 该问题是以一位人类学家命名的，1889 年，该学者在位于伦敦的英国皇家人类学会讲授这个主题。见 Kleinschmidt（1991）。
④ 在社会学领域的争论见 Goldthorpe（1997）；史学领域的争论，例如，见 Kocka（2003）。
⑤ 关于此种和其他形式的批判，见 Tyrell（1991）和 Lorenz（1999）。
⑥ 例如，见 Rueschemeyer（1991）。

过程中，其研究主题也与跨国史研究的典型主题接近。[①] 作为这种变化的部分结果，"比较史"这个术语被频繁地与"全球史"联合使用。一个典型的例子就是，《美国历史评论》1999 年在其杂志中增设了"全球的与比较的"评论单元。[②] 此外，帕特里克·奥布莱恩（Patrick O'Brien）等学者还得出结论，认为"比较与联系是全球史的主导风格"。[③]

随着比较史的学术自省程度和对交流、相似性、差异性的重视程度越来越高，运用更加复杂的历史空间概念进行的研究也越来越多。其中一些有影响力的案例，通过对全球史方法和比较史方法的综合运用，对大陆史和国家史的空间属性提出了质疑。例如，彭慕兰（Kenneth Pomeranz）关于中国和欧洲在世界经济形成方面的突破性研究表明，欧洲经济史的大量文献经常涉及整个欧洲大陆，但实际上经常只是以相对较小的某些特权地区的情况作为研究基础。[④] 后者往往是经济生产率很高的地区，比如 18 世纪和 19 世纪的英国、荷兰和西北欧的某些地区。虽然把这些地区视为大规模经济流动的中心和节点可能比较准确，但是把英国和其他类似地区描绘成整个欧洲大陆典型的做法肯定是不切实际的。将其视为欧洲关系的中心也是不恰当的。彭慕兰和其他学者的观点为长期的知识传统添加了新的视角，即工业革命的起源是在更加广泛的跨大陆的经济背景之中出现或展开的。[⑤] 在这些新的和大胆的历史空间概念（部分源于新的比较视角）的影响下，欧洲的经济史开始显得更像一个空间结构的融合，而非一个牢固的地理历史实体。多重而且时有重合的经济宏观区域以多种方式与世界保持着联系。

特别是当更多有代表性的区域研究加入比较史之后，该领域开始从多个角度对方法论上的"欧洲中心论"进行批判。在过去，多数比较史都是对欧洲中心观念的具体化，而如今一些重要的学术潮流已经开始流向相反方向。该领域许多有影响力的研究都促进了下述假设的相对化，即把西方

081

---

① 例如，Cohen 和 O'Connor（2004）；Seigel（2005）。
② 另一个把比较研究和迁移研究的方法联合使用的例子见 Bayly（2004b）。另见 Washbrook（1997）；Eaton（1997）。
③ P. O'Brien（2006）。
④ Pomeranz（2001）。Allen、Bengtsson 和 Dribe（2005）将"欧洲"和"亚洲"解构为地理实体，以打破西方例外论的神话。
⑤ 近期的一个重要观点：A. Frank（1998）。

的经验看作标准，据此来对其他所有的历史进行比较和分析。① 比较史的一个不断壮大的分支通过指出世界许多地区之间大量的相似性，来反驳欧洲例外论的观念。② 但是研究欧洲以外不同地区历史的许多学者并不满足于寻找欧洲"现代性"的非西方对等物，还致力于破除对此概念的整体性解读。例如，一项有影响力的研究认为，在18世纪之前的东亚社会里，所谓的"现代"国家官僚制度的核心特征，可以在不经历原始资本主义经济转型的情况下发展。③ 另一个例子是黄宗智（Philip Huang）关于中国在17世纪至20世纪早期的民事司法制度的著作。与韦伯学派所持的假设相反，该书认为，法治可以在形式合理化不具备的条件下得到实施。④ 此外，许多重要研究开始强调外界对欧洲历史的重要影响，以破除这种由来已久的所谓欧洲大陆主要是本土性的历史发展的神话，这一神话曾经是许多比较研究的基础。⑤ 另外，近期一些比较研究和跨地域研究开始着手对中国、印度和其他一些经济体自18世纪晚期出现的迅速衰落做出新的解释，认为这是复杂的全球史进程的产物。⑥ 他们的模式和方法论通常会超出世界体系理论及其类似学派的静态框架。

082

大体上讲，比较史是一种适用于所有史学分支的方法论途径。从这个意义而言，比较方法只是其他众多领域（如经济史）寻求新的空间范畴活动中的一个小的方面而已。经济史具有相当长期的处理大问题的传统，如世界经济体系的形成、全球的相互依赖性和全球的不平等性等问题。⑦ 经济史学家与经济学家以及社会学家们在学术追求和方法论导向上具有许多共同点，⑧ 有理由说，在相当长的一段时期内，经济史领域中的宏观作品要多

① 例如，见 R. Wong（1997）；Allen、Bengtsson 和 Dribe（2005）；L. Liu（1999）和 Lieberman（2003）。近期有关"惊人的相似之处"的学术讨论见 P. O'Brien（2003）。
② 更多例子见 Sugihara（1996）和 P. O'Brien（2003）。社会学处理跨文化相似性的一种新方式是围绕"早期现代性"概念展开的讨论。见 *Dædalus*，127 - 3（1998），题为"早期现代性"。
③ 例如，见 Woodside（2006）。
④ P. Huang（1996）。
⑤ 例如，Goody（1996；2010）。
⑥ Washbrook（1997）。
⑦ Sutcliffe（2004）对近期有关全球不平等性问题的讨论做了总结。我们不难发现，由 Adam Smith 和 David Ricardo 等人书写的早期经济学经典著作在范围上具有明显的跨国性和历史性：A. Smith（1776）和 Ricardo（1817）。当然，源于马克思主义传统的许多著作也是如此。
⑧ 例如，依附理论和世界体系理论被证明具有跨越学科界限的影响。见本书第1章。

于其他史学领域。经济史学家们更容易跨越国界不仅是所研究问题的特点使然，同时也受其资料来源属性的影响：研究需要大量的数据资料，因此对语言技能的依赖性就相对较小。但从事跨边界研究的经济史学家也面临着资料的可比性问题，例如，地方的历史数据，大至经济产品总量，小至个人的卡路里消耗量，是否以相似的方式计算得出。

　　经济史与比较史的发展进程联系并不紧密，但却十分相似。许多经济史学家越来越不愿将国家、文明或者大陆先验地视作有意义的空间范畴。例如，一些研究通过关注那些跨越政治边界的群体或过程，以期超越以国家为中心的视角。[1] 此外，对商业网络和（更为广泛的）跨区域贸易所依赖的社会和政治结构的研究也已经变得十分突出。[2] 再者，有学者致力于研究跨国公司和早期的跨地域贸易组织，不仅关注其经济影响，而且考察其社会的和文化的纠葛。[3] 在此背景下，"全球的"一词意味着努力取代国家中心或西方中心的偏见，成为研究宏观变革的主要术语之一。与上一代的经济史状况相比，曾被认为适用于所有地方案例的单一解释框架，如今的影响力已经越来越小了。[4] 同样的状况也表现在新自由主义和新马克思主义理论方面，它们通常把全球化解读为发端于少数国家特别是西欧国家的经济过程。[5] 作为这种总体发展的一部分，把北大西洋世界视为现代经济发展的唯一催化剂的观点，如今在学术界也丧失了说服力。

　　大量新的跨地域案例研究对全球经济史的整体性方法论的存在基础提出了质疑。例如，关于西方以外经济体在跨地域交流网络中所处地位的问题，向来具有较大分歧，如今已有详细的研究开始关注这一问题。[6] 此外，许多研究通过强调那些不涉及"西方"的大型经济形态，来指出欧洲体系在范围上的局限性。[7] 尤其值得注意的是，越来越多的研究开始注重对各经济区域之间的联系方式以及差异化方式进行深度反思。[8] 一些项目为了在对

083

---

[1] Pomeranz（2008b）和 Bairoch（2000）。

[2] 例如，Markovits（2000）；Tracy（1990）和 H. Liu（1998）。

[3] 例如，Mazlish 和 Chandler（2005）；Akita（2002）。

[4] 例如，见 Bordo、Taylor 和 Williamson（2003）。

[5] M. Lang（2006）对此类文献做了批判性讨论。

[6] 例如，见 Pomeranz（2002）；Acemoglu、Johnson 和 Robinson（2002）。

[7] 其中最重要的研究是 Abu-Lughod（1989）。另见 Hamashita（1988）。相关概述：Dussel（1998）。

[8] 例如，Sugihara（2003）和 Pomeranz（2008a）。

宏观经济活动的理解中增加地方敏感度，甚至提出了资本主义的地方多样
084   性的概念。① 不过，一般不把这些特定的经济体系视为基本自主的经济空
间，而是将其视为全球经济联系和全球资本主义中的变体。

讨论不同地区的团体如何参与跨区域经济网络的另一个研究领域是商
品的历史。通过分析单一商品的地点、生产方式、贸易路线以及市场的历
史变迁，历史学家们为我们揭示了贸易全球化对社会和文化的影响。例如，
通过对食糖贸易的全球动态和影响的研究，西敏司（Sidney Mintz）讨论了
若干看似相去甚远的历史区域之间的相互联系，如非洲人向"新世界"的
被迫迁移及其社会文化后果，以及欧洲部分地区自 18 世纪起获取廉价食糖
的影响。② 还有研究揭示了食糖的全球性贸易对区域市场和地方社会产生的
影响。③ 运用跨地域视角研究的全球性商品还包括食盐、鳕鱼、香料、棉花
等，它们使不同地区的社会、经济和文化的历史形成了关系的联结体。④ 总
之，这些为我们更好地揭示了一些全球本土化（glocal）进程，埃里克·沃
尔夫（Eric Wolf）对此的描述是："随着越来越多的人致力于商品生产，世
界市场层面发生的变革在家庭、宗族、社区、区域和阶级层面产生了
影响"。⑤

商品史等领域表明，除了新型的跨区域研究的兴起，经济史和其他领
域如文化史或社会史之间至少具有和睦的关系。乍看起来，两者对经济学
空间和背景的高度关注似乎是彼此独立发展的，但是，它们都植根于人们
对关键论点、概念、范畴和制度划分的日益增长的问题意识，这些内容长
期以来都是广义的现代史学和具体的经济史学的学科基础。经济史学家们
把全球意识与地方敏感性相结合，不断发起对该领域新的研究空间的探索，
085   而这种探索的出现，往往伴随着人们关于对经济结构和经济交流起支撑作
用的社会、政治、文化以及环境的研究兴趣。⑥ 这种探索的意义是巨大的，
因为在相当长一段时间里，许多经济史都倾向于以相对孤立的视角来看待
经济学，而忽视了其广泛的背景。当然，我们也不能过分夸大这些语境转

_____

① 例如，见 Whitley（1999）；Redding（1990）；Arrighi（2003）。
② Mintz（1985）。
③ Mazumdar（1998）。
④ 例如，Kurlansky（2002）；Kurlansky（1997）；Beckert（2004）；Dalby（2001）；Topik、
   Marichal 和 Frank（2006）。
⑤ Wolf（1982）。对于自 20 世纪 70 年代以来商品的研究，见 Gereffi 和 Korzeniewicz（1994）。
⑥ 例如，Held（1999）；O'Rourke 和 Williamson（1999）。

变的作用和影响。对数据和物质因素至上的信念仍然是该领域的主要特征，并且似乎支持这样的假设，即社会、文化和其他因素可以被视为经济条件的直接产物，或者至少对于经济进程来说是比较次要的，可以将其忽视掉。①

史学其他许多分支对空间结构的研究兴趣的提高（这在一代人之前还不常见）进一步促进了经济史学家和其他历史学家之间的合作。其中就包括通常被归入"社会史"的宽泛研究。例如，在对移民的研究中，学者们就采取了显著的举措，寻求把跨国性的分析范围同地方敏感性结合起来的新视角。这一研究领域曾经长期聚焦于特定国家中移民社区的命运，大体上将其视为移出群体或移入群体。② 如此一来，虽然移民现象跨越了诸如大西洋或太平洋这样广泛的地理距离而持续存在，但由此所创造的跨国性社会文化结构还是被忽视了。

向新方向的迈进发生在 20 世纪 60 年代，在这一时期，学者们在移民社群观念的指导下，对美国黑人历史以及海外华人等少数群体进行了研究。③ 在之后的几十年里，学者们对移民社区的研究开始向跨国研究靠拢，也就是在研究方案中不再以民族国家作为分析的核心单位。④ 各领域的研究者开始把跨国性移民社区视为具有特殊身份、公共领域和（在某些情况中）跨界公民身份的独特社会空间。⑤ 不过，正如尼娜·格利克－席勒（Nina Glick－Schiller）所指出，一些有关跨国群体的新视角在方法论上面临着用跨国主义取代国家主义的风险，也就是说，把研究视角侧重于散居群体本身，而忽视他们与其他社会之间纷繁复杂的纠葛。⑥ 正因如此，如今越来越多的学者尽量避免把散居结构解读为看似独立的社会空间，而是与其他群体（包括其母国社会和东道国社会以及其他跨国性群体）紧密联系的社区。⑦ 因此这种研究就成了介于不同空间概念之间的一种复杂的"尺度游戏"，⑧ 而且

086

---

① 例如，见 Iggers（1996）。
② Wimmer 和 Glick－Schiller（2002）。
③ 见 Schnapper（1999）。
④ 例如，Glick－Schiller（2004）；A. Ong（1999）；Morawska（2003）；Bauböck（2003）；Faist（2000）。
⑤ 这常常使国家的比喻发生重大变化，例如，见 Lewis（1995）和 Kelley（1999）。
⑥ Glick－Schiller（2005），第 442 页。
⑦ 对该领域的精彩概述见 McKeown（2004）和 G. Wang（1997）。另见 Ember（2005）。
⑧ Revel（1996）。

学者们也开始在此框架内对文化史和其他领域的相关主题进行更为详细的研究。①

　　一些社会史学家突破了对移民结构的狭义研究，也开始研究其他移民模式，如被迫迁移和临时性迁移。其中一个具体的案例就是对劳工运动的研究。相关研究肇始于19世纪，长期以来都围绕西方的工业劳动展开，因此带有明显的欧洲中心的偏见。② 在过去的几十年里，劳工研究的地理概念发生了重大变化，从在过去占主导地位的国家视角和欧洲中心视角上移开，出现了把西方经验相对化的强烈倾向，不再将其视为更具普遍意义的核心路径和模式。例如，对于农业劳动、不自由劳动和其他不太符合工业劳动力的假定标准框架的工作，该领域曾经仅给予了有限的关注。③ 由于受到底层研究等众多思潮的影响，"新劳工史"④ 等运动开始更加关注自由劳工和不自由劳工、报酬、合同工以及批量招工等多层面且通常因地而异的劳动形式。⑤ 例如，学者们不再局限于现代西方的剥削劳动观念，而更加关注具有可比性或相关性的现象，如动产奴隶制和契约劳工等。

　　此外，随着对地方特殊性的研究兴趣高涨，越来越多的学者开始从替代分析框架的角度来看待跨地域纠葛。例如，学者们开始在跨区域模式中引入新的研究方法，使各种剥削劳动形式在各种纠葛中结构性地联系在一起，即通过跨国公司、商品网络或消费链建立联系。历史学家们也开始研究工人们向全球合作劳动演进的运动和要素，而不再主要以工业化社会为中心。⑥ 例如，已经有一些研究努力拓宽我们对在主要政治运动背后起支撑作用的社会力量的理解，而且经常把奴隶等底层群体视为积极的作用者。⑦

　　在社会史的一些研究领域也能见到相似的或者说与之紧密相关的努力。其中最典型的或许就是对妇女史和性别史的研究，该领域长期以来只是选取了相对较少的跨国路径做研究，然而，近些年来这一情况已经发生了变化，市场上如今出现了一些从全球史视角讨论性别问题的图书，其中包括

① 例如，S. Zheng（2010）。
② Lucassen（2006a）。
③ 例如，见 Bayly（2004c）。
④ 见 Brody（1993）。
⑤ 对于全球劳工史的大量讨论，见 Van der Linden（2008）。
⑥ 例如，French（2006a）。
⑦ 例如，Linebaugh 和 Rediker（2000）。

教科书、商业图书以及学术丛书。[①] 在这里，跨地域视角的成长最初源自该领域内部的发展与更广泛的学术界内部的范式转换相结合。如同经济史、劳工史一样，在性别研究领域，对新型空间范畴的探寻是建立在对下述观点日益严重的怀疑之上，即历史学家可以将所谓的"普遍"概念运用到各种情境之中。最为重要的是，越来越多的学者认为，应当抛弃把性别视为一个固定范畴的观念，而应将其理解为社会、政治和文化力量在地方和跨地域层面上相互作用的产物。同样，随着跨国史视角和全球史视角的影响日益增长，性史等领域也经历了与之相关的重要变动和争论。[②]

作为向更大的概念复杂性转换的一部分，热衷于在跨越和超越国家或地区边界的空间内考察性别问题的历史学家数量显著增长。[③] 由于这一趋势更多关注的是地方经验的多样性，因此它激发了大量有趣而重要的问题，需要性别史做出解答。总体来讲，后殖民主义和其他的学术批评提高了人们对某些问题的敏感度，例如：西方的性别和女权主义史学家所使用的范畴，是否以对第三世界的霸权假设为特征？许多批评家指出，美国和其他一些国家的研究，并没有对女性社会文化经验的异质性给予应有的重视。[④]

除此之外，越来越多的呼声要求摒弃那些陈旧观念，即那些至少是含蓄地认为妇女在许多非西方社会里是被压迫和被动的受害者、等待所谓更先进社会来解放的观念。[⑤] 因此作为一种总体趋势，性别史领域的学术研究，对围绕着知识、学术追求以及更普遍的解放主张的权力语境变得更为谨慎。[⑥] 基于这种思想变化和其他因素，性别史学家在分析非西方世界时，越来越不愿使用西方经验里的抽象概念和价值观作为尺度。然而，与劳工史和其他领域类似，如何找到恰当的方式，把全球研究方案和对地方偶然事件的敏感性结合起来，将是一个重大的智力挑战。这个任务特别重要，因为通过与女权主义研究等领域的联系，相对于史学很多其他分支而言，性别史在更直接的意义上被视作一个公众参与的研究领域。

088

---

① 例如，B. Smith（2004~2005）；Stearns（2006）和 Wiesner-Hanks（2001）。此外，美国历史协会已经开始出版一系列名为《全球史视野中的妇女史和性别史》的小册子。

② 例如，见 Canaday（2009）和 Sigal（2009）。

③ 例如，见 Wiesner-Hanks（2007）。

④ 例如，见 Mohanty（1988）。

⑤ Blom（2001）。

⑥ 有关妇女运动的跨国研究情况，见 Gabaccia 和 Iacovetta（2002）；B. Smith（2000）。

2.5 研究政治结构的新方法

随着跨边界研究方法在许多领域的兴起，狭义的国家和国家主义的研究走向新的方向。其中最重要的一个趋势就是，如今越来越多的历史学家不再从内生的视角来定义国家的政治、社会和文化。作为多种学术活动的产物，有关国家构建和国家认同的历史，如今看起来已经不像一代人以前那样具有明显的民族性了。一些知名的历史学家进一步发展了方法论框架以评估民族国家的出现，这是近代历史上最具全球性和跨国性的现象之一。[①]

国家研究的发展可以粗略划分为四个主要活动领域。第一，在对法律概念、社会模式的研究以及对政治秩序的论述方面，具有摆脱占据主导地位的国家中心和西方中心的分析框架的明显倾向。[②] 如今越来越多的历史学家开始探讨跨国的思想流动、社交网络、资金结构以及共同的社会经济压力，这些内容促进了不同的意识形态和全球乌托邦在广泛而多样的地方情境中传播。[③] 甚至连国际主义和国际秩序的概念如今也日益被理解为跨地域的话语，至少部分是跨国的主体与国家主体之间合作与竞争的产物。这些主体可能包括政界、民间社会机构、跨国公司和知识网络。[④]

第二，对于具体的国家机构和政策（从贸易保护制度到护照的历史）在全球范围内的传播，也有人尝试做出分析。在这方面，有学者令人信服地主张，国家构建与国际主义、普遍化与差异化，彼此携手并进。[⑤] 许多研究项目走向了相似的方向，批判性地重新审视世界各地的国家和文化传统的相关论述。新的全球视角和替代的地理学对关于国家文化与社会的比喻施加了明显的压力。例如，学者们向我们展示了所谓的国家传统（从独特的烹饪方式到节俭文化），是如何在国际话语及其支持网络的影响下构建起来的。[⑥]

第三，学术界再次对全球框架（殖民的、反殖民的和其他的）变得更为敏感，这些框架对国家秩序体系在世界范围内的传播，以及某些国家对其他

① 例如，Maier（2009）。
② 例如，见 Bright 和 Geyer（2005）；Hafner – Burton 和 Tsutsui（2005）。
③ 例如，Conrad 和 Sachsenmaier（2007）；Service（2007）。
④ 例如，见 Geyer 和 Paulmann（2001）；Akita 和 White（2010）；Conze、Lappenkuper 和 Müller（2004）。
⑤ 例如，见 McKeown（2008）。
⑥ 例如，Appadurai（1988）和 Garon（2000）。

国家的控制，起到了关键作用。例如，已有详细研究表明，现代国家革命并非从一个未受影响的欧洲的中心点产生，而是源于一个复杂的大西洋联系网。① 一些学者认为，在自由和权利的话语生成上，大西洋范围内的各种纠葛所做的贡献要大于严格以欧洲为中心的视角所能达到的程度。② 相应地，学术界开始进一步质疑社会史中的以国家为中心的方法。例如，由于越来越多的研究阐明了帝国内部各社会阶层（高和低）的跨大陆维度，"英国社会和文化"这个概念如今变得越来越复杂。③ 如果不适当留意俄国向欧亚扩张的社会历史影响，要研究俄国历史也同样困难。④ 从另一个角度讲，关于殖民隔离对欧洲的国家认同和西方社会的排外主义的影响，学术界仍然处在研究的早期阶段。⑤ 例如，一些理论家认为，由于印度上层阶级开始以"白人"的方式行事，这种模仿导致对英国风格的刻板印象被侵蚀和改变。⑥

　　第四，在一个更加宽泛的层面上，许多历史学家纷纷指出，应当把帝国秩序与国家秩序的迅速传播看作共同进化的过程，因为它们都源于很多相互依存的力量。此外，一些理论家建议，我们至少可以部分地将民族国家当作应对日益增长的全球一体化挑战的可用框架。⑦ 另外，学术界再次对殖民地和其他跨区域空间产生更多关注，一些思想观念，如种族主义、社会达尔文主义、种族歧视、种族灭绝思想，等等，都是从这些地方出现并最终传播至世界各地的。⑧ 也有学者建议，我们应当更多关注文化领域、经济领域、金融领域的跨国权力结构，以突破对世界秩序采取的民族国家视角。⑨ 此类研究经常能够在方法论上提供新方法，把某些重要过程（如帝国

091

---

① 例如，见 Kleinmann（2001）。

② 有关此问题的新著作，见 Dubois（2000）；Hafner – Burton 和 Tsutsui（2005）；Gould（2007a）和 Dubois（2004）。有关大西洋视角的"经典"文本，见 Palmer（1959）和 James（1938）。

③ 例如，见 Knight 和 Liss（1991）；Driver 和 Gilbert（1999）；C. Hall（2000）和 Fischer – Tiné（2007）。

④ Dirks（1992）。

⑤ 例如，见 Pollock（1993）。

⑥ Bhabha（1994b）。

⑦ Geyer 和 Bright（1995）；Maier（2000）。

⑧ 例如，见 Ther（2004）。近期研究认为，甚至连启蒙时代的审美观念也需要在殖民主义世界观的背景下来理解：Bindman（2002）。这些把殖民主义同欧洲种族主义和法西斯主义联系起来的新研究，通过某种途径又回到了一些在二战后十分流行的理论上去，例如，Arendt（1951）。

⑨ Bright 和 Geyer（2005）。

主义、民族国家的传播等）彼此之间更加紧密地联系起来，并将其与全球化的其他层面联系起来。[1]

从多种角度看，这种对国际等级体系及其复杂的权力机制重新燃起的研究兴趣，可以被看作对新马克思主义研究方案的回归，在20世纪六七十年代，这种方案在美国和其他许多国家特别有影响力。[2] 不过，在近期有关全球和地方权力的各方面研究中，有很多不是围绕结构主义视角或马克思主义术语展开的。此外，相对于经常把民族国家和殖民地形态作为主要分析单位的帝国主义的很多早期理论而言，前述研究运用的空间概念要广泛得多。对领土的变化机制的相关研究也做出了新的重要贡献。例如，查尔斯·梅尔（Charles Maier）把19世纪和20世纪早期的历史特点解读为：各种力量在有限的全球空间内开展角逐，以获得主权、中央政府控制和调动内部资源。他认为，从这段时期之后，特别是自20世纪60年代起，对领土权力的压力在增加。[3] 其他学者则更加注重在这个日益互动的世界中，不断变化的领土化力量和去领土化力量之间的持续紧张关系。[4]

在上述学术运动中，有很多可以被视为殖民史的重要思想变革。根据该领域的主要学者弗雷德里克·库珀（Frederick Cooper）的观点，由于很多非洲史学家对欧洲视角在该领域的运用表现得十分谨慎，转向了对前殖民时期或反殖民时期历史的研究，所以殖民史在20世纪50年代到70年代显得相当低迷。在许多学者看来，殖民主义变成了被政治独立中的现代化取消了的片段。但是，受到思想变革和新型政治历程的带动，学术界在之后的几十年里，出现了向殖民史和帝国史研究回归的趋势，虽然它们已披上了新的概念外衣。[5] 至于总体趋势，可以说，对于某些把西方说成积极扩张、把世界其他地区说成被动反应的研究方法，该领域是极具批判精神的。许多研究不再把殖民地大致看成被动的受害者或西方统治的接受者。相反，

---

① 例如，见 Weitz（2008）。

② 例如，Magdoff（1969）；Mommsen（1977）和 Lens（1971）。近来对国家和国家主义的研究中，带有明显的马克思主义视角的案例有：Hobsbawm（1990）和 Anderson（1991）。

③ Maier（2000；2006b）。Maier 谨慎地指出，新近出现的趋势不应被视为一种有限的发展，他把当前的状态描述为"全球主义者"与"领土主义者"之间的斗争。

④ 例如，Sassen（1998）。相比之下，Christopher Bayly 认为，从19世纪30年代以来，民族国家的主导地位是全球化的核心标志：Bayly（2005）。

⑤ Cooper（2005），特别是第1、2章。正如 Cooper 所认为的，在研究领域发生这些转变的同时，后殖民主义观点与其批评者之间的分歧越来越大。另见 Howe（2001）。

它们开始关注那些穿梭于殖民地与宗主国边界的各种群体，从社会精英到其他社会阶层，强调这些群体之间丰富的接触区域、相互反应、不断深化的相互依赖性以及其他紧密的纠葛。

换句话说，许多有影响力的方法都小心地避免诸如宗主国与殖民地、压迫者与被压迫者这样泾渭分明的概念分类。① 对于杂交和混合现象日益高涨的研究兴趣，使历史学家们除了关注殖民地城市中心区的特权阶层以外，也开始关注其他许多社会群体。② 此外，事实证明，所谓的殖民地"腹地"通常不像人们假设的那样脱离殖民地的交往。而且，学者们越来越强调的一个事实就是，殖民帝国庞大的经济、宗教和其他社会网络，并不都是从中心向外围辐射的。大量案例研究都给予殖民地群体更多叙述空间，承认他们在帝国形成中发挥的能动作用。③

除了使人们对殖民历史的理解更为复杂之外，最近这个领域的转变已经开始对关于欧洲历史的认识产生冲击。其中最显著的是，陈旧的世界历史视角中的一个关键表述，即认为欧洲历史和之后的北美历史，可以被广泛理解为一种不受世界其他地区显著影响的历史发展，已经受到来自各个方向的挑战。例如，殖民制度对英国、德国和其他社会的逆向影响开始引起学者们日益浓厚的兴趣。④ 在其他议题中，一些研究将种族主义、工厂组织和阶级认同的起源至少部分地追溯到殖民地的遭遇和经历，及其向宗主国的发展。⑤ 此外，历史学家们开始强调，欧洲各地区的改变或"现代化"表现出各种节奏和阶段性，而这些通常同它们与世界其他地区的中心和资源的联系程度是相一致的。⑥ 其他出版物进一步揭示了拉丁美洲独立运动与拿破仑之后欧洲寻求新秩序之间的多方面交流。⑦

作为一种总体趋势，美国史学界对帝国史的兴趣有了显著的提高。该领域的许多研究项目与美国的历史无关，而是关注欧洲的殖民主义和世界

093

---

① 在此情况下，底层研究的出现具有重要意义。例如，见 Chakrabarty（2000）。底层研究与其他学者围绕殖民地背景下的自治权、真实性等问题展开了一场重要争论。20 世纪 90 年代的其他观点包括 Nicholas B. Dirks（1992）；Cooper 和 Stoler（1997）。

② 例如，见 Stewart（2007）。

③ 例如，见 Ho（2004）；Aydin（2007）；Lombard 和 Aubin（2000）；Sweet（2003）。

④ 例如，见 Codell 和 MacLeod（1998）；Thornton（1998）。更早指出反向影响作用的评论是 S. Amin（1989）。

⑤ 例如，见 Mintz（1985）；Thorne（1997）；Stoler（1995），特别是第 4 章。

⑥ 有关此问题的重要论文是 Geyer 和 Bright（1995）。

⑦ Gould（2007b）。

其他地区的帝国形态。[1] 然而，也有越来越多的研究试图把美国的现代历史与过去的其他帝国结构联系起来。[2] 就像一般的帝国和帝国主义的相关学术一样，[3] 美国的全球角色与欧洲以及其他形式的帝国统治之间的关系，往往以根本不同的方式被概念化。[4] 有些学者认为美国是一个伪装的帝国，甚至提出殖民秩序的潜在利益，而另一些学者则认为，美国在当今世界的角色需要从不再以领土为主的新的帝国形式的背景中来批判。[5]

从一个完全不同的角度来看，近年来，越来越多的努力以更持久、协调和综合的方式将跨国和全球的视野应用于美国的历史。例如，一些研究项目试图将非常不同的史学分支结合在一起，这些分支通常将跨国视角应用于美国历史的各个方面。实际上，在相当长的时间内，这样的领域，如移民社群研究，对跨国精英文化、全球法律史或新的外交史的研究，可能已经导致新的、较少以国家为中心的美国观和美国史观出现。根据一些观察家的观点，这样的努力可能会导致在美国历史研究中出现新的综合性尝试，而由于各种原因，这长期以来是一个非常分散的领域。[6] 托马斯·本德（Thomas Bender）和其他一些学者近年来便致力于此，他们谨慎地指出避免把美国当作世界的一个缩影的必要性。[7] 此外，他们更加强调历史事件与变革（如美国内战、罗斯福新政）发生的全球背景，以此来进一步摒除美国例外论的话语。[8] 与此同时，虽然美国史中的跨国化学术非常重要，但美国的经验不可避免地仍然处于分析的中心。[9]

2.6 成形：全球史在学科领域的增长与现状

在美国史学界，用新的跨地域方法进行研究的案例可谓数不胜数。例如，在"文化史"的类别下，现在已经有了一个关于全球时尚、流行文化、

---

[1] 在近期有关帝国的研究中，没有直接涉及欧洲势力的是：Duara（2003）；Perdue（2005）；Powell（2003）。

[2] 例如，Maier（2006a）；Burbank 和 Cooper（2010）。

[3] Pomper（2005）认为，有关帝国和帝国主义的大部分学术仍然可以划分为马克思主义和自由主义两种路线。

[4] 最著名的文献：Ferguson（2003）。

[5] 例如，Hardt 和 Negri（2006）。

[6] 例如，Gräser（2009）。

[7] 例如，Bender（2002；2000）和 Tyrell（2007）。

[8] Bender（2006）。

[9] 参照 Beckert（2007）。

认同模式和相关话题的广泛且多彩的研究范围，许多研究不仅受到历史学家的追捧，而且受到其他学术领域如人类学学者的重视。① 例如，对艺术运动的研究催生了一批旨在探讨跨地域动力的研究，它们并不以民族国家作为分析的主要单位。② 类似的，科学技术史也经历了一些重要进展，在研究全球互动模式的同时，也进一步远离了其中存在的西方偏见。③ 相关的研究领域包括技术创新史和通信革新史（从早期的邮递制度到互联网），④ 及其在全球各地产生的具体的社会文化影响。此外，医疗史领域也对跨国性和全球性分析发生了持久兴趣。流行病史和疾病史在早期的世界史论述中就占有一席之地，⑤ 如今则出现了一些更为详细的研究，探讨日益扩展的全球互动同疾病的传播与控制之间的关系。⑥

可以肯定地说，史学中的"全球转向"大部分发生在社会史或经济史等既定领域。不过，跨地域视角的兴起也为跨学科合作和学术网络建设带来了新的机遇。例如，之前一些边缘课题，如国际非政府组织史、全球环境史，等等，一些新的科学团体围绕它们组建起来。这些研究组织的成员各自具有不同的学科背景。此外，一些全球史主题的发展引起了广泛的争论，乃至引起了不同史学分支领域学者的关注。许多从全球史思考中引申出来的理论问题如今也在一些重要期刊如《美国历史评论》上得到讨论，同时也出现在大量为史学特定领域设立的专门期刊上。

围绕全球史问题存在的一些争论，在史学界产生了一种异乎寻常的公共领域，因为它们在不同类型的历史学家之间具有很大的影响力。这类理论问题的一个例子就是在全球史背景下的历史分期问题，这涉及到全球化的开端这个略显刻意的问题。在相关争论中，许多人都认为不可能对全球史的分水岭做明确划分，因为各种地方史和跨地域史以纷繁复杂的方式纠缠在一起。⑦ 在关于如何界定全球史的时代和阶段的争论中，多数学者认

① 例如，在这种背景下，城市（它们的社会、经济结构和文化）的全球联系得到了强调。例如，Cartier（1999）。
② 例如，Joyce（1993）和 Jones（2001）。
③ 例如，见 Schäfer（2003）。
④ 该领域的早期著作有：Kern（1983）。
⑤ 相关讨论见 W. McNeill（1992）。
⑥ 例如，W. McNeill（1976）；Mann（2005）；Oldstone（1998）；Watts（1999）和 Engel（2006）。
⑦ 有关此问题的讨论见 Bentley（1996a）和 Manning（1996）。

为，有必要反思重要的跨区域转变，而并非主张这些转变对整个世界的影响是均匀和完全同步的。由于划分方式在很大程度上能够反映出划分者的意图，关于"全球化开端"的争论其实提供了很好的机会，使全球史学家和跨国史学家可以在必须面对的诸多问题上交换意见。例如，在历史分期的困境中，一个基本问题就是，在反思全球空间内的时间问题时如何权衡经济、政治、军事、文化和其他相互对立的观点。

关于"全球史"开端的时间表，学者们众说纷纭，[①] 有的认为可以追溯至新石器时代人类长途迁徙的早期阶段。[②] 其他学者则认为，全球化始于16世纪美洲融入全球贸易体系之时。他们认为，跨大西洋交流迅速导致了植物、动物和人口的哥伦布交流，[③] 继而出现了白银价格在全球范围内的同化，这对世界很多地区的社会经济产生了重大影响。[④] 这一分期方法至少可以追溯至亚当·斯密（Adam Smith），他把欧洲人对美洲和印度航路的"发现"称为"人类历史上最伟大和最重要的两个事件"。[⑤] 一个更具现代意义的观点认为，一些重要发展，例如全球组织和机构的重要性与日俱增、殖民帝国的终结、互联网等技术革命、太空探索，等等，使二战后时期成为人类历史的新纪元。[⑥]

不过，不同领域的代表人物大都赞同把19世纪视为全球历史的一个主要转变时期，虽然各自的理由和建议的确切时间表不尽相同。例如，一些经济史学家认为，在19世纪，世界范围内的地方市场与国际潮流、国际动荡和国际发展的联系日益紧密，以至于我们必须将其置于全球经济的大背景之下，方能得出正确的理解。在此情况下，一些学者提出，在19世纪20年代，全球价格的趋同性反映在多种类型的商品上，以至于我们再也无法单独从区域角度来看待贸易行为了。[⑦] 一些历史学家从另外的角度出发，认

---

① 一些学者试图弥合不同的全球分期方案之间的差距，并且试图明确全球化不同阶段的特点。见 Hopkins（2002b），第 1 页。

② 例如，Clark（1997）。

③ 例如，见 Crosby（1972）；Gunn（2003）；A. Frank（1998）；Green（1998）。

④ Flynn 和 Giráldez（2004）。

⑤ A. Smith（1776），第 1 卷，第 121 页。

⑥ 例如，见 Mazlish（1993）。另见 Schäfer（2003）。这种分期法与许多社会学和经济学学者对全球化的解读相符。此类概述见 Guillén（2001）。

⑦ O'Rourke 和 Williamson（2002）。主张现代意义上的全球化发端于 19 世纪的观点通常认为，经济一体化在两次世界大战期间出现了消退，而在冷战时期又开始增强。例如，O'Rourke 和 Williamson（1999）；Bordo、Taylor 和 Williamson（2003）。

为 19 世纪的交通运输和通信技术革命（及其带来的社会后果，如大规模移民）是世界向着整体转变的一段重要过渡时期。[①] 还有学者持有不同的视角，他们着眼于 18 世纪 60 年代至 19 世纪 30 年代之间，欧洲权力角逐在全球范围内的纠葛，以及由此产生的跨大陆影响。例如，根据克里斯·贝利（Chris Bayly）的观点，这一时期的特点是，既有从更早时期衍生而出的多中心秩序，但与此同时，受到跨区域社会力量和思想的冲击也越来越大。贝利认为，在这个日趋复杂的全球环境下，世界许多地区的局部冲突开始直接或间接地产生相互影响，导致许多地区的政局变得动荡不安。[②] 一些历史学家如迈克尔·盖耶（Michael Geyer）和查尔斯·布莱特（Charles Bright）等人指出，19 世纪后半叶，特别是 19 世纪 40 年代至 80 年代，许多国家和帝国的结构以暴力和激烈的方式得到重塑。例如，随着殖民政策开始从单纯的榨取利润转向社会政治构建，许多帝国开始发展更多的中央权力结构。[③]

在全球框架下勾勒各个时代的大多数尝试，并没有选取绝对化的视角。全球历史分期的辩论过程反映了上述倾向，即在宏观层面上思考历史时，运用相当灵活的时间观念。在近期出版的一些全球史概述作品中，我们也能看出这种特征。例如，一些有关 19 世纪等重要历史时期的全球性或跨国的优秀著述，都是从多个视角进行描写的，以适应经济、政治、社会、环境和其他进程的不同时间线。这些著述对当地经验的历时性特征仍然保持敏感，即使它们与全球形成紧密的纠缠。不过，最重要的是，有关全球时间表问题的研究已经在很大程度上聚焦于跨越国家边界的联系网或全球性进程，这些跨国联系网和全球性进程影响了很多国家和帝国的政治。在此情况下，围绕全球史的时间观念展开的争论总是与跨地域的空间研究形影不离。

098

随着新研究方法的出现，即通过全球性和跨地域性的新观念重新思考历史的长时段发展，一些以非常规空间概念为主的研究领域的重要性也提升到一个新的高度。这适用于根据地理环境而非国家的、大陆的或其他文化和政治的明确边界来探索人类互动的历史研究。其中一个例子是海事或海洋史。当然，这种把大洋、大海和沿海作为历史活动场所的研究其实并

[①]　例如，Therborn（2000）和 McKeown（2004）。

[②]　Bayly（2004b；2005）。

[③]　参照 Geyer 和 Bright（1996），特别是第 623～653 页。

不新鲜，几代人之前就出现了热衷此类研究的费尔南·布罗代尔（Fernand Braudel）等人，其作品在美国产生了深远影响。[1] 但长期以来，海事史学所产出的主要是一些综述性作品，如教科书和商业图书等，它们往往以民族国家作为基本分析单位，从这个意义上讲，它也追随着世界史的步伐。此外，在欧洲中心视角的世界史中，有关海洋的解释扮演着重要角色，例如，有观点认为，大西洋世界即使不是全球化世界的唯一推动者，也构成了其中的首要力量。[2]

同其他领域的发展相似，大量新兴的研究项目和细节研究极大地改变了海事与海洋史的面貌。[3] 从海事史的角度引发的大量课题包括：商业团体的跨地域研究、航海技术的交流历程、有关性别与种族论述的转变，以及帝国的扩张和统治机制等。[4] 近来出现了一种把沿海地区作为区域系统进行研究的趋势，以探寻不同沿海地区的群体如何参与到这种繁密的交流互动网络之中。这种视角的转换并不否认以大陆为主的单位（比如国家）的重要性，只是为国家的出现和演变添加了新的维度。利用这种新视角和新观念，许多海事史学家开始在更为广阔的、通常是全球的范围内做研究。[5]

从某种意义上讲，海事史的发展把地理学的工具和考量再一次引入历史研究之中。不过，这并不是说近来的学术再一次与早期的历史地理学传统相结合。例如，如今有许多历史学家在运用地理决定论研究过去时，会显得更为谨慎。[6] 此外，对于人类赖以生存和交流互动的物理世界、地形世界和气候世界，学者们也更加感兴趣。这种趋势的一个主要表现就是，越来越多的研究方向被归入"环境史"。[7] 在 20 世纪 70 年代，有关人类生活环

① 例如，见 Osterhammel（1994b）。
② 相关评论见 Geyer 和 Bright（1995）。
③ 细节研究也对这些领域的综合研究产生了重要影响。见 Wigen 和 Lewis（1999）；Bentley（1999）。
④ 若想了解相关探索领域的广度，参阅 Hattendorf（2007）。在《美国历史评论》2006 年 6 月刊出的"海洋史"论坛，以及在该杂志（2007）第 112 卷第 710 ~ 799 页的"大西洋世界里的纠葛帝国"论坛中，讨论了一些重要的理论问题。一些重要的有关不同海域的综合研究或合作研究项目已经出现。例如，Bentley、Bridenthal 和 Wigen（2007）；Bose（2006）；Bailyn（2005）；Cunliffe（2001）。
⑤ 例如，见 Eltis（1999）；Seeman 和 Cañizares - Esguerra（2007）；Jones、Frost 和 White（1993）；Gilroy（1993）；Matory（2005）。
⑥ 虽然很多人都在避免使用地理决定论，但有一个知名学者例外：Diamond（1997）。
⑦ 其中一些重要的已经制度化的分支领域包括：森林史、气候变化史、国家公园史等。

境的大量作品开始从各种协会、项目和期刊中涌现出来。作为一种新的历史学术分支，其内在的动力主要源于一些旨在解决环境问题的国际运动。[①] 环境史从一开始就有望成为一个具有跨国界视角的学术领域。无论何时，环境问题的地理形势都很难与世界的政治地图相吻合。此外，在该领域活跃着大量的研究者，他们不是历史学家而是科学家，由于在专业培养上的差异，他们对于方法论上的国家主义以及史学领域的其他基本空间范式并不太敏感。

即便如此，国家中心视角在环境史中仍然占有重要地位，特别是由于相关数据多是在国家层面上整理和提供的。不过，虽然环境史的很多研究还局限在国家范畴，但新的全球史观点在数量上也有所增长，新近的一些综述性著作已经开始在可能和言之成理的情况下，尝试着突破民族国家这种分析单位。[②] 一些细节研究甚至朝着替代性空间领域发展，比如沿着水系或风带研究环境破坏现象。[③] 由于环境史已经向新的探索领域扩展，如社会史或文化史等，这更加有利于该领域朝着新的空间观念迈进。有一些课题，如人口增长、能源消耗、经济扩张的全球影响，以及由人类引起的动植物迁移等，变得越来越流行，而且经常需要用到跨地域研究方法。[④] 此外，对于环境以及人类与之互动的方式，一些全球性比较研究还提出了从社会文化角度来解读的方法。[⑤]

100

从广泛意义上讲，环境史和海事史仍以地理上的考量为主要特征，但对于其他一些对跨区域研究感兴趣的领域来讲未必如此，这方面的案例包括有关全球治理和全球公民社会的学术研究。[⑥] 随着学术文献的不断积累，跨国激进运动的发展轮廓越发清晰，同时也显露出细微的差别，包括环保主义群体、妇女权利团体和反全球化势力等。[⑦] 其他一些全球性非政府组

---

① J. McNeill（2003）。
② 把全球史视角运用到环境问题的著作有：Radkau（2008）；J. McNeill（2000）和 Chester（2006）。另见 Hughes（2001）。
③ 例如，Grove（1998）和 Glasso（2008）。
④ 例如，Crosby（2004）；M. Hall（2005）；Weller（2006）。
⑤ 例如，见"世界宗教与生态学"（Religions of the World and Ecology）丛书，编者为 Evelyn Tucker，出版于 20 世纪 90 年代。一些宏观著作也对大量课题进行了研究，包括世界不同地区对自然环境的看法、社会政治响应的缺乏、环境问题及其灾难性后果等。Diamond（2005）是环境破坏史引起公众广泛关注的典型著作。
⑥ 相关立场的概述，见 Lipschutz（2006）。与全球治理及其历史有关的研究是 Connelly（2008）。
⑦ 例如，见 Keck（1998）；Paxton（2006）；Eschle 和 Maihguashca（2005）。

织，如国际奥林匹克委员会（International Olympic Committee）、世界宗教议
会（Parliament of the World's Religions）等，也得到了史学的关注。① 此外，
101 关于一些政府间组织如国际联盟（League of Nations）、空中航行委员会
（International Commission for Air Navigation）等的研究课题也远远超出了外交
史的范畴。② 例如，有相当数量的研究揭示了此类组织与外部世界的复杂联
系，也有一些著作研究联合国等新设立的组织与帝国利益之间的关系。③ 还
有历史学家开始探讨非政府活动与政府组织之间错综复杂的网络关系。④ 这
种在概念和方法论上的新发展也对和平史及其潜在历程、结构和努力产生
了影响。⑤

实际上，对全球组织和公民社会研究贡献最大的不是历史学科，而是人
类学和社会学等其他学科。例如，在后一个领域中，虽然很多著作是基于对
过去发展的解读，但它们实际上经常与面向未来的视角相联系，如新自由主
义和后现代主义等。⑥ 一些著作把非政府运动的增长解读为国际治理的开端，
认为在这种历史阶段中，国内政策与国外政策之间的区分日益无关紧要了。⑦
其他有影响力的著作则对跨国激进主义的各种模式及其对未来全球民主的潜
力进行评估，在一些理论家看来，未来全球民主具有一些特点，比如"世界
主义"力量的影响日益增长、权力在全球范围内呈现多元化等。⑧ 类似的，一
些观察家群体把国际非政府组织视为世界公民权的开端，甚至将其视为以权
力分散为特征的单一的全球性政治组织的开端。⑨ 其他研究则把在数量上日益
增多的全球组织当作与世界战争和其他现代创伤分开的、独立发展且更有前
102 途的故事主线。⑩ 无论采取什么立场，与全球公民社会和全球治理相关的学术

---

① 例如，见 Seager（1993）。
② 历史学家对政府间组织和非政府组织发展的描述，见 Iriye（2002）。另见 Boli 和 Thomas
（1999）；Murphy（1994）。
③ Mazower（2009）。
④ 例如，Iriye（2002）。
⑤ 该领域在 20 世纪六七十年代非常重要，而后经历了一段相对低迷的时期，近年来的研究兴
趣再度高涨。更多详细信息见 Clinton（2005）和 Jones（2002）。
⑥ 对各种立场的分类和讨论，见 Kaldor（2003）。
⑦ 例如，Held et al.（1999），与之观点相似的是 Giddens（2000）。
⑧ 见 Keane（2003）；Hardt 和 Negri（2004）。
⑨ 例如，Boli 和 Thomas（1999）。
⑩ 根据 Akira Iriye 的观点，国际组织应当被视为"文明社会"，并有望把世界变成一个文明共同
体：Iriye（2002），第 193 页；Iriye（1997）。

的一个共同点就是，它们都致力于用全球化视角来克服世界政治中的国家中心和权力中心视角。

2.7　总结陈述—代替定义

通过对上述各种研究的讨论可以看出，在许多现有研究领域中（从经济史到性别史），历史空间的概念化方式要比一代人以前复杂得多。许多有影响力的案例研究在方法论上纷纷挑战国家主义和"欧洲中心论"，这使历史学术的意象图变得越来越纷繁复杂，因为它们主要不是用清晰的独立单位构建的。由于在美国的研究形势中，全球趋势是建立在史学所有分支的大量详细研究之上的，所以我们甚至可以得出结论："大多数历史学家都是全球史学家。问题是他们还没有意识到这一点"。[①] 不过，在识别一种学术趋势时，如果把全球史同整个史学的研究状况等而视之的话，还是有失偏颇的。总体史的代表人物把自己的领域称为整个社会科学的集大成者[②]的时代一去不复返了。全球史作为一种宏大的学术趋势，还远远没有实现整合，虽然对于作为个体的学者来讲，确实可能将其视为一座由众多历史学家建造的学术大厦。作为一种学术变革，全球史远非历史学在当前状态下的总和，但同时似乎也可以说它超越了这一总和。例如，大量运用"国家"等既定空间概念的研究都不包含在全球史之列，尽管在这些研究中，有很多可以间接地为跨边界研究的领域拓展提供帮助。

美国全球史研究的一个主要特点就是，对那些作为现代史学基础的空间概念进行批判性反思。由于空间概念承载着偶然性和自主性、距离和亲密性、中心性和边缘性等观念，因此这具有重要意义。有关领土的政治制度和思想体系曾长期主导着史学领域的专业框架、学术团体和学术追求，而越来越多的学者开始直接或间接地将他们的领域从这种束缚中解放出来。不过，由于整个史学并不是受相同的空间概念主导，因此上述过程也并不一致。地域空间的划分往往是根据具体领域而异的。例如，对欧洲中世纪研究的专家而言，探索欧洲内部的相互作用很难说是革命性的行为，但直到最近，对伊斯兰教和基督教之间的历史动态的考察还很少出现在这个领

103

---

① Bayly（2004a）。

② 关于"总体史"（histoire totale）见 Stoianovich（1976）的"经典"研究。需要指出的是，总体史所使用的空间概念和现实维度也是灵活的，不同的概念和维度被共同应用于同一研究对象。见 Chartier（1989）。

域。相比之下，致力于现代的大多数史学家的行动半径往往围绕着民族国家的概念。① 长期以来，即使是对现代史进行的殖民主义研究或世界史研究，也是通过把国家及其边界作为过去的主要单位来进行的。

学者们在寻求方法论上的国家主义、文化主义以及类似范式的替代形式时，所采取的方向是多种多样的，因此这绝不是用一套空间范畴取代另一套空间范畴那么简单。相反，在历史学家群体中，对替代性空间概念进行验证、跨越学科界限、突破政治或思想局限的做法已经成为一种潮流。如今有很多案例研究聚焦于一些联系之上，而这些联系曾长期被学术界归入背景范畴，因为之前的研究对象主要是单个国家、世界各地区或长期被视为相当独立的历史舞台的其他空间结构。一些概念如潮流、网络、关联、纠葛和互相影响等如今已成为常规历史学术的一部分。

在全球史领域，相对于某些方法论或概念问题来说，对空间概念的思考已经达到了足够高的复杂程度，以至于前者再也不能在该领域的公共舞台上唱主角了。其中就包括在几个领域长期作为突出主题的问题，例如，地方性能否取代全球性。② 全球史趋势虽然没有使"地方"消失，但已使其极大地复杂化了。曾经大致被视为地方性的事物，如今却显得依赖于（或脱胎于）某些更广泛的历程或互动。在越来越多的研究中，领土化与去领土化进程彼此几乎不并列，它们在复杂的关联中深深地交织在一起，已经无法进行分别解读了。③ 作为此种变化的后果，美国的历史如今越来越给人一种奇特的印象："既是一个主权国家，又是一个全球性国家"。④ 此外，人们对"全球化"和"文化"等概念的看法也发生了改变，不再将任何一方视为绝对物或固定意义。⑤

尽管有批评家心存担忧，⑥ 但全球史作为一种学术趋势，绝不是把各种地域视角胡乱地拼装起来，组成一个"四不像"。如果我们按照近来的众多研究方法制作思想地图的话，我们看到的将不是一个整体的地球，而是一个在空间上存在重叠、交织和互动的动态领域，并且呈现出长期和短期的

104

---

① 见 Wigen 和 Lewis（1997）。自 Huntington（1998）出版后，世界史的文明视角出现了一定程度的复苏。

② 有关这些争论的更多信息和历史评价，见 M. Lang（2006），自第 902 页起。

③ 有关此问题更加透彻的讨论，见 A. Amin（2002）。

④ Bright 和 Geyer（2002），第 73 页。

⑤ Cooper（2001）。

⑥ 较早的例子是 McGerr（1991）。

层次关系。总体而言，在美国全球史和跨国史学术上形成的这种"全球"并不是一个固定的实体，等着用新的主导性叙事进行填充，而是一个相当开放的问题，由不计其数的个体研究活动加以解决。虽然相关项目绝大部分不是从全球的层面上展开的，但这种学术的多元性和开放性特征仍然影响了我们对全球化和历史的认知。

在全球趋势的影响下，许多曾被认为是既定的空间范畴如今越发成为批判性研究的焦点。① 总的来说，史学作为一个学术领域，对自身的基本空间概念（包括宏观和微观两个层面）的研究兴趣越来越浓厚。这种自我反思性既表现在某些出版物激增的数量方面，这些出版物讨论的课题包括国家史学的构建、大陆神话、文明的话语等，同时也表现在某些研究的涌现方面，此类研究从多个角度出发，对现代史学在全球范围内的传播以及它的概念世界进行探讨。② 所有这些研究使人们意识到，历史学家们所使用的空间概念是历史发展的产物，而不是对过去的既定框架。这必然会使历史与史学之间的关系变得更为复杂。

换句话说，在美国的学术界，全球史趋势是与某种倾向有关的，即学者们越来越不愿意采用"国家"这种所谓的整体性视角。早在全球史和跨国史兴起之前，关于美国的历史研究就已然经历了一个多元化甚至是碎片化的过程。③ 特别是在 20 世纪 80 年代，一大批学者寻求在其研究中添加另一层复杂性，以处理不同历史群体和个人对现实的感知和构建的方式。④ 这表明，学者们在接受历史客观性理念时变得更为迟疑，这对历史学家们使用一些概念（如"社会"或"文化"等）的方式产生重大影响。甚至早在全球史和相关术语成为学术项目之前，一些研究性别、社会环境、宗教团体和许多其他领域的历史学家，就批判了把国家作为历史偶然性的容器的观点。虽然许多反对以精英为中心的史观的运动最初是在次国家的层面上进行的，但它们强调历史空间的多样性，这使人们更易于采用灵活的地理

105

---

① 例如，一些跨学科文献指出世界各地区存在着"被发明"的特征。例如，Wigen 和 Lewis（1997）；Wolff（1994）；Mignolo（2005）和 Bassin（1999）。

② 近年来，有许多重要著作对现代史学文化在世界各地的显现进行了讨论，这种显现是全球与地方相互遭遇、冲突和媾和过程的产物。例如，Iggers、Q. Wang 和 Mukherjee（2008）；Woolf（2011）。

③ 有关史学期刊日益细化为专业期刊的情况，见 Middell（1999）。

④ 详细内容见 Hunt（1989）。此类知识运动有很多都与人文社会科学中所谓的"文化转向"有关。

视角来思考国家。

基于其主要的方法论内涵，人们可能会认为，美国史学的全球趋势主要是由新的理论反思和概念争论推动的。不过，到目前为止，在该领域朝着更高的空间复杂性发展的过程中，理论工作只是其中的一小部分。大量突破既定历史空间概念的出版物，对全球视角和跨地域视角的兴盛起到了决定性作用。在一种缓慢而不经意的过程中，这开始改变史学研究的形势，以及人们从这些研究中得到的历史图景。与之前的很多学术趋势不同，全球史趋势在传播过程中并没有遇到强硬的抵抗。全球史的扩散特征也许能解释这种几乎无争议的传播。诚然，全球史的某些类型也遭到批判，但跨地域视角的兴起本身既没有激起明显的学科焦虑，也没有遇到高级别的抵制。此外，全球史很少出现两极分化为不和阵营、每个阵营的活动都在高度顺从的情况下运作的倾向。

虽然史学文化的变化与美国大学及美国社会的变化紧密地联结在一起，但这种变化并不必然反映出多数意见的明显变化。在美国，有很大一部分人都强烈反对通过绕开一些传统命题（如美国例外论、西方文明在全球舞台的首要地位等）的方式，对国家史和世界史叙事进行解构。实际上，右翼教科书的市场不断增长，它们用与学术史学核心潮流所共有的许多观念和价值观背道而驰的方法来描绘历史。① 在两极分化相当严重的政治形势下，社会科学和人文科学的绝大多数教员都支持民主党。② 从这个意义上说，美国高等教育机构学术气候的变化只能反映部分美国公众观念的变化。值得深入反思的是，美国大学日益国际化同它与美国主体社会的日益疏远是否存在结构性关联。③

毫无疑问，即使在学术界，也并非所有的跨边界史学都寻求推翻长期以来塑造了大量的历史学术著作的空间范畴和规范性视角。最近，一些对历史进行全球性解读的学术研究甚至试图重申西方例外论和伦理政治优越论的衍生主张。④ 虽然如此，但近期围绕一些术语（如全球史、跨地域史甚至世界史等）展开的讨论，其主要潮流已经导致非常不同的方向。另外，

---

① 见 Bentley（2005）。

② 根据一项调查，在美国大学对民主党—共和党的支持率比值中，历史学领域为 9.5∶1，社会学领域为 28∶1。见 Klein 和 Stern（2004）。

③ 有关政治权利中存在的反智主义和反国际主义的概论，见 T. Frank（2004）。

④ 例如，Ferguson（2003）；Landes（1998）；Headley（2008）。

对"欧洲"等概念的解构热潮，作为寻求取代西方中心世界观和霸权主义叙事主线的一种努力，已成为当今研究团体的一个重要特色。[①] 抨击趋同理论、西方主导进步的叙事和挑战—反应模式已经变得很普遍，全球史学界的主要争论不再限于这些理论的线性轨迹上。作为一种学术趋势，全球史早已不再对全球化进行确定性和同质化的解读了，虽然这种解读方式在经济学等其他学术领域仍然受到相当有力的支持。

全球史与多元化同时又重新连接的研究形势之间的紧密关联，引出了关于这一趋势未来走向的重要问题。例如，全球史是否正在成为一个由狂热爱好者或志同道合的学者组成的唯我论团体，成为日益分化的学科领域中的另一个研究团体？如果是这种情况，那么史学上的这种全球转向将演变成一个专门的分支学科，就像经济史或性别史那样，两者在成熟后都发展了自己的基础结构、职业道路和方法论议题，虽然它们仍与其他史学分支存在紧密联系。另一种与之截然不同的可能性就是，全球史在未来起到的将不是　107某一方面的作用，而是一种综合性作用。毕竟，对于一个脱胎于更广泛学术趋势的领域而言，学科的孤立是无法与之相适应的。

在这种宽广的学术背景下，相对于全球史在未来可能处于何种地位，一个更重要的问题就是它对历史思维的潜在贡献。由于"全球史"和"跨地域史"等术语已经取得了可观的学术威信，因此对于一个方兴未艾的发展过程而言，现在就抨击或盲目认可还为时尚早。当然，可以归于"全球史"名下的研究、立场和课题存在巨大的多样性，因此关于我们究竟应该用积极的还是消极的眼光来看待这场运动的问题，目前还不具有讨论意义。例如，作为对全球史和世界史文献[②]的一种响应，对"欧洲中心论"或知识帝国主义的批判分析固然重要，但实际上它只涉及这种知识趋势的一小部分。

无论如何，在各种以全球为导向的思想中，不能因为该领域的大部分出版物是秉持着反对西方优越论的精神而写就，就忽视了这方面的批判。特别是在美国这种国际联系紧密、多样化突出的体系中，很容易就会把国内层面讨论的多样化立场解读为全球性学术气候的反映。但是，正如在前　108章提到的，在其他国家和其他语言出版的全球史学术著作中，大部分很难

[①]　正如 Michael Geyer 和 Charles Bright 指出的，甚至有许多重要的世界史著作都倾向于把一些结构比如"西方"（the West）描述为全球情境中唯一的活跃中心：Bright 和 Geyer（2005）。

[②]　Dirlik（2002a）。

被美国的史学家们认可。虽然在历史研究中有"让别人说话"的宣言，但强有力的迹象表明，我们的国际学术界同一百年前一样，仍然带有等级性、西方中心性和不平衡性特征。从这个角度看，全球史作为一种学术趋势，在可能拆解历史的边界的同时，又具有在无意中保留下许多旧的特权结构和不利结构的风险，这首先有利于美国在全球知识体系中获得地位。① 从这个意义上讲，虽然美国绝大部分学者公开反对"欧洲中心论"，但这并不必然意味着"欧洲中心论"已经在美国销声匿迹了。

---

① 关于此观点，另见 Feierman（1999）。

第 3 章 问题丛生的国家：德国的研究方法

3.1 国家历史的首要地位

尽管全球记忆可能不存在，但是过去的某些方面确实超越了原始的空间限制，并且进入了世界不同地区人们的历史意识。在人类的历史长河中，最广为人知和最具象征性的方面当然就是纳粹时代的犯罪和创伤。在许多国家，随着电视、报纸和其他媒体不断地提及，第三帝国时期的残暴罪行（特别是对犹太人的大屠杀）在教科书和大众历史意识中占据了重要地位。德国法西斯主义也成为学术研究和知识分子辩论的重要主题，甚至在未受到德国法西斯主义直接影响的东亚或南亚等地区也不例外。世界上的许多地方都在争论纳粹经历对一些基本概念的影响，例如现代性或欧洲和欧洲在世界上的地位，以及（在某些情形之下）人性和上帝此类的根本概念。[1] 关于纳粹的历史话语，在不同的公共领域当然相去甚远。然而，这并不能改变这样的事实：纳粹主义及其受害者的历史中的一些重要方面，就其历史影响、内涵、象征意义而言已经全球化了。

在德国学术界，非欧洲史及全球史所占的研究比例很小，而对德国史的关键岁月的世界维度的探讨占据了主流。根据德国社会、经济和政治与更大范围的世界联系在一起的复杂方式，非欧洲史和全球史在学术界的比例之低也许在一定程度上是令人吃惊的。[2] 正如芝加哥历史学家迈克尔·盖耶所评述的那样，"德国真正奇怪的地方就是德国的土地和人民与世界的联系如此紧密，而德国人和德国当时的历史学家很难接受这一事实及其后果"。[3] 确实，面对这样的国际现实，德国史学的主要取向仍然与民族国家紧密相关，乍看似乎有点出人意料。在寻找为什么跨文化历史研究仍很贫

110

---

① 参见 Hannah Arendt、Aimé Césaire 和 Frantz Fanon 的作品。

② 例如，Wirz（2001）；Patel（2004）。

③ Geyer（2006），第 4 页。

乏这一问题的答案时，人们或许倾向于把原因归结为德国的帝国经历的短暂性。然而如果德国海外扩张比较短暂的历史是德国以欧洲为中心的史学文化的主要原因，那么这就暗示着以前的其他殖民大国必然会以历史系中更加多样化的区域专业模式为特征。但是，世界史、非欧洲史和跨文化史的研究仅在法国、英国和比利时等国家略微多一些。①

这表明，世界史和跨地域史在德国的边缘化可以被理解为一种更广泛、普遍的欧洲现象的一部分。当然，在过去欧洲主导全球的时代所出现的以欧洲为中心的视角，也促成了许多欧洲史学对世界其他地区不感兴趣的事实。很长一段时间内，文化优越性的观念使得欧洲的政治家们和学者们不太可能去研究欧洲以外的世界。我们可以看到上述政治家们和学者们心态的表现，在大西洋东岸和乌拉尔山脉之间的许多历史系结构中，这种心态使得世界几乎与理解欧洲及其政治无关。② 正如一些学者所指出的那样，许多欧洲社会没有选择使他们的区域研究多样化，甚至在殖民时代结束之后也是如此。他们声称，这种情况的原因是——与二战后的全球性国家如美国相比——许多欧洲社会所面临的突出社会问题、文化问题和政治问题本质上主要是地区层面或国家层面的。③

111　当我们将欧洲的共同点铭记于心时，考虑那些促成德国历史研究内向性的国家因素也是非常重要的。随着欧盟日益成为学术舞台上的重要角色，德国的学术机构、公共领域和资金结构继续广泛地塑造德国历史研究的基本参数。特别是纳粹历史在很长一段时间内所造成的阴影，使得跨国的研究方法在许多德国史学家眼中变得无关紧要甚至有疑问。面对并妥善处理纳粹影响，为自由民主文化创造一种恰当的历史意识，已经成为现代历史研究的主要关注点。这意味着提出了如何在更长的历史时间线和历史模式中定位第三帝国的重大问题。在很长一段时间里，对这个问题的回答似乎必须要限制在国家历史的界限内，因为许多跨国的方法都有可能被解读为使源于德国的历史责任相对化。

由于上述的以及其他一些原因，自从德意志帝国建立以来，德国的许多史学仍与民族国家的观念紧密结合在一起。此外，历史系从未努力尝试增强对欧洲和北美以外世界其他地区的研究。这种情形也许不能归咎于德

---

① Loth 和 Osterhammel（2000）提供了比较性的概述。

② 见第 1 章。

③ 例如，Middell（2002a）。另见 Kaelble（2004）。

国历史系在政治环境和对待国家主义的态度方面一脉相承的传统。德国史学领域的国家偏见一直存在——这其实是人们对德国国家及其历史的态度出现了强烈的断裂感造成的。含蓄地说，19 世纪末以来，跨国特别是跨大陆的学术研究其实也显著地延续下来了。

虽然以国家为中心的视角在史学领域长期占据主导地位，但我们不应该就此认为德国史学家偏好的空间概念是永恒不变的。特别是自 20 世纪 80 年代后期以来，德国不断努力尝试探索当时鲜有人涉足的跨国史领域。上述过程可以被划分为五个主要的分支，其中最主要的分支是试图从新的全球视角、跨区域视角和比较的视角来审视德国的历史。第二是将历史欧洲化的努力，这涉及批判地考虑德国以及许多其他国家的历史。第三是不断努力以扩大非欧洲历史在德国史学机构中的研究空间。在前述基础上，第四，呼吁加强欧洲主义者和专注于世界其他地区的学者之间的合作，以开辟新的研究可能性。第五，世界历史学术领域出现了新的活动，某些情况已经明显地偏离了早期的传统。

在莱茵河和奥得河之间，全球史和跨国史的一个重要背景是德国史学家和世界上其他地区史学家之间变化的关系。19 世纪德国历史系经常被看作国际上的先驱，看作整个历史专业内的概念中心和方法论中心，然而，在 20 世纪后半叶及之后，上述的情况几乎不再存在。今天，德国的学者不再充当历史研究中的概念和方法论的先锋。除个别情况外，德国史学的国际受众主要都位于德国历史的专家圈子之内。在许多领域，比如跨大陆史以及很多区域研究中，英语世界的文献对德国史学研究的路径和模式具有重大的影响。即使学术传播的网络已经变得更加复杂，在某种程度上我们可以准确地说，19 世纪德国是国家历史概念的主要输出者之一，[1] 而现在德国则引入许多跨国思想。

3.2　将世界边缘化：德国的现代史学

在 19 世纪的过程中，德国的历史学术偏离了启蒙运动世界主义的影响。[2] 特别是在第二帝国时期新形成的研究型大学中，国家提倡对国家历史的研究，跨国的视角被边缘化了。同样，有关世界上欧洲以外地区的史学

---

① 今天的学术界已经开始修正对历史主义和德国史学的全球影响力的刻板印象，参见最重要的文献：Fuchs（2002），特别是第 5 页。

② 更多细节参见第 1 章。

研究也被边缘化了。虽然如此，在某些时候，德国的学术体系见证了重要的、更广泛的有关世界历史主题的争论。例如，所谓的"兰普雷希特辩论"（Lamprecht controversy）就是如此，这是根据莱比锡著名学者兰普雷希特命名的，他在 20 世纪初主张更加整体的、文明化的人类历史研究方法。① 在他的其他观点和项目中，兰普雷希特认为人们应该区分世界史和普遍史的概念，用前者表示欧洲霸权的历史，后者则是人类历史的总称。②

在史学的这种学科文化中，著名学者是有可能参与到世界史项目中的，但他们的努力经常被看作偏离了严格的学术工作标准。一般来说，对原始资料、详细地方分析的极端重视使人们很难将卡尔·马克思、马克斯·韦伯或奥斯瓦尔德·斯宾格勒这样的巨人看作史学领域的创新者。③ 他们要么被当作其他学科的代表或奠基人，要么被当作主要在学术文化之外活动的公众人物。许多史学家认为，他们自己的社会角色更多的是巩固德国的概念，而非解释不断变化的世界。

一战的经历将德国学术性的历史写作更深地推入了国家历史的阵营。殖民地的丢失结束了昔日第二帝国的全球野心，魏玛共和国持续的国内危机吸收了大量的学术能量。④ 此外，许多学者开始努力反驳《凡尔赛和约》中帝国独自对大战负责的观念。大部分史学家在意识形态方面非常接近各种各样的右翼思潮，这些思潮高度分化，但是在反对政治左翼的国际主义倾向方面是一致的。国际性历史研究在制度上得到扩展的主要领域是东欧史，程度稍低的是拉美史——这在一定程度上反映了德国政治谋划中缩小了的涉外目标。在纳粹政权的统治下，在严格意义上，史学并不太强调帝国或世界史研究。⑤ 与此同时，社会达尔文主义甚至种族主义的思维范畴成为许多国家的、国际的和世界的历史文本的主导范式。另外，反现代话语甚至被进一步工具化，成为使种族意识形态和扩张主义野心合法化的一种方式。⑥

---

① 例如，见 Schleier（1993）。
② Kossock（1993），自第 94 页起。
③ 第二次世界大战之后，特别是自 20 世纪 60 年代以来，Weber 在德国史学领域的影响越来越大，然而他的跨文化比较研究方法仍然处于边缘地位。参见 Kocka（1986）。
④ 见 Lambert（2003）。
⑤ 例如，见 Haar（2000）；Schulze 和 Oexle（2000）。研究世界各地区的计划见 Hausmann（1998）。
⑥ Oberkrome（1993）。另见 Middell 和 Sommer（2004）。反现代主义意识形态部分地支持出现于 19 世纪后期并在 20 世纪 20 年代开始流行的民族史或族民史，它们强调了风俗和日常生活。

　　1945 年是德国历史上的一个重要转折点，但并没有改变将德国的民族国家及其历史概念化的许多方式。二战之后，包括莱茵兰在内的许多天主教地区，对普鲁士国家计划是否合适的较早疑虑重新出现，但是并未建立具有跨边界历史视角的重要学派。① 总之，大部分的著名学者都将自己重塑为自由的、支持民主的史学家，并声称这个社会在 1933 年到 1945 年之间被推离了历史轨道。② 值得注意的是，为了将纳粹时代与德国历史的主要模式脱钩，许多历史学家采用了跨国的视角，并放弃了关于过去的严格的内源性解释。③ 例如，格哈德·里特尔（Gerhard Ritter）对纳粹主义的分析主要聚焦于以大众为基础的民主和军国主义的雅各宾派因素（Jacobin elements）。④ 其他的一些史学家，包括政治左翼的一些代表，认为需要在这个非个人化的技术官僚时代中去寻找纳粹主义的根本原因。⑤ 一些颇具影响力的学者认为，第三帝国根本上是欧洲大陆大部分地区发生重大文明危机的前兆。⑥ 在将纳粹经历视为具有跨国根源的德国历史的断裂的前提下，德国的一些主要史学流派包括兰克学派和族民史，可以继续存在而不会受到重大干扰。⑦

　　打破历史写作的古老传统发生于 20 世纪 60 年代，此时新一代的因太年轻而不会卷入纳粹政权中的史学家，开始在德国的学术界和更广泛的公众中变得有影响力。学术领域的迅速扩张进一步加强了这一代人的突破，并促进了国家原有的文化精英和学术精英的重组。⑧ 部分受到美国现代化理论的鼓励，⑨ 学者们如汉斯－乌尔里希·韦勒（Hans－Ulrich Wehler）和于尔根·科卡（Jürgen Kocka），声称要揭露历史上的错误和罪行，并反抗那些作为成年人生活在纳粹政权之下的人们的沉默。⑩ 这一活动的主要手段是社会史或"社会的历史"。德国的社会史与英美大学史学研究中的社会转向不同，英美大学的史学研究主要强调对社会背景的分析，尤其是对少数群体

115

---

① 见 Conrad（1999a）。
② 另见 Schulze（1989）。
③ 更多细节参见 Assmann 和 Frevert（1999）；Wehler（2001），自第 45 页起。
④ 例如，Ritter（1954）。
⑤ 对立场的综述见 Iggers（1997a），第 8 章。
⑥ Caplan（1997）提供了关于东德和西德对法西斯主义研究的综述。
⑦ 对族民史传统来说也是如此，通过强调通常是高度构建的德国民族的运动史来强化国家。
⑧ 见 P. Nolte（1999）；Schulze（1989），自第 302 页起。
⑨ 有关美国的影响，参见 Schulin（2002）。
⑩ 见 Dahrendorf（1965），自第 431 页起。

的研究成为学术研究新的兴趣点。德国的社会史运动没有寻求促进该领域的进一步分化，而是从整体的视角来审视国家历史。调查社会力量的模式、变化和集团，目的是获得对德国历史上政治和文化等领域的整体视野。[①] 年轻的社会史学家想要以揭露纳粹历史的罪行和暴行的方式来打破精英主义和负疚的国家主义。[②]

因此，与其在美国的同行不同，日渐发展的社会史研究并没有以跨国视野来动摇国家框架的主导性地位。通过社会史的兴起，对纳粹时期的历史评价发生了决定性的变化，许多史学家开始将希特勒政权解释为不是偏离了德国历史的轨道，而是其发展的结果。这意味着对法西斯主义的历史背景和根本原因的研究开始明确地向以国家为中心的层面转变。与其他的西方自由民主国家的比较视角起到一定作用，但是这常常意味着进一步加强了所谓现代化的独特途径的德国特殊道路假设。[③] 主要从内向外重新定义德国史的运动，对描绘德国与欧洲以外世界其他地区间文化、政治互动的方式产生了深刻的影响。[④] 例如，一些著名的研究试图把德国殖民主义的历史主要当作国内紧张局势的结果来解释。[⑤] 在许多情形中，诸如强权政治的逻辑、殖民意识形态的国际传播等导致殖民主义的内容，在史学领域已经边缘化了。[⑥]

在某种程度上，具有讽刺意味的是，德国的新社会史学家继续使用旧的比喻，将"另一个"德国与现代西方并列起来，尽管其价值体系截然不同。甚至在20世纪70年代和80年代社会史相对衰退之后，在修正对于纳粹历史的歉疚感时，似乎仍然有必要坚持国家历史观。将纳粹经历与国际环境联系起来在政治上仍然是很敏感的，尤其是在思想领域和公共领域，这些领域对削弱建立在承认纳粹罪行独特性基础之上的战后共识的企图保持警惕。[⑦] 一般来说，学术界大都认为年轻的联邦共和国刚刚稳定下来，但

---

① 参见 Schulze（1990）；Kocka（1997）。

② 参见 Marcuse（1998）。

③ Welskopp（2002）。

④ 德国的国际纠葛的边缘化在对德国历史的综述中也可以看到，如 Wehler（1987～2008），这主要遵循的是以国家为中心的韦伯框架。另见 Rürup（1984），将德国历史主要视为一系列社会形态。

⑤ Wehler（1969）。

⑥ 参照 S. Conrad（2002），特别是自第158页起。

⑦ 见 Giesen（1993）；M. Greiffenhagen 和 S. Greiffenhagen（1993）；Fulbrook（1999）。

是并没有完全在西方世界找到避风港。确实，20 世纪 80 年代期间，一些从跨国视角著述的重要研究带有历史修正主义和政治修正主义的意味。例如，米夏埃尔·施蒂默尔（Michael Stürmer）从德国处于一种非常不稳定的地理位置的角度来解释德国的专制主义。① 柏林史学家恩斯特·诺尔特（Ernst Nolte）引发了著名的史学家论战。② 在一篇报纸文章中，这位著名的法西斯主义研究者呼吁德国国家认同的"正常化"，并且认为大屠杀和其他的纳粹罪行不仅可以与苏联的古拉格相提并论，而且需要被理解为是从东方的历史迁移。这种右翼的保守立场激起了德国杰出思想家和史学家的愤怒，包括于尔根·哈贝马斯（Jürgen Habermas）、汉斯－乌尔里希·韦勒、沃尔夫冈·莫姆森（Wolfgang Mommsen）和克里斯蒂安·迈尔（Christian Meier）。③ 紧接着发生的辩论揭示了一些问题上的严重分歧，例如纳粹历史及其罪行是否应被视为与独裁统治下的其他暴行在结构上相关和道德上等同。④

20 世纪 80 年代后期，有一些迹象表明历史研究将不断抛弃民族国家框架。⑤ 然而，史学家的论战高潮消退后，1989 年之后的十年间，德国统一的直接后果是国家史研究又注入了重要的学术能量。⑥ 除其他的原因外，国家机构建设方面的严重挑战和紧张性可能阻止了许多关键行为者推动德国史学国际化。此外，德国的统一也重燃了关于德国现在将疏远与西方的密切文化关系和政治关系的担心。20 世纪 90 年代早期和中期，人们担心越来越多的知识分子会放弃德国作为社会和文化空间的历史认同，毕竟纳粹经历在其中产生。⑦ 这反过来对试图使现代德国史跨国化的研究的地位有影响。

虽然对迫在眉睫的历史修正主义的担忧仍有很多，但时代确实已经改变了。20 世纪 80 年代的史学家论战实际上是有关整个领域方向的最后一次

117

---

① Stürmer（1983）。
② E. Nolte（1986）。
③ 与论战相关的主要文集见 Augstein、Bracher 和 Broszat（1987）。论战中关键立场的详细分析见 Kailitz（2001）；Diner（1987）。另见 Maier（1988）。
④ 见 Kailitz（2001）。另见 Maier（1988）。
⑤ 见本章以后各节。
⑥ Jarausch 和 Middell（1994）提供了一些争议问题的综述。
⑦ 见 Maier（1988），第 57 页。20 世纪 90 年代争论的例子见 Gessenharter（1994）；Lohmann（1994）。

公开讨论。在这之后，一般的公共领域和专门的史学领域都比冷战时期更加碎片化了。院校史学家作为守门人对国家政治意识的适当形式所起的作用削弱了。这一过程的部分特点是，性别问题等新的政治考虑在德国历史系中逐渐浮现。

正如本章以后各节内容所述，史学的发展和多元化最终为全球史和跨国史的学术发展创造了新的可能性。和美国一样，对全球史和跨国史日益增长的兴趣并非全然脱胎于旧有的世界史传统。尽管如此，仔细考察德国并不拥挤的世界史研究路径，还是能帮助我们更好地了解各类跨区域史学的变化形势。

3.3 边缘的轨迹：德国世界史的路径和位置

虽然世界历史反思在 19 世纪德国历史系中扮演着一个不断边缘化的角色，① 但是在 19 世纪和 20 世纪之交，世界史在更广泛的公共领域中经历了一段繁荣期。世界史著作在德国政界、商界及其周边阶层中的流行当然受到特定时代环境的影响。② 国家构建项目在 1871 年统一之后得到了极大改善，现在已经基本巩固，威廉二世（Wilhelm II）统治之下的第二帝国开始积极追求全球殖民。③ 欧洲扩张主义的讨论让位于有限世界的观念，全球竞争意识增强，产生了对历史取向的巨大需求。因此，大约在 1900 年，有 20 多种不同的世界史著作可供公众使用，其中多数是在学术部门之外或其边缘领域产生的。④ 尽管一些世界历史仍然以基督教的视角或世界主义的视角为特征，但最强大的趋势是透过社会达尔文主义的视角来审视世界历史。根据上述的概念前提所做的著述也已超出了该领域的马克思唯物主义学术的类型。

在纳粹时期，社会达尔文主义、种族偏见和"欧洲中心论"范式表现得更加明显。二战之后，上述这些设定并没有立刻受到知识分子的批评，也没有成为认识论反思的主题。实际上，1945 年之后不久出版的最重要的

---

① 参照 Bergenthum（2002）。另见本书第 1 章。
② 见 Mollin（2000）。
③ 见 Vom Bruch（1982）。
④ 见 Bergentum（2004）。20 世纪初期的畅销书是由海德堡史学家 Christoph Schlosser 所著的 *Weltgeschichte für das deutsche Volk*（19 卷）。

世界历史概述是由汉斯·弗赖尔（Hans Freyer）所著的《欧洲的世界历史》，[①] 作者由于他与纳粹政权的关系而在战后努力寻求学术职位。[②] 当《欧洲的世界历史》这本书在 1949 年出版时，受到了其他史学家[③]的广泛称赞，被认为是对本领域的重大贡献。在这本书的导言中，作者强调了该书主要是二战期间在欧洲创作的，1945 年后只对整体做了一些微小的改动。[④] 正如书名《欧洲的世界历史》所暗示的，作者将他对世界历史诠释的某些元素归功于黑格尔，其中包括世界历史需要一个主题的观点，以及欧洲作为动态实体通过自我实现将全球转变成一个连贯"世界"的观点。[⑤] 该书中也充满了比喻，如将印度日耳曼语系的民族描述为力量和权力意志的中心。[⑥] 弗赖尔甚至将像拿破仑和俾斯麦这样的国家领导人描述为能够将现代性的自毁潜力转换为活力、未来和进步的最好手段。

119

然而，在 20 世纪 50 年代尤其是 20 世纪 60 年代，也有一些有意识地改变世界历史的基本理论、模式和视角的尝试。这一寻求新范式和新观念的做法至少与世界历史思想在其他国家的发展有关联。[⑦] 类似的发展也可见于 19 世纪就出现的专业史学家为公众编辑撰写的多卷本世界史作品。[⑧] 例如，新版的《柱廊出版社世界历史》（Propyläen world history）于 20 世纪 60 年代初以十卷的形式出版，该书力图进一步发展德国史学中的自由主义和世界主义的分支。[⑨] 编辑们与作为欧洲特别是德国世界史学术特征的那些强劲潮流保持距离。例如，戈洛·曼（Golo Mann）认为，纳粹统治下的

---

① Freyer（1949）。另见 Freyer（1955），包含了世界历史理论。

② 汉斯·弗赖尔是莱比锡的一名史学家，见 Middell（2005b），第 2 卷，第 650～807 页。

③ 见 Schulze（1989）。

④ Freyer（1949），第 10～12 页。

⑤ 有关《欧洲的世界历史》的更详细的讨论见 Middell（2005b），第 2 卷，第 772～807 页。

⑥ 尤其是在一战之后，在德国，这种知识思潮由著名思想家如 Rudolf Eucken 所代表，在国际上影响很大。例如，见 Sachsenmaier（2006）。

⑦ 二战以后头几十年间，德国人书写的世界史可参见 Löwith（1953）；Vogt（1961）；Wagner（1965）；Schulin（1974）。所有这些著作都主要或完全聚焦于西方的观念。

⑧ 这种显著类型的早期重要例子，是在 1899 年和 1907 年之间由 36 名学者（大部分是专业史学家）合著、并由 Hans Helmolt 主编的 9 卷本世界历史：Helmolt（1899～1907），von Pflugk-Harttung（1907～1910）。更多细节见 Bergenthum（2004）；Middell（2005b），第 2 卷，第 604～627 页。

⑨ Heuss、Mann 和 Nitschke（1960～1965）。更早的版本由莱比锡史学家 Walter Goetz 在 1929 年和 1933 年之间主编。除其他要点外，这部作品的目的是支持自由民主的主体叙事。更多细节见 Middell（2005b），第 2 卷，第 637～649 页。

悲剧事件已经对许多观念的可信度造成了最后的冲击，这其中包括世界
上的其他地区只有与欧洲文明接触后才具有重要性的观念。戈洛·曼与
其他编辑一起强调，世界历史概述不能再以全盘的以欧洲为中心的叙事
来组织，也不能仅仅是各地方历史的集合。① 这种概念趋向在一些近期的
世界历史出版物中得到进一步强调。②

　　这些最近的例子不应该遮蔽这样的事实：德语出版的许多有影响的世
界历史著作继续采取强烈的以欧洲为中心的视角。其中的一个例子是《世
界简史》（A Little World History），由著名的古代史学家亚历山大·德曼特
（Alexander Demandt）所著。③ 这本书采用了人们熟悉的框架：在前两章有
关自石器时代以来的早期文明之后，虽宣称要对世界各个地区都给予关注，
但实际上却含蓄地强调欧洲首要地位的观念。④ 例如，书中大约有 100 页在
描述欧洲从古希腊到宗教改革时期的历史，而整个南亚和东亚 17 或 18 世纪
前的历史却被压缩到一个 20 页的章节中。非洲和拉丁美洲的历史甚至没有
用单独的章节或子章节来描述。19 世纪和 20 世纪主要被塑造成欧洲扩张主
义的历史，这被描述为一种黑暗但必要的历史，从而允许自由民主国家在
世界范围内传播的可能性。

　　另外一本书与此方向类似，即《世界历史的五个转折点》（Five Cross-
roads of World History），由弗赖堡史学家戈特弗里德·施拉姆（Gottfried
Schramm）所著，该书主要聚焦于那些据称有普遍意义的转折点。然而，这
本书实际上讨论的是一神论的兴起、基督教的出现、路德宗的出现、美国
宪法和 19 世纪共产主义意识形态在俄国的开端。⑤ 这意味着这些所谓的世
界历史的分水岭没有一个超出目的论的、黑格尔的或其他西方式的历史诠
释的范围。言外之意，从东亚到拉丁美洲的世界广大地区都被认为缺乏真
正具有世界历史意义的动力。在德国市场上越发增多的世界史著作中，可
以发现很多类似的以欧洲为中心书写的作品。⑥

---

① 例如，见 Mann（1960）；Heuss（1960）。因为至少有 2/3 的编辑聚焦于欧洲历史，所以他
们承认他们的理论假设与作品的现实情况并不完全吻合。

② 例如，在 Fischer Weltgeschichte（Fischer World History）于 1965 年至 1981 年之间出版了 36 卷
版之后，它的新版本被认为更加强调跨区域方法。

③ Demandt（2003）。

④ 批判性评论见 Eckert（2004b）；Nippel（2003）。

⑤ Schramm（2004）。

⑥ 例如，Mai（2006）；Lexikonredaktion Brockhaus（2006）；Schulz（2004）。

3.4　德国史学的制度因素

在德国，"欧洲中心论"不仅长时间成为史学的一个概念性问题，而且成为史学的结构性问题。如上所述，德国历史系所代表的专业领域仍由与国家历史相关的、在较小程度上与欧洲历史相关的研究占主导地位。[①] 区域研究的地域分布在过去的 100 年中并未经历革命性的改变，史学家国籍方面也具有显著的稳定性。当然，德国教员在性别和阶级背景方面已经变得非常多元化，然而外国血统的史学家在国家的大学中仍然是极少数。此外，自 20 世纪 90 年代以来的削减预算大大限制了制度的可操作性，也严重影响了社会科学和人文科学。毕竟，在一个收缩的学术体制内，重大结构性改变的机遇通常很少。

有关历史系制度结构的数据调查揭示了德国史学的极端"欧洲中心论"偏见。2002 年由德国历史学家协会提供经费所进行的统计学分析非常有说服力。这项研究部分依赖于民意测验，部分依赖于书目，特别是在线研究，发现 541 名德国历史学家中仅有 28 名被归类为"非欧洲历史"的专家，仅仅是所有样本的 5% 多一点。[②] 我自己对代表不同地区的 14 个历史系的终身教职和长期教职的抽样调查也得出了相似的结论。[③] 这项调查反映了 2006 年的现状，发现总共 460 名史学家中[④]的 390 名即 84.8% 是研究西欧的史学家，其中大部分主要从事德国历史研究。另外的 47 名史学家（即 10.2%）主要在研究东欧的历史。这意味着 95% 的被调查史学家主要研究（在大多数情况下专门研究）欧洲历史的某一方面。这些样本机构中仅仅有 5% 的史

---

① 当然，研究德国和其他欧洲国家的专业力量的比例随研究时段的不同而有所变化。虽然 19 世纪和 20 世纪的历史由专攻德国历史的学者主导，但古代、中世纪以及早期现代史的领域分别有其不同的地域重点。不过，对世界上的其他地区（包括了地中海南岸和中东地区）的专门研究仍非常罕见。

② Lincke 和 Paletschek（2003），特别是第 45~47 页。相似的比例也见于非终身教职的史学家中，即 683 名史学家中仅有 33 名（约 4.8%）从事非欧洲历史研究。

③ 所调查的 14 个历史系分别位于 Bielefeld、Munich、Münster、Freiburg、Leipzig、Potsdam、Tübingen、Kiel、Erlangen、Frankfurt（Main）、Hamburg、Marburg、Heidelberg 以及柏林洪堡大学。

④ 德国的跨文化史学家只占很小的一部分，为了在方法论上避免重复计算，那些从事非西方史料研究的学者被归类为"世界其他地区"研究的专家，运用西方史料研究殖民主义的史学家被认为是西欧历史方面的专家。我将希腊罗马古代史学家归类为西欧史学家，从事拜占庭研究的学者归类为东欧历史专家。

学家是研究欧洲以外地区的专家。在这 5% 的样本中，不及一半（整个样本的 2.4%）是研究北美的史学家，而另外的 12 名史学家，即整个样本的 2.6%，覆盖了世界上的其他地区，从拉丁美洲到非洲、中东、南亚和东亚地区。

　　根据德国科学委员会提供的统计资料，这是一个公共资金支持的为联邦政府和州政府提供建议的咨询机构，德国在东亚历史领域仅仅有两个历史系具有教授的职位。① 尽管美国对"特殊道路论"的研究具有重要的参考价值，但在所有的德国历史系中仅有八个专职的教授职位从事英美史研究。② 事实上，只有很少的历史系与这种一般的模式不一致。例如，汉堡大学实际上起源于从事殖民研究的一个研究所，③ 它传统上将一些教学和研究能力倾注于非欧洲历史。目前有三个专职的教授和一些非终身教职的员工主要在一个被称为"欧洲外的历史"的独特领域工作。④ 但是即使在汉堡大学，研究欧洲以外历史的学者通常只占整个历史系教职工的 20% 以下。一些新建立的大学尝试历史研究的更大程度的区域多样化，但是到目前为止它们并没有成为一种更广泛趋势的先驱者。例如，哈根大学（Fern - Universität Hagen）就是这种情况，它是德国唯一的公立远程教育大学，该大学中的历史系规模虽小，但却特别强调非欧洲历史和跨文化的历史。⑤ 另一个值得注意的情形是，爱尔福特大学（University of Erfurt）建立历史系时就声明该系的任务是超越"欧洲中心论"，倾向于跨文化研究和全球历史研究。然而，削减预算和伴随而来的大学与高等教育学院的合并，使爱尔福特大学这种尝试在国家学术领域边缘化。⑥

　　研究非洲、亚洲、美洲和中东地区的任务，主要归类为小型专业领域如伊斯兰研究或汉学。然而直到目前，这些小的学科倾向于培养自己的学术训练形式。此外，这些学科通过单独的杂志、会议和协会来发展自己的学科公共领域。结果是，德国关于其他地区的研究仍然处于分散状态，这阻碍了专注于世界其他地区的研究者在像历史学这样主要以欧洲为中心的

---

① 这两个历史系在弗赖堡大学和爱尔福特大学。
② Wissenschaftsrat（2006），特别是第 53~69 页。
③ 见 Ruppenthal（2007）。另见 Eckert（2005），特别是第 44 页。
④ 见 Brahm 和 Meissner（2004）。有关汉堡亚洲事务研究所见 Schütte（2006）。
⑤ 见 Wendt（2004）。
⑥ Marc Frey 在其对 Klein 和 Schumacher（2006）的评论中也指出了这一点，Frey（2007）。

结构化领域中建立制衡力量。换句话说，许多制度上的设置使对非欧洲地区的研究只能持续扮演边缘化角色。正如一名法国籍瑞士裔学者最近所观察到的，与欧洲其他国家相比，德国的地区研究拥有更多的教授数量，但同时他们在社会科学和人文科学中的地位却比在法国学术界中更加边缘化。[①]

区域研究的认识论影响受到两个附加因素的限制。第一，高级学术职位几乎都是德国血统的学者构成。[②] 第二，能够起到兼容其他系专业研究的论坛作用的大型区域研究项目，仍然相当稀少。[③] 例如，汉学在其具有代表性的大学中平均仅有 2.2 个教授职位。这意味着除去极少的例外情况，汉学的专业研究和相关的图书馆资源分散在全国各地。[④] 结果是，"区域研究"的教授被要求充当通才，必须呈现和教授整个领域，这个领域将宏观区域的历史、文学、当代政治、经济和文化构成都包括在内。

鉴于这种结构性要求，汉学或日本学领域仍以浓厚的语言学传统为特征或许就不足为奇了。当然，区域研究也见证了对社会科学方法感兴趣的学者数量的快速增加，这在最近导致了相当尖锐的学科分歧。[⑤] 有关这些领域的方法论和本质的怀疑不断增加，这引发了对这些领域的目前本质和将来发展的激烈讨论。例如，尽管许多学者都承认存在机构合作的需求，但他们同时认为与其他学科的进一步合作可能会潜在地使区域研究的地位下降，直至变成辅助学科。[⑥] 虽然许多区域研究的代表人物为了避免不平等伙伴之间的误会而拒绝与更大领域进行制度结合，但他们对伙伴关系和部分合作产生了新的想法。[⑦] 一些学者论及英语国家的讨论，认为欧洲史和非欧洲史的研究需要作为同一学术共同体的一部分进行批判性的重新考虑。例如，一组非洲文化研究者认为非洲大陆的撒哈拉以南地区需要从新的空间视角来审视，新的空间视角已经脱离了殖民主义研究和非殖民化研究的狭

124

---

① Zufferey（1999），第 583 页。
② 例如，关于中国的研究，见 Martin（1999），第 8 页。
③ 两个主要的例外情况是波鸿大学和海德堡大学。见 Schütte（2004），第 300 页。Cartier（1998）提供了欧洲情况的概述。
④ Osiander 和 Döring（1999），第 126 页和 143 页。更多有关区域研究的内容见 Puhle（2006）。
⑤ 有关德国的文化研究和区域研究见 Lackner 和 Werner（1999）。
⑥ 例如，见 Nettelbeck（2005）。
⑦ 参照 Osiander 和 Döring（1999）。

窄视角，这两种研究往往以欧洲或非洲为中心。①

区域研究和历史系的学者之间的合作项目数量一直在缓慢而稳步地增长，这也反映出了对超越学科界限的空间概念不断增长的兴趣。在许多情形中，扩展的领域如海事史、侨民史或全球变革研究，实际上可以作为学科会议的基础。② 这个过程得到了具有影响力的学术界和政界的支持，也促进了跨区域和跨学科的研究。例如，2005 年德国科学委员会建议一些大学设立跨学科的区域研究中心，以便将区域研究中的专业知识引入到有关全球化等主题的讨论中。③ 委员会还以非常大胆的眼光，讨论了建立由两国共同资助的教授职位的可能性，作为培养跨国研究领域的一种方式。④ 当时，一些研究所已经涵盖了世界上的若干地区，如汉堡亚洲事务研究所、德国全球与区域研究所（German Institute of Global and Area Studies）⑤ 和柏林现代东方中心（Zentrum Moderner Orient，ZMO）。ZMO 的制度基础（已经发展成一个国际化的研究中心），最初源自德意志民主共和国艺术科学院（GDR Academy of Arts and Sciences）的一个分支机构。⑥ 虽然它主要关注北非、中东、南亚和东南亚，但它主办了许多有意超越地方的、区域的和学科界限的研究项目。⑦ 跨地域的历史研究，至少在双文化的层面上，也受到了由联邦政府资助的设立在伦敦、东京和华盛顿等城市的德国历史研究所的促进。⑧ 在过去的几年中，一种更加丰富的制度环境已经开始出现，通过促进全球史和跨国史研究加强跨学科合作的可能性和目标。⑨

3.5 本着跨国主义的精神：同现状的抗争

在过去的 20 年里，全球史以及跨文化史在德国变得更具影响力，并且

---

① 例如，Harneit - Sievers（2000）。
② Puhle（2006）。另见 Deutsche Gesellschaft für Asienkunde（1997）。
③ Wissenschaftsrat（2006）。另见 *Freiburger Memorandum zur Zukunft der Regionalstudien in Deutschland am Beispiel ausgewählter Weltregionen*，分析了区域研究中的研究和教学力量的形成。
④ Wissenschaftsrat（2006），第 45 页。
⑤ 这个研究所于 2006 年从汉堡海外研究所发展而来，主要从事独立的区域研究，同时也鼓励跨区域研究和比较研究，然而，这些研究更侧重于社会科学而不是史学。相关论文见 Basedau 和 Koellner（2006）。
⑥ 此类情况见 Schütte（2004），自第 179 页起。
⑦ 见 www.zmo.de。另见 Eckert 和 Reinwald（1999）。
⑧ 见 Wissenschaftsrat（1999）。
⑨ 参阅"迈向新的世界史和全球史空间"一节。

发生了新的转变。从新的学术趋势到不断变化的政治心态，这些发展促进了超越国界或大陆边界的历史学，其中一些发展是互相联系的。为了便于行文，因此接下来的部分会将知识领域的变化以及其他领域的变化分别叙述。所有这些变化使全球史在德国变得日益重要，并且形成当地特殊的发展轮廓。同时，这有助于我们更加详细地描绘出全球史的地方具体轮廓以及德国与之相似的研究趋势。

126

尤其自 20 世纪 80 年代开始，德国史学界见证了史学家们为放眼外部世界做出的种种努力。如今已经形成了某种传统，旨在反对史学领域内以欧洲为中心的基础，这取得过一些短暂的胜利，但随后也经历了一些挫折。总体来说，这有助于德国史学界日益增长和扩大的问题意识。德国"历史学家大会"（Historikertage）是研究全球议程对德国史学复杂影响的一个很好的平台，会议吸引了 3000 多人参加，因此这在规模上可以和其他国家历史协会的全体大会相媲美。这些活动传统上侧重于德国史和欧洲历史，但它们的具体研究范围以及研究主题却在很大程度上取决于其组织委员会，包括德国历史学家联合会的时任主席。

1988 年，在古史研究专家克里斯蒂安·迈尔的领导下，历史学家们在德国历史学家大会上首次尝试系统性地去除"欧洲中心论"的蒙蔽。在初始阶段，经过组织委员会内部的争论，[1] 决定将会议的主题集中在"非欧洲"历史上。"Aussereuropäische Geschichte"这个术语通常被译为"非欧洲史"，但其字面意思却是"欧洲以外的历史"。实际上这个术语的使用反映了德国史学在结构和知识上的一些核心问题。正如一些批评家所争论的那样，笼统地将其他所有地区归为一个类别的观点，实际上是对早期"欧洲中心论"的延续，它从历史性和多样性两个方面否认世界其他地区的经验。[2] 只有在极端的"欧洲中心论"学术体系中，"非欧洲史"才能变成其自身单独的类别。

尽管术语所反映的问题依然存在，但 1988 年历史学家们在班贝格（Bamberg）的会议在某些方面确实具有革命性。例如，大约一半的专家小组在一定程度上专注于欧洲以外的世界。并且，此次会议也特别强调了跨文化和跨学科的研究。这也意味着大量的区域研究学者投身其中。此次会

①　参见 Mommsen（1989）。

②　Osterhammel（2001a），第 8 页。

127 议论题范围涵盖了从美洲大陆的少数族群到欧洲和东亚的史学比较评估等问题。此外还有其他极为不寻常的表现。由瑞士的世界历史学家鲁道夫·冯·阿尔贝蒂尼（Rudolf von Albertini）做的开幕讲座并没有涉及德国史或者欧洲史，而是涉及英帝国的非殖民化问题。① 另外，克里斯蒂安·迈尔在开幕词和闭幕词中，明确表示反对德国历史系中狭隘的、以国家或者文化为中心的专业研究。按照他的说法，这些研究与陈旧的知识偏好关系太过密切，以至于不能解决当今相互联系日益紧密的世界中亟待解决的问题。在此背景下，他表示希望班贝格会议可以加强对世界其他地区的历史研究并使之与区域研究更紧密地合作。迈尔还提倡放弃以欧洲为中心的世界历史观，转而采用"历史世界"这一概念所启发的研究方法。② 会议期间，迈尔的史学应当研究世界其他地区的建议得到了德国总统里夏德·冯·魏茨泽克（Richard von Weizsäcker）认可。

　　班贝格会议的计划和想法虽好，但是并没有对德国历史学家大会的计划议程产生持久影响。接下来，1990 年在波鸿召开的会议虽然有一个特别部分是关于非欧洲历史方面的，但是总体来说也只有不超过 10% 的议题集中在跨文化主题或者世界其他地区历史上。③ 1992 年在汉诺威（Hanover）举行的会议采取了更加系统性的努力以打破"欧洲中心论"的局限，并且此次会议提出了"统一和多元"的箴言。这次会议的主要目标是历史性地探讨欧洲大陆所面临的根本变化，此时"铁幕"已经倒塌，并且西欧一体化进程正在加快。④ 一些学者试图将非欧洲世界以及欧洲殖民主义和帝国主义的历史纳入会议议程。⑤ 因此，在 1992 年，绝大部分的分组讨论在范围上都是跨国的，而且约 20% 的议题至少在某些方面涉及全球的其他地区。⑥

128 一些不同区域研究领域的卓越代表在此次会议上发挥了重要作用，这正好反映出这次会议强调的重点。⑦

----

① 更多相关信息，见 Schumann（1989）。
② Schumann（1989），第 18~24 页和第 38~45 页。闭幕词的扩展版本，见 Meier（1989）。
③ 更多详细信息见 Schmale（1991）。
④ 然而，华沙条约组织解体等问题引起的重大全球性问题，几乎没有在会议总体议程中反映出来。
⑤ 例如，Mommsen（1994b），第 415 页。
⑥ 相关概述见 Averkorn（1994）。
⑦ 例如，著名汉学家 Helwig Schmidt - Glintzer 组织了一个专家小组来研究"欧洲和中国：两种模式"。

　　此后的事实证明班贝格和汉诺威会议产生的势头难以维持：在接下来的两年一度的大多数会议中，研究又被重新局限在德国史学的核心主题上。面对全球、欧洲以及德国环境变化日新月异的情况，组织委员会显然将处理与德国和其欧洲邻国有关的问题视为自身首要责任。结果，关于非欧洲史的特别部分在20世纪90年代中期又一次被废除，此部分一定程度上是为欠发达研究领域设计的积极行动方案。更具体地说，1994~1998年间在莱比锡（Leipzig）、慕尼黑（Munich）和法兰克福（Frankfurt）召开的会议上，每次会议大约有两个小组在讨论欧洲以外的历史。新世纪到来后的第一次德国历史学家大会在亚琛（Aachen）召开，此次会议以"同一个世界，同一个历史？"为主题，但是前述情况也没有发生改变。尽管会议以此为主题，但是"世界"几乎没有出现在这次大会上，只有一个小组关注中国史学，还有一个小组提供了当代历史写作的国际比较视角。① 之后于2002~2008年间在哈勒（Halle）、基尔（Kiel）、康斯坦茨（Constance）和德累斯顿（Dresden）召开的会议也没有在实际上扭转这种趋势。研究欧洲之外历史的小组虽然在比例上比20世纪90年代中期和晚期要高，但是数量仍然很少。② 这些会议的一些议题是相当特殊的，例如跨文化背景下看到的欧洲现代性图像（出自哈勒会议），非洲现代史中的跨文化交际空间（出自基尔会议），以及殖民主义和社会科学之间的关系（出自康斯坦茨会议）。会议中专门讨论德国史学和欧洲史学的小组的优势可以很容易地用数字表达。例如，2002年的哈勒会议上，84%的小组研究欧洲，5%研究北美，没有一个小组关注东亚或中东等任何单一世界地区。11%的小组主要以跨文化视角处理问题，其中，除了一个以外，其他小组都以欧洲问题为主要讨论对象。

129

　　2010年在柏林召开的会议证明了史学家们对全球史和跨国史研究主题给予了更多的关注，但是这种势头是否会继续发展仍有待观察。在过去的十年间，德国历史学家大会的区域重点几乎习惯性地受到批评。例如，在1998年法兰克福召开的会议上，赫尔穆特·布莱（Helmut Bley）指出，将跨文化和全球的方法局限在某地区的专业研究中而不考虑它们对主要史学领域的影响，会带来知识孤立主义的危险。③ 两年后的亚琛会议上，在主旨

---

① 更多信息见 Kerner（2001）。

② 2002年哈勒会议见 Ranft 和 Meumann（2003）。2004年基尔会议见 Reitermeier 和 Fouquet（2005）。康斯坦茨会议见 www.uni-konstanz.de/historikertag。

③ Bley（1999）。该论文是一个在全球史背景下讨论现代性的小组的组成部分。

演讲中，纳萨莉·泽蒙·戴维斯（Nathalie Zemon Davis）（当时就职于多伦多大学）认为，全球意识和对非西方史观的熟悉应当是一个历史学家知识范畴的一部分，并且她提倡研究项目应当覆盖宏观区域空间。① 接下来2002年在哈勒召开的会议上，非洲研究者和全球史学家安德烈亚斯·埃克特（Andreas Eckert）在他题为"禁锢于旧世界"（曾登载在德国《时代》周报上）的论文中表达了他的观点。② 他将德国史学描述为"无望的狭隘"，并且被禁锢在象牙塔里。他所在的研究领域没有能力并且也不愿去面对从移民到"9·11"事件等重大问题，他对此深感惋惜。③ 2006年在康斯坦茨的德国历史学家大会召开之前，中东历史学家比吉特·舍布勒（Birgit Schäbler）指出历史学家大会以及德国史学对外界缺乏关注。④ 其他人认为，学术机构缺乏对非欧洲史的研究，因此德国大众很难充分了解全球进程及其历史维度。⑤

　　这种在历史学家大会期间反复出现的反对意见，可视为一些德国史学家不满情绪的表现。德国史学家们对全球史和跨国史的呼吁更加一致和高涨，但这种呼吁却局限于此领域的结构状况之中。例如，许多情况下，全球史及相关方法的呼声仍旧只出现在边缘领域，未被核心领域接受。此外，许多学者认为非欧洲史学和全球史的扩展是同一个方案的组成部分。⑥ 实际上，在这个日渐缩小且可操作性有限的领域内，与那些仅仅是关注欧洲以外某个单独地区的学者相比，全球史和跨文化史学者更有可能获得教授职位（如果有的话）。因此，很少会有年轻的德国历史学家试图成为东亚或者拉丁美洲这些单独区域的专家，相反，他们会寻求像殖民主义或全球化这样的论题。因为只有在这样的论题中，他们才有可能使自己在欧洲史和非西方史研究中建立学术地位。作为这种趋势的一部分，一些学者也开始抱怨一个事实，即在德国情况下，对"现代史"和"当代史"的工作描述通常等同于西欧史，甚至德国史。⑦

---

① Davis（2001）。
② Eckert（2002），第40页。
③ Ogle（2004），致力于相似方向。
④ 对比吉特·舍布勒的采访，*Süddeutsche Zeitung*，2006。
⑤ H. Nolte（2005a），特别是第138页。
⑥ 例如，见Eckert（2004a）；Schleier（1997）。
⑦ 例如，Brenner（2004）。

3.6　超越特殊道路：比较、迁移以及文化史

不仅一些研究其他大陆的"异国的"研究领域为超越民族国家的新视角创造了空间，就连德国史学核心内部发生的变化也是如此，而社会史领域就是发生变化的一个重要场所。社会史认为德国纳粹历史起源于内部，并且认为其演变具有独特性，因此长期以来社会史一直明确地以国家为中心。在一些概念框架如"德国特殊道路"的假设中，德国经验通常与选定的西方情况形成对比，据称这些情况代表通向现代性的"正常"方式。[1] 在20世纪70年代晚期，德国特殊道路这一理念所受到的挑战越来越引人注意。之后的一本书引起了很大的影响，此书由两位英国的新马克思主义的历史学家戴维·布莱克伯恩（David Blackbourn）和杰夫·埃利（Geoff Eley）所著。此书在一些方面同德国历史模式中的例外观念相悖。[2] 许多学者同意这两位作者的观点，因为假设出一种"正常的"现代化道路在概念上是有缺陷的，每个国家都有自己独特的道路和现代化过程。[3] 之后，学者们对诸如自由主义同封建社会环境之间的紧张关系等主题进行了大量详尽的研究，解构了认为德国历史同其西方邻国的历史在19世纪和20世纪早期存在着根本差异的观念。[4]

这种来自左翼的批评表明，在研究德国历史时，历史学家们应当比那些主张"特殊道路"的史学家们对"现代性"和"西方"有更复杂、更多层面的理解。一些学者，如法兰克福史学家德特勒夫·波伊克特（Detlev Peukert）认为现代文明更具双面性，不能仅仅同普遍的规范标准相联系，因为它本身具有破坏性的潜力。[5] 按他的解释，法西斯主义产生的主要根源是现代元素而非"失败的现代化"，他的解释受后现代主义理论的影响，[6] 但是在一些重要方面又回到战后的知识讨论层面。这种研究轨迹最终导致

131

---

① 见 Kocka（1999；2000）；Bauerkämper（2003）。

② Blackbourn 和 Eley（1980）。这两名作者仍然认为，德国历史中具有导致第三帝国的连续性，尽管不是在确定意义上。

③ 一些英国、法国以及其他国家的历史学家甚至将特殊道路的概念运用到他们自己社会中去。例如 Furet（1991）；Weisbrod（1990）。

④ 例如，见 Puhle（1991）；Tenfelde 和 Wehler（1994）。在20世纪80年代有观点认为，是德国在西方和不发达的东方之间独特且富有挑战性的地理位置，决定了德国历史发展的许多轨迹，但更为主流的趋势朝向不同的方向发展。

⑤ 例如，见 Jarausch 和 Geyer（2003），自第 97 页起。

⑥ Peukert（1987）。

了纳粹德国是否可以被理解为现代社会的激烈辩论。[1]

在 20 世纪 90 年代，许多历史学家不再将"现代化"和"现代性"这些术语作为分析工具。另外，由于不能再将德国的曲折道路同"西方发展"粗略地并列在一起，因而对德国历史的研究同外部世界之间的关系也更加紧密。同时，研究也需要更加复杂。在德国日益变化的国际政治环境下，将对德国史的观点局限在国家也愈发难以让人信服。正如于尔根·科卡所指出的，1989 年柏林墙倒塌前后发生的事件，没有德国历史学家预料到，清楚地提醒我们"一个国家的内部历史由当时国际舞台所发生的变化共同参与决定"。[2] 社会史对国内结构和条件的关注，需要根据国际的和跨国的广泛因素来拓宽。然而，由于缺乏严密的国家分析框架，那些将历史作为一门社会科学的史学家们所持有的整体主张几乎是不可行的。一些著名的社会史学家在坚持认为民族国家不能也不应该被完全解构的同时，也认为史学应该更多地研究全球化世界中不同社会之间的纠葛。这将会导致社会史研究模式的国际化，其方式与战前关于外国政治对理解国家历史重要性的一些假设区别很大。

史学家们对比较历史的兴趣日益增长，成为对德国历史进行情境化研究的重要过渡步骤。实际上，20 世纪 90 年代，比较史学在德国比在其他大多数西方国家更为流行。[3] 虽然许多学者最初大量借鉴美国的比较社会学，但很快同其他研究领域之间建立了紧密的联系，这些领域包括人口统计学以及政治史等。[4] 多数的社会史比较研究集中在西欧国家案例和美国案例上，这对于德国的经历起到重要的对比作用。[5] 当比较研究范围覆盖到西方国家之外的地区时，研究就倾向于围绕宏观理论概念进行构建，并且探讨诸如革命运动或者发展轨迹之类的主题。[6] 1989 年之后，一些研究将德国同东欧社会相比较，这些研究在数量上很少，但是却日益增长。这进一步削弱了将西方同其他国家一分为二的观念。人们希望对纳粹历史和其他政权的各个方面进行系统的比较，可以在某些方式下丰富此领域的研

[1] Alber (1989) 和 Frei (1993) 提供了对这次辩论的综述。
[2] Kocka (1997)，第 68 页。他认为历史比较研究是将史学推向跨国甚至全球层面的最适时的方法。
[3] 大型研究项目的例子见 Kocka (1988～1989)；Tenfelde (1986)。
[4] Haupt (2006)。
[5] 一些具有影响力的著作，如 Kocka (1977)；Welskopp (1994)。
[6] 例如，Schölch (1982)；Dahlmann (1986)。

究。这些方式已经远离了史学家论战期间人们可以观察到的道歉倾向。[①]

　　在那段时间里，一些主要的理论性著作在市面上出现。这些著作主要讨论比较史学的学派、类型、可能性、问题以及所面临的挑战等方面。[②] 然而，与在美国和其他一些国家一样，比较史学受到来自各方面的担忧。同时，日益复杂的方法论研究使明确区分国际分析单位和国内分析单位更加困难。在德国，作为对系统比较方法的挑战和替代的，是专门研究"迁移历史"的新学派。狭义上说，迁移研究运动起源于 20 世纪 80 年代在法国对德国历史的一些代表性研究当中，十年之后，在德国变得非常有影响力。[③]尽管与其他一些学术体系存在很多概念上的相似之处，但是迁移研究仍然是一个最初主要局限于法德互动研究的领域。[④] 正如"迁移"所表示的那样，此领域试图将思想、人员和货物的流动以及其他交流置入学术分析的显著位置。与一些研究传播过程的学术不同，迁移研究的中心在于对有目的性的翻译、本土化、适应性以及一些媒介的研究，这些媒介的作用是将一种环境产生的思想融入到另一种环境。[⑤] 迁移研究的公开研究议程还包括一些方式，即一些社会试图通过像"文化"或者"国家地位"这样的迁移概念使自己区别于其他社会的方式。但是，总体来说，迁移史研究大体上还是将民族国家作为主要分析单位，通常情况下研究者只分析两个欧洲社会之间的交流过程。[⑥] 尽管存在一些重要的例外情况，但该领域在研究民族国家界限以外的跨国环境和其他社会、文化或政治空间方面没有特别突出的表现。[⑦] 此外，该领域内绝大多数的出版物都专注于欧洲经验。

　　尽管如此，在许多全球史项目选择不同术语的同时，仍有相当多的出版物在全球史和跨国史主题中使用诸如"迁移史"这样的术语，例如一些关注文化传播和认知差异的研究就是如此。[⑧] 另外，西方与非西方历史中迁移过程的研究者也在努力建立对话和合作论坛。[⑨]

133

---

① Kocka（1990）。

② 例如，Kaelble（1999a）；Haupt 和 Kocka（1996）。

③ 例如，见 Espagne（2003）。

④ 见 Middell（2000）。

⑤ 例如，见 Werner（1995）。

⑥ Muhs、Paulmann 和 Steinmetz（1998）提供了此类双向研究的汇编。

⑦ 参照 kaelble（2005）；Middell（2000），特别是第 20 页。

⑧ 例如，见 Lüsebrink（2005）。

⑨ 例如，见《比较》杂志的特刊：Schulte（2006）。另见 Kaelble（2006b）。

与之相似，比较史学的研究议程在地理上不断扩展。近几年，一些严格的比较研究已经开始将欧洲部分地区与世界其他地区进行对比。① 由于比较史和非欧洲史在德国学术界都受到一定程度的怀疑，所以其相关的理论常常致力于维护"跨文化比较史"的重要性和实用性。② 对比较史学常见的指责，就是认为宏观比较会不可避免地牺牲方法论的准确性。许多学者回应道，比较史学研究不必遵循历史社会学的轨迹，也不必以庞大的单位作为分析对象。相反，部分比较可以集中在特定的论题上，并且可使用少量案例研究，这仍然需要基本的文献工作和对地方偶然性的敏感性。

虽然跨地域学术在这两个领域都有所发展，但是在主张比较研究和对迁移感兴趣的学者之间的争论却没有那么分化，③ 而且这两个领域的分歧也开始减少。这些领域之间具有争议的新兴合作关系，也为跨国以及跨大陆的研究提供了重要能量。④ 这有助于打开国家视角的束缚，同时在处理与德国历史相关的问题时，也有助于思考新的空间范畴。一些学者甚至认为，新形式的全球史和世界史将会是在迁移研究和比较研究之间创造联系的最好框架，约翰内斯·保尔曼（Johannes Paulmann）将此种结合视作对研究者的"引诱药"。⑤

在许多面向全球的研究项目中，比较研究和迁移研究表现出了明显的重叠部分。在此意义上说，二者之间的结合已成为现实。自20世纪90年代中期以来，在更加有利于全球史研究的氛围中，将迁移研究方法和比较研究方法相结合的研究活动虽然少，但是却引人注目。一些学者指出，一些特定的过程如全球时尚的传播过程，只能从跨区域视角对其进行观察，这暗含着比较观点。⑥ 另外也有一些讨论，这些讨论的主题是通过结合比较研究方法和迁移研究方法，怎样才能将德国历史特定的轨迹和方面同世界其他地区的经验联系到一起。⑦ 例如，用德语发表过多篇论文的芝加哥历史学

① 例如，见 Dillinger（2008）；Krämer－Lien（2004）；Radkau、Fuchs 和 Lutz（2004）。
② Osterhammel（1996b；1996a）；Kaelble（1999b）。另见 Matthes（1998）。
③ 例如，见 Paulmann（1998）。
④ 例如，对帝国历史的比较研究在比较语义学研究中也非常活跃，见 Bosbach 和 Hiery（1999）。
⑤ Paulmann（1998）（第686页）；Middell（2000），特别是第39~41页。
⑥ Osterhammel（1996b），第296页。
⑦ 例如，见 Sachsenmaier（2003）。

家迈克尔·盖耶认为，德国和日本历史的某些相似之处取决于它们在全球
体系中地位的变化，因此需要用全球史视角来研究。① 按照盖耶的观点，此
种模式的研究需要包括比较史和跨国史的方法论元素，但不能仅限于此。
他认为，研究不应坚持单一性和线性的概念，而应当在共同转型和新兴国
际体系的背景下探索两个国家之间的共同性和联系性。

　　史学史是近年来提供了比较视角并同时关注跨大陆迁移研究的最活跃
的研究领域之一。② 在此领域内，研究人员对情境比较也越来越感兴趣。
这种比较考虑了一系列因素，如政治对学术、制度结构、历史学家的社会
角色以及其他一些因素的影响。③ 例如，单一作者的比较研究触及一些广
泛的问题，从二战后德国和日本的史学发展轨迹到 20 世纪初期在美国和其
他一些国家中兴起的 "新史学"，等等。④ 同时也有越来越多的编辑作品为
诸如不同国家的历史政治或史学传统之类的论题提供了比较性解释。⑤ 但
是，在这些集合作品当中，大部分章节都集中在单一国家传统上，而比较
的任务，如类型的创建，或者对共性和差异的定义，则主要留给了读者。⑥
马库斯·弗尔克尔（Markus Völkel）独著的全球历史学导论也是如此。此书
在不同章节里分别介绍了印度、中国、欧洲以及其他地区的史学传统。⑦ 然
而，这本教科书和其他一些跨文化比较作品都清楚地表明，非西方学术在
历史学术的概述中不再被忽视。直到最近，情况才并非如此。

　　由特里尔历史学家卢茨·拉斐尔（Lutz Raphael）所著的《极端时代的
史学》（*Geschichtswissenschaft im Zeitalter der Extreme*）从比较视角转向更加真
正意义上的全球史视角。⑧ 这本书不仅关注引起国家史学产生的全球制度和
知识的变化，而且描述了地方传统和偶然性。换种方式来说，拉斐尔更多
地旨在描述此领域内国际的和跨国的若干方面，而不是对不同国家领域做
出评估。正如他书中所写，"由于到目前为止，国家发展被良好地记录下

135

---

① Geyer（2004）。Conrad（1999b）关注日本的研究方法。

② Osterhammel（1996b），第 271 页；Conrad（1999b）。

③ Rüsen（1998）；C. Conrad 和 S. Conrad（2002a）。

④ Conrad（1999a）；Raphael（1997）。

⑤ 《比较》杂志的特刊就是后者的一个例子，Zimmerer（2004b）。

⑥ 例如 Küttler、Rüsen 和 Schulin（1993 ~ 1999）；Fuchs 和 Stuchtey（2002）；C. Conrad 和
　　S. Conrad（2002a）。另见 Kaelble 和 Rothermund（2001）。

⑦ Völkel（2006）。

⑧ Raphael（2003）。

来，还由于此领域的国际历史不仅仅是国家学科历史的补充，因此这种研
136 究方法对我来说是合理的"。① 在这种方法论框架中，尤其在他讨论到例如
某些史学学派在全球范围内兴起的话题时，拉斐尔将地理政治学上的进展
如非殖民化浪潮归入题内。他的著作也对不同的学术传统进行了比较，但
是却把这些传统当作了一个互相作用的体系内的节点，而通过对特殊案例
的比较或是对双向交流的研究，都不能对此体系做出令人信服的分析。在
这样的研究里，比较史学以及迁移研究的方法成为全球史学家所采取方法
的一部分。

　　但是比较史学以及迁移史学的进展，只是通往历史研究中更复杂空间
参数的广泛趋势中的一部分。自 20 世纪 80 年代起，文化史的兴起成为一种
主要运动，它基本上独立于比较研究方法之外，并且为新的跨国视角开辟
了可能性。文化史，或者称其为历史文化研究，其研究主流部分植根于 20
世纪早期德国独特的学术传统。② 然而，德国的文化史同时也需要被置于国
际学术趋势的大环境下。这种趋势的部分特征在于对从下层看历史的兴趣
及解构主义的方法变得日益重要。在某些方面，德国史学中的文化转向遵
从的方法论规律在美国、法国及其他国家中也可以见到。一个特别具有影
响力的潮流就是微观史的兴起。微观史主要于 20 世纪 70 年代从意大利引
进，并且同历史人类学、日常生活史联系紧密。同时，之前那些隐含在占
主导地位的宏大叙事之下的历史的方方面面正日益受到关注，微观史学与
此也有密切的联系。③ 历史研究开始更加强调有关女性、儿童以及社会其他
阶层的历史，这些因素在之前的研究项目中通常未被当作研究主题。自 20
世纪 80 年代末起，对德国社会不同部分的研究在加入理念、世界观、感性
认识、解释和象征行动这些范畴之后变得更加复杂。④ 作为一种总体趋势，
文化史的不同分支及其相关的理论框架使得国家史的视野变得愈加多
137 元化。⑤

　　更进一步而言，德国史学的文化转向为思考德国历史提供了不同方式，
那就是在超越民族国家边界的不同空间去思考德国历史。一些颇具影响的

---

① Raphael (2003)，第 22 页。
② 例如，见 Oexle (2004)。
③ 相关概述见 Medick (1994)；Schlumbohm (1998)。
④ 参照 Mergel 和 Welskopp (1997)。
⑤ 例如，关于后现代主义思想的影响见 Niethammer (1993)。

观点甚至认为编写统一的德国历史是不可能的。[①] 而这些观点也引起了许多主要历史学家的反感。这些历史学家认为，日益分裂的史学可能会危及联邦共和国的政治共识，他们认为这种共识是建立在对纳粹历史的国家责任的接受之上。由此以及其他原因，德国文化史的兴起引起的争论在许多方面比在美国和其他国家更加激烈，并且对文化史领域有更深层次的影响。[②] 利害攸关的除了概念上的问题之外，还有德国社会中历史学家的角色问题。德国社会至今仍根据其与 1945 年之前时期的距离来界定自己。例如，在社会史领域中占主导地位的一些代表人物认为，一些学者对社会和政治的关注逐渐减弱，而这也正是后现代主义对整体性叙事的质疑背后的真正推力。[③] 另一方面，一些学者反驳说，在 20 世纪 80 年代之前的社会史研究当中占支配地位的是结构主义对纳粹历史的解释，将肇事者的能动性系统地排除于史学图景之外。[④]

在德国，大量的文化史研究是在次国家层面而非跨国层面上展开的，[⑤] 而且领域内也没有像美国那样对散居群体以及跨国网络产生类似的兴趣。[⑥] 实际上，德国对国外学术研究议程和方法论的接受具有很高的选择性。例如，汉斯·梅迪克（Hans Medick）在文化转向初期阶段发表的颇有影响的一项研究，提到了美国人类学家和历史学家反对"欧洲中心论"话语和种族偏见的内容。但是他的主要意图是将替代性的下层视角应用于德国历史中的社会群体以及环境，其研究范围没有超出政治边界。[⑦] 同时，这种研究和理论干预的综合作用，使得在民族国家以外的社会和文化地理空间中的思考变得更容易被人所接受。这反过来也为研究德国历史新的跨国方法提

138

① 例如，见 Sachse（1997）中对性别的概述，另见 Frevert（1991）。
② 例如，对此次争论的概述见 C. Conrad 和 Kessel（1994）；Mergel 和 Welskopp（1997）；Daniel（1993）。
③ 参照 Wehler（2001）。
④ Berg（2003）。Berg 将对纳粹历史的结构主义解释主要归于德国历史学家，而把意图主义的视野归于犹太历史学家，在他的书出版之后的辩论中，这种两分法颇受批评。在对这种假设的回应中，许多学者指出了以后期的学术标准来衡量文化转向之前的史学状况所存在的困难。最近，受害者的观点越发引人注意，其中包括他们与加害者的接触方式。关于大屠杀研究中的新趋势，见 Gerlach（2004）；Herbert（2000）。
⑤ 例如，见 Mergel（2002）中关于政治文化史的研究概述。
⑥ 参照 Daston（2000）。作为研究案例见 Zips（2003）。关于跨大西洋的分歧和德国文化史对国际趋势的选择性接受，更广泛的研究见 Eley（1998）。
⑦ 例如，Medick（1984）。

供了基础。

同时，越来越多可归在文化史门类下的研究领域，也试图在国家视野和跨国视野之间取得平衡。例如，对于研究 20 世纪德国和欧洲其他地区的"美国化"状况的日益增长的研究团体而言，情况就是如此。[①] 一般来说，这个领域试图使学术研究进一步脱离对 20 世纪德国社会变革和文化实践的严格以国家为中心的理解。与此同时，由于德国经验仍处于研究中心地位，因此该领域也尚未进展至真正意义上的跨区域分析框架。相似的情形也存在于对支持德意志联邦共和国的西方导向的那些过程的历史研究之中。[②]

3.7 多元化社会中的跨国史

跨国视野正在承受着越来越大的压力，这种压力不仅产生于学术上的改变，而且在很大程度上来自整个社会的变革。一些显著的变革使德国社会及其历史的多层次性和跨国纠葛的本质更加难以否认，其中最明显的就是移民。尤其是战后来自土耳其、南斯拉夫、越南以及一些南欧国家的移民极大改变了德国社会的构成。现今德国大约 20% 的居民有移民背景。[③] 居住在北海海岸与阿尔卑斯山脉之间的永久性侨民约有 700 万人，占德国总人口的 9% 以上。预计到 2030 年，这个数字会增长至 13% 左右，而且这还不包括日益增长的外国裔德国公民。这种情况导致当地的文化发生了显著的改变。例如，科隆（Cologne）是天主教的历史据点，现在是约占当地总人口 12% 的 12 万穆斯林的家园。另外，移民产生了一些新的混合社区，在德国的一些地区同土耳其、希腊等其他一些国家之间，创造了紧密的社会文化联系。今天，生活在国外的 3/4 的土耳其人和 80% 的希腊人，居住在德国。在这种情况下，紧密的互动网络在所有相关的社会中也应运而生。[④]

---

① 例如，见 Doering - Manteuffel（1995）；Linke（2006）；Füssel（2004）；Jarausch 和 Siegrist（1997）。

② 总体概述见 Görtemaker（2002）。

③ 这些人中很大一部分由二战后的撤离人员和重新安置人员构成，以及一段时间后"返回"联邦共和国的德国人。

④ 例如，见 Münz、Seifert 和 Ulrich（1999）。

就像在其他欧洲社会一样，移民在德国的影响也受到公众的热议。[①] 讨论的焦点是如何最终接受移民和多元化所带来的持久影响。自 20 世纪 70 年代开始，一个不可否认的事实是，一大批所谓的客籍工人家庭不会回国，而是留在德国。另外，德国的低出生率表明德国会依靠持续引进外来劳动力来稳定其就业部门和退休制度。然而一些群体，尤其是 200 万的土耳其居民和其他穆斯林居民，继续被边缘化，这一事实是对将德国看作民族大熔炉的观念的挑战，而这一观念是一些社会融合模式的基础。在欧洲化和全球化的世界里，德国人口以及其他方面的改变使对德国的新定义显得更有必要。

围绕"9·11"事件后果以及土耳其是否应该加入欧洲联盟问题曾经展开过国际性讨论。受这些讨论的影响，关于移民影响的讨论变得日益政治化，并且充满了两极分化的论调。这种辩论的范围通常是——但不全是——同政治权利挂钩的。一方面，许多政治家以及公众舆论提倡一体化只能通过同化来实现。某些排外标语和排他机制一度用来针对德国其他少数群体，后来因其与开放的联邦共和国这一理念相矛盾而受到了广泛的批评。[②] 而当这些标语和机制被投射在新移民群体上时，在思想上又变得更容易接受。一些舆论领袖倾向于将伊斯兰教同宗教极端主义混为一谈。在一些极端的但又非常显著的案例中，公众舆论表达了其担忧：土耳其通过出生率来"征服"德国，以及移民对德国社会基因库的影响。[③]

140

学术界当然不会支持这种激进的立场，但是在 20 世纪 90 年代后期到 21 世纪初期，一些知名的学者就已经采用文明的话语来讨论移民问题了。例如，社会史学家汉斯-乌尔里希·韦勒就是其中之一，他在大多数问题上都强烈认同政治左派。在一系列的文章中，他宣称伊斯兰社会与西方不相容，在他看来，西方社会的主要特征是启蒙传统和长期的宽容传统。[④] 而且韦勒认为，移民在德国的未来和土耳其在欧盟的前景已成为相同的问题。[⑤] 在他

---

① 尽管在欧洲范围内存在一些共性，但是德国的讨论却不同于英国、法国或荷兰等前殖民大国的讨论，因为德国长期以来更多的是以种族相当同质的社会为特征。关于此主题更全面的内容见 Malik（2004）。

② Schneider（2004）。

③ 由德国中央银行理事会成员 Thilo Sarrazin 所著的一本书便是一个最显著的例子，Sarrazin（2010）。此书出版之后，他不得不离职，但是在各种民意调查中，约 18% 的德国人对他的观点表示赞同。另外，一些媒体以及主要报纸也对他的观点相当支持。

④ Wehler（2002）。

⑤ 有关此问题更广泛的讨论：Leggewie（2004）。

和许多其他人有关此主题的讨论中，多元化的前景往往至少含蓄地被看作一种文化和政治的威胁。

另一方面，一些公众人物开始积极倡导更加多面化的社会观，[1] 他们把变化的重担不仅放在移民身上，而且放在社会大众身上。例如，一些有国外背景的德国人组织开始要求自身在塑造新型社会中扮演更加重要的角色，这远远超出了人们对适应所谓的具有凝聚力和同质化的社会文化模式的共同期望。在此背景下，在德国也可以听到"谁的历史？"这个基本问题，这是一个在美国和其他一些国家用来反对狭隘的国家历史记忆形式的问题。

土耳其人的组织和其他团体在德国公共领域的地位愈加巩固，[2] 这很可能会加快德国的历史意识多元化进程。和许多其他国家一样，在公众舆论中，有足够权力和影响力来表达观点的人通常不是移民，而是他们已经本土化的后裔。[3] 如此一来，德国历史和史学可能会成为进一步的社会讨论和政治讨论的主题，这与如何与纳粹历史记忆共存的早期斗争大相径庭。

目前，学术界之外的社会力量在推动德国史学向更加动态化的范围发展中发挥着主要作用。在以德国为中心的历史学术中，移民群体及其跨国联系的主题仍旧处于边缘地位。[4] 乍一看，人们可能会觉得土耳其、越南和其他移民群体的历史太新近了，不能拿来进行历史研究。然而比较来看的话，有关民主德国的史学文献一直在不断增长，这表明了情况并非如此。其中更重要的一个因素就是，在德国几乎没有任何具有移民背景的史学教授。[5] 此外，社会中存在着学术和政治的努力，旨在使国家接受纳粹这段历史，日益增长的种族和文化多元化对此并不适合。[6] 直到今天，历史教育的教学方针都极少讨论如何把外国裔学生纳入有关纳粹历史的教育之中，及其对于德意志联邦共和国政治文化的核心意义。

当然，一些移民问题在德国得到了越来越多的学术关注。德国的政治理论已经着重关注这些问题，[7] 而且有关移民社区和移民现象社会影响等问

---

① 例如，见 Bade 和 Bommes（2004）。
② Çetinkaya（2000）。
③ Jarausch 和 Geyer（2003）。
④ Thränhardt（1995）是其中一个例外。
⑤ 例如，在正规的教员职位上，没有土耳其裔的德国历史学家。关于在德国的土耳其和其他外国移民中高比例的持续偏低教育水平，见 Thränhardt（2000）。
⑥ 例如，见 Georgi（2000）。另见 Ehmann（2002）。
⑦ 例如，有关不同视角和少数群体的主题：Habermas（2000）。

题的研究，在民族学、社会学和其他文献中，一直在缓慢但稳定地增长。①
此外，一些研究机构开始从人口统计学、文化及其他视角分析移民现象。②
历史学家也没有完全规避这个领域，其产生的学术作品涉及少数民族政治、
移民话语和一体化研究等主题。③ 一些最新的研究成果表明，德国移民和少
数民族的部分历史研究越来越向跨国视角转变，其中有些受到了后殖民主
义和相关范式的影响。

长期以来，有关向现代德国移民的学术研究大多关注国内环境。典型
的研究课题包括移民工人在德国社区、工厂和工会中的作用。④ 然而，一些
会土耳其语的年轻历史学家，通过培养对某些社会文化环境的跨国联系的
兴趣，为德国最大的少数群体的历史研究增添了新的主题。⑤ 一些研究突破
了严格以德国为中心的视角，还把土耳其民间社会及其跨国社会网络、公
共领域和身份构建等方面纳入了历史图景之中。⑥ 有些学者已经开始将国内
少数群体政治史同对外政策和外交史结合起来，如此一来，土耳其国家的
许多方面也就包括在研究中了。⑦ 在对吉普赛人或非裔德国人这些少数群体
的研究中，也可以发现类似的观念转变；⑧ 而且德国的犹太教和犹太社区的
历史研究也明显地在向多元化和跨国的视角发展。⑨

在开辟研究新领域的同时，一些关注少数群体的研究也开始挑战主流
史学，在某种意义上，它们置身于不断走向国际化的德国历史学的庇护
下。⑩ 这些尝试的一个重要目标，就是要把少数群体描述为德国社会和政治
文化中活跃的、具有跨国纠葛的作用者。因此，作为一种总体趋势，移民
历史已经开始成为批判性反思德国史学既定的空间概念的一个相当重要的

142

---

① 该领域的概述：Ackermann（1997）。另见 Bergmann 和 Römhild（2003）。

② 例如，位于奥斯纳布吕克的移民研究和跨文化研究所（IMIS）；或者柏林人口与发展研究
所。文献例子有：Thränhardt 和 Hunger（2004）；Münz（2007）。

③ 例如，重要的著作有：Herbert（2001）；Schönwälder（2001）；Lucassen（2004）；Oltmer
（2004）；Motte、Ohliger 和 von Oswald（1999）。

④ Hunn（2004）提供了研究综述。

⑤ 例如，Rittersberger-Tiliç（1998）；Wilpert（1992）。关于美国对这些领域的影响见
Ackermann（1997）。

⑥ 例如，Hunn（2004）。

⑦ 例如，Steinert（1995）。

⑧ 例如，Giere（1996）；Campt（2004）。

⑨ 例如，Diner（2006）；Heil（1999）。

⑩ 例如，见 Bade 和 Oltmer（2004）。德意志帝国时期移民的概述和跨国解释：S. Conrad
（2006）。

活动平台。移民史本身在很大程度上是基于包括了土耳其在内的欧洲视角。
143　然而，其他研究领域也开始使世界其他地区更具相关性，它们既是独立的
研究领域，也是多种视角的来源，在总体上对德国和欧洲的历史概念具有
重大的意义。

3.8　殖民历史和对德国历史的新视角

在许多欧洲社会，如英国、法国和荷兰，少数族裔的历史与殖民地历
史密切相关。多元化的社会中出现的历史问题，同帝国统治传统的联系也
越来越紧密。长期以来，在德国史学和公众记忆中，殖民历史扮演着一个
与众不同的次要角色。德国的历史模式可以说明其中一部分原因。狭义上
讲，德国的殖民统治时期比较短。从 19 世纪 80 年代俾斯麦改变对于海外扩
张的反对态度开始，到一战结束德国丧失所有的海外殖民地，仅仅包括几
十年。此外，德国殖民主义引起的移民活动，并不能同大英帝国定居殖民
地的移民潮或者非殖民化期间涌入欧洲的人流相匹敌。因此，基于与其他
欧洲列强的这种比较，德国学者通常将其殖民历史看作一段简短的插曲，
作为对德国历史主线的补充。①

德国帝国主义相对较短的时间跨度，仅仅是德国专业历史学家和普
通大众对殖民历史兴趣相对较小的原因之一。长期以来，将殖民史作为
与现代欧洲史同等重要的研究领域，似乎并不符合德国史学的学术和政
治文化。尤其是在 20 世纪 60 年代和 70 年代，当时很多德国史学家都
致力于现代历史的国家中心论观念，通过国内视角而非跨地区视角看待
殖民历史。例如，很多研究都把德国扩张主义看作缓解国内紧张形势的
出口。尤其是非马克思主义的社会帝国主义理论，就是基于如下设想构建
的：德国殖民主义的动力主要是为了掩饰或平息德国社会内部的解放运
144　动。② 还有一些研究把世界秩序的扩张主义观点主要视为德国本土社会和
文化发展的投影屏幕，③ 例如德意志帝国时期所谓的原始法西斯政治
文化。④

然而，尤其是自 20 世纪 90 年代后期以来，出现了与以往不同的研究，

① 参照 van Laak（2005）。
② 例如，Wehler（1969）。
③ Mommsen（1969）和 Gollwitzer（1972～1982）。类似文献：W. Smith（1986）。
④ 见 Moses（1975）。

努力把德国殖民史同德国作为一个国家的历史相联系。当时这种研究趋势在英美等几个国家清晰可见，在某种程度上，德国的这种新型运动遵循了这种研究趋势。① 对欧洲特别是德国殖民主义的日益增长的兴趣，出现在与更广泛公众的相互关系中，公众也越来越关注这个问题。电视媒体开始制作大量有关德国殖民史和相关历史题材的电视节目和系列片。而在此之前，日报和周报已经变得更愿意刊登与德国殖民主义历史相关的书评和概述性文章了。② 一些事件加速这种发展趋势，例如 1904 年的纳米比亚赫雷罗种族灭绝一百周年的相关活动，其中最引人注目的就是 2001 年赫雷罗人民赔偿公司（Herero People's Reparation Corporation）向德国提出的索赔要求。③ 经过德国政府和全社会的争论，三年后，德国经济合作与发展部部长海德玛丽·维乔雷克－措伊尔（Heidemarie Wiezcorek－Zeul）公开为德国军队所犯下的暴行道歉，并纪念纳米比亚的受害者。尽管有关德国殖民历史的公开讨论都聚焦在纳米比亚大屠杀行径上，但是它们开始对历史记忆的模式和德国的政治文化产生愈加广泛的影响。④

　　一般而言，历史著作的普通读者越来越倾向于思考有关殖民主义的作品。此前，沃尔夫冈·赖因哈德（Wolfgang Reinhard）和瑞士历史学家鲁道夫·冯·阿尔贝蒂尼（Rudolf von Albertini）等学者，建立了一种虽小但很稳固的殖民史学术传统。⑤ 尽管人们经常认为他们的学术活动与主流史学相离甚远，但是这些学者培养了一批有重要意义的学生，这将最终推动跨国史研究事业在德语国家的发展。⑥ 20 世纪 90 年代中期以后，针对学术性和一般读者的更加全面的殖民主义研究书籍出现在德国图书市场上。这些著作涉及广泛，包括各种西方、俄罗斯和日本殖民主义形式的理论阐释和类型学，⑦ 也包括以欧洲殖民主义形式为主的通史。⑧ 然而，鉴于整体的学术

145

---

① 例如，英语国家的研究见：Hull（1993）；Fitzpatrick（2008a；2008b）。
② 这些文章经常（现在仍然）由专业历史学家撰写。
③ 1904 年当地的赫雷罗人被有组织地驱逐到沙漠，人口数量从最初的 6 万～9 万下降到 1.6 万。赔偿要求导致 2001 年在美国提起集体诉讼。更多信息见 Krüger（2005）。
④ 见 Krüger（2005），第 47 页。直到现在德国政府拒绝向赫雷罗人民进行任何赔偿和补偿。
⑤ 例如，那段时期重要的著作有：Reinhard（1983～1990）；von Albertini（1976）；Osterhammel 和 Mommsen（1986）。
⑥ 见 Middell 和 Naumann（2006）。
⑦ 例如，Osterhammel（1995b）。该书也为殖民主义各个阶段的分期提供了方法。
⑧ 例如，Reinhard（1996a），该书有好几个译本出版；Eckert（2006a）。

环境，德国海外扩张研究在这些新出版的文献中占据了最大的份额，这也不足为奇。[①] 如今在此框架之内，针对帝国战争、意识形态或开发项目等殖民主义中某一方面的研究也不断增加。[②] 此外，该领域越来越多的编辑性作品也指向愈加活跃的殖民主义研究活动。

殖民史研究群体在德国不断发展壮大，如今足以建立该领域的学术网络并倡议举办活动。[③] 当然，并不是所有最近的学术研究都采取了新颖大胆的视角；事实上，许多出版物并没有抛弃而是确认了民族国家的范式，因为它们主要关注德国人的海外经历。尽管如此，对殖民主义的研究已成为历史学家和区域研究学者们为数不多的聚合点之一，在这里他们可以进行互动，寻求兼容的研究方案。正如一些观察家认为，这种趋势可能会有助于发现新的、更加灵活的和多元化的研究方法，这些方法将共同推动这个研究领域进一步脱离殖民主义研究中的一些宏观理论。[④] 总之，殖民主义的历史已成为挑战德国史学中突出的以欧洲为中心和以国家为中心的预设的主要领域之一。同时，对德国殖民地的研究为非欧洲史提供了一个非常好的视角，通过该视角，非欧洲史就可以与历史学家群体的兴趣焦点联系起来。要想推动非欧洲史脱离学术和公众话语的边缘地带，必须要同拓宽德国国家史的概念界限以及跨区域背景的努力紧密结合起来。如此看来，一些学者建议延伸德国殖民历史的时间线及地理范围，也并不令人意外了。例如，一些研究拓宽了德国殖民主义的概念，把希特勒在东欧的征服也包括在内。[⑤] 另外一些研究则追溯到德意志帝国之前或是近代早期，指向各种通常是私人性质的开拓殖民地的努力，以此来拓展德国帝国主义的分期和定义。[⑥]

因此，解构"欧洲中心论"和国家史学传统的目标，至少隐含地驱动了新的殖民主义史学的重要篇章。通过这种发展，后殖民主义要素开始在德国史学中产生影响，尽管它构成了一种与此前的后殖民研究蓬勃发展的其他社会截然不同的知识环境。一些学者将后殖民主义的视角和东方主义

---

① 事实上，大多数德国殖民地都受到新的研究。例如，见 Hiery（1995）。有关德国在中国的殖民主义见 Leutner 和 Mühlhahn（2007）；Kim（2004）；Mühlhahn（1997）。

② 例如，见 Barth 和 Osterhammel（2005）；Klein 和 Schumacher（2006）；van Laak（1999）。

③ 有关计划、项目和机构的概述见 www. deutscherkolonialismus. de。

④ 参照 Barth（2000）；Osterhammel（1995a）。另见 Mommsen（1994a）。

⑤ 例如，van Laak（2005）；Graichen 和 Gründer（2007）。

⑥ Fenske（1991）；Zantop（1999）。

论争等相关思想流派引入德国学术界。① 一些普遍存在的假设认为，欧洲从来没有受到过其全球扩张行为的显著影响，因此国家史学家可以继续忽视其殖民历史。在一些人特别是年轻学者看来，后殖民主义思想似乎是抵制这些假设的一个合适武器。作为一种替代方案，一些学者开始定义新的领域划分，例如："纠葛的历史"或者"共同的历史"。② 这是受到了认为殖民和其他全球经验直接影响了现代欧洲社会的路径和模式这种观点的驱使。③ 对替代的历史空间的探索促进了德国学术界对诸如"大西洋史"等领域的接受。④ 此外，根据殖民和后殖民主义的视角，一些研究者试图批判性地反思非常地方化的空间概念。例如，位于德国黑森林山脉附近的弗赖堡，以前同海外扩张历史几乎没有任何关联，一个研究项目试图找出影响这种小的内陆城市当地历史的各种殖民因素。⑤

通过殖民经历的视角来研究欧洲史尤其是德国史以拓宽其范围的运动，建立在努力打破殖民者与被殖民者之间牢固的概念界限基础上。与此同时，还有一些人尝试用其他方式来看待殖民遭遇，他们不再把殖民地仅仅看作德国及其他欧洲活动的消极背景。⑥ 还有一些项目对推翻早期一些研究中关于殖民地形成的表述起到重要作用，这些项目致力于研究殖民主义对德国大学体系及其学术规范产生的影响。⑦ 这些有助于对一个领域进行必要的自我批评，由于诸多原因，该领域也开始反思其自身的概念基础。

人们对殖民历史新前景的兴趣与日俱增，这与从跨国视角重新书写德国现代史的努力相关联。例如，过去许多有关特殊道路的理论都集中在对德意志帝国的诠释上，现在越来越多的研究项目开始对这些诠释进行批判性反思。例如，关于 1871～1914 年间德国历史跨国化的一次国际会议，将包括经济史和性别史在内的许多研究方法集中到一起。⑧ 此外，塞巴斯蒂

147

---

① 最值得注意的论文集：S. Conrad 和 Randeria（2002b），该书编者提倡将殖民主义和后殖民主义的视角应用到德国历史上。例如，关于东方主义的讨论见 Osterhammel（1997a）。

② 例如 Randeria（1999）；S. Conrad 和 Randeria（2002a）。另见 Lepenies（2000）。

③ 例如，见 S. Conrad（2002）。

④ 见 Pietschmann（1999）；Reinhard（2005）。

⑤ 见 www. freiburg – postkolonial. de。

⑥ 例如，Speitkamp（2005）。Eckert（2009）在叙事中也采用了多视角。另见 Lüsebrink（2006）；Reinhard（1997）。

⑦ 例如，见 Pollock（2002）；Stuchtey（2005）。Fuhrmann（2006）说明，即使是未成功的殖民目标（如在近东），也能促进新的研究领域的建立。

⑧ S. Conrad 和 Osterhammel（2004）。

安·康拉德的教授资格论文也揭示了一些关于第二帝国研究的跨国和全球
视角。例如，他认为，作为德国国家认同的一个重要方面，工作的概念要
比先前假设的更具有全球性，国内和殖民地的劳动力动员也都包括在内。①
由于史学领域往往忽视以跨国视角来看待德国和其他的国家主义，这种变
148 化可谓意义深远。②

一些学者甚至认为，不管是从殖民地视角还是从东欧部分地区的视角
来看，包括第三帝国在内的现代德国史的各个方面，都应该更多地被看作
帝国史而不是国家史。③ 这些想法与扩大对导致纳粹时代的历史轨迹研究
的尝试相关。例如，现在越来越多的历史学家认为，种族隔离、大规模
毁灭等许多强制执行社会秩序的机制，是在德国与其殖民地的动态交流
中发展起来的。④ 事实上，与现代国家统治相关的广泛技术是在一些殖民
地首先建立的，后来才迁移到欧洲大陆。⑤ 殖民地作为欧洲现代性实验室
的例子，包括警方对指纹的利用、大规模拘留、某些城市规划形式和大
规模免疫接种。⑥

从殖民纠葛的另一方面入手，一些案例研究了殖民胜利主义如何促成
一种舆论氛围，在德国以及许多其他欧洲社会，这种舆论氛围已证明有利
于种族主义和政治化的生物学意识形态的兴起。⑦ 该领域的一些代表性研究
者也对汇入纳粹意识形态的殖民源流感兴趣，包括帝国野心和以牺牲所谓
的劣等民族为代价掠夺其他国家土地的目标。⑧ 早在德国殖民时期，用优生
学的方法来净化社会或者强制重新安置所谓的多余人口等计划就已经起草
了，最新研究发现有更多证据表明这一点。⑨ 一些学者甚至认为，德国殖民

---

① S. Conrad（2006）。
② 德国国家主义研究综述见：Langewiesche（1995）。
③ 例如，Ther（2004）；Zimmerer（2004a）。
④ 例如，见 Eckert 和 Pesek（2004）。
⑤ Mühlhahn（1999）。更有批判性的研究：van Laak（2004b）。
⑥ 例如，Mühlhahn（2009）；Wright（1991）；Eckart（1997）。
⑦ 例如，见 Geulen（2004）；Berman（1996）；Honold 和 Scherpe（2004）。另见 Kundrus（2003b）。关于殖民主义和德国历史意识，见 Zeller（2000）。有关特定历史环境下出现的种族主义的形式和身份类型的研究也属于这一类文献。例如，在德国城市发生的反对被包括来自法国非洲殖民地的士兵在内的军队占领的大规模抗议活动。例如，见 Wigger（2007）。
⑧ 在殖民时代，殖民主义的视角已经投射到东欧。例如，见 Geulen（2004）；Friedrichsmeyer、Lennox 和 Zantop（1998）。关于"德国的印度"（German India）的梦想（即希特勒对乌克兰的比喻），见 van Laak（2005）。
⑨ 例如，Kundrus（2003a）；Patel（2004）。

统治下种族灭绝的行径和纳粹的大屠杀之间有直接的连续性和显著的相似性。[1] 此外，一些研究还追踪了将殖民统治与纳粹在东方的占领联系起来的传播渠道。[2] 例如，有人认为大规模拘留的殖民形式与纳粹集中营之间有着直接的关联。[3] 在此背景下，值得注意的是，对帝国主义新的空间概念和时间线的研究兴趣并不只是局限在纳粹时代及其前期。例如，迪尔克·范拉克（Dirk van Laak）的一项研究探讨了早期德国的殖民野心和冷战计划两者之间的连续性问题，即在温和的殖民政权下建立新型基础设施。[4]

关于殖民地经历和纳粹经历之间直接联系的这些论点遭到了批判。通过把"最终解决方案"与其他历史事件相联系而将其背景化，仍然是一个学术上棘手、具有社会敏感性的主题。[5] 一些学者认为，对欧洲犹太人实行工业灭绝和殖民地的种族灭绝行为之间存在显著的差异，因为殖民地的种族灭绝行为发动方式极为不同，而且在当时受到了德国公众领域的严厉谴责。[6] 此外，认为德国殖民主义与纳粹主义之间存在单线性联系的观点也引起了很多人的质疑，尤其因为这种历史解释——如果不能系统地证实德国殖民行径的例外性——很可能会导致另外一种德国特殊道路假设。[7] 在探索20世纪上半叶殖民历史对德国政治文化的影响时，必须要考虑单一殖民国家和被殖民者之间直接交流以外的更复杂的传播渠道。[8] 毕竟，有关全球等级制度、文明使命和霸权的话语，是在复杂的跨国网络中产生并在其中交流的，这些网络跨越了不同的殖民大国和世界各区域。

在很多方面，对于殖民主义与法西斯主义之间联系的探索使一些研究方法重新焕发活力，这些研究方法不仅是帝国主义理论所提出的，而且也是在战后时期由汉娜·阿伦特（Hannah Arendt）、弗朗茨·法农和艾梅·塞

149

150

---

① 有关直接连续性的观点见 Zimmerer（2003）；Bühler（2003）。对此类立场的批评性回应：Malinowski（2007）。

② 例如，Zimmerer（2004a）。其他人认为二战中的一些经历与欧洲大陆殖民主义的早期形式更有可比性：Lindquist（1999）。

③ Eckart（1997）。

④ Van Laak（2004a）。

⑤ Friedländer（1993）。另见 Jarausch 和 Geyer（2003）。

⑥ 见 Kundrus（2004）。

⑦ 例如，Fitzpatrick（2005）。

⑧ 类似观点：van Laak（2005），第 18、176 页。有关种族主义的某些国际层面的研究：Kühl（1997）。关于殖民大国间的交流过程见 Geyer（2004）。

泽尔这样著名的知识分子提出的。① 尽管这些思想家的哲学背景和对马克思主义的接近程度迥异，但他们都认为纳粹时代至少部分是殖民扩张主义引起的欧洲文化野蛮化的结果。目前推动德国历史各方面全球化的动力，虽然存在一些基本的相似性，但是都在朝着略有不同的认识论方向发展。半个多世纪以前，人们认为唯物主义的观点是获知殖民主义和法西斯主义之间联系的关键；如今，研究者关注更多的是文化史的主题。此外，他们通常不从宏观理论层面着手，而是追求更加细节化的研究方案。

在广泛的研究兴趣中，最近关于殖民遭遇的学术主要研究与德国相关的主题。这种研究德国及其以前海外领土的双边策略，在某种程度上受到学术体系结构的制约。在这个体系下，只有当持有海外研究项目的学者们所进行的研究至少在某种程度上与德国历史相关时，他们才可能有立足之地。对德国的高度关注，使在德国被归到"全球史"或"跨国史"范畴的大部分内容，实际上与美国的美国史全球化项目更具有可比性，② 而非源于世界史的最新分支。③ 许多新的跨国视角旨在对塑造或刻画德国历史的力量、进程和背景建立更准确的历史理解，而不是将民族国家解构为现代发明。

在此框架内，社会史等很多重要的分支领域越来越受到跨国视角和跨大陆视角的影响。一些学者认为，史学需要对社会构成有更加动态和非局部化的理解，很多学者都加入了他们的队伍，和结构分析相比，他们更喜欢研究"流动"。④ 他们指出社会的一些基本方面，如知识网络、政治团体和公共领域等，往往具有跨国内涵。⑤ 比较温和的一些观点认为，现在社会

151

---

① Arendt（1951）；Césaire（1972）。

② 例如，见 Bender（2002）。

③ 在美国，虽然世界历史和美国历史全球化的争论具有重要的共同点，但两者是相当独立的。参照 Fuchs（2005）。

④ 例如，Wirz（2001）；Spiliotis（2001）。此前，社会学家 Friedrich Tenbruck 认为把各个社会作为独立的实体进行分析是错误的，并支持把更多的注意力放在迁移、流动和其他跨地域的社会结构上。在一篇颇有影响的文章中，Tenbruck 强调很多社会变革都不是在单一的社会中出现的，而是在各个社会之间的空间中出现的，他主张对社会学和历史学的研究进行空间范式的变革。但是，Tenbruck 的文章主要关注早期的帝国以及宏观社会学家和世界历史学家对它们的评估。见 Tenbruck（1989）。与此概念方向类似的早期的社会学理论：Dahrendorf（1958）。

⑤ 有关这个方向的研究项目的例子：Kaelble、Kirsch 和 Schmidt - Gernig（2002）；Gosewinkel 等（2003）；Charle、Schriewer 和 Wagner（2004）。

史的研究范围首先应该拓宽到欧洲层面，然后再尽可能地到全球层面，而不应该在一个单独的研究领域探索跨国空间。①

德国历史的跨国化确实决定性地改变了德国史范围的性质和定义，但并没有放弃民族国家概念的可行性。一代人以前，德国历史的主要轮廓已经在公众记忆和学术研究中根深蒂固，而随着人们对移民群体和殖民历史等主题越来越多的关注，史学也日益远离德国历史的主要轮廓。② 值得注意的是，与冷战时期的一些运动相比，现在的跨国研究视角并不是源于政治权利，也与减轻德国社会对纳粹历史的责任的国家议程无关。③ 事实上，跨国视角是国际研究趋势的一部分，为研究包括 20 世纪的独裁统治和种族灭绝在内的现代史提供了新的观点。这些观点可能贯穿国家的经历，但是它们并不直接寻求对国家经历进行相对化和解构。

3.9 影响全球史和跨国史的更多趋势

大多数与德国全球史相关的研究，采用了新的方式来概念化德国历史。与此同时，以前比较边缘化的一些研究领域的发展，也推动了全球和跨国研究趋势的进展。例如，国际史领域发生了重大改革运动，这些运动使该领域更加质疑国家作为历史唯一容器的观念。④ 特别是一些没有经历过冷战时期方法论重大争论的年轻的国际史学家，他们越来越热衷于将文化同新的社会史视角相结合，并将其融入总体方法论框架中。⑤ 由于种种原因，德国的国际史遵循了与英语国家相似的模式和节奏。⑥ 反过来，这也促使了人们对于新的历史空间概念的探索，而不再把民族国家作为主要分析单位。在此趋势下，一些学者将国际史和全球史等术语结合起来使用，也就不足为奇了。⑦

除国际史之外，人们也在努力进行将欧洲历史跨国化的研究，探索全

152

---

① Osterhammel（2001d）。

② Eckert 和 Wirz（2002）。

③ 例如，见 Kundrus（2003a）。

④ 重要的理论争辩见 Loth 和 Osterhammel（2000）；Conze、Lappenküper 和 Müller（2004）。另见 Lehmkuhl（2001）和 Ziebura（1990）。

⑤ 例如，G. Müller（2005）；Herren（2000）；Gienow - Hecht（1999）。几个研究的例子见：Gienow - Hecht 和 Schumacher（2003）。

⑥ 见第 1 章。

⑦ 例如，莱比锡大学出版社已开始出版由 Ulf Engel、Frank Hadler 和 Matthias Middell 主编的国际史和全球史的系列丛书。

新的欧洲史的潜在范围。虽然这个最新项目中存在广泛的立场，但是通常学者们都认为欧洲历史不能够也不应该再写成国家经历的纲要。相反，越来越多的学者在探究新的视角，通过这些新视角，他们可以跨越或超越国家层面，将欧洲的共通性或地区性纠葛概念化。此外，一些学者认为当比较的框架上升到全球层面时，欧洲将作为一个整体，不再需要民族国家作为分析单位。① 按照马克·布洛赫（Marc Bloch）、奥托·欣策（Otto Hintze）和早期的一些其他杰出人物的观点，有学者希望，比较史能够为跨国的欧洲史奠定基础。②

对欧洲化历史的探究虽然在概念上与其他跨国研究潮流息息相关，但它在很多方面与众不同。尤其是欧洲史的产生、发展所在的制度环境更是如此。例如，就欧洲史而言，跨国的政治力量已经开始积极地支持将历史概念化的新方式。考虑到新欧洲需要从公众中获取更积极的支持，③ 欧盟发起了几项活动，旨在培养能够普遍接受的符号，以及有助于促进欧洲认同的纪录片和其他措施。就历史研究而言，欧盟一直积极参与建立跨国机构和资助结构，以促进不同国家的历史学家之间的合作。例如，这些机构中，包括一所拥有历史学研究生课程的欧洲大学，④ 和欧洲历史教师常设会议（the European Standing Conference of History Teachers, EURO-CLIO）。此外，欧洲科学基金会的地位也变得日益重要起来，除了其他项目外，它还资助从跨国欧洲研究网络到研究生课程⑤等各种研究项目和学术交流活动。⑥ 其中特别引人注目的是欧洲和地中海社会史领域的博士项目"构建过去"，由十所大学组成的联盟来运作。⑦ 欧洲历史教科书也直接或间接地接受欧盟的赞助。这种对历史生产的干预受到了许多批评。例如，

---

① 欧洲化历史相关文献的批判性讨论见第 1 章。
② Haupt (2004); Kaelble (1999b)。
③ 例如，有关欧盟旨在创造共同历史意识的活动综述见 Shore (2000)。
④ 在致力于探究欧洲历史范围的诸多活动中，除讨论会和研究生教育之外，还有关于欧洲历史新形式的学生暑期班。
⑤ 例如，见欧洲科学基金会的研究网络项目："历史的表现：欧洲国家史的书写"，该项目从 2003 年到 2008 年得到资金支持，来自许多欧洲国家的历史学家都参与其中。其主要目标是在跨国的欧洲层面上理解并分析国家历史的形成。见 www.esf.org/esf_article.php?language=0&article=363&domain=4&activity=1。
⑥ 关于欧洲科学基金会见 www.esf.org。更多例子见：Schmale (1998)；关于欧洲的教科书见：Stobart (1999)。
⑦ 更多信息见 hsozkult.geschichte.hu-berlin.de/chancen/type=stipendienandid=1621。

一个常见的争议就是许多教科书在解构国家叙事的同时，力求把欧洲塑造成一个新的历史统一体。[①]

　　尽管有这些努力，但并不是所有的欧盟国家都支持欧洲史的研究。一般来说，东欧社会和英国的历史学家对此态度比较保守，而德国、法国和比荷卢三国则是其主要思想动力的来源。[②] 不断发展的欧洲学术结构与国家体系以复杂的方式相互作用，不管怎样，德国的活动都应当被看作欧洲学术结构的一部分。值得注意的是，围绕欧洲统一项目提出的历史问题的争论，仍然主要发生在国家层面上。[③]

　　尤其是 20 世纪 90 年代中期以来，德国图书市场上有关欧洲历史研究的文献数量稳步增长。这些文献中的大部分，都没有像海洋史、殖民史和其他史学家正在开发的相同方式那样去将新视野应用于欧洲史。例如，德国撰写的许多——如果不是大多数——欧洲历史概论中，包括帝国主义和世界大战在内的欧洲与外部世界的联系，仅仅被简化为占据几页篇幅的附录。[④] 这传达了一种观点，即欧洲的全球扩张并不是它自身历史的真正一部分，并且对其影响甚微。[⑤] 在这个意义上，有关欧洲的文献无意中延续了旧的世界历史表述，这些历史表述往往认为欧洲大陆的历史可以而且应该被理解为一种独立的历史。[⑥] 虽然有关欧洲历史的胜利主义色彩基本消退，但认为欧洲对世界其他地区影响很大而受到外部影响很小的观点仍然存在。[⑦]

　　本着同样的精神，德文出版的一些研究著作采用比较的方法，并不是为了探索欧洲历史究竟有何独特，而是要在全球环境中进一步强调之前就已经存在的欧洲例外论的假设。[⑧] 例如，在一项广受好评的研究中，著名的

154

[①]　教科书的例子：Jones（1981）；Mendras（1997）；Heater（1992）。其他的例子见 Shore（1999）。另见 Pingel（2000）；Schmale（1998）；Haupt（2002）。更多系列丛书和其他项目见欧洲历史数据库：www.lrz－muenchen.de/bib? 9332aa/webserver/webdata/webbib。

[②]　Altrichter（2006）。

[③]　在此背景下，德国历史学家在诸如欧洲的文化边界和土耳其加入欧盟的前景等问题上表明了立场。有关该主题的深刻讨论见 Kocka（2005）。

[④]　有关例子见 Osterhammel（2004）。另见 Pingel（2000）。

[⑤]　大多数关于欧洲的新史学研究中对"欧洲中心论"的批评见 A. Eckert（2004a）。

[⑥]　有关世界史的传统见 Fuchs 和 Stuchtey（2003）。相关批评的综述见 Blaut（1993）。

[⑦]　有关"欧洲中心论"起源的更多细节见第 1 章。

[⑧]　根据一些评论家的观点，这种简化了的比较议程在欧洲学术界具有悠久的传统，Max Weber 是其中一个重要组成部分。见 Kalberg（1994）。

155 三年一度的德国历史学家奖得主米夏埃尔·米特劳尔（Michael Mitterauer），将所谓的欧洲历史特殊路径界定为特殊道路论，自称解释了其在中世纪存在的基础。在他的导言中，他明确把他的作品放在韦伯式研究的传统中，以解释为什么只有西方国家产生了普遍化的文明。他开展了一种欧洲的主体叙事，将欧洲历史中的各种要素如家庭模式或中世纪法律制度等内容，同其他文化中所谓的相对应的要素进行了对比，以便达到这一目的。① 这些选择性的或局部的比较方法在方法论上是存在问题的，因为它们将大块内容从欧洲情境中截取出来，并将其与其他文化中所谓的功能对等物进行对比。②

同样值得怀疑的是试图勾勒出在 20 世纪的悲剧中告终的一种独特的欧洲发展的做法。③ 这通常意味着一种连续和整体的历史逻辑渗透到欧洲的经验中，反之而言，这种研究方法倾向于把欧洲同外部世界的纠葛进行边缘化处理。从这个意义上讲，越来越多有关欧洲政治文化史的文献，④ 能够从一些专注于殖民和其他跨大陆空间的研究中受益，在这些空间中出现了诸如社会达尔文主义、种族歧视、种族灭绝思想等意识形态。⑤ 同样，一些有关欧洲社会史的重要研究几乎完全集中在欧洲大量的内部结构和历程之上。⑥ 此类研究有必要与那些对欧洲的社会和文化史产生重大影响的研究（如有关跨大西洋的家庭联系、网络和公共领域的研究），进行更为深入的对话交流。⑦ 例如，至少在一战之前，英国、爱尔兰和其他一些国家的社会史与北美的联系在很大程度上比与东欧大部分地区的联系更为紧密。⑧

正如第 1 章所表明，欧洲例外论不仅是欧洲现代史学传统的特点，而且156 也被紧密地融入全球学术体系的结构，更多地关注欧洲部分地区与世界其

---

① Mitterauer（2003），特别是第 8～16 页。Mitterauer 称其他文化也有特殊的经历。他还将他的书与构建欧洲历史的项目进行了区分，而且声称其著作秉承了寻求理解欧洲历史范围的学术传统。
② 相似的观点见 Haupt（2002）。
③ 例如，Meier（2002）。
④ 例如，Reinhard（2001）。
⑤ 参见本章的"多元化社会中的跨国史"部分。
⑥ 例如，Crossick 和 Haupt（1998）。另一个例子是 Kaelble（2004）。
⑦ 例如，见 Davies 等（2000）；Hoerder 和 Moch（1996）。
⑧ 例如，见 C. Hall（2000）或 Burton（1994）。重要的理论探讨见 Loth 和 Osterhammel（2000）。

他地区之间的多重互动和相互依存，将是在远离欧洲例外论话语的道路上迈出的重要一步。此外，通过空间上更为复杂的研究视角，人们很难再把西欧的单个地区描绘成所谓的大陆范围经验的样本案例。① 毕竟，围绕"欧洲"概念展开的许多历史论述都集中在几个西欧社会。这隐含地把东欧的经验贬低为一种对标准模式的偏离——这种解读方式已作为另一种形式的东方主义而受到批判。② 要想同殖民史或纠葛史等流派相互交流，欧洲史学家们必须更加关注欧洲大陆东西部地区的不同发展，特别是在现代时期。这将进一步符合基于更加综合与协作的政治文化形式而不断发展的欧洲模式理念。③ 例如，这将有希望进一步朝着如下研究的方向前进，这些研究表明欧洲地区是如何在不同的节奏和阶段发生改变或"现代化"的，这些节奏和阶段遵循了它们与外部世界的联系逻辑。④

3.10　迈向新的世界史和全球史空间

二战以后，许多世界史出版物更多地面向大众图书市场。当然，一些批判性解读（如帝国主义理论⑤和世界体系理论）虽然未对当时重大的概念和方法论争论产生重要影响，但也吸引了一部分关注。⑥ 在"铁幕"的另一侧，该领域在一些高等教育机构（如莱比锡大学）也都有发展。⑦ 在东德学术界，世界史研究主要以马克思主义研究方法为框架，政府干预程度随时间而变化。在柏林墙倒塌后，一些具有东德背景的学者预测，新的马克思主义方法将在德国的研究中更突出。在他们看来，导致冷战结束的一系列具有划时代意义的事件，需要世界史研究发挥更大的作用，这是后殖民主义和其他相关视角所无法代替的。⑧ 其他学者则对整体性的宏大叙事进行更多批判，但是他们认为民主德国的一些世界史传统将成为多元历史研究领

157

---

① Duchhardt（1997）对此做了批判性分析，并提出了一套更加详细的比较与研究方案。

② 例如，Todorova（1997）。另见 M. Müller（2004）。

③ 见 Sachsenmaier（2009b）。

④ 论证此观点的重要文章：Geyer 和 Bright（1995）。

⑤ Mommsen（1977）概述了"帝国主义理论"包含的各种研究方法。

⑥ H. Nolte（1994）概述了德国的世界体系理论。另见 Elsenhans（2001i）；Feldbauer 和 Komolsy（2003）；Bornschier 和 Suter（1996）。近期，运用世界体系理论书写 15～19 世纪世界史的著作是 H. Nolte（2005b）。

⑦ 见 Middell（2005b），第Ⅲ卷。

⑧ Küttler（1992）；另见 Kossock（1993）。

域中重要的里程碑。①

虽然有这样的希望，但马克思主义的研究方法和东德其他的研究方法并没有达到预期的程度。相反，在联邦共和国五个所谓的"新州"中，多数跨国史和世界史传统以相当突然的方式中断了。在统一后的最初几年中，这种破裂是由于民主德国的大量学者被迫离职并由西德学者取代而造成的。② 在特定的东德语境中来看，这一过程在某种程度上被讽刺地称为人文社会科学的"西方化"，不仅使历史系的研究方向发生了迅速转变，而且还引起了区域研究方向的转变。就后者而言，联邦德国学者的涌入甚至引发了语言学传统的复兴，这为与历史系之间的合作提供的可能性很有限，更不用说研究世界史主题了。尽管如此，德国东部的一些地区发展成为新形式的跨边界研究的重要活动中心。

特别是从 20 世纪 90 年代中期开始，人们越来越多地把这种新研究的大部分内容称为全球史（Globalgeschichte），它直接等同于英语中的"全球史"（global history）。和它的英文对应词一样，"Globalgeschichte"在德国经常被用来与普遍史（Universalgeschichte）和世界史（Weltgeschichte）区分开来，在德国语境中，后两个词语的表意都有疑问。全球史一词在德国的流行主要归功于有关全球化的争论，而冷战后的大变革推动了相关争论。③ 它符合许多学者的感受，即有必要批判地反思通常把世界看作剩余范畴的专业史学的前景。④

也有学者提出了一些新造词，如跨地域史（translokale Geschichte），是由乌尔丽克·弗赖塔格（Ulrike Freitag）和现代东方中心的一些研究者创造的。⑤ 根据其创造者的观点，这个新词不是为了把"文化""区域"或"国家"看成固定的实体，而是把所有对地方性的定义看作"构建"，至少部分地将其视为全球纠葛的结果。其他学者则更青睐于跨国史（transnationale Geschichte）一词，在他们看来，该词应当与国际史或全球史等领域区别开来。⑥ 安德烈亚斯·埃克特等学者反对术语间的这种小冲突，他们警告说，在德

---

① Middell（1992）。有关此主题的概述见：Iggers（1994）。
② 关于东德视角的边缘化，见 Jarausch 和 Geyer（2003）。另见 Berger（2002）。
③ 在德国，对全球化理论所做的一项重要的社会学概述见 Beck（1998）。另见 Hübinger、Osterhammel 和 Pelzer（1994）。
④ Osterhammel（2000a）。
⑤ Freitag（2005）。
⑥ Patel（2004）。

国，对跨边界史的探索运动还比较新，学者圈还比较小，尚不足以参加不同分支领域之间的"理论制空权"的斗争。[①] 事实上，在实际研究项目的坚实制度基础尚未完全建立的情况下，对跨文化史、全球史和其他项目进行定义和区分是存在风险的。部分由于这种术语的争论，导致德国的一些批评观察家认为，全球史运动是以种种假设为特色的，而不是现实的项目研究。事实并非如此，因为该领域的实际研究项目越来越多。这一学术的轮廓最终将决定不同领域之间的接触区和重叠区，以及它们的命名术语。

在德国，大多数跨国史和全球史的拥护者强调，他们并不打算沿着旧的普遍史路线来建立一个独立的领域。[②] 在他们看来，像全球史这样的术语主要是指能够把新的空间视角运用到历史研究之中的各种改革运动、学术发展和范式变化。这可能也是意象图的概念在德国受到越来越多关注的原因之一。[③] 按照类似的思路，专门研究全球化历史相关问题的少量德语出版物，[④] 通常不会把这个术语看作客观过程的一个标志。从这个意义上讲，在德国只有少数历史学家才把"全球史"视为将现代历史改写成全球化故事的一种方案。相反，全球化的历史被描绘成一系列新鲜和具有时代感的视角，通过这些视角，以往容易被历史学家们忽视的一些进程得以彰显。这些视角并不寻求总体化研究，而是认为全球化的史学应当特别注重跨区域进程和相互联系，其中包括一些变革如工业化、移民潮、农业机械化及其对地方的不同影响、全球文化层面的显现，以及跨国性社会结构。在这个意义上讲，德国全球史的许多支持者强调，全球化的历史并没有取代国家叙事，而是提出与之有关的新问题，但这些问题可能导致许多超越民族国家的新的空间概念。

德国全球史领域的一个重要里程碑是于尔根·奥斯特哈梅尔的《世界的转变》（*Transformation of the World*）一书的出版，该书有 1500 多页，列举的参考书目有 2500 多条。[⑤] 这本著作在探讨 19 世纪的全球史视角的同时，又避免了普遍的分期模式和单一的空间概念。正如作者在其导言中所写，"对

159

---

① Eckert (2006b)。

② 例如，Patel (2003)；Rothermund (2005)；Eckert (2000)。

③ Bruns (2009) 和 Schenk (2002)。另见 Osterhammel (2001c)。

④ 例如，Osterhammel 和 Petersson (2003)；Wendt (2007)；Fischer (1998)，有关全球化研究的方法论问题详见第 7～15 页。另见 Grandner、Rothermund 和 Schwentker (2005)。

⑤ Osterhammel (2009)。英文版由普林斯顿大学出版社出版。

空间和时间给予同等对待，这打破了人们通常的印象，即认为世界历史必然要涉及时间的去规范化（de-specification）和空间的转向……本书把重点从综合转向了分析——虽然是两种不同的叙事风格，但并不以明显的对比为特征"。①

在这个概念框架内，该书作者强调了不同历史进程所特有的时间表和地理位置，从城市的发展到帝国的形成，以及全球排除机制的演变模式。与此同时，作者还对塑造了"漫长的19世纪"的那些更为持久的发展进行了思考，如"西方中心论"的强化以及通过运输技术革命所带来的世界日益增长的互联性。奥斯特哈梅尔的著作对史学领域以及社会公众都产生了深远影响。该书出版后不久，便得到了德国各大报纸和学术期刊的广泛评论。该领域的重要代表人物把这本书称为"德国史学的里程碑，几十年来最重要的著作之一"，② 或"21世纪（头十年）德国史学家研究现代史的最重大成就"。③ 从这个意义上讲，该书的出版可以作为全球史著作在德国学术体系中地位提升的一个标志或象征性事件。

作为一种总体趋势，现在有越来越多的文献，能够从全球史的维度出发，为感兴趣的读者提供针对某些时期的深入见解。④ 在宏观叙述的层面下，有理由相信，对跨国和跨文化主题研究兴趣的高涨将为历史领域、区域研究以及海洋史或大陆史等交叉领域提供新的衔接点。⑤ 这样，中国、印度、美洲和世界其他地区的史学，可能会开始摆脱边缘地位，在德国历史学家的专业团体中占据一席之地。显然，在迄今为止还相当独立的史学与区域研究之间，如果进行更加深入的对话，能够拓展出许多新的研究空间。正如玛格丽特·佩诺（Margrit Pernau）指出的，如果不把区域研究的视角引进来的话，全球史和跨文化史的兴起则面临着欧洲中心视角回潮的危险。⑥ 但是，这需要一些领域（如汉学、印度学）的历史学家们能够以更加

① Osterhammel（2009），第21～22页。

② Kocka（2009）。

③ Lenger（2009）。

④ 例如系列全球史著作《世界（公元1000年～2000年）》，共8卷文集，提供了对过去的这一千年的全球史论述。另见Thomas和Limberger（2009）；Feldbauer（2009）。

⑤ 例如，见Pietschmann（1999）；Lehmann（2006）；Rothermund和Weigelin-Schwiedrzik（2004）；H. Nolte（2000）。

⑥ Pernau（2004）。Sachsenmaier（2005b）认为，要想克服"欧洲中心论"，需要接受世界其他地区对全球史和跨文化史的讨论。

积极的态度投入这一事业，并同欧洲史的专家进行合作。

　　对于任何运动的开展来说，仅有好的想法和思想宣言都是不够的。在过去的几年里，越来越坚实的制度基础得以建立，能够在全球层面和跨国层面上支撑历史研究的进一步扩展。这一进程也得到了另一个现实因素的推动，即在某些区域研究和现代史研究中，一些学者填补了为数不多但不断增加的新设立职位，而他们的工作已不再局限于传统的学科边界。在德国的学术生活中，公共基金会，特别是德国科学基金会（Deutsche Forschungsgemeinschaft），在对学者的研究项目资助方面发挥了极其重要的作用。基金会所发挥的一个传统作用，就是为大学的各个学术部门提供大量研究基金，以资助一系列额外的非终身制职位、员工和会议在若干年里的开支。为了获得这些支持合作计划的竞争性项目的资助（尤其是特殊研究领域），几个部门必须提交共同申请，承诺开展若干年的相互合作。这就催生了许多项目，使区域研究科系和历史系能够开展合作。例如，基于柏林的"变化中的社会秩序表现形式：跨文化和跨时期比较"的研究项目，就是不同领域进行通力合作的例子。① 此外，一些由基金会资助的其他项目，包括年轻学者之间的跨学科网络，② 和研究培训组（即来自不同学术领域的研究生小组），都与跨国史或全球史领域有关。③ 同样的情况还见于一些由政府资助的机构，如"全球史中的工作与人类生命周期"国际研究中心，该中心位于柏林洪堡大学，为来自不同学科的国际研究者提供研究资金。④

　　此外，由联邦资助的"卓越大学计划"，始于 2005 年，遴选少数精英大学获得政府特殊资助，促进了更加支持跨国史和全球史主题的研究领域

---

① 该项目从 2004 年开始获得资助，由 Kaelble 和 Schriewer（都来自柏林洪堡大学）主持。更多信息见 www. repraesentationen. de/site/lang_en/3846/default. aspx。关于 21 世纪初期的跨区域的特殊研究领域列表参见 Wissenschaftsrat（2006），第 49 页。

② 例如，有关"19 世纪 80 年代至 20 世纪 30 年代的世界秩序构想：全球史视角"的跨大西洋研究网络，在 2004 至 2007 年间使 9 名具有不同地区专业知识的年轻学者实现合作。见 Conrad 和 Sachsenmaier（2007）。

③ 对与历史领域有关的跨学科研究生小组的研究，见 Zimmermann 和 Mönkemöller（1997）；Middell（1997）。跨国研究生小组的例子包括"20 世纪大都市的历史与文化"的跨大西洋研究项目，该项目是在纽约和柏林的 4 所大学进行合作的基础上展开的：www. metropolitanstudies. de。另一个重要的研究生小组研究的是近代早期以来的跨国媒体活动，见 Gerbig－Fabel（2006）。这些小组主要是由德国科学基金会和大众汽车基金会资助的。

④ 见 www. hu－berlin. de/arbeit/das－kolleg. html。

的发展。① 在受到资助的项目中，就有康斯坦茨大学的高等研究所，该机构把全球史视角明确地写入了议程之中，② 还有海德堡跨学科研究组"全球情境中的亚洲和欧洲"。③ 这些努力为历史系与区域研究之间的互动创造了公共领域。它们还促使德国的学者同其他国家的学者进行更持久的对话。在后一种情况下，德国和其他欧洲国家的基金会之间的双边合作项目也很重要，它们积极地推动着欧洲跨国性研究和教育项目。④

　　除了此类努力外，还有各种开创性工作，旨在强化关注世界不同地区的研究者之间的制度纽带。例如，早在20世纪80年代，一些自称为"非欧洲史"专家的历史学家们开始更加紧密地组织起来，先是在德国历史学家大会期间举行了单独的会议，然后在该领域组建了一个专门的研讨会。⑤ 在有关方面的努力下，名为《环球导航》（Periplus）的非欧洲史期刊在1990年创立，它与德国历史学家团体的"内在使命"有关。⑥

　　在过去的20年里，莱比锡大学成为德国跨国史和全球史研究的一个重要活动中心。最早于20世纪初期建立的文化史与普遍史研究所，1994年在这里得到重建。⑦ 在此之前，卡尔－兰普雷希特协会（Karl－Lamprecht－Association）成立于1991年，旨在延续世界史中的地方传统，这些传统可以追溯至19世纪晚期，并进一步推动东德在跨文化史方面的研究。⑧ 该协会所宣称的目标之一是促进新型跨区域历史研究的发展，这些研究深深植根于地区专业知识之中。卡尔－兰普雷希特协会出版了名为《比较》（Comparativ）的双月刊，该期刊涵盖了全球史领域的重要主题，成为德国全球史研究的一个重要宣传媒介。⑨ 该协会及其主席马蒂亚斯·米德尔也是"欧洲普遍史与

163

---

① 例如，见 Winnacker (2005)。

② 见 www. exc16. de/cms/kolleg. html? &L = 1。

③ 见 www. asia － europe. uni － heidelberg. de/en/home. html。

④ 例如，德国科学基金会和法国国家科研署（Agence Nationale de la Recherche）分别是德国和法国最大的基金会，两者之间的合作便是一个典型例子。

⑤ 这个研讨会名为非欧洲史工作组。另见 Dietmar Rothermund 对 Andreas Eckert 的访谈：Rothermund (2003)。

⑥ 有关"内在使命"的含义见 Rothermund (2003)。

⑦ Middell (2004)。

⑧ 见 www. lamprecht － gesellschaft. de。从1994年起，该协会与莱比锡的文化史与普遍史研究所联系起来，2002年以来它隶属于世界历史协会。另见 Middell (2004)。

⑨ 例如，国际公民社会（1997 －2）、19世纪的世界展览（1999 －5）、跨大西洋奴隶制（2003 －2）以及世界史的教学方式（2006 －1）。

全球史网络"建立过程中的主要推动者，它在 2006 年召开了成立大会，然后迅速成为该领域一个重要论坛。① 莱比锡还成为全球史方面的研究生项目和国际暑期学校的基地。

在德国外部，维也纳大学实际上是第一所在硕士课程中强调全球史的德语大学。② 在维也纳，全球史也是伊拉斯谟世界计划全球研究项目的一部分，这是由欧盟资助、几所大学参与的一个有关全球研究的跨国研究生项目。③ 此外，在标题含有全球史一词的首批教科书编写中，维也纳大学的部分教员发挥了重要作用。④ 总体而言，在过去的 15 年中，关于如何向德国大学教育中引入全球史或世界史视角，一直存在十分活跃的争论。⑤ 还有一些类似的项目直指高中的历史教育，因为在这种教育里，非西方史或世界史实际上几乎处于空缺状态。⑥

此外，在汉诺威，为了促进更大规模的历史研究进一步发展，1992 年成立了世界体系历史协会（Verein für die Geschichte des Weltsystems）。⑦ 该协会的议程和活动已经远远超越了世界体系理论。从 2000 年开始，该协会出版了《世界历史杂志》（Zeitschrift für Weltgeschichte），为读者提供了大量重要的国际讨论内容。⑧ 其他期刊也开始出版涉及全球史主题的专刊，其中可能令人感到惊异的是《历史与社会》（Geschichte und Gesellschaft）。作为德国社会史运动的核心期刊，它虽然长期以来几乎完全聚焦于德国国家史和欧洲史，但从 21 世纪初期开始，它为非西方史和跨区域史留出了更多版面。⑨ 相比之下，一些学科标志性的期刊如《历史杂志》（Historische Zeitschrift），在刊发大量突破欧洲界限的文章方面，仍然显得相当犹豫。

除了期刊以外，大众图书市场也见证了人们对跨国史和全球史兴趣的

164

---

① 更多信息见 www. uni – leipzig. de/ – eniugh。

② 见 www. univie. ac. at/Geschichte/Globalgeschichte。

③ 见 www. uni – leipzig. de/zhs/index. php? option = com_　content&task = view&id = 466&Itemid = 358。

④ Edelmayer、Feldbauer 和 Wakounig（2002）；Grandner 和 Komlosy（2004）。

⑤ 例如，Popp 和 Forster（2003）；Bley（2000）；Osterhammel（2005）和 Riekenberg（2005）。

⑥ 例如，见 Riekenberg（2005）。

⑦ 见 H. Nolte，"Der Verein für die Geschichte des Weltsystems"，www. vgws. org/Texte/nolte – ve-rein. html。

⑧ 有关概述见 www. vgws. org/ZWG. html。

⑨ 这种趋势的一个表现就是，康斯坦茨大学的中国史与全球史学家于尔根·奥斯特哈梅尔现在是该杂志的三位主编之一。相关统计概述见 Raphael（2000）。

高涨。1992 年在莱比锡发行了一套有关普遍史和社会比较史的丛书。^① 奥登伯格出版社在慕尼黑出版了一套以国际史领域的新方法为主题的丛书。^② 2007 年，法兰克福的坎普斯出版社推出了一套有关全球史的丛书，旨在为外界看待欧洲的视角提供一个平台。^③ 网络论坛 "geschichte. transnational/ history. transnational" 作为一个重要的交流媒介组建于 2004 年，开办两年后其订阅者已经超过 1800 人。该论坛提供书评、会议报告和公告，已成为该领域一个重要的理论交流场所。^④

3.11 德国的全球史与跨国史的地位

虽然很容易得出结论，全球史研究在德国的学术环境正在不断深化和扩展，但是关于德国全球史在国际学术领域所处的地位问题，描述起来还是比较困难的。相对于 19 世纪和 20 世纪早期而言，德国史学的全球影响明显降低。当然，在德国史和中欧史方面，德国史学仍然占有举足轻重的地位，可以作为具有国际影响力的中心。但从长远来看，有一种情形用剑桥学者理查德·埃文斯（Richard Evans）的话说，就是其他国家有许多研究德国史的专家，但在德国，研究其他国家历史的专家却寥寥无几，^⑤ 这种情形必然会使该领域在国际历史研究团体中日趋边缘化。^⑥ 如果德国的大学能够在全球史和跨国史等领域继续扶植具有国际联系的跨学科研究中心，那么这种情形最终可能会得到改善。在这些研究领域，未来有望出现更多方法论的跨边界交流。

直到 20 世纪 90 年代中期，跨国史和更广泛的非欧洲史研究在德国的基地比现在更少。多数情况下，德国在非欧洲史或跨国史研究方面的代表人物，主要依附于国外而非国内的学术团体。例如，现代印度史和跨区域史方面的专家迪特马尔·罗特蒙德（Dietmar Rothermund），在即将退休时做过

---

① 见 Middell（2004）。2006 年，莱比锡大学出版社还推出了一套题为 "全球史与国际研究" 的英文丛书。

② 编者是 Anselm Doering - Manteuffel、Jost Düffler、Wilfried Loth 和 Jürgen Osterhammel。

③ 第一卷是全球史读本，由丛书的三位编辑整理而成：S. Conrad、Eckert 和 Freitag（2007）。

④ 德国和国际上许多著名学者受邀参与了有关跨国史和全球史的概念化讨论，其中的重要部分随后结集出版：Middell（2006）。

⑤ Evans（1998），第 172 ~ 173 页。

⑥ 关于美国和德国有关德国史的研究方法是否将日益不同的问题，见 Jarausch 和 Geyer（2003）。

一次访谈，在访谈中他对这种情形进行了追忆。他在一本著作中对 1929 年 "黑色十月" 对世界历史产生的重大影响进行了论述，① 这本书在印度、英国和美国都享有盛誉。相比之下，在德国，一边是非常以欧洲为中心的史学，一边是以梵文研究为主的印度学传统，他在两者之间陷入相当孤立的境地。② 但也正是因为他长期所处的这种边缘性地位，使他和具有类似境遇的学者们在德国的研究活动并没有局限在德国主流学术的边缘。研究全球史主题的小部分学者经常能在国际学术界找到学术平台。因此，非欧洲史和世界史的发展节奏并不必然地需要与德国史学的观念演变产生联系；相反，它们往往具有自己的发展模式，这些模式是与国外研究团体的节奏相一致的。

　　到目前为止，英美文献在德国的全球史和跨地域史学术中，即使不是占主导地位，也是具有高度影响力的。个别的德国历史学家曾付出非凡的努力，希望建立西方历史学家和非西方历史学家对话的平台。③ 但是，总体来说，产生于中国、非洲和世界其他地区的近期作品，即使有相应的译本，也很少能够被德国的全球史学家们所发觉。④ 在德国，与全球史有关的重要的理论与实践出版物中，所引用的文献大部分主要是英文。德国近期在全球史和跨国史领域出版的一本重要的论文集所包含的文章，几乎全部都是在美国发表过的。⑤ 这说明，大西洋另一侧的研究趋势对德国的许多全球史学家来说，是一个重要的基准。

　　对英美社会中的研究状况这种强烈的依附性，不只是由学术性因素造成的，同时也与在德意志联邦共和国发展起来的知识分子心态和政治文化有着深刻的关联，其特点是 "融入西方"，⑥ 也就是与部分真实、部分想象的西方

166

---

① 　Rothermund（1996）。

② 　见 Dietmar Rothermund 对 Andreas Eckert 的访谈：Rothermund（2003）。

③ 　例如，历史学家 Jörn Rüsen 曾经把德国的和非西方世界的一些学者汇集起来，组织了若干场会议。见 Rüsen（2004；2002；1996）；Gottlob、Mittag 和 Rüsen（1998）。Jürgen Kocka 在担任国际历史科学委员会（International Committee of Historical Sciences，ICHS/CISH）主席期间，曾经发起了若干次跨文化史学对话。例如，见 Sachsenmaier（2005a）。

④ 　另见第 1 章。人们可能会看到，对其他国家的世界历史观念的报道，越来越趋向于成为更多国际互动的前兆。但是，目前美国在世界史方面的出版物数量远远超过对其他国家的报道数量。例如，见 Fuchs 和 Middell（2006）；Fuchs 和 Stuchtey（2003）；Gräser（2006）；Fuchs（2005）；Middell 和 Naumann（2006）。

⑤ 　Budde、Conrad 和 Janz（2006）；S. Conrad、Eckert 和 Freitag（2007）。该文集的前言部分提到了东亚社会有关世界史的争论。

⑥ 　20 世纪 90 年代德国国内关于融入西方与政治认同的争论，见 Berger（1997），特别是第 185～205 页。历史研究方面对跨大西洋关系未来发展的研究，见 Geyer（1990）。另见 Kocka（1992）。

联系在一起。与 19 世纪和 20 世纪早期相比，在如今德国的学术环境中，发展新的全球视野的愿望没有发挥重要作用。相反，德国的历史跨国化运动大体上把自己置于一种跨国性学术话语之中，而英语世界的研究中心又在其中占据非常强势的地位。

用海因里希·奥古斯特·温克勒（Heinrich August Winkler）的话说，德国经历了漫长的旅途之后才进入了西方，[1] 这可能是为什么一些学者不愿在全球史和相关领域方面对潜在的德国视角和欧洲视角进行更广泛讨论的主要原因之一。但这可能是一次错失的机会，特别是在经常使用英语世界的全球史方法以便对德国历史进行跨国研究的情况下。例如，到目前为止，将英美背景中的后殖民概念提取并应用到德国史学研究的方式及潜在局限尚未得到充分讨论。毕竟，德国的许多历史学家倾向于研究第二帝国的殖民经历及其产生的后殖民影响。有一些运动朝这个方向发展，一些学者试图鼓励他们的同事，开始反思世界历史思想中具体的欧洲、国家或地方的连续性。[2] 不过，这些尝试目前还没有发展成对当今世界上德国或欧洲的世界史研究方法的潜在轮廓的更广泛讨论。例如，德国正视历史伤痛的负责任的传统，是否能为殖民主义、帝国主义和西方霸权遗产的相关争论注入一些新的重要观点，此类问题尚未进行过思想交流。

有一些创造性的努力，把德国史学中的方法论运用到跨国史的研究上。例如，为了对德国历史有一个综合的视角，汉斯－乌尔里希·韦勒发展了他的社会史范畴，而于尔根·奥斯特哈梅尔在他的一篇文章中，将其与现代中国的情况联系了起来。[3] 另一个例子是，阿德里安·格贝尔（Adrian Gerber）建议，应当采用由赖因哈特·科泽勒克（Reinhart Koselleck）和其他学者开发的概念史的研究方法，以建立跨文化的词汇库，使不同历史情境和区域研究相关传统之间在语义上的差别得到弥合。[4] 此外，多作者的多卷本世界历史的编撰，是德国的一大传统，而这一传统已经延续至今，甚至开始在国际学术领域产生更加深远的影响。例如，由（慕尼黑）贝克出

---

[1]　Winkler（2000）。

[2]　见 Middell（2005a），特别是第 64~66 页。同样提到这种研究潜力的还有 Kaelble（2004），www.zeithistorische－forschungen. de/16126041－Kaelble－3－2004；或 H. Nolte（2005a），第 126 页。

[3]　Osterhammel（2002）。不过，该研究的一项重要成果是，由于韦勒的视角没有充分考虑到国际力量和其他因素的重要作用，因此其概念世界在中国语境中的适用性是有限的。

[4]　Gerber（2005）。

版社和哈佛大学出版社联合出版的《新世界史》（*New World History*）丛书，① 就部分植根于一些德国著名的丛书传统，如菲舍尔版世界史和柱廊版世界史。不过，由于它的作者们主要是从全球史视角和跨地域视角探讨主题，而并非提供特定区域的研究，因此这套新型"哈佛/贝克"丛书也脱离了许多旧系列丛书的范畴。

尽管如此，德国大量跨国史文献和全球史文献所采用的形式和观念，并不是从本地学术传统中诞生的，而是源于相当宽泛的且通常是西方性的学术环境。但德国的全球史研究绝不是美国或美国某个州的研究活动的复制品。正如本章所表明的，德国的跨国史学家所选择的研究主题之所以与邻国以及世界其他地区有很大差异，是有若干原因的。同样，该领域在制度化的模式上也与其他地区存在显著差异，特别是在过去的十年里。

此外，在社会大众对于移民和社会的未来、政治文化、历史记忆形式等问题的广泛争论中，德国宽广的跨国史和全球史学术研究，发挥着十分独特的作用。例如，全球史和跨国史应当如何看待战后共识，就是一个重要问题，特别是当经历过战争的人越来越少，对纳粹历史的公共记忆开始逐渐从个人记忆形式转变为历史记忆形式，但大部分德国社会仍高度重视道德意义的情况下，更是如此。② 另外，虽然有人可能不赞成对德国战后民主进行过度褒奖，③ 但目前极权主义或极端形式的民族主义已经不再构成直接威胁了。德国历史学家中的年轻一代不必再像前辈们那样来看待自身的社会和政治角色了，即作为承诺民主的历史意识的守护者和捍卫者。在过去的十年里，专业历史学家之间的公开争论虽然没有完全消失，但已经变得不那么激烈了。在对待纳粹历史的态度方面，意识形态对立的倾向曾经在冷战时期占据主导地位，但如今已经有所减弱。倡导跨国性立场④的学者群体不可避免地受到了批判。例如，老一辈历史学家中的一些杰出代表，对年轻群体中兴起的后殖民观念提出了尖锐的批评，在他们看来，这些年轻一代的史学家没有充分意识到国家史的巨大力量。⑤ 不过此类争议并没有

① 由 Akira Iriye 和 Jürgen Osterhammel 主编。
② 对相关主题的讨论见 Jarausch 和 Geyer（2003）。
③ 对这一趋势的批判见 Winkler（2004）。
④ 在许多学者看来，未来学术中的重大主题几乎总是与国家紧密相连。例如，见 Wehler（1991）；Sabrow（2004）收录了几位历史学家的专题讨论内容。
⑤ 例如，Wehler（2006）。

蔓延到政治领域，也没有演变成类似于 20 世纪 80 年代那次著名的历史学家之争。这引起了一些学术性争论，但没有产生太大的影响。

作为一种总体趋势，全球史和跨国史在德国的兴起为历史研究视角的多样化开辟了新的道路，提升了史学在不断变化的环境中所能发挥的作用。① 例如，对于一个仍在努力寻找适合于移民时代和欧洲化时代的认同模式的社会而言，全球史学术有助于人们重新定义历史。只有允许新的观点、新的视角和不同的空间范畴进入德国历史研究，一个开放的社会和非种族的国家归属形式才能发展壮大。到目前为止，将国家史跨国化的学术努力以及少数群体争取在德国社会中"发声"的政治努力之间，并未出现紧密的合作。② 至于跨国转向为何没能与民间社会力量之间建立强有力的关联，其原因之一就是在德国的院系中，几乎没有任何领导性的学术职位是由具有国外背景的学者担任的。不过，德国历史的跨国化项目至少已经开始对更广泛的社会阶层产生影响了，这体现在教科书的变化或媒体所涵盖的历史主题研究兴趣的转移等方面。

正如在第 1 章所讨论的，在基本框架至少还部分建立在欧洲中心前提之上的这种学科文化中，使有关非西方世界的研究看上去与大多数历史学家的学术具有相关性，其中的挑战是有代表性的。相比之下，在所谓的"西方"以外，世界许多地区的知识分子和学术精英长期以来都未能坚持类似的唯我论观点。本书将在第 4 章有关中国的学术中，对这一状况做进一步解读。

170

171

---

① C. Conrad 和 Kessel（1998）做出类似的观察。相关概括性的解读见 Marcuse（2001）。
② Fuchs（2005）。

第4章 另一个世界？在中国以全球的眼光思考历史

4.1 19世纪中期之前的中国史学模式

在许多西方社会，学术研究的核心潮流早已将欧洲历史的主要模式视为一个基本上是本土的过程。尤其是目前欧洲的史学文化往往被描绘成本土传统和概念创新的结果。然而，对于几代的中国学者和"公共知识分子"来说，欧洲这种对全球纠葛和外界影响的专业疏忽已经不再可能了。与许多流行的东方文化唯我论（cultural solipsism）的观念相比，全球意识的形式在现代中国历史学家的群体中扮演的角色要超过他们在大多数西方学术系统内的同行的情况。19世纪后期以来，如果不在更广泛的范围里考虑非连续性和各种影响因素，在某些情况下，这被称为"中国的国际化"，那么中国历史的概念化几乎是不可能的。① 即使是中国现代史上最爱国的描述，也不能否认世界大国和全球变革对中国的巨大影响，特别是从19世纪中期开始的影响。由于随之而来的一系列变化也反映在中国的高等教育机构和知识社会学上，所以几乎不可能认为中国历史学的学术现状主要是内生性发展的产物。②

中国悠久的史学传统及其对邻近社会（如朝鲜、日本、越南）的各种影响格外引人注目。中国在东亚地区政治流向和文化流向中的主导地位所导致的结果是，作为人类常识、规范和价值观的源泉的中国观念，在许多历史时期都是反复出现的主题。当然，应该注意不要对中国历史持过于笼统的观点，以及假定在前现代中国，文化中心主义观点仍然是完全静止

---

① 例如，见 Kirby 和 D. Niu（2007）；Kirby、Leutner 和 Mühlhahn（2006）。

② 例如，见 D. Liu（1998）；H. Wang（1994）。

和不受质疑的。① 例如，在危机四伏的明王朝后期（16 世纪后期到 17 世纪前期），中国的佛教文献公开批评中国中心的世界观和历史解释。② 在此之前的几个世纪，在中国的一些佛教作家就建议印度而不是中国应当被称为真正的"中央王国"，原因是印度孕育了悉达多·乔答摩的教义。③ 总的来说，史学研究对中国上层社会在历史不同阶段所共有的求知精神变得越来越敏感。④

然而，如同在世界上的许多其他地区一样，中国古代史学的主流学派倾向于认为中国的历史基本上独立于其他文化领域。⑤ 例如，儒家史学的多样化图景倾向于保持一种历史视角：该视角聚焦于古代和现代之间的紧张情况，而不是中国和世界之间的交流网络。⑥ 儒家史学的指导思想是适当培养的"道"，这种修养已经丧失并且需要恢复，尤其是回归高尚的道德、社会责任感和适当的行为准则。⑦ 当时儒家史学主要聚焦于可以从历史上获得的道德教训。⑧ 在以后的时期里，尤其是从 7 世纪开始，许多儒家史学转向官方目的，学术活动越发致力于对前朝进行分类和记录，并从中获取道德教训。⑨ 随着相似的推力，若干世纪之后许多产生于官方领域的历史叙事主要关注君主和其他著名的人物。在一定程度上，对于独立的史学类型来说也是如此，在 17 世纪的民营图书市场繁荣时期，前述类型蓬勃发展，并且通常涵盖区域话题和事件。⑩

如同在大部分其他文明中一样，试图阐述当时所知世界的历史学在中国语境中扮演着一个相当边缘化的角色，尽管中国也出现过一些非常优秀的此类著作。最著名的例子当然就是汉代史学家司马迁所著的《史记》了。司马迁为了搜集资料，一生在中国进行了广泛的旅行。⑪ 他的鸿篇巨著不但

173

① 见 Q. Wang（1999a）。
② 例如，见 Weidner（2001）。
③ 更多细节见 Zürcher（1959）。
④ 例如，见 Waley‐Cohen（1999）；Mungello（1999）。
⑤ 更多细节见第 1 章的内容。
⑥ 帝制中国的史学的一般状况见 Ng 和 Q. Wang（2005）。
⑦ 例如，见 Schwarz（1985）；Ng 和 Q. Wang（2005）。
⑧ 见 A. Cheng（1993）提供的简要介绍。
⑨ 从宋代开始，道德意蕴不断被嵌入人类的世界视角中，佛教思考世界的方式也对此做出了贡献。
⑩ 关于地方志的类型，可以追溯到宋代，但在明末发展显著，例如，见 Moll‐Murata（2001）。
⑪ 例如，见 Durrant（1995）。

包括像音乐、典礼和宗教等领域的主题章节，而且通过将相邻民族的历史包括在同步时间表的方式，阐述了它们的历史。① 但是与此同时，他毫不犹豫地肯定中国文明的首要地位。相似的文化认同也体现在唐代、宋代和其他朝代的许多伟大史学家身上，② 其中包括宋代理学的学者程颢（卒于公元1085 年）。③ 宋代最有影响的著作之一［即司马光（卒于 1086 年）的《资治通鉴》］是一套多卷本著作，著述时定位为通史，但是实际上几乎只关注中国。该书的主要目标是充当国家和知识界良好治理的道德指导的源泉。④它在随后很长一段时间里都是标准的参考书目，并成为此后官方史学的指导范例。

中国史学的许多方面基于时间的循环性理念，这又倾向于与中国中心主义视角紧密结合在一起。之所以如此，是因为朝代的更迭被看作时间轮替的主要阶段，这也限制了将与外部的联系作为重要记述对象的可能性。然而，与此同时，历史的循环性视角并未独占中国的史学学术。例如，司马光的主要历史著作和随后的许多有影响的著作，至少部分是根据不同的年代顺序原则所著的。并且，一般儒家对于时间的感知不会单独以单个王朝的规律和模式为方向。中国政治文化恢复"道"的终极目标，至少作为总的趋向，与对时间的末世论理解相连。一些学者因此也观察到儒家思想与历史的"现世"逻辑间存在着某种紧张的关系。⑤

19 世纪后期和 20 世纪初期，在传统的中国史学中，关于时间线的各种概念变得格外值得重视。当时西方和日本的学术，通过翻译的文本和个人在国外学习的方式在知识分子精英中广泛传播。那时，西方进步主义的视角不必理解为一种观念上的突然改变，而应当视作其自身的认识论乐观主义和政治乐观主义的新形式，这些本身为儒家传统所熟知。⑥ 同样的，许多中国史学家认为，现代史料批判工作中的一些重要元素虽然在多方面是新出现的，却不完全是与中国早期传统无关的外来物。的确，就算来源于完全不同的欧洲情境中，许多类似的、可兼容的方法论要素在 19 世

①　对司马迁方法论的反思见 Hardy（1994）。

②　见 Q. Wang（1999a）。

③　更多细节见 Sato（1991a）。

④　见 X. Ji（2005）。

⑤　见 Schwarz（1996）。对古代中国思想中的时间概念的概述，见 Q. Wang（1995）。

⑥　有学者认为，由于历史和现代的原因，中国的学术环境的特点是认识论上的乐观主义程度要高于西方同行。见 Metzger（2005）。

纪前的中国就已经广为人知了。例如，一些伟大的前辈史学家如司马光甚至是司马迁，都努力从大量的文字资料和考古学证据中提取历史事实。

此外，尽管在宋代已经有一些先驱者，但是史料批判工作是从 17 世纪上半叶开始获得显著发展的，那时考证学派正上升到重要的位置。[①] 考证学派从明朝后期危机期间政治和文化幻灭的精神中发展而来。[②] 那个时期，中国精英界中的许多人士开始因为他们所处时代的问题而指责佛教徒对精神的强调。在其他方面的发展中，回归所谓的原始儒家传统的愿望，促使人们通过认真的资料工作努力理解古典文本的真实含义。这种努力的部分内容就是要将事实与虚构区别开来，文献学、音韵学、词源学和修辞学领域在 17 世纪和 18 世纪都得到了极大的扩展。[③] 由于这种资料批判工作对国家支持的理学观点提出了挑战，考证学派并未像以前的儒家学派那样深深植根于官方领域。[④] 然而，考证学派的发展得到重要的社会经济转型的帮助——独立的商人阶层日益强大，独立学院的重要性日益提高，（可能是当时世界上最大的）图书市场也形成了。[⑤]

在欧洲经历和中国经历之间寻找直接的功能对等物是徒劳的，中国史学的一些发展，至少就它们方法论的原则而言，看起来并不会迥异于资料批判工作和系统性历史研究在欧洲人文主义时期和启蒙时期之间日益增长的重要性。[⑥] 18 世纪后期考证学传统开始衰退，但当时它们已经对中国的许多官方和非官方历史著述产生持续的影响。大约 100 年之后，当"西方"的学术及高等教育机构在中国明显地发挥影响时，考证学传统在中国的知识分子群体中再次受到了高度关注。考证学传统也成为学术界的一个重要联系点，学术界不断通过参考民族传统观念和渐进的知识研究的灵感定义自身。

4.2　与世界的融合：中华民国之前及期间的历史思考

尤其是自 19 世纪与 20 世纪之交开始，几十年来中国所经历的一系列政

---

① 例如，见 Quirin（1996）。
② 对于整体的语境见 Y. Zhao（2006），另见 Wakeman（1985）。
③ 例如，见 Elman（2001）；Ng（1993）。
④ 见 Guy（1987）。
⑤ 有关考证学派的简明总结可见 Iggers、Q. Wang 和 Mukherjee（2008）。另见 Chow（2005）。
⑥ 见 Q. Wang（2003b）。

治、经济、文化和社会危机变得更加严重。随着西方势力的不断出现和日本的扩张，区域秩序如同中国的国内体制一般迅速转变。此外，官方政策和市场发展的结合在清朝末年和试图建立能够切实发挥作用的共和国的尝试中，深刻改变了中国的知识领域。这也对史学学术尤其是对高等教育体制内的彻底改革产生了巨大影响。① 1905 年废除科举制、中国留学生的群众性运动和西方式学校在中国的增多等因素，结束了儒家思想作为国家正统思想的角色。② 而且，国家的文化中心快速转向城市中心，大批公众出入剧院，图书市场规模越来越大，现代大学也不断增多。③ 在这里，新的社会典型如独立的知识分子正在出现，而他们的行为在一定程度上是受到国际影响的结果。④ 另外，知识的图景被不断增多的外国作品译本所改变，这些外国作品译本涉及从西方哲学到社会达尔文主义及许多政治意识形态的主题。⑤

　　由于中国"国际化"的这些情况和其他方面的情况，越来越难以断言中国的观念世界在很大程度上不受外部影响。⑥ 日益增强的历史断裂感表现在人们日益从政治方面考虑这个问题——"传统"究竟是现代化的障碍，还是应该精心维护的宝藏？⑦ 在这种普遍的气氛下，几乎所有知识界和政界的主要人士都与普通公众分享一种强烈的国家主义意识，这种国家主义意识常常基于被其他强国羞辱时的强烈屈辱感。⑧ 20 世纪初期，中国国家认同的许多倡导者都对这种意识形态的外来特征及相关讨论（如动员群众、公民权利等）持开放态度。将清朝的版图转换成国家机构，经常被理解为在严酷的地缘政治环境中努力模仿成功者的一种方式。⑨ 这不是说中国的精英们支持激进的西方化，也不是说他们向外的目光仍固定在西方。20 世纪初期，中国的一些学者已经开始密切注意非洲、亚洲和世界上其他地区殖民

177

---

① 当然，作为帝制中国的社会文化支柱，文人阶层（literati class）的衰落不是一个清晰的过程。在农村的许多地方，学术的传统形式和机构在这个时期内继续存在。例如，见 Esherick 和 Rankin（1990）。

② 例如，见 H. Huang（2002）；W. Ye（2001）。

③ 例如，见 Vittinghoff（2004）；Z. Luo（1999）。

④ 例如，见 Weston（2004）。

⑤ 例如，见 Wright（2001）。另见 Huters（2005）；Y. Xiong（1994）。

⑥ 正如过去几年的研究所表明，汉语在 19 世纪末 20 世纪初发生了大规模的语义变化，这导致了汉语与其他语言的深入纠葛。见 L. Liu（1995）；Lackner（2001）。

⑦ 例如，见 G. Sun（1994）；Mitter（2004）；X. Tang（1996）。

⑧ 见 Cohen（2002）。

⑨ 例如，见 Duara（1994）；Esherick（2006）；Dabringhaus（2006）；Dittmer 和 Kim（1993）。

地社会的发展，① 这也巩固了反帝国主义者话语和国家独立视角之间的紧密联系。②

　　鉴于许多领导集团对以群众为基础的国家建设计划的强烈敬业精神，历史研究也开始服务于超出早期儒家方法范围的目的。被认为适合国家建设的看待过去的方式，通过报纸、小说、电影以及通史（由快速发展的商业出版社出版）等媒体向大众提供。一种新的历史意识在公众中传播的一个主要因素是公民建设项目的发展，其中最显著的是公众教育体制的建立。③ 历史学国家化的一些关键方面是根据世界上其他现代化主体所谓的成功经验来塑造的。例如，在学院历史系制度化期间，日本的大学充当了重要的模型，原因是在中国许多观察者的眼中，日本的大学成功地将西方要素（兰克学派的或其他的）整合到东亚的情境中。④ 日本和若干个西方国家的制度也充当了新成立的公共教育部门的历史课程标准。⑤

　　一般来说，中国现代史学的基本观点开始以一种高度的全球意识为特征，⑥ 而且，这种特征的嵌入使人们对中国领土的理解有所发展。在一代或两代之前的中国史学中，全球的思维方式和国家领土的思维方式仍然极不寻常。与此同时，中国史学中的许多重要流派形成了一种高度未来导向的、线性的特点。⑦ 当然，清朝史学的一些重要方面继续保持下去，⑧ 许多著名的史学家如梁启超或胡适，他们不会相信中国史学在探索"重新整理国家遗产"时需要完全打破早期传统。⑨ 虽然在他们以及其他学者的眼中，中国史学的公共角色确实需要彻底改变。史学的新角色应对未来导向的政治有所贡献，发动广大人民群众来建立一个现代的中国。新类型的史学家通过他或她所谓的在快速变化的国内和国际环境中提供定位的能力，来追求社会威望和政治影

---

① 见 Karl（2002）。

② 后者参见 Zanasi（2006）；Duara（2009），第 23 页及以后各页。

③ 例如，见 Hon 和 Culp（2007）。另见 G. Li 和 B. Wang（2000）；L. Liu（2001）。

④ 关于中国对日本的视角的概述，参见 Masuda（2000）。

⑤ 例如，见 Z. Ou（2003）。

⑥ 关于全球意识水平出现的一般性讨论（其中许多仍然以西方为中心）见 Geyer 和 Bright（1995）。

⑦ 见 Duara（1995），第 36 页及以后各页，第 138 页及以后各页；L. Kwong（2001）。

⑧ 见 Mazur（2007）。此外，学术界的很多人开始重新认识考证传统，并认为其与新的西方学术形式可以兼容。

⑨ 例如，见 X. Tang（1996）；Sachsenmaier（2007a）。

响力。①

　　例如，梁启超（卒于 1929 年）是一位重要的史学家和"公共知识分子"，他认为中国在历史上第一次需要密切注意外部世界的模型实例（包括日本）才能继续自身的转变。② 在梁启超的思想中，以前便有王朝政府的革命性变化，但是中国的政治、文化和社会结构没有发生巨大的改变。梁启超在其《新史学》③ 中指出，当前社会的突然改变需要一种新历史意识的支持，这种历史意识不再以精英们为中心，含蓄地说就是不再以稳定王朝政治秩序为中心。根据梁启超的观点，中国史学的未来形式也不应再聚焦于王朝的循环，而是要揭示中国历史上所固有的发展动力和活力。梁启超进一步指出史学可以在唤醒民众和激发他们的爱国情操方面扮演重要的角色。事实上，梁启超认为历史著述至少构成了西方国家构建背后的一半力量。④ 同时代的许多其他史学家［如黄节（Huang Jie，卒于 1935 年）和章太炎（卒于 1936 年）］也朝着相似的方向提倡进行史界革命，主张中国人民将取代朝廷成为学术研究的中心。⑤ 这种纲领性的视角受到外部经验的启示，甚至在专业名词上也变得很明显。例如在 20 世纪的前几十年中，术语"复兴"开始在中国的思想辩论中扮演重要的角色，而它的意思也日益转变为"通过现代学术批判地探索中国的过去"。⑥

　　中国史学的民族化过程中的高度国际意识，使得世界史这种类型的研究在现代学术创立之初就扮演了相对重要的角色。19 世纪中期的学者［如梁廷枏（Liang Tingnan，卒于 1861 年）或魏源（卒于 1857 年）］已经创作出试图描述世界的著作，并且包含了一些历史观点。例如，魏源的《海国图志》⑦ 需要放到特殊的背景中去理解，即一些团体试图通过建议人们学习"西方"来抵御帝国主义的威胁。⑧ 结果是，许多改良主义者对"世界"的描述主要是基于西方，而且他们的表述要聚焦于那个时代的全球强国。这

179

180

---

① 例如，见 Hon（2007），另见 C. Hsü（1993）。

② 有关日本国家史学对梁启超思想的影响，见 Q. Wang（2003c），另见 Fogel（2004）。

③ 见 Q. Liang（1902a），另见 Q. Liang（1902b）。

④ 例如，见 X. Tang（1996），另见 Duara（1995），X. Meng（1985）。

⑤ 见 Q. Wang（2001）。

⑥ 有关梁启超的新史学及其划分中国历史的分期模式见 Q. Wang（2007a），特别是第 139 页。

⑦ 见 Leonard（1984），Y. Xiong（1996）。

⑧ 魏源等人的作品也至少部分与不断增长的担忧相关，希望通过行政措施以及文化和历史的体察，将中国西部的广阔疆土与中央政府更紧密地联系在一起。

些作品旨在唤醒更多的中国知识分子，使他们更具国际意识，以便在这个变动的世界中更好地理解中国，帮助中国适应世界。① 上述作品主要是由不断增加的学者型官员所书写，这些官员寻求更具实用性的历史学及其他形式的知识，而且特别关注那些对改良、增强治国机制有益的相关经验。② 然而，像魏源这样的作者当然并未献身于给人深刻印象的"现代化努力"，这种努力在两代或三代之后的学者参与到中国的国家建设项目时才提出。即使魏源脱离了编年传记的风格，他的思想也没有抛弃依赖于儒家规范和思想的以中国为中心的世界秩序观。③

半个多世纪后，当历史的线性概念频繁出现于中国时，国家史学和国际史学在中国的环境中获得共同繁荣。晚清时期，第一批外国历史教材已经在公共教育系统和私人市场产生。④ 1911 年辛亥革命之后，在四年历史教育中利用两年的时间学习西方的历史，已经成为中学课程的一部分。⑤ 在大学的历史教育中也有类似的要求，学生使用外国语言出版的材料来学习西方的历史也并非稀罕事。⑥ 中国当时的课本要么是从日本作品中直接翻译过来的译本，要么在很大程度上依赖于西方资料。

181 因此，20 世纪前半叶，中国对历史教育和研究中的全球意识的强调并不意味着整个世界都被平等地、明确地包括进来。⑦ 和国家史中的情形一样，大的地区在被边缘化，并且当世界史在学术环境和普通教育系统内确立时，思考世界史的许多可能方式被抑制。许多世界史教材的作者都是由现代的高等院校或西方大学培养出的日益增多的知识分子中的一部分。⑧ 这使一些广为流传的教科书在很大程度上都以"作为一种普遍方案的欧化"为基础。例如，在最初的一段时间里，大部分讲述世界历史的全国性课程

---

① 见 F. Hu 和 W. Zhang（1991）。
② 见 Dabringhaus（2006），特别是第 31 页及以后各页。这种探求也与历史地理学和边疆研究日益增长的重要性相关。
③ 例如学者和翻译家王韬（卒于 1897 年），他与欧洲学者合作过，他的思想走得更远，实际上主张更大范围地从文化上学习西方。然而，他终其一生，这些主张在中国的政治和知识界还是处于相当边缘的地位。见 Q. Wang（2001），第 36 页及以后各页，和 D. Yin（1985）。
④ 见 S. Ji（1991）。
⑤ 见 Y. Zhu（1992），第 359 页。
⑥ 见 L. Xu（2010），另见 P. Yu（2006）。
⑦ 例如，1949 年之前，中国仅仅出版了 8 本有关非洲历史的书，并且都是关于埃及的，见 F. He（2000）。
⑧ 见 Culp（2007）；S. Qi（1994）。

和课本主要聚焦于北大西洋世界，并且常常提及日本，将其作为引进西方重要原理的成功范例。

这些特别的空间偏好被嵌入线性甚至黑格尔的历史观念中：历史作为一种动态的全球性过程经常表现为西方强国的产物。[①] 一些教科书甚至将殖民主义描绘为发展差异的一个自然结果——这与当时把向西方学习作为一种措施以避免被帝国主义征服的理念相关。根据许多广为流传的历史著作，大西洋世界的革命触发了一个过程，通过这个过程，以前存在的国家被转变成一种新的政治秩序和经济秩序。基于相同的想法，欧洲社会的自强活动对外面的世界具有重大的影响。典型的例子是，西方现代性的全球传播被描述成既是危险的（对中国来说），同时又是一个重要机会，它将更多能量和动力注入中国社会。在数量日益增长的中国史学家眼中，中国转变成为民族国家远不只是避免殖民地化命运的一个必要措施。许多史学家在一个被认为是普遍的现代文明中，看到了中国背景下解放和改善人类状况的潜力。

强调西方作为全球史事主要来源的现象在民国时期持续存在。有些史学家如雷海宗那样批判世界历史的"欧洲中心论"视角，并要求学界更加注意中国在世界历史中的角色。[②] 这一类的批判声音也许对下列事实有所贡献：五四运动之后若干年，官方支持的世界史叙述在一定程度上减轻了其（先前的）解释主线。例如，南京国民政府时期出版的作品（1927～1937 年），倾向于更加关注亚洲其他地区、非洲和拉丁美洲地区的殖民地和半殖民地社会。这个时期中国的命运与"弱小的民族"更加联系在一起，都要抵抗外国的统治——这是孙中山大力支持的观点。[③] 然而，由于上述视角在一定程度上受到列宁的激发，共产主义和泛亚洲主义在蒋介石时代很少受到支持。[④] 在那个时期，世界史的主导叙事主要是基于通过国家独立来实现社会解放的观念。在这种情况下，兼容的现代化理念比其他理念受到更多的重视。

无论如何，中国这个民族国家对世界上其他地区历史的高度重视，与美国和德国形成了鲜明的对比，在美国和德国，非西方世界的经验在历史

182

---

① 围绕线性历史观在中国兴起的问题和困境的相关复杂理论阐述见 Duara（1995）。

② 见 P. Yu（2007a）。

③ 见 Culp（2007）。

④ 例如，见 W. Yeh（1990）。关于二战期间日本占领中国地区的历史教科书见 W. Chan（2007）。

系和普通公众中都非常边缘化。① 正如第 1 章所述，这些对不同地域的不同兴趣一定程度上需要理解为工业化程度各异的社会之间对"现代化"不同认识的反映。然而，西方社会的政治、思想主流都认为它们的未来与其他文明无关。包括中国在内的世界其他地区中的想法却是截然相反。思想观点的制造者和政治决策者通常都同意熟悉其他社会的必要性，这些社会即西欧和北美所谓更加先进的社会。此外，中国社会上层人士中的主要群体坚信有必要从日本获取知识，原因是日本经常被看作欧化成功过程中的产物。

围绕历史研究的紧迫感，使世界历史的解释与国内秩序问题的政治斗争紧密相连。在一个没有广泛政治共识的社会中，一些基本的问题需要澄清，许多卓越的史学家或有史学倾向的"公共知识分子"参与其中。例如，在不同的政治和经济制度中存在着选择，诸如各种国际力量所代表的自由主义、共产主义或者其他主义。一个衍生的问题是如何从此类外生的模式中提取出普遍适用的要素，以使它们适用于中国的情况。这反过来又涉及更为普遍的问题：如何兼容"新"与"中国性"？中国历史中的哪些要素应该被转换成现代化的未来？② 这个时期另一个紧迫问题是中国需要革命性的行动还是渐进的改变。③

尽管试图完全复制任何外部模式的阵营还不具规模，而且大多数的中国思想家支持为中国现代化找到一种具体、合适的方式，国际上的参考体系仍在这些辩论中扮演着至关重要的角色。然而，与此同时，中国突出的政治愿景也开始影响其对西方历史和世界历史的研究。由于国内视角和国外视角、历史研究和未来视角之间的紧密纠葛，国家历史和世界历史开始被认为在中国语境中构成了一种密切联系的二重奏。这暗示着未来这两个领域的机构设置将会严格划分。

4.3 共产主义与中国史学

马克思主义进一步加强了国际观和世界历史观在中国知识分子和政治格局中的作用，并使其走向了新的方向。20 世纪 20 年代以来，马克思主义

① 关于法国和德国，参见 Schleier（2003），第 207 页。
② 见 Schneider（1996）。
③ 一个著名的例子就是胡适和李大钊在"主义"问题以及渐进转变与革命方法的选择上的争论，见 Dirlik（1978）。

的历史解释在中国越发显著, 以西方史和世界史为核心发展的中国历史新
视野正是这种解释的重要组成部分。在随后的几十年中, 中国大量学者将
精力投入使中国历史与马克思主义范畴和历史分期相称的活动中, 而这些
常常是从欧洲经历中总结出来的。然而, 高度重视欧洲历史和欧洲史学并
不意味着要努力赶上某个西方范例, 而是要帮助中国找到克服帝国主义统
治和走向现代性新阶段的方法。而且, 在中国书写的马克思主义的世界史
观点中, 世界革命的概念只起到相当次要的作用。实际上, "经典"马克思
主义史学的反民族主义解释从未成为中国学者的主要表述, 在中国, 共产
主义革命思想被紧密地嵌入民族解放的目标中。

　　不过, 马克思主义史学在中国的意象图仍然基本上集中在西方。由于
革命的关键被设想为在西方经验中发现, 中国共产主义的世界史学大部分
倾向于把世界其他地区的历史经验边缘化。[①] 当然, 在相当长的一段时间
内, 俄国和苏联的历史在中国受到高度的重视。但是, 一般来说, 非洲、
拉丁美洲、南亚和其他地区的殖民地、半殖民地的历史却没有受到重视。
在现代历史学术流入中国的过程中可以看到类似的模式: 苏联出版物在中
国的影响力远远超过西方以外其他地区的出版物。与此同时, 在中国的马
克思主义史学中, 对所谓全球研究模式的重视甚至更加突出。毕竟, 其严
格的唯物主义观点在中国知识背景中是不寻常的, 而将其融入中国持续的
认识论传统思想也并不容易。

　　作为一种普遍趋势, 与其他的进步主义者或改良导向的阵营相比, 中
国早期马克思主义者阵营倾向于更强烈地强调历史和史学的政治影响。原
因之一是这种意识形态所支持的未来视角基于一种对历史的彻底重新阐述。
中国第一个广为传播的有关马克思主义的表述出现在 1919 年《新青年》杂
志发表的李大钊的一篇文章中, 该文已经包括了一些基本的世界史学的阐
述, 这些阐述在将来仍然具有影响。[②] 李大钊在日本留学期间接触到马克思
列宁主义的思想, 他在前述文章中指出, 中国的不利条件并非国内历史发
展的结果, 而在很大程度上是由帝国主义的剥削力量所引起的。因此, 李
大钊进一步指出, 整个中国已经成为世界无产阶级的一部分, 这反而使得
中国有资格充分参与即将发生的世界革命。

---

①　例如, 见 Crozier (1990)。

②　见 Meisner (1967)。

185　　一般来说，20 世纪 20 年代是一个不稳定的时期，但同时也是马克思主义在中国学术界影响日益增长的时期，到 20 世纪 30 年代马克思主义已在中国学术界找到了堡垒。在中国的历史学中，马克思主义的"历史解释学派"取得了更大的进展，并且将其本身与那些强调仔细的资料分析的各种学术流派区分开来。尤其是通过从 1929 年持续到 1933 年的"社会史论战"，马克思主义的史学范畴如阶级斗争和生产关系，在中国知识界受到了更多的关注。① 在抗日战争期间，马克思主义史学的影响进一步扩大。马克思主义史学的革命乐观主义与反帝国主义观点的结合，同当时的社会忧虑和希望产生了良好的共鸣。不过，马克思主义与列宁主义还没有主导知识氛围和历史书写。

186　　1949 年中华人民共和国成立后，中国共产党迅速采取当时认为必要的措施来实现国家的现代化。这包括政府对新的历史意识的推动。

　　当时，民国时期一些重要的史学趋势仍然存在。② 例如，主要由清代领土范围界定的国家史仍然是研究中国过去的基本框架。此外，历史系对于"世界"的研究处于一种分布不均的状态。与 20 世纪 20 年代外国史的情况一样，中国的世界史研究机构所代表的专业取向远不是"全球的"，而只是专注于世界某些特定地区。在 1949 年之前，这些特定地区主要是西欧和北美，现在对俄国和苏联的研究能力正在增强。这反映了新中国的地缘政治取向，这在许多专业领域和学术领域都可以感受到。③

　　虽然存在一些基本的连续性，但是 1949 年之后外国史和国际史的制度框架发生了明显的变化。事实上，该领域在体制基础和主要内容方面进行了深刻的调整。最显著的就是在中国的课程设置中，世界史正式取代西方史成为一个领域的名称。④ 作为一个领域，世界史被确立为学术性史学的主要分支之一，开始享有制度上的重要性。许多大学将历史系划分为中国史和世界史两部分，位于北京的中国社会科学院设置了古代史、近代史和世界史的研究机构。⑤ 总而言之，在中国院校史学家中，大约有 1/3 实际上

---

① 见 Dirlik（1978），第 197 页；Leutner（1982）。
② 见 Q. Wang（2000a）。
③ 见 Q. Wang（2003a）。
④ 见 L. Xu（2010）。
⑤ 见 Q. Wang（2000b）。

隶属于世界史的研究机构或致力于这个特定领域的类似研究中心。①

中华人民共和国成立之初，大学的管理比较宽松，这使得世界历史学术的早期形式在 1949 年之后起到一定的作用。例如，林举岱（Lin Judai）所著的教科书《西洋近代史纲》（Outline of Modern Foreign History）在 1950 年和 1951 年被重印，尽管其序言告诫读者这部作品严重依赖于西方的观点，其叙事结构不是以马克思主义为导向。② 另外，周谷城的在很大程度上依赖于英语国家学术成果的三卷本《世界通史》，首次出版后，于 1950 年重印，1958 年再次重印。③ 该书在一定程度上认为有必要将世界上其他的非工业化地区纳入考察视野，但是同时在很大程度上忽视了殖民主义的阴暗面。④

20 世纪 50 年代和 60 年代，苏联史学开始影响中国的世界史研究，许多外国顾问参与到学术机构、方向和研究实践的重塑之中。然而，尽管这个时期的方法论选择范围相对狭窄，20 世纪 50 年代，特别是 20 世纪 60 年代初，许多西方的世界史著作被翻译成汉语——虽然为了向中国民众展示马克思主义的优越性，但是事实上也促进了活跃且有时还相当开放的辩论。⑤ 此外，中学和大学的历史教育课程不断反映出共产主义力量反对帝国主义国家的信条。⑥ 许多重要的理论和史学著作从俄语翻译为汉语，以便加强中国学者采取的方法论转变。这也包括党的宣传作品，例如斯大林的《辩证唯物主义与历史唯物主义》。具有相同影响的作品是《联共（布）党史简明教程》，这本书是在斯大林指导下编写的，它定义了马克思在其《〈政治经济学批判〉序言》中所概括的历史发展阶段。而且，苏联科学院历史研究所编写的许多作品在中国影响巨大，其中包括五卷本的《近代史教程》和两卷本的《近代世界史教程》。⑦

许多历史学家试图将马克思的基本思想框架应用到中国和全球的背景下。⑧ 现在，在所谓普遍的历史体系中界定出相同的发展阶段，是将中国历史和欧洲、俄国及其他历史经验联系起来的主要方式。无论如何，不把其

187

---

① 见 Martin（1990），第 22 页。

② 见 J. Lin（1952）。

③ 见 G. Zhou（1949）。

④ 见 Martin（1990）。对中国的世界历史研究的概述见 Q. Chen（1991）。

⑤ 见 Q. Wang（2003a），特别是第 335～341 页。

⑥ 见 G. Wang（1975）。

⑦ 见 Martin（1990），第 23 页，另见 H. Zhang（1992）。

⑧ 见 Weigelin - Schwiedrzik（1996），另见 Pilz（1991）。

188 他历史或某些相关解释纳入进来就几乎不可能研究中国历史。例如，在许多著作中，1871 年巴黎公社被描绘成第一次无产阶级革命——作为不到半个世纪之后导致俄国十月革命成功的一个过程。① 相同的叙事线索还表现在，帝国主义的全球态势使得社会主义革命在像中国这样的农业国家中出现并成功获得可能性。在这种语境中，中国 1911 年的辛亥革命通常被当作旧式的民主革命，然后才发生既反对帝国主义又对抗反动统治的真正的共产主义革命。正如这些例子所暗示的，一些问题都面临着明显的思想挑战，例如，如何界定中国背景下的奴隶制到封建制的转变？资本主义的根源可追溯到何时？又是从什么时候开端的？

在某些时期，特别是"大跃进"之后，学术界更加主动地运用共产主义理论来为中国经历的特殊性获取叙述空间。当时的学者如翦伯赞、吴晗和刘节进行了相关探索。② 中苏关系逐步破裂促进了对地方性特定概念范畴的新探索。这时也非常需要史学和知识方面的范式来支持中国的"三个世界划分"理论。③

在这样的背景下，世界史中的"欧洲中心论"问题在学术界和公共领域再次成为一个有争议的问题。④ 许多著名学者如周谷城公开呼吁改变世界史学术标准所设定的研究重点。⑤ 这时期出版的一套主要著作是由周一良和吴于廑主编的《世界通史》（*General History of the World*），这两位学者均在

189 哈佛大学接受过教育，之后从事教学工作。⑥ 这套著作受到苏联教材的影响，并且在概念上非常忠实于马克思主义的发展阶段观点；它将大约 1/3 的叙述空间给予了亚洲、非洲和拉丁美洲的"第三世界"，所以比中国此前出版的大部分世界史著作的相关表述要多得多。周一良和吴于廑不仅依赖于苏联的方法论，而且大量吸收了杰弗里·巴勒克拉夫（Geoffrey Barraclough）的《变动世界中的历史学》（*History in a Changing World*）的研究成果——他们将该书当作超越"欧洲中心论"研究方法的替代物。与此同时，这两位作者都批评巴勒克拉夫没有认识到西方的资本主义注定要失败，而社会主义

---

① 见 Martin（1990）。
② 关于 20 世纪 60 年代早期的中国史学，见 G. Wang（1975）。
③ 见 Martin（1990）。
④ 例如，见 L. Wang（2002）；L. Xu（2004）。
⑤ 例如，G. Zhou（1961），另见 Q. Wang（2003a），第 333 页。
⑥ 更多细节见 L. Xu（2007），有关吴于廑的学术生涯见 Z. Li（1994）。

社会已经找到了通向未来的钥匙。① 由于《世界通史》试图探索各个特定社会中的普遍发展，其文本对于同时期的世界史书写而言非常典型，因为它几乎忽视了跨区域互动或相关主题。根据这些以国家或文明为中心的观点，《世界通史》1962 年的版本在整体图景中忽略了中国历史。

即使 20 世纪 60 年代中国的学术获得了更多的可操作性，学者们仍然主要在运用马克思主义的历史分期和范畴的范围内进行研究。② 许多著名的学者不得不经受长期的所谓"思想改造"过程。③ 20 世纪 60 年代末的"文革"时期，学术性的史学陷入了实际停滞的状态。④ 甚至在 20 世纪 70 年代初"文革"的高潮消退之后，学生重新回到大学校园时，学者们仍然非常谨慎，除了社会中的物质因素之外，这也大大降低了世界史领域的出版水平。尽管中国对美国和南斯拉夫的外交开放增加了对世界史解释的官方需求，但情况确实如此。⑤

在此期间，政治压力有时会导致某些情况的出现。例如，在许多教科书中，拿破仑在很大程度上被排除在应受谴责的封建君主之外，以便至少含蓄地将毛泽东的历史影响与之相比。⑥ "文革"结束仅仅几年后，世界史领域开始重建自身并成为一种充满活力的研究环境。

4.4　毛泽东之后知识氛围中的历史与世界

随着粉碎"四人帮"和邓小平复出，中国在政策制定方面发生了重大的变化，多年后中国的经济和社会都发生了深刻的变革。关注重点由群众基础上的斗争转移为国家的视角，将中国视为真正的社会主义社会的初级阶段，并向着社会主义社会的目标不断迈进。⑦ 在这种框架之内，社会主义和市场经济不再被认为互不相容，技术现代化以一种新的方式被描绘成马克思主义的一个核心内容。国家主导型经济与自由经济的结合被看作推动中国发展的基本规划，正如关键的口号所表述的那样，将中国推向"中国特色社会主义"或农业、工业、科学和技术的现代化。政府的目标是把中

---

① 西方语言中的探讨见 Littrup（1989）。
② 见 Q. Wang（2000a）。
③ 例如，见 Y. Sun 和 X. Wang（2000）。
④ 见 MacFarquahar 和 Schoenhals（2006）。
⑤ 见 Martin（1990）。
⑥ 对过去 50 年中国的法国史研究的概述见 Y. Gao（1997）。
⑦ 见 A. Hu（2008）。

国与日本、美国这些经济上更"先进"的社会联系在一起，与此同时不会试图复制其中的任何一个。①

政治变化不仅导致国际性纠葛程度的加深，而且导致中国经济发展的多样化，新的经济特区蓬勃发展，而其他地区经历的变化水平要低得多。特别是在经济条件优越的地区，大学制度深受邓小平改革政策的影响。除了资金和国际交流水平的不断提高之外，许多关键机构进行了重组，重要的新学术中心也成立了。例如，中国社会科学院世界历史研究所便是 1964 年在先前的机构基础上成立的。该研究所的双月刊《世界历史》(World History) 迅速成为介绍和讨论大量最新世界历史和其他理论的主要平台，而很多理论都源于国外尤其是西方国家。新的学术理论的注入需要在逐渐的、政府主导的开放过程中来审视，这也得到了许多院校史学家的支持。② 邓小平领导下的官方路线，使得通过与东亚和西方的富裕资本主义国家紧密合作来发展一种新的中国模式成为公开的目标，随着中国开始以新的方式与世界发生联系，各种新的情况不断出现。相比之下，毛泽东晚期的中国政治话语集中于自力更生的概念和密切认同第三世界的反帝国主义思想。

考虑到如此巨大的变化，如何概念化理论与历史之间关系的问题，在历史学家当中获得新的活力。这个领域的许多代表人物认为，中国的史学在过去的几十年中，并没有充分地反思自己的方法论基础，这在他们眼中已经导致了知识停滞。③ 越来越多的学者开始反思在过去几十年中代表中国史学基本特点的理论框架、分析范畴和历史分期模式。④ 这样的学术努力也得到了机构的支持，许多高等教育中心现在公开支持理论和方法论的研究工作。

中国学术生活与世界其他地方的联系方式的变化，极大地促进了对新的史学文化的追求。20 世纪 80 年代，迅速展开的学术交流和合作项目使大批中国学生来到国外的大学，尤其是东亚邻国和西方国家。⑤ 此外，有机会到国外进行研究的中国学者日益增多，与此同时来自其他国家的学者

---

① 例如，见 Shirk (1993)、Z. Wei (2002)。
② 例如，见 Z. Chen (1979)。
③ 例如，见 P. Yu (2000)，第 159 页。
④ 见 Weigelin - Schwiedrzik (2005)。
⑤ 例如，发给中国公民的美国学生签证数量从 1980 年的 1330 个增加到 1987 年的 13414 个。见 Orleans (1988)，第 88 页。

开始到中国访学。而且若干国际知名的史学家来到中国，并获得很大程度
上的学术关注。① 这种学术国际化的一些模式与 20 世纪头几十年的发展颇
有相似，但中国在 20 世纪 80 年代重新进入全球学术环境与 20 世纪初期的
情况确实具有较大差异。例如，现在有相当数量的华裔学者加入了西方大 192
学的教师队伍之中，尤其是在美国。② 20 世纪 80 年代和 90 年代初期，属
于上述群体的一些知名学者在中华人民共和国的学术生活中占据了重要的
地位。这种发展似乎使在中国当代文化景观中谈论"以边缘为中心"成
为可能。③

　　此外，与民国时期不同的是，这一时期在中国香港、中国台湾、新加
坡存在着高度完备的学术体系，并且各自的研究重点也有所不同。④ 例如，
在中国香港，研究跨文化交往和融合一直在历史研究中占有相当重要的地
位，这至少可以部分归因于它独特的地方历史和学术界普遍存在的双语现
象。⑤ 在中国台湾，尤其是自 21 世纪初以来，就"台独"和中国统一观念
的问题进行了激烈的政治斗争。有些学者提出了一些相当复杂的理论，试
图对中国台湾的不同方面进行具体研究。⑥

　　20 世纪 80 年代，中国香港、中国台湾和中国大陆学术联系的加强，
需要依据其知识流动和对所有参与者的影响来历史性地看待。随着交往
日益频繁，越来越多的中国学者接触到与传统不同的研究形式。与此同 193
时，越来越多的外国著作能够翻译成中文，并且对史学产生了重要影
响。有关社会史、文化史、性别史以及下层运动史的各种新文献，为几
十年来主导史学的概念和范畴增添了问题意识。⑦ 在世界史领域，西方世
界史学者的大量著作被翻译成中文，例如威廉·麦克尼尔的《西方的兴起》

---

① 可以在中国杰出的世界史学家张芝联的文章中看到相关论述，他精通英语和法语，并将年
　鉴学派引入中国。见 Z. Zhang（1995）。
② 参见第 1 章和第 2 章的内容。
③ 见 W. Tu（1991）。
④ 参照 Q. Wang（2010a）。
⑤ 见 Y. Jin（1997），S. Guo（2003）。关于作为欧洲与新中国研究之间桥梁的澳门研究参见
　Z. Wu（2002）。
⑥ 见 Q. Wang（2002），P. Hsiung（2005），Z. Du（2002），S. Zhang（2001）。关于中国台湾与
　日本殖民主义的纠葛等主题见 M. Lin（1996）。见 H. Zhou（2000）。在中国台湾，《新史
　学》杂志寻求建立一个文化史、社会史和其他历史方法的研究平台。
⑦ 例如，见 J. Sun（2004）。

（*Rise of the West*）① 引起了广泛的讨论。此外，随着大学开设外国史学方面的课程，出现了一些读物，这些读物向中国读者介绍西方史学传统和包括世界历史在内的各个领域的最新发展。②

然而，外国史学在中国大学中的大量存在，并没有带来另一个试图将看似统一的、普遍的西方模式应用于中国语境的要求。大部分学者坚持认为，中国学术界需要高度的选择性，以避免再次陷入寻求外源的正统性的窠臼。③ 中国需要找到自己的世界历史研究方法的观念，得益于学术工作的明显多样化和现在进入中国的大量文献对"欧洲中心论"的强烈批判。④ 与此同时，马克思主义的叙事特别是历史唯物主义，在中国重要的史学家群体中仍然具有高度的影响力。⑤ 在邓小平时期，世界史领域的许多资深学者依靠改革马克思主义的世界历史叙事来进行学术研究，这些阐述更接近于 20 世纪 60 年代初关键性的中国立场，而不是从西方语言翻译而来的最新观点。⑥ 而且，几十年前在国外学习过的许多研究西方历史的专家，并没有完全愿意或能够接受目前在中国图书馆和研讨会中出现的新的理论立场（the-oretical positions）的范围。此外，大量的学者在语言学上还没有能力在适当的背景和范围内充分运用新文献。

194 在这种情况下，出现了一定的代沟：许多年轻的史学家支持更深刻地反思 20 世纪大部分时间里在中国居于盛行地位的史学范式。他们的批评不仅是针对 1949 年后中国的研究方法，而且更普遍的是反对中国文化和中国史学中所谓的长时段模式。事实上，这也是所谓"文化热"的一个重要特征，"文化热"是一个模糊的术语，包括 20 世纪 80 年代大学和广大公众中的各种各样的知识潮流。⑦ 这场相当混杂的运动的核心观念是：作为新开端的一部分，中国需要融入世界并且相应地改变其文化。这与对科学主义的重视以及对启蒙运动和西方人文主义的兴趣有关，在某些情况下，这被有

---

① 见 W. McNeill（1963）。
② 例如，见 S. Guo（1983）；B. Sun（1984）。
③ 例如，见 Z. Chen（2003），第 131 页。
④ 见 Q. Wang（1991）。
⑤ 见 X. Liu（1995）。
⑥ 参照 Q. Yue（2003）。
⑦ 更多细节见 J. Wang（1996），另见 E. Gu（1999），X. Chen（1995），X. Zhang（1997）。

意识地描绘成向五四运动议程的回归。①

在这种观念氛围下，一种趋势重新流行起来，即将西方历史的主要方面看作文明的成功，相比之下，中国的过去则被看作一种被国内的失败和扭曲以及外国入侵破坏的历史。② 这种思想潮流经常引用的一个例子是一部中国电视片，这部电视片在一些"改革者"的支持下制作完成，金观涛等人给予了建议。上述电视片所表达的是，一种蓝色的、海洋导向的文化将需要代替中国黄色的、孤立主义的传统。③ 在许多方面，上述电视片非常忠实于西方关于所谓中国文化停滞的成见，而这一点也被 20 世纪不同阶段的许多知识分子所接受。其历史观进一步基于国家地位和文明等观点，并增加了一些附加成分，例如假定追求财富和霸权构成了人类经验的固有原则。④ 根据这部电视片的叙事，中国的地理位置造就了一个中央集权的社会，从来没有试图摆脱自然的束缚。相比之下，欧洲被描绘成一个由开放、充满活力、文化更加进步的国家组成的文明。正如当时的某些史学出版物一样，这部电视片贬低或者极大地忽视了历史上中国与外部世界的多层次互动。从这个意义上说，它也坚持对中国历史的整体视野，但是对中国各 195
个地区如内陆腹地与东南沿海地区之间的巨大差异几乎没有任何关注，这些差异部分受到与中国以外地区相互作用的特定地形的限制。

金观涛明确的"欧洲中心论"的历史观需要在这样的背景下来审视：在这种氛围中，一些呼声要求随着经济和工业的发展而开放政治体系。在这个时期，"文革"中已经很突出的一种想法重新活跃起来，并被带到了非常不同的方向。某些学者和"公共知识分子"认为中国延续了一些有问题的传统。有些人尤其认为，"文革"和其他方面的创伤是由过去的旧模式所塑造的。特别是大学中的某些年轻学生倾向于将界定相当模糊的西方化当作摆脱他们眼中由历史情况造成的结构、习惯的方式。

在很多方面，20 世纪 80 年代末 90 年代初被证明是中国学术界和知识界的重要转折期。⑤ 其他领域的发展为大学回归学术领域提供了极大的促 196

① 例如，见 Z. Li 和 Z. Liu（1987）。关于 20 世纪 20 年代和 80 年代之间关系的当前探讨见 J. Wang（1996）。
② 见 Q. Wang（2003a），第 343 页及以后各页；M. Lin 和 Galikowski（1999）；L. Xu（2002）。
③ 见 X. Su 和 L. Wang（1991）。
④ 见 J. Wang（1996），第 3 章。
⑤ 见 C. Wang（2003），另见 J. Xu（1999），第 10 页。

进，最显著的是中国社会的上层和中层对就业和社会地位的竞争日益激烈，这深刻地改变了中国学生对学术生活的看法。在教师的层面，中国大学的分层和激烈的学术竞争导致更加注重严格的学术技能。在这方面，中国大学与北美、西欧、日本和其他国家的高等教育中心越来越相似，在这些国家中，政治运动从学术生活中产生的观念已经在萎缩，特别是在过去的一代。随着学术交流的蓬勃发展，中国学生成为美国高校中最大的留学生队伍，中国学术生活的日益专业化，甚至可以部分解释为其国际化的结果。[1]

与此同时，大学生活并未与中国的社会和政治完全分离，而是在一些重要方面继续与它们联结在一起。[2] 国家主义历史视角的新形式也在发展，这在大部分中国社会之中日益显著，还包括许多留学生。[3] 同样，在一些学术领域中，关于国家主义应该提高中国的国家权力的总体思想再次变得更具影响力。[4] 与各种历史事件相关的历史出版物和电影制作的市场也在不断发展，这唤起了受害者和胜利者两种形式的国家主义。[5] 虽然这些情绪至少可以追溯到 20 世纪初，但是对新获得的国家力量和全球影响的日益强调[6]需要被看作一种相当新的因素。

当然，许多学者会继续与在更广泛的公众中经常遇到的强硬论调保持距离。[7] 即使假设在学术界等较小的社会部门中，20 世纪 90 年代和 21 世纪初的国家主义具有单一性，这也是不正确的：其表现范围包括对中国"传统"有新兴趣的学者和运用后殖民范式的理论家。[8] 面对这样的多样性，中国学术界和整个社会日益增强的国家主义一般需要从多个角度来解释。虽然一些观察家强调政府在培养国家主义方面的作用，但另一些观察家认为，民族主义情绪的潮流至少部分是资本主义晚期发展的产物，而第三种观点

[1] 相关话题的讨论见 Lee（1998）。
[2] 例如，见 Brady（2008）。
[3] 例如，见 Des Forges 和 L. Xu（2001），Gries（2004），B. Ren（2004），J. Xu（2005），Gries（2004），M. Zhao（2006）。
[4] 见 X. Chen（1995）。
[5] 见 Fogel（2000），Gries（2007），Z. Sun（2005）。
[6] 见 Duara（2009），第 23 页及以后各页。另见 W. Tsai（2006）。
[7] 例如，见 S. Le（2004）。
[8] 例如，对于 20 世纪 90 年代的研究，见 Fewsmith（2001）；Schubert（2001）。

则主要将其视为对国际秩序中的不公正现象的反应。① 无论如何，中国学术界在出国留学机会、翻译以及对变化的世界信息的普遍运用方面的逐步国际化，并没有产生强烈的从国家视野转向跨国视野的学术倾向。相反，一个日渐缩小的世界促成了对中国在世界中的地位、形象和声誉的更高水平的支持及关注。

与 20 世纪 80 年代相比，中国知识精英对西方学术界的认同水平已经显著降低。② 在一个平行的发展过程中，知识界支持时代精神提倡的改革。③ 198社会群体至少在原则上都支持当前中国模式的核心方面。即使在具有国际联系的学术界，现在也会更广泛支持应该维持政治稳定。④ 与此相关的是，对美国文化帝国主义和西方主导的国际体系的不公正的担忧，已经越来越接近中国许多国家主义话语的中心。⑤ 冷战后美国的权力获益和单边政治的增长，日益引发人们的问题意识。⑥ 在这样的背景下，中国公共知识界的许多关键人物对 20 世纪 80 年代中国的学术氛围展开强烈的批评，并将 20 世纪 80 年代解释为一个不安全、毫无理由的崇拜西方、陷入文化帝国主义手中的时代。⑦

这种发展也对学术工作具有重大的影响，尤其是在包括史学在内的社会科学和人文科学领域。西方在许多理论描述中被视作全球模式源头的呼声在过去的 20 年中已明显衰退。这对讨论西方哲学和政治模式构建的方式产生了影响。例如，20 世纪 80 年代，启蒙运动主要被描述成对中国具有重大意义的哲学成就，然而在接下来的几十年中，它所谓的普遍性日益受到怀疑。⑧ 在学术界，这些不断变化的动力提高了人们将西方启蒙运动历史化的兴趣，其中包括揭示其多样性甚至碎片化特征的努力。⑨ 除了对一种连贯的、普遍的"西方"观念的疑虑日益增加之外，人们还在不断努力发展新 199

① 对于第一种观点，参见 Hughes（2006）；对于第二种观点，参见 K. Liu（2004）；对于第三种观点，参见 Y. Zheng（1999）。
② 例如，见 H. Wang（2003）。
③ 见 M. Zhang 和 S. Li（1999）。
④ 见 Q. Lin（2004）。
⑤ 一个批判性的视角见 J. Xu（1997）。
⑥ 见 Fewsmith（2001）。
⑦ 例如，见 X. Wang（1996），另见 Q. Liu（2001）。
⑧ 例如，见 J. Xu（2000）。
⑨ 对此有重要贡献的是"西方现代思想丛书"，由中国社会科学出版社出版。

的理论框架以便更加适合把握中国经验。① 事实上，虽然自 20 世纪 20 年代以来，现在知识界可以说日益碎片化，但是对于直接采用"西方"作为中国理论和政治②的参考对象这种做法的问题意识日益显著，这是中国知识界的一个共同之处。

4.5　构建世界史研究：现代性与传统的问题

在关于中国的未来秩序和国际角色的争论中，中外互动的历史往往被视作一个突出的主题。虽然认为中国需要摆脱过去150年的创伤的观点依然颇具影响，但是人们对19世纪以前的历史重新产生了兴趣。在学术界，20世纪90年代及以后的所谓"国学热"的特点是对中国革命前的历史和思想传统的兴趣日益浓厚。③ 在公众中也可以看到一种相关的趋势，许多电视连续剧都以过去的王朝题材为主，强调中国价值观以及长达5000年之久的华夏文明的通俗史学作品市场繁荣，为公众的历史认同提供支撑的需求日益增长。④ 许多作品和电视节目也围绕着清王朝遭受屈辱的主题，并且通常表现为，中国文化和整个国家而不再是中国民众被描绘成历史的受害者。⑤

毋庸置疑，尤其是在学术界，对中国早期历史或其某些方面的重新认识，开辟了大量历史议题。其中之一是如何分析中国的革命传统以及围绕其上的政治和历史话语的问题。⑥ 这反过来又与下面这个问题有关：在一个经历了剧烈变化的国家，尤其是从鸦片战争时期以来，应该挽救甚至振兴"文化"和"传统"的哪些方面。毕竟，经过一个多世纪的历史性变革、国家意识形态的变化、全球纠葛和外部影响，现在要界定中国人的含义并非一件易事。如果不考虑中国在世界上地位的变化问题，几乎不可能与中国过去的某些模式重新联系起来。

越来越多的学者和公众的声音，一直很渴望将对中国现代性和未来世界秩序的反思与对中国"传统"尤其是儒家思想的再度推崇联系起来。这

---

① 例如，见 D. Jiang（1996）。
② 对 20 世纪 90 年代的知识和政治气候的讨论，参见 Fewsmith（2001）。
③ 例如，见 B. Xu（1999）。另见 Q. Wang（2009/2010）。
④ 有关通俗历史著作和商业图书，见 Spakowski（1999）。
⑤ 例如，见 Hevia（2007）。此外，20 世纪 80 年代和 90 年代流行的对文化产业的批判如今已经失去了活力和影响。例如，见 Y. Zhao（2005）。对中国历史记忆联系的更广泛反思，见 B. Wang（2004）。
⑥ 最近争论问题的总结，见 F. He 和 P. Yu（2005）。

种重新认识儒学的努力，通常不会伴有对现代性观念作为一种社会转型和知识话语的强烈保留意见。在这个知识群体中，许多学者认为，中国过去的某些模式和价值体系的意义越来越重要，正是因为中国正在经历往往被归入"现代化"标题之下的迅速变革。① 有些思想家甚至表示，中国回归自身的实践理性的根源——连同在世界上更加提高的地位——将使中国能够在各种文明之间进行斡旋。②

重新评估儒家传统的意愿最初主要来自中国大陆之外，例如中国台湾、中国香港、新加坡和美国的学者。③ 但是，特别是 20 世纪 90 年代以来，这种观点在中国大陆已经得到越来越多的共鸣，不仅在学者之中，而且在官方领域以及更广泛的公众之中也是如此。④ 尽管儒家思想已经有步骤地被纳入普通教育课程和一些象征性的国家行为中，但它未来在中国的影响还有待观察。虽然还没有重新建立儒家机构的广泛尝试，但是现在有更多的会议注重儒家思想的教学。⑤ 与此同时，对中国历史和思想日益浓厚的兴趣，至今几乎并没有伴生对回归所谓"传统"的叙事风格和历史探究模式的追求。

如何把中国的历史路径和未来轨道联系起来，这个问题在社会若干领域得到了极大的关注，例如从政治领导阶层、经济领域到更广泛的公众。在学术界，这样宏大的主题过于庞大，并且其对中国未来的意义十分重大，所以不会被单独的学科垄断。此外，对这类问题的争论还没有明确划分为能够清晰界定和分类的舆论群体；相反，它们构成了高度动态的环境。从国家控制到国际化和商业化对公共生活与知识生活的影响，这些因素使情况进一步复杂化。由于这些讨论的复杂本质，只有选择一些核心主题、关键概念和争议问题，才有可能做出描绘。在关注历史研究领域的发展之前，我也会将其他学术领域如历史社会学的发展考虑进来。

涉及中国与世界纠葛的争论中的关键术语是"现代性"和"现代化"

---

① 例如，见 Z. Li（1995）；Chen（2009）。

② 例如，见 Z. Li（2002）。

③ 例如，见 Y. Jin 和 X. Zhou（2003），W. Tu（1994）。

④ 见 Y. Tang（2001），另见 W. Tu（1996）；Bell（2008）。关于批判性的讨论和语境，见 Mazumdar（2009）。

⑤ 参见 Dirlik（2002b）。

的二元概念。① 从 20 世纪 80 年代开始，邓小平赞同"现代化"的概念。②
202 当时，许多学者支持这一立场。③ 一些学者认为，革命后的中国仍然具有中
国"传统"中的许多元素。④

随着对历史连续性兴趣的增加，越来越多的研究开始探讨各种历史时
段的意义。例如，一些出版物的主题是国民党政府在二战结束前发起的现
代化进程，而另一些则涉及清末民国时期现代中国市民社会的开端。此外，
从现代化的角度来探索中国大都市历史的兴趣在不断增加，其中最引人注
目的是上海。⑤

"现代化"这个表述很难归于任何特定的政治或思想方向。经常争论
的问题是应该追求什么样的现代化，主要是经济的现代化或者同时也是政
治民主的现代化？尽管如此，20 世纪 80 年代以来，中国需要沿着明确定
义的"现代化"轨道发展的观念，在广泛的社会范围内被很多阶层所认
可，从许多政府官员到思想家均是如此。中国知识界的线性甚至目的论的
发展理论的流行，需要从中国学术界和整个社会的特定背景来理解。与美
国现代化理论家在 20 世纪 60 年代所做的预测相去不远，中国的许多地区
203 很快从前工业经济发展成消费社会。此外，与现代化理论关键分支有关的
立场，有助于把握中国的其他发展动态，例如人口当中不断扩大的贫富
差距。

在学术界，现代化的概念通常与线性或至少是明确的未来导向（future -
oriented）的历史观紧密相关。⑥ 一些著名的中国学者甚至再次参考美国
现代化理论的经典著作，如罗斯托（W. W. Rostow）或西里尔·布莱克
（Cyril E. Black）的作品。这并不是说中国的历史学家和其他社会科学家试
图在几十年后迅速变化的中国背景下盲目应用 20 世纪 60 年代美国的方法。
例如，像许纪霖和陈达凯这样的学者从美国的现代化理论中汲取了许多元
素，但是他们自身与那种将现代化视作紧密结合的西方社会经济和文化模
式全球传播的观点保持距离。除了具体的中国社会因素、经济因素和政治

---

① 现代化作为中国史学新范式的批判性探讨，见 Dirlik（2000）。
② 参照 D. Tao（1999）。
③ 例如，见 X. Wang 和 J. Li（2003）。
④ 见 Sullivan（1993），另见 H. Wang（2000a）。
⑤ 关于批判性的视角，见 Dirlik（2002b）。
⑥ 参照 H. Wang（1999）。

因素之外，他们还强调了反霸权模式，在他们眼中，这是中国作为后发的现代化国家的发展模式的特点。① 另一些学者则认为，中国需要脱离早期模式和西方模式，一步到位地进行两次历史性的独立的现代化浪潮：工业化和向知识社会转变。②

　　中国知识界中坚定的一部分学者继续采用线性的历史观，但其所嵌入的空间观念发生了明显的变化。尤其是自 20 世纪 90 年代以来，中国特色被更多地看作现代化的可行性框架。③ 例如，"亚细亚生产方式"的概念现在经常受到更多推崇，而不再主要被描绘成不利于西方规范的背离。④ 此外，现在以多元现代性或替代现代性的观念为核心的理论框架在中国受到了一定程度的关注。⑤ 总的来说，关于中国近期的经验构成通往现代化和发展的特殊成功之路的观点，得到越来越多的支持，这被视作一条独特的道路，足以超越任何通过西方理论来理解它的尝试。并且中国现代化的挑战和制约因素往往被描述成具有独特的地方性，如此一来，西方模式只能起到有限的作用。

204

　　许多现代性理论本质上已经变得更加以国家为中心，并且往往与公开表达的对中国近期发展能够得到国际认同的愿望相结合。大量的学术演讲和文章都支撑了如下观点，即中国在经过多年尝试之后，现在找到了通向"现代性"的合适路径。⑥ 中国的许多历史学家认为，这种特殊的方式最终由中国和其他元素之间的创造性融合精神来引导。人们经常认为，寻求合适的现代性模式的决心使中国将从社会主义到市场经济的各种要素融合成一种相当独特的模式。当然，现代性的地方特殊形式的观点并不是全新的，其在 20 世纪初就已被一些知识分子所倡导，如梁漱溟、梁启超、吴宓、梅光迪、陈寅恪。⑦ 然而在一个关键的方面，这些 20 世纪初期和中期的对中国现代化方式进行概念化的方法，与过去的二三十年中

---

① 见 J. Xu 和 D. Chen（1995）。两位作者都对将中国现代化主要视为受西方影响的观点持批判态度。

② 例如，见 Y. Zhang 和 C. He（2004）。

③ 例如，见 X. Xie（1994）。另见 W. Hu（1994）。

④ 见 Karl（2005），X. Xiang、F. Song、J. Wang 和 H. Li（1999）。

⑤ 例如，见 Q. Li（1990），R. Huang（1997），另见 Sachsenmaier、Riedel 和 Eisenstadt（2009）。

⑥ 例如，见 W. Yuan（1996）。

⑦ 例如，见 Sachsenmaier（2007b），Schneider（1997）。

基本相似的主题、辩论和传统议题具有很大的差异。① 那就是在今天，关于中国未来的想法常常是基于如下理念，即特殊的中国模式已经被证明是可行的。②

205　　在许多情况下，随着中国在世界上寻找新的定位，国家视角的显著性与关于国家面临不断变化的国际环境的跨学科讨论紧密相关。③ 特别是自 20 世纪 90 年代以来，许多学者已经开始指出西方经验的狭隘性以及任何对西方普遍性的主张都站不住脚。④ 此外，批判全球学术文化中的"欧洲中心论"的理论立场已经越来越受到关注。例如，有一定数量的知识分子，他们之中很多人后来与"后学"学派有联系，在把来自西方的全球主导话语和产生于中国的知识视野之间存在的影响差距问题化时，参照了后现代和后殖民的批判。⑤ 与此同时，这些理论的涌入并不一定会引发对中国历史的民族主义构建的批判。⑥ 事实上，后学研究中的许多代表人物本身非常接近文化民族主义的观念。中国的"后学"研究的一些分支与民族自强并反抗西方霸权的公众话语有部分联系。⑦ 例如，一些涉及后殖民思想的史学著作，试图强调中国基督教史等研究领域中的国家观点。⑧ 从更为普遍的层面来看，后学研究的许多潮流在试图从 20 世纪的变革中恢复被认为是永恒的中国元素时，所持的是相当本质化的立场。⑨ 然而，这种立场也受到一些学者的批评，他们认为"传统"的话语需要被看作现代性的一部分而非替代物。⑩

4.6　全球视角和地方视角相结合

中国社会科学和人文科学领域的一些学者并不支持回归传统根基的路

---

① 见 B. Lin 和 Z. Dong（1998）。
② 见 S. Zhao（2004），第 6 章。
③ 例如，见 X. Chen（2004）。
④ 例如，见 Y. Tang（2002），另见 B. Li（2001）。
⑤ 见 K. Zhang（1999）；L. Zhang（1998），特别是第 5 章和第 6 章。另见 X. Zhao（2004）。
⑥ 例如，见 C. Wang（2003），特别是第 19～21 页，另见 X. Zhang（1999）。
⑦ 见 S. Zhao（1997）。
⑧ 例如，见 L. Wang（2003）。
⑨ 例如，见 F. Zhang、Y. Wang 和 Y. Zhang（1994）。关于一般的背景见 B. Xu（1998）。更多细节见 Schneider（2001），另见 S. Li（1999）。与此同时，这个群体中的许多学者与后现代理论保持距离，因为它们起源于国外。
⑩ 例如，见 D. Tao（1999；1996）。

线。然而，即使是那些仍然不愿意赋予儒家思想和其他中国传统更多社会政治意义的思想家们，也渴望为他们关于中国未来的观点增添更多的历史性。例如，一些理论家认为全球传播的意识形态之间的杂糅过程在很大程度上造就了当今的中国，并强调如今许多重要因素不只是在 19 世纪和 20 世纪期间产生的。一些理论家认为，某些源于前现代时期的社会习俗与现代体系的需求是高度一致的。在他们看来，在思考 20 世纪 80 年代以来中国快速发展的潜在原因时，应当考虑到这些习俗中所谓的文化特性，其中包括对教育的高度重视以及全体人民对社会和谐的追求。其他学者则更倾向于另外一种观点，即包括社会主义在内的许多外国意识形态只能在中国的土地上获得成功，因为它们可能与中国历史结构中的兼容因素联系起来。[①]

当然，有相当一部分学者不但反对复兴传统，而且反对在今天的中国寻找过去的生动痕迹。例如，一些批评者认为，这种新的知识趋势等同于一种颠倒的东方主义，它试图推翻世界历史思维想象中的等级制度，而不破坏同样有问题的现代范畴，如国家或"文明"，这些范畴也需要被理解为现代的产物。[②] 不过在这些观点群体中，也有越来越多的人开始强调，中国的现在和未来不可能用所谓的普遍标准来衡量。他们认为，中国模式的特殊性更有可能被概念化为现代元素和反现代元素的独特结合，而早期的"传统"影响不大。[③]

一些思想家（如汪晖）试图将内在论者和现代主义者对中国现代性特殊形式的解释融合为一个适当的框架。[④] 汪晖的思想至少有部分特征是不愿意用排他性的二分法来思考，这反过来又使他在中国现代性问题上运用了不同的、看似不相容的视角。因此，一方面，他通过世界范围的现代性危机（这种危机的特征是压制机制和反制活动的复杂相互作用）这一指导观念，来看待晚清、民国和中华人民共和国不同时期的发展；[⑤] 另一方面，汪晖特别指出宋代是中国的原现代国家形成的起源，它与后来的西方经验有某些共同的特征，如政府集权、经济统治和国家主义的早期方面。同时，汪晖认为，从宋代到 20 世纪始终存在连续性，这种连续性是中国经验的特

206

207

---

① 例如，见 G. Jin（1994）。

② 例如，见 H. Yu（2001），B. Zhang（2001），另见 Zurndorfer（1997）。

③ 例如，见 Z. Wei（2002）。

④ 有关情境化讨论见 Murthy（2006）。

⑤ 特别是见 H. Wang（2004 ~ 2007）。另见 H. Wang（1998）。

色。例如，根据他的观点，早期对政治秩序和共同福利的关注与中国社会主义的核心议程产生了共鸣。

在这种双重视角的基础上，汪晖提出了超越盲目赞同或反对"现代性"或"传统"之类看似世界性方案的可能性。尽管本土主义作为一种现代意识形态被他所警惕，但是汪晖依然希望学术界能揭示在他看来中国历史中被现代性力量压制的那些方面。在这种情况下，他强调这样的事业不仅能引起人们对特殊的社会文化习惯和经济模式的更深入认识，而且有可能对现代化进程做出批判性反思，而晚清以后这些思想可能性都没有受到重视。汪晖尤其认为，宋代理学的一些核心伦理政治观点将为新形式的批判反思开启可能性。与 20 世纪和 21 世纪初期的大多数对现代性和西方的批评相比，后者不会围绕诸如国家、发展或进步之类的范畴来表述。汪晖认为这种对替代性思想观点的探索在性质上并不反现代。在此背景下，汪晖把理学理解为宋代原初现代化进程的一部分，具有特殊的意义。他的思想观点所倡导的并不是对"传统"的简单回归，更主要的意图在于将中国历史路径的关键潜力重新发掘出来，这个路径可以被称为原现代的道路。

中国大多数有关现代性的批判是在西方范畴和概念的框架内进行，鉴于汪晖对此问题的重视以及前述他的批判精神，汪晖的思想已经偏离了罗荣渠的理论。罗荣渠是北京大学的一位著名的历史学家，逝于 1996 年，他对中国现代性和现代化的研究影响深远。在他的几篇著作中，罗荣渠试图揭示中国现代史革命和断裂中的一些连续性。[1] 此外，他不赞同中国现代性的构成力量主要源于西方或苏联模式的观点。相反，他认为东亚最近的发展暴露了西方或苏联模式的局限性，而这些模式长期以来主导着中国有关进步和发展的观念。[2] 尽管要批判 20 世纪上半叶日本在东亚地区扮演的政治角色和经济角色，但罗荣渠试图说明，作为东亚地区第一个步入现代化的国家，日本为如何对传统元素和现代元素做出新融合提供了一个范例。他进而鼓励中国史学家更多地关注中国历史中的具体情况和力量，这些特性与外部影响在过去的两个世纪里共同造就了中国独特的历史模式。

罗荣渠试图勾画出一条独特的中国现代性道路的基本模式，他认同如

---

[1]　见 R. Luo（2004），R. Luo（1992）；另见 G. Jin 和 Q. Liu（2001）。

[2]　在此背景下，值得注意的是，自 20 世纪 70 年代末以来中国香港和中国台湾对中国发展的贡献受到热烈的讨论。例如，见 G. Liao（1993）。

下观点，即原则上中国的某些习俗和传统可能促成一种新的资本主义形式。[1] 同其他思想家一样，在此背景下，他明确提到儒家的价值观如责任意识、集体责任感和重视教育。然而，他认为儒家思想是一个整体的道德、社会和制度体系，与任何现代化进程都不相容。罗荣渠并没有将中国的现代性概念化为所谓的静态中国与单一动态的"西方"之间的相遇，他认为中国现代史已经是地方和跨地域的复杂影响的结果。根据罗荣渠的观点，中国的未来也需要被看作高度多样化的元素之间的一个融合进程，这些元素包括社会主义和资本主义对立的意识形态，以及中国本土的习俗。换句话说，虽然认为中国的现代性是全球互动的结果，但是罗荣渠同时也强调了它的独特性。[2] 然而，他对现代性多元化的观点并没有导致他质疑现代化作为在不同时空中遵循相同基本模式的变革过程这一思想。更确切地说，罗荣渠认为，世界历史迄今已经历了现代化的三个主要阶段，每个阶段都集中在不同的地理区域。

从 18 世纪后期英国工业革命开始到 19 世纪中叶，出现了世界工业化和现代化的第一次浪潮。其中心在西欧。从 19 世纪下半叶到 20 世纪初，出现了世界工业化和现代化的第二次浪潮。其中心从西欧延伸到东欧和北美；拉丁美洲地区也深受其影响。同时它横跨欧洲大陆传播到东亚，在那里取得了独特的成功。二战后，从 20 世纪 50 年代到 80 年代，出现了世界工业化和现代化的第三次浪潮。这次浪潮扩大到亚洲、非洲和拉丁美洲的广大地区，但是中心在东亚。[3]

虽然这种浪潮的传播模式似乎是基于对全球变化的统一理解，罗荣渠还是一再强调，在他看来，现代化并不只是欧洲作用的结果，这就是现代性具有地区性具体特征的原因。根据这个假设，罗荣渠认为，未来的世界史研究应该更多地关注工业革命和通信革命导致的全球空间收缩而非 16 世纪的欧洲扩张，并将之视为现代化作为全球力量的起源。[4] 他主要把"现代化"的转变理解为与具体的经济制度和技术发展相关的文化上的中立力量。

---

[1] 例如，对儒家资本主义的哲学诠释见 H. Yeh（2003）。对儒家资本主义思想的批判，见 H. Wang（2000b）。

[2] 见 R. Luo（2004），第 6 章。

[3] 见 R. Luo（2004），第 211、212 页。

[4] 见 R. Luo（2004），第 3 章。

其他学者分享了罗荣渠对现代化的基本解释,① 而且许多人也沿着类似的路线来理解"全球化"这个在历史和社会科学出版物中日益流行的术语。② 在许多情况下,全球化被描述成现代化的结果,同时认为它是西方最终将无法控制的一个进程,相应地也就赋予了中国和全球其他地区更高层次的能动性。③ 类似的思想已经成为研究变革过程和结构的重要范式,这些变革过程和结构往往被解释为现代化的重要组成部分。例如,有关资本主义的史学进一步强调了企业—政府关系或公私财产分配等方面的地区性差异。④

与罗荣渠的思想相似,围绕中国现代化和全球化概念的另外一些理论是基于这样一个假设,即持续的国际化最终将有利于中国的社会、经济和政体。例如,一些观察家主要把全球化视作一种发展机遇,为贫穷国家提供缩小国际权力差距的能力;其他人则认为这个过程至少可以从社会结构中消除专制和裙带关系等所谓的社会习惯。⑤ 虽然还有很多其他的观点,但可以肯定的是,在中国的情况下,"全球化"一词的使用倾向于积极的内涵。⑥ 例如,一些学者认为,在全球化的世界中,中国将会得到更多的变革性影响力,而中国本身也将成为重要的变革力量主体。⑦ 罗荣渠反复思考的问题是,新的中国模式是否不仅可以被看作一种成功的地方适应全球变革的模式,而且应该被看作一种比其他形式的现代性更具优势的体系,而这些优势最终将带来全球政治和经济结构的改变。⑧

一般来说,全球一体化给民族国家施加很大压力的观念在中国并没有受到高度重视。浙江的历史学家王加丰认为"愈是民族的就愈是世界的",表达了他与许多同事的共同世界观。⑨ 这与西方许多社会中的观点明显不同,新自由主义的倡导者及批评者基本上认为,经济和金融部门日益增长

---

① 例如,见 C. Qian、Y. Yang 和 X. Chen (1997)。

② 见 Q. Wang《大中华的全球化、全球史和地方认同》,见 www.japanfocus.org。

③ 例如,见 D. Yao (2002),P. Yu (2001),W. Yu (2002),G. Feng (2000)。

④ 有关概要见 X. Xiang、F. Song、J. Wang 和 H. Li (1999)。

⑤ 有关后者的例子见 C. Pu (2002);H. Li (2003);T. Cao (2003);X. Li (2003)。更全面的讨论见 Y. Yan (2002)。

⑥ 例如,见 K. Liu (2004)。更广泛的关于全球化对中国影响的主题见 Y. Zheng (2004)。对将全球化看作减少文化差异的一种力量的批判性解读的例子见 S. Li 和 J. He (2000)。

⑦ 例如,见 P. Pang (2000)。

⑧ 例如,见 R. Luo (2004),第 4 章。

⑨ 见 J. Wang (2009),第 92 页。

的全球纠葛动摇了民族国家曾拥有的许多框架。① 然而，中国关于全球化和现代化的讨论重心也不同于许多较为贫穷并且往往是前殖民地社会中的多数思想观点。这些社会中有大量的思想家和政治家认为，全球化的力量实际上加强了依赖和剥削的模式，而非减轻。②

与 20 世纪初的革命和改革运动的浪潮一样，中国许多知识分子认为，全球连通性和国家建设的水平日益提升，并不是两个互相排斥的过程，而是互补的转变。事实上，邓小平及其继任者实行的"开放"政策被很多知识分子和广大公众视为能够成功达成国家"富强"的世纪目标。然而，这不应该被视为对政府政策的不加批判的赞同，事实上，"新左派"等知识分子群体对中国目前某些状况的批评变得更加强烈。③

尽管如此，在总体上同时支持国家主义和全球化的一种思想氛围中，对历史性成长并具有领土界定的国家的替代性政治想象，并不扮演非常重要的角色。④ 同时，中国的学术景观以快速的步伐继续不断地变化和多样化，许多研究已经出现。在通过中国的史学环境开启探索之旅前，首先要考虑一些制度的变化，尤其是那些对史学研究和教学有影响的变化。

212

4.7 20 世纪 90 年代及以后的世界史

世界历史这门课程在中国大学甚至高中都是很重要的课程。⑤ 几乎所有的历史系都将世界史作为其专业分支之一，根据 20 世纪 90 年代的一项估计，大约 40% 的中国历史学家有资格成为世界历史学家。⑥ 这个数字可能太高了，⑦ 人们应该意识到"世界历史"从制度上被定义为外部世界的历史。这就意味着所有研究日本、欧洲、非洲和世界其他地区的史学家都有资格成为"世界历史学家"，即使他们本身的研究经常局限于单一民族的国家。因此，绝大多数"世界历史学家"的专业知识的地域范畴都集中在西方，关于俄罗斯和苏联的研究在老一辈中国学者中有很强的代表性。

---

① 英语国家 20 世纪 90 年代有关全球化的争论见 Guillén（2001）。

② 例如，对其中一些讨论的分析见 Jameson 和 Miyoshi（1998）；Bello（2002）。

③ 对公共政治文化的概述，见 T. Shi（2000）。

④ 例如，见 Karmel（2000），Leibold（2006）。

⑤ 有关 20 世纪 80 年代后期以来中国高中的世界史必修课及相关课程的增长情况（约占课程总数的 40%），见 Jones（2005）。

⑥ 见 S. Qi（1994）。

⑦ 根据 Q. Wang（2010a），研究外部世界的院校史学家的数量接近 25%。

虽然有一些变化，但是中国的世界史的机构因素在整个 20 世纪 90 年代甚至之后都继续支持国家框架的历史观。鉴于这些因素，长期以来中国的历史在世界史领域一直被边缘化，甚至被排除在很多世界历史活动之外。例如，根据最近的评估发现，这一点在必修课"世界通史"的课程中仍然很典型，中国的历史在上述课程中通常会继续扮演一个非常次要的角色。①总的来说，史学目前的结构条件并没有激励人们通过加强联系和交流来超越世界史和中国史之间的分歧。因此，正如徐洛敏锐地观察到的那样，许多"中国的'世界'史学家认为他们并且只有他们肩负着撰写世界史的责任，而他们还没有与中国史专家达成合作"。②

不过，为中国和世界的研究之间架设桥梁的努力已经越来越多。③ 一方面，许多学者开始更加关注中国和世界之间相互联系和相互依存的关系的多种层次；④ 另一方面，同现代性和现代化的文献发展类似，出现了意在创建中国独特的世界历史观的新努力。在 20 世纪 90 年代中期，这两条路线都是由世界史领域的一位元老吴于廑推进的，他曾于 1962 年担任过一套影响深远的多卷本世界史著作的主编之一，他本人的作品则涉及包括从游牧文化和农耕文化的关系到工业化进程在内的广泛的世界史主题。在一系列文章中，吴于廑反对把世界历史主要视作一门单纯汇集不同民族经验的综合性学科的传统观点。⑤ 对他而言，世界史这个领域现在需要特别关注那些加强了相互交流的过程和变革。吴于廑把世界历史概念化为一个纠葛日益增长的客观进程，而没有将其主要当作一种视角，这确实遵循了黑格尔和马克思主义的关于历史的思维模式。与此同时，他坚持要克服普遍史的视角，他认为这种视角是 20 世纪中国许多社会科学和人文科学的特征。吴于廑鼓励他的同事们尝试对能够标识出世界历史进程重要方面的权力集团及依附和转移做出中国式的叙事。他认为，马克思主义的中国化观点是构建潜在的中国观的关键要素之一。

吴于廑同齐世荣一起主编了一套新的六卷本《世界史》，在 1992～1994

---

① 见 J. Xia 和 L. Wan（2006），另见 C. Qian（2009）。

② 见 L. Xu（2007），第 342 页。

③ 尤其是在 20 世纪 90 年代及以后的时期，这个问题成为中国世界史学家讨论的主题。例如，见 C. Hu（1995），第 128 页。

④ 例如，20 世纪 90 年代早期：Z. Li、M. Gao 和 X. Tang（1991）。

⑤ 例如，见 Y. Wu（1995）；Z. Li（1994）。另见 L. Xu（2007）。

年出版（简称"吴齐本"）。① 书中有各种重要的变化，反映出中国在 20 世纪 70 年代以后经历的一些关键的政治发展。最显著的是，吴齐本遵循了中国学术的一些主要潮流。虽然他们并没有打破将 15～16 世纪看作欧洲开启的世界历史新时代的开端这一思想，但在他们的著作中，西方的革命如英国资产阶级革命不再被视为重要的世界历史里程碑。相应地，更持久的变化如"农业革命"或"工业革命"被赋予更多的叙事空间，以便说明对历史力量的一种线性的但同时更加渐进的理解。按照这种方法，该书将更为模糊的 19～20 世纪之交这段时间而非十月革命看作现代和近代时期之间的近似过渡。② 根据吴齐本的观点，现代历史的特点是由于技术和科学的发展以及后来的殖民秩序崩溃所导致的空间的重要性收缩。

　　此外，两位学者都强调，现代导致跨地域一体化的力量不应该被理解为指向日益同化的世界的矢量，而应将其看作以本地的、各国的特定方式表现出来的全球变革。③ 吴于廑和齐世荣建议，应该将纵向视角和横向视角结合起来分析地方主义和全球主义之间的这种相互作用。纵向视角应当追溯各个国家长期的历史发展和变化，这里的分析范畴仍然紧紧围绕着马克思主义的概念如生产方式。横向视角着眼于跨区域交流、影响和共同变革的日益加深。根据他们的观点，这些因素导致了迄今为止的各种单独的历史彼此日益紧密地纠缠在一起。通过横向视角和纵向视角的结合，中国在吴齐本中获得了高度呈现，而且中国与东亚和整个世界的一些相互联系也得到了强调。

　　从该书的指导思想和关键表述可以看出，这套《世界史》与罗荣渠等现代性理论家所倡导的历史观非常吻合。近期其他的世界历史研究方法，也都强调全球变革的思想，朝着相似的方向前进，把现代性和现代化等概念放在了突出的位置。例如，北京的一位著名世界史学家钱乘旦，他和一些学者认为在过去的几百年里，现代化进程构成了世界历史发展的核心。④ 然而，突出现代化范式并不一定会引发适用于各个时期去中心的世界历史观运动。事实上，一些核心的"欧洲中心论"的假设在前现代时期的史学中经常获得肯定。例如，在强调现代化思想作为一种强大的全球性转变的

214

215

---

① Y. Wu 和 S. Qi（1994）。有关的批判性讨论见 L. Xu（2007）。
② 见 Y. Wu 和 S. Qi（1994）。
③ 另见 F. Dong（1996）。以下见 L. Xu（2007）。
④ C. Qian（2003）。认为跨文化的联系一直都是世界史的一部分，见 Y. Zhang（2001）。

同时，中国许多标准的世界史教材倾向于把早期现代欧洲史描绘成先进的和进步的，而把东亚、非洲和世界其他地区的同一时期描绘为停滞时代。① 一个相关并且共同的主题是将中国描绘为世界上最持久的文明，而它在16世纪开始落后。② 此外，在许多作品中，欧洲被视为现代性和资本主义的摇篮，而世界其他地区主要是根据它们与不断扩张的欧洲之间的接触和经验来对待的。③ 早期现代性等概念对中国19世纪前的资本主义、公共领域和生活水平提出了截然不同的解释，但迄今为止这类方法在世界史的书写中影响有限。

尽管欧洲经常被描述为全球现代化进程的中心，但在中国，那些不再接受欧洲作为现代世界唯一创造者的观点的史学家，现在日益获得更多的支持。④ 此外，大部分著作至少默认现代化（随着其向全球发展）并不等于西方化这个观点。就像在现代化的相关文献中，许多世界历史叙事主要是从一个国家的角度出发的，这个国家被认为已经找到了一种适当的方式将现代性与传统、自我与西方、全球与地方结合起来。在世界历史教材中，人们日益看到这样一种思想，即在非殖民化时期之后的几十年里，世界已经进入一个新兴的全球力量和世界经济的多极化模式阶段。由于知识的发展以及这类政治期望的变化，现在人们对中国同世界其他地区的纠葛史表现出越来越浓厚的兴趣。由于现代性不再被概念化为一种普遍的转变，而是作为全球和地方相互作用的复杂模式，对许多历史学家来说，把"先进世界"的历史与中国研究截然分开是没有意义的。

216

作为这一进程的一部分，教育政策的制定已经更加重视研究各个国家与世界各地区之间的相互联系。例如，在2000年，历史课程标准更加强调以尊重其他文明和整体史视角为教育目标，以替代基于西方冲击和中国反应观念的二元模式。⑤ 2003年的课程标准继续努力消除中国史和世界史之间的障碍。⑥ 在其他方面，还有建议应当按时间单位而非世界

---

① 例如，见 Y. Wu 和 S. Qi（1994）。
② 见 X. Li（1997）。
③ 例如，R. Pan 和 C. Lin（2000）。该书始于17世纪英国革命，终于俄国革命。大部分篇幅用于描述欧洲内部的历史，而对世界其他地区，主要是从殖民主义或反殖民主义斗争的角度来描述的。另见 Z. Li（1996）。
④ 例如，见 W. Ruan（2001），另见 L. Xu（2007），尤其是第342～345页。
⑤ 见 Y. Jiang 和 K. Wu（2005），A. Huang（2000），另见 Jones（2005）。
⑥ 这在上海的课程标准中体现得尤为明显。

各地区来组织单章主题，从而为整体考察跨地域交流带来更多的叙述可能性。①

同样，中国学术界也发生了重大的制度变革，其目的是为了培育跨国史和世界史的学术新形式。例如，2004 年首都师范大学建立了一个全球史研究中心，② 并开设了一些全球史领域的课程。根据一些重要学者的观点，"全球史" 被认为应当克服世界史与中国史的分界线，并且将学术转向更加去中心的分析模式。③ 首都师范大学这些发展背后的推动力在中国学术界并非孤立，最近由 37 位教职人员（每个人都代表相应的机构）进行的一项调查就证明了这一事实。其中有 35 位受访者表示他们已经熟悉 "全球史" 领域，并将之看作朝向克服 "欧洲中心论" 叙事的一步。④ 在这种变化的氛围中，近期西方全球史教科书的翻译受到了欢迎，这些书试图摒弃世界历史发展中心的思想，而是集中于跨地区的互动等主题。⑤

217

虽然 "全球史" 这个术语已经大受欢迎，但是在当前的学术文献中这个表述使用的方式具有显著的差异。例如，一些作者使用该术语表达对后殖民理论的赞同，而其他人在采取相当线性或发展的观点研究历史时也使用这个术语。⑥ 面对如此不同的解释，许多作者并没有仔细区分 "全球史" 和 "世界史"，而是互换使用这两种表达方式，这并不奇怪。虽然有一些与此相反的努力，但是在中国目前的研究形势中，全球史和世界史之间仍然没有一个清晰的纲领性区分。⑦ 大量学者都赞同应当更加注重研究跨国纠葛的目标，但他们更倾向于使用 "世界史" 这个术语，甚至是其他领域的名称。因此，同德国和美国的情况一样，在中国学术界，全球史领域需要被看作充满活力的研究形势的一部分，其术语和趋势是紧密交织在一起的。

在中国语境下，如果认为诸如 "全球史" 这样的领域名称在很大程度上与对国家或民族主义的批判观点相一致，这将是错误的假设。事实上，

---

① 见 H. Che（2004）。
② 见 Q. Wang（2010b），X. Liu（2007）。
③ 见 W. Zhang（2008），另见 M. Cheng（2009）。
④ 见 J. Xia 和 L. Wan（2006）。
⑤ 例如，Bentley 和 Ziegler（2002）。
⑥ 例如，L. Wang（2002）。
⑦ 例如，见 P. Yu（2007b）。

一些著名的、具有政治影响力的学者，例如中国社会科学院世界历史研究所前所长于沛等人，已开始使用"全球史"这一术语，[①] 同时也努力积极捍卫以国家为中心的观点。在于沛看来，中国的世界史书写应当谨防可能会挑战中国历史本土性观念的趋势。[②] 基于国家是大部分史学研究最适宜容器的观念，于沛和其他一些学者认为，中国世界史思想的概念转向最终应该克服学生—老师的关系，这是很多中国知识分子长期以来对西方认识的一个特点。[③] 他们认为，虽然未来中国需要进一步开放自身、吸收国外的思潮和观念，但其世界史学家也应该加强努力，克服学术研究中的"欧洲中心论"传统。

在许多情况下，对这种新的世界历史观的需求，与世界秩序的变化以及中国在国际体系中地位的提高有关。[④] 历史研究的发展也得到了国家教育委员会（National Education Commission）和 20 世纪 90 年代初期的爱国主义教育活动的大力推动。[⑤] 由于种种原因，全球化或现代化等概念在中国学者中得到了广泛的应用，然而并未被理解为挑战国家或文明归属观念的过程。与国家认同和文明认同的现代、跨国和构造的特征有关的理论，在中国当今的学术文献中同样处于边缘地位。在许多出版物中，中国的国家和文明概念被认为是颇为永恒的。[⑥] 尽管如此，丰富的研究领域内的许多发展，促进了对中国国家历史整体观念的新研究。

4.8 持续变化的空间

中国的历史学是快速变化的学术环境的一部分。在过去的几十年里，中国的大学制度经历了扩大和改革，就其规模而言，与 20 世纪早期的变革相比并没有落后很多。政府投入巨资，对"文革"之后相当贫瘠的学术界进行扩大发展。[⑦] 特别是从 20 世纪 90 年代中期以来，增长速度惊人，高等

---

① P. Yu（2007b）。

② P. Yu（2004）。另见 P. Yu（2009）。

③ P. Yu（2003）；P. Yu（2001）。

④ 例如，见 J. Hou（2000）。最近有关进一步讨论的概要见 F. He 和 P. Yu（2005）。

⑤ 见 S. Zhao（2004），第 6 章；Spakowski（2005）。

⑥ 此外，在相当多的出版物中，中华民族（Chinese nation）和文明的概念被视为同义词。同欧洲或中东等世界其他地区相比，这在中国历史上是相对容易的步骤。在这里，设想的国家和文明话语的图景通常显得很不协调。

⑦ 见 G. Yan（2009）。

院校的学生入学人数从 1978 年的约 86 万人上升到 2010 年的 3000 万人。① 这一发展背后的推动力很大程度上是大众教育的形成，其预期目标是到 2020 年，使一代人中的大约 40% 接受大学教育。根据邓小平理论的指导原则，加强国民教育体系的措施与国际化的努力密切相关。例如，1978～2000 年间约有 35 万中国学生出国留学，而在 21 世纪的第一个十年间，这一数字已经上升到 100 万人。② 在扩张大学部门的同时，政府决定帮助建立新的优秀学术中心。例如，几所高等院校被选为"国际级大学"，现在被赋予特殊的资助机会，以使其在全球范围内更具竞争力。③

　　中国学术政策的主旨是针对自然科学和应用科学，但是社会科学和人文科学也受到很大影响。例如，随着知识分子移民潮流的兴起，加之回国学生比例的不断上升，已经开始改变许多学者的个人经验基础。2005 年，一项对中国大学的 37 家世界历史研究机构的调查显示，大约 42% 的教职员工至少接受了部分海外培训，④ 主要是在西方国家。除了加强学术流动性外，还努力加强中国大学在跨国学术机构中的参与度。例如，上海的复旦大学历史系最近加入了一个全球研究领域的跨国组织，需要进行学生和教师的交流。⑤ 值得一提的还有中国与其他国家在历史学的研究生课程中的大量合作。⑥ 而且，在 2003 年中国允许对外国大学开放之后，几所中外合办的高等院校在中国的土地上开办。⑦ 此外，越来越多的中国历史学家参与到全球和东亚正在形成的研究网络，并为学术合作方式的跨国化做出贡献。⑧ 中国学者在世界史领域充满希望的发展中发挥了重要的作用，例如 2008 年在天津南开大学成立了亚洲世界史学家协会（Asian Association of

220

---

① 见 Kirby（2008）。教师职位的急剧增长已经对研究产生了影响。中国大学和研究中心生产的出版物数量仅次于美国，位居世界第二。

② 《中国出国留学人员逾 139 万》，《人民日报》海外版 2009 年 3 月 26 日。

③ 见 Guthrie（2006）。

④ 见 J. Xia 和 L. Wan（2006）。

⑤ 见 www. uni – leipzig. de/gesi/emgs。

⑥ 例如，北京大学和美国珀杜大学（Purdue University）的跨国史和世界史方面的研究生交流项目见 http：//baokao. china – b. com/lxrz/20090210/7812_ 1. html；中山大学和日本早稻田大学（Waseda University）的研究生交流项目：http：//history. sysu. edu. cn/bencandy. php？fid = 22andid = 1961。

⑦ 宁波诺丁汉大学（The University of Nottingham Ningbo）是第一所获得中国教育部批准的中外合办的大学。见 www. nottingham. edu. cn。

⑧ 关于东亚的一些例子如"全球史和海上亚洲"项目的讨论，见 Akita（2008）。

World Historians），该协会一年后在大阪（Osaka）举行了首次会议。①

虽然在中国大学的广泛领域中，具有跨国教育背景的学者数量正在上升，但是国际合作的可能性在中国学者中仍然分布不均。这种情况已经引起了一些担心，即少数的全球参与者与大多数中国历史学家之间的差距将继续扩大。② 然而，至少在研究型大学中，科研和差旅资金日益充裕，教师和学生的流动性越来越高，这可能会减少拥有全球联系的学者和行动范围仅限在中国境内的学者之间的差距。如果目前的趋势继续下去，那么这些分歧就很可能会与德国、美国等国家的模式相似。

中国学者与国外大学保持密切联系，是跨越中国边界的观念、思想和人员交流背后的重要社会力量。③ 当然，国际合作研究的发展并不一定导致历史范式的跨国化：在一些情况下，它甚至将国家中心的历史观具体化了。例如，在围绕二战和日本帝国主义的历史研究中可以看到这种发展。④ 在中国、日本和韩国的三国教科书委员会中，明确的国家视角很盛行。2005 年，第一本共同的教科书以三种语言出版，⑤ 但编写单一章节的责任仍由各国的委员会负责。这种设置促使该书仍然相当分明地划分为各国的特定观点，因此并未能有力地推动跨边界视角的发展。⑥

然而，作为一种整体趋势，中国大学与国外大学之间日益加深的联系，与中国史学文化中的一些变化产生了良好的共鸣。不过，如果假设一些不明确的"国际影响"单方面改变了中国的史学学术状况，那就过于简单化了；伴随着学术生活的国际联系不断增长，方法论多样化的日益发展当然也需要与之结合起来看待。在过去的 20 年里，中国的史学已经成为一个非常多元化的领域，许多不同的学术团体追求的研究兴趣可能超出了学科的主流趋势。除此之外，众多的分支领域和学术兴趣组织已经开始建立自己的跨国合作模式。

例如，虽然以国家为中心的观点在中国史学家群体中仍然占主导地位，

---

① 见 www. let. osaka - u. ac. jp/seiyousi/AAWH/index. htm. 此外，新加坡国立大学成为颇具影响力的活动中心，促进了亚洲内部的交流以及在全球和地区背景中将亚洲地区概念化的研究。有关新加坡国立大学校级的研究机构的概述见 www. nus. edu. sg/research/university. php。
② 例如，对这种差距的问题化的讨论见 Leutner（2003）。
③ 例如，见 Cheek（2007）。
④ 例如，见 Q. Ren、L. Hu 和 Y. Wang（2004）。更多例子见 Spakowski（2008）。
⑤ 《东亚三国的近现代史》共同编写委员会（2005）。
⑥ 见 Spakowski（2008）。

但将东亚作为一个历史区域来研究的兴趣也日益浓厚。一些研究放弃了严格的国际视角，转而研究跨区域的纠葛，例如将环东海地区作为一个互动空间来探索。这部分文献概述了进一步研究互动区域的可能性，而这些互动可能无法从国家中心的视角加以把握。[①] 此外，对东亚地区前现代经济或文化交流模式的讨论，也见证了新的研究方法的不断涌现。[②] 近年来，对过去两个世纪中的东亚内部互动的研究也是如此，其中一些研究是在"现代化"等概念的支撑下解决的。[③] 此外，前现代东亚、后期东亚、泛亚洲或相关身份的地区意识形式的历史，也引发了日益增长的研究兴趣。[④]

222

在某些情况下，对地区和跨区域动态的兴趣日益浓厚，是与历史化的追求紧密地联系在一起的，这也意味着对将民族国家视为历史互动主要框架的质疑。例如，彭慕兰的《大分流》等作品被翻译成中文，并在学术界引发了知识分子们极大的兴趣，这并不是说它们没有遇到强烈的反对。[⑤] 一些有影响力的学者甚至认为，中国的世界史学仍然乐于接受政治边界作为其主要分析单位。[⑥] 此外，汪晖等一些知名理论家认为，有必要更加密切地研究全球和地区互动的重叠空间，正是这些空间导致了国家主义在东亚的出现。[⑦] 毕竟，在可观的中国现代思想史中，汪晖试图从狭义的国家解释中找回中国的内涵，例如，重视亚洲内外的复杂重叠的历史关系。[⑧] 事实上，一些研究已经开始追踪国家主义和国家史学在中国以及其他国家传播背后的复杂网络和纠葛。[⑨]

223

其他学科的发展同样促进了中国的跨地域学术研究的成长，更多的项目开始着手研究中国各省份和地区的复杂的外部联系。[⑩] 与德国和美国类似

[①]　有关方法论的讨论见 Z. Ge（2010）。另见 R. Wang 和 L. Song（1999），Y. Shi 和 L. Hu（2005）。

[②]　例如，F. Chen（2009），G. Chen（2006）。

[③]　有关讨论见 S. Kwok（2004），特别是第 56 ~ 58 页。

[④]　例如，W. Li（2005），F. Chen（2007）。

[⑤]　A. Frank（1998）的翻译也引发了激烈的争论。有关这两本著作见第 2 章。关于这两本著作在中国的被接受度的讨论见 H. Guo（2002），B. Liu（2000）。

[⑥]　例如，G. Pan（2000）。对中国的区域多样性日益增长的兴趣见 J. Wang（2001）。

[⑦]　见 H. Wang（2002），另见 Z. Wang（2001）。

[⑧]　见 H. Wang（2004 ~ 2007）。

[⑨]　见 S. Peng（1992）。有关日本对梁启超启蒙思想的影响，见 K. Zheng（2001）。有关欧洲、日本和中国在地方自治思想上的相互影响网络见 D. Huang（2002）。

[⑩]　例如，对明朝晚期长江下游区域的跨地域联系的强调，S. Fan（2003）。

的是，连贯的国家叙事思想至少隐含地受到新形式的社会文化史的挑战。①
在一定程度上，中国这些领域的新方法受到国际上流行的方法论的影响，②
同时还有些尝试试图使社会史观念适应中国史学的特定文化和结构。③ 不管
怎样，社会文化史最近涌现的几股潮流，力图揭示过去的一些方面，而这
些方面往往在通常的国家历史表述中居于次要地位。例如，很多社会史学
家开始更加关注性别问题、边缘群体如澳门的非洲人等议题。④ 虽然大部分
新的社会史研究限于中国，但一些研究项目开始探索多样的空间。例如，
在海外华人社区的研究中有一种明显的趋势，即将中外历史的各个方面联
系得更紧密。一些研究集中在诸如中国移民与其家乡之间的持久联系等主
题上，这些联系以非常不同的方式影响中国的各个地区。⑤ 海外华人史学涉
及的其他跨国主题，还包括移民工人中的地方宗族模式的连续性以及东南
亚华商网络研究。⑥

　　广泛的其他领域也出现了新的研究方法，探索替代性的空间概念。例
如，一些学者在跨国导向的政治文化史的指导下，研究了 19 世纪和 20 世纪
之交的中国新词语的历史。⑦ 在更一般的层面上，语言交流方面的研究活动
水平不断提高，这些交流极大地改变了汉语、日语和其他语言，在 19 世纪
后期和 20 世纪早期尤为明显。⑧ 另外，至少有一些国际关系史中的研究对
跨国传播话语和世界观对决策层的影响等问题变得更加开放。⑨ 在对国际
法、政府间组织以及更广泛的相关政治思想和舆论的全球传播的研究中，
也可以看到类似的趋势。⑩ 值得注意的是，这些领域中的一些研究正在从将
西方或日本视为主要舞台转向跨国史或全球史的视角。例如，一项对 20 世

---

① 见 Leutner（2004），特别是自第 72 页起；N. Yang（2001）。

② 例如，后现代主义对史学的影响至少促进了某些类型的文化史的出现，见 Q. Wang
（1999b），Y. Zhang（1998）。

③ 例如，见 S. Zhao 和 Q. Ding（2001）。

④ 例如，见 S. Zhao（2002）。对有关缠足的现代评论的批判性研究，见 N. Yang（2002）。关
于澳门的非洲人，见 K. Tang 和 H. Peng（2005）。

⑤ 例如，见 G. Ma（2000）。

⑥ 见 L. Zeng（2003），H. Liu（2000）。

⑦ 见 X. Huang（2009）。

⑧ 例如，G. Shen（2008），G. Jin 和 Q. Liu（2009）。在美国这个研究领域明显地受到 L. Liu
（1995）的推动。

⑨ 见 L. Xu（2001）。有关中国对中德交流史研究的更详细叙述见 K. Xu、J. Xu 和 Y. Chen
（2006）。

⑩ 例如，从跨国视角剖析国际法的各个方面，见 X. Ling（2009）。

纪 20 年代亚洲部分地区的现代化修辞的研究得出的结论认为，中国的"现代化"一词可能是从土耳其语输入的。① 此外，中国的比较史研究领域现在有一种趋势是在更广泛的全球背景下思考跨地域影响和所有被比较对象的纠葛。

在作为一个独特的研究和教学领域的世界史中，社会文化史的研究获得了成长。② 在这个领域的一些学者的眼中，这些发展和其他发展已经开始使中国的世界历史学极大的多样化。③ 在不断变革的学术界和社会中，如此迅猛的学科变化要求人们回答中国世界历史学的未来发展方向问题。关于此类和相关主题的讨论已经开始了。

4.9　在全球层面重新定位史学？

近些年来，中国有很多学者呼吁世界史摆脱其旧有研究路线，进入最终可能会与未来相关的新领域。④ 例如，有人建议，未来至少有一些世界史研究应围绕关键问题的研究来构建，而不是某些时期或世界某些地区。⑤ 此外，还有一种观点认为，中国的世界史学需要继续密切追踪西方的学术发展，但不必再拘泥于其中。⑥ 尽管如此，许多学者和制度建设者开始认为，面对瞬息万变的世界，中国的世界历史学将需要扩大与世界其他地区的大学的联系。⑦ 此类观点往往意味着中国应该对西欧、北美和东亚以外的世界其他地区获得更多的学术专业知识。长期以来，西欧、北美和东亚这个"黄金三角"主导着中国的全球意识水平，这从制度上体现在中国的大学之中。⑧

中国走向世界的思想与中国国际地位的上升往往相当公开地联系在一起。一些出版物的标题（如《新世纪我国的世界史研究要上新水平》）是以

225

---

① 见 B. Lin 和 Z. Dong（1998）。

② 见 L. Xu（2010）。

③ 参照 P. Yu（2006），D. Jiang（2000），P. He（2000）。

④ 例如，A. Li（2001），X. Xiang、F. Song、J. Wang 和 H. Li（1999）。

⑤ 例如，P. Liu（2004）。

⑥ 例如，Z. Lin 和 Y. Liang（2000），H. Liu（1999）。另见 C. Qian 和 J. Liu（1999）。

⑦ 例如，见 Z. Yi（2000），M. Yi（2001），Z. Cui（1996）。提倡更多的外国史专业知识和与不同国家的更多交流，见 C. Zhang（1994），P. Yu（1994）。

⑧ 建议各个大学都在世界某个特定地区的研究上积累专业知识，见 S. Qi（2000），Y. Wu（2003），H. Zhang（2002）。

未来为导向的思潮的一种显示，有关这一研究分支的新方向的想法在其中发展。① 但是，这也提醒人们，尽管存在理论多样化和学术国际化，国家认同仍然是中国世界史研究中的一个强大元素。事实上，两者往往被视为同一枚硬币的两面：类似于对现代化和国家未来的讨论，世界史领域的许多重要学者认为，中国需要通过而非罔顾与世界日益紧密的联系，进一步发展研究世界历史的特定方法。② 由此看来，中国史学应该从适用于本地的角度更谨慎地审视西方理论，这一建议与不断变化的全球环境中的国家利益至上的想法，至少经常隐含地联系在一起。③

因此，有理由将日益增长的建立明确的中国世界史观的要求看作历史新视野的开端，其中既有国家基础，但同时也并非没有全球抱负。④ 然而，目前发展特定的中国形式的世界史的努力，主要是针对"欧洲中心论"的各个方面，而"欧洲中心论"已经深入中国知识界内部。从这个意义上说，寻找所谓的中国视角主要是由于认识论的能动性缺失感而产生的。事实上，在中国有一个值得注意的趋势，就是努力突破已经长达一个世纪的根据外部社会定位自身学术的现象。一些有影响的中国学者走得更远，甚至开始明确地与西方学者的观念保持距离。⑤ 不过，很多对英语国家的霸权角色做出的批判，以及其他一些理论，往往倾向于对"西方"及其知识景观采用相当刻板的观念。例如，在学术出版物中经常会遇到这样的观点：线性和普遍的现代化理论在大西洋世界的学术界中仍然处于主导地位。大部分的美国和欧洲的学术界在过去的几十年里抵制"西方中心论"的重要运动，常常得不到中国学者充分的重视。因此，中国最近的认识论批判有一部分更多地是针对构建的、想象的和内在化的西方，而非深入研究大西洋世界以及其他地区目前的学术状况。

对于什么是中国独特的世界史观的讨论，可能看起来仍然不明确。如前所述，有相当多的文章将马克思主义观点作为区分中国和世界大多数其他地区的世界史研究的主要因素之一。⑥ 然而，马克思主义作为潜在的中国

---

① 见 J. Hou（2000）。
② 例如，F. He（2004），S. Qi（2000），Y. Wu（2003）。
③ 例如，见 G. Zhang（2000）。
④ 相关的讨论见 Karl（2005）。
⑤ 见 D. Liu（2001）。
⑥ 例如，Y. Zhang 和 S. Hu（1999），L. Kong（2002），S. Li（2001）。

视角的主要支撑的想法，仍然常常以一种非常有原则的方式呈现出来。只 227
有一小部分学术文献试图积极采取中国、美国、拉丁美洲或其他地方的新
马克思主义方法。这是一个错失的机会，因为复兴的马克思主义的世界史
观可能会与其他领域如社会文化史的许多发展具有协同效应的潜力。①

为什么大多数以明确的中国世界史观为出发点的学术文献，没有转向
集中讨论中国模式的最近发展，这也可能是主要原因之一。例如，"新左
派"等知识分子群体中出现的批评性观点，认为中国体系中的马克思主义
目标和社群主义价值观逐渐受到侵蚀，而在围绕着世界史中的中国声音的
学术文献中，这些观点并没有发挥显著作用。然而，如果将当地具体的方
法应用于全球史和世界史思维的主张，是建立在替代性的、现实社会的、
文化和政治的经验基础之上，那么这一点就很重要了。有关中国现代性和
中国世界史研究方法等主题的理论文献之间的日益接近，可能会引出非常
重要的话题，其中包括对霸权的新的、历史性的批判，以及世界秩序的不
同视角。钱乘旦正朝着这个方向前进：

> 首先，不言而喻，现代化是当代中国的主题……现代化指导
> 下的世界现代史的新的科学框架，可能有助于建设具有当代中国
> 特色的世界现代史，从而使这个框架成为话语中的重要组成部分。
> 中国的世界史长期以来一直借用外部的框架。但它已经达到相当
> 成熟的阶段，现在可以尝试采用自己的框架。②

最终，中国特色的世界史观问题会深受未来政治发展的影响。例如，
这将在很大程度上取决于中国是否会在国家凝聚力的首要性基础上继续发
挥全球作用，或者万花筒式的地方或跨国的经济结构、文化流动和认同模 228
式是否将继续演变并影响其社会和学术生活。③ 在不久的将来，如果将对西
方话语或全球性主导视角的去中心化追求，转化为学者们对于顺应所谓的

---

① 例如，呼吁与西方新马克思主义思潮进行对话，见 H. Sun（2002）。
② C. Qian（2009），第 17 页。钱乘旦撰文指出：当代中国的主题是现代化，对此人们已无可异议；以现代化为主题构建世界近现代史的新学科体系，就有可能创建出具有当代中国特色的世界史学科，从而使这一体系成一家之言；中国的世界史学科长久以来一直是沿用外来体系的；现在它已达到相对成熟的阶段，可以尝试创建自己的体系了。钱乘旦：《以现代化为主题构建世界近现代史新的学科体系》，《世界历史》2003 年第 3 期。——译者注
③ 关于东亚的重叠的地区主义思想，见 X. Chen（2005）。另见 Leibold（2006）。

中国声音的单声调或过度和谐的合唱而承受的更大压力，这对中国的世界史研究来说将意味着巨大的损失。在过去的几十年里，情况并非如此，世界史和其他研究领域的研究方法变得日趋多元化。但是，这并不是说在跨国视角上没有其他的限制。①

新的空间概念越来越频繁地出现在新形式的社会史、文化史和其他研究方法之中。例如，在地方一级，至少现在对于中国的底层群体来说，可以通过自下而上的方式更容易地表达自己的观点。② 迄今为止那些特殊的研究领域和主题如环境史、跨语言交流等方面的情况也是如此，其重要性在不断上升。同样，支持新的跨国视角的学术活动越来越频繁，而且这些活动在某些情况下彼此呼应配合。例如，一些关键的区域主义项目就是如此，来自东亚不同国家的学者们开始讨论少数民族、社会和其他问题。③

然而，跨国史和世界史研究的这些以及其他的多元化方面，不应被理解为贯穿中国史学景观的主流。正如本章所述，在过去的 20 年里，爱国主义、方法论国家主义、线性历史观继续在中国学术界发挥核心作用。为什么解构进步主义或方法论国家主义之类的概念世界的种种努力在中国社会科学和人文科学领域没有达到同样的影响程度，对此已有不同的尝试来做出解释。例如，一些学者如墨子刻（Thomas Metzger）认为，需要在中国悠久的知识传统的背景下看待目前的研究方法、观点和方法论偏好的重心。墨子刻认为，其特点是强烈的认识论乐观主义，主要集中在通过自身努力来改善人类状况的信念上。④ 一些学者朝着不同的方向，强调具体的知识分子心态和 20 世纪国家建设过程在中国学术界形成的对现代化努力的信奉。⑤ 其他人则指出诸如政府影响、国家主义在中国高校中的显著地位等因素，⑥ 或者是广泛的中国社会范围内（包括大多数知识领域）对发展中的政治和经济模式的高度支持。⑦

在努力将中国史学主要趋势放在背景中考察时，中国的学术文化为什

---

① 例如，见 E. Feng（2009）。
② 参照 Duara（2009），特别是第 64 页。
③ 例如，见 www.culstudies.com；www.arenaonline.org。更多信息见 Spakowski（2008）。另见 Yuzo 和 G. Sun（2001）。
④ 见 Metzger（2005）。
⑤ 例如，见 Duara（1995）。
⑥ 见 C. Cheung 和 S. Kwok（1998）。
⑦ 例如，见 Wright（2007）。

么没有像西方一些社会那样，经历着类似的认识论变化模式，这一问题不应被视为指导原则。这种方法有可能会面临将美国等国家的学术界发生的学术变革作为衡量其他发展的标准之风险。事实上，更极端地说，这种立场在概念上与将西方经验定位为更广泛的认识论演进的规范模式密切相关。这肯定意味着忽视了美国与世界其他地区都存在的继续适用于跨国史和世界史书写的高度多样化的当地特定因素。忽视这些因素也意味着忽视世界各地不同学术体系之间的实力差距等关键性问题。

　　这使我们回到本书开头部分讨论的问题。有许多理由认为，大学体系之间日益增长的纠葛不会导致学术方法的全球趋同。更确切地说，未来至 230 少有一种可能性，各种差异可能会被更加明显地强调、构建和表达。虽然在全球史和相关研究领域发展多元视角和多个话语中心很重要，但是树立能够积极反对政治对立的思想而非被其所塑造的未来学术展望，也同样重要。

231

第5章 结语：多元世界中的全球史

5.1 五花八门的模式

　　一系列深入的个案研究将会为我们认识全球史这一广泛的学术趋势提供更多侧面。例如，对印度的学术团体做更为深入的研究自然是非常有吸引力的，因为印度的世界史思想涉及诸多方面的背景，这包括有关国家认同的政治斗争，以及本国历史学家协会与西方社会的后殖民理论之间纷繁复杂的关系。通过对一些国家，如东方的日本、西方的阿根廷、南方的澳大利亚和北方的俄罗斯等国的其他各种学术领域的深入观察，我们也能得到一些重要见解。① 在各个案例中，跨国史和世界史的学术具有全球性纠葛与地方特性复杂互动的特点。这种地方特性包括特定的社会文化环境和政治环境，以及不同的学术结构、基金体制、历史记忆形式和全球意识模式等。

　　正如上文对各种详细研究之可能性的简单介绍所表明的，在那些经常被冠以"全球史"名义的历史学分支中，研究者很容易就会迷失在无尽的特性和变体研究里。不过，最重要的问题是，世界范围内的全球史学术还具有很大差异，即使全球的众多研究团体实现了跨国联系和内部分化，全球史学术的差异性也不会随之消失。因此，在对这一研究趋势的现状与未来可能性进行思考时，全球史研究的这种复杂性是一个不容忽视的因素。而且，特别是当跨边界史学日益增加的重要性不是以西方为中心向外散播，不是产生于某个孤立的国家、地区或特定学术传统时，上述这种对背景的考察就变得格外重要。

232

---

① 除此之外，还可以对一些具有跨国影响的语言领域如法语世界和汉语世界的学术，进行整体的案例研究。有关此种可能的更详细讨论，见本书导言。

　　通过对美国、德国、中国的学术研究及其社会政治环境进行一个简要的概括式考察，我们可以得出结论：全球史学术的重心和主要路线仍然具有地方特征，至少在一些重要方面如此。在美国，一系列的发展变化导致了对跨国史和全球史研究兴趣的高涨，而我们在理解这些发展变化时，至少部分地要将其置于美国高等教育体系在过去的半个世纪所经历的重大社会变革与机构变革的背景之中。这些变化并非发生于孤立的学术界，相反，它们与各种政治发展紧密相关，虽然从表面看起来这种关联比较松散。首先，二战后，地缘政治激发了美国对非西方地区的专业知识的扩展和大学教育的普及，在之后的几十年中，此前因社会、文化和种族背景而被边缘化的学生们越来越多的接受高等教育。其次，自 20 世纪 60 年代起，在民权运动中为争取包容性的政治斗争，促使研究型大学的学生和教员群体日益多样化。

　　上述发展及包括机构改革在内的因素，引发了越来越多的人批判许多国家史和世界史学术书写中存在的特权视角。特别是从 20 世纪 70 年代起，新的历史学家群体通过更加关注妇女史、美国黑人史以及其他一些在美国许多重要的学术潮流中处于从属地位的群体的历史，来对各种（特权视角的）假设进行解构和多元化处理。与此同时，越来越多的区域研究学者和历史系学者，对世界史的欧洲中心视角以及有关西方文明特殊性的假设所带来的重大影响，进行了公开的抵制。对国家史和世界史学术固有形式的这种抵制潮流并不是源于一个明确的核心，而是可以从许多史学分支中感知出来，如经济史、文化史、性别史和殖民史等。特别是从 20 世纪 80 年代末和 20 世纪 90 年代开始，跨边界研究在观念日新月异的氛围风气中得以迅速增长，而且几乎遍及美国多样化史学研究环境的各个部分。如今越来越多的学者接受过两个或更多世界地区的历史训练，而在各自的研究中，他们也针对这些地区的空间、变革、内部互动、彼此互动以及与外部的互动进行探索。在一个活跃的研究环境中，"全球史"这个新词日益频繁地出现只是一个趋势的众多表现之一，这个趋势的主要特色是寻找新的空间概念，以克服各种迄今为止占主导地位的国家中心或西方中心的视角。

　　在德国，大学规模在 20 世纪 60 年代的扩张也使越来越多的新社会群体进入大学，但与美国相比，德国教员群体中的知识分子移民所占比例仍然非常低。此外，虽然德国在 20 世纪上半叶造成了具有全球影响的创伤，而且在 20 世纪下半叶也与外界产生多种层次的全球关联，但是德国的学

233

术体系长期以来仍然将非西方史和跨文化史置于边缘化的地位。直到目前，研究跨洲主题或非欧洲主题的德国历史学者的人数虽然有所增加，但仍然只占一小部分。实际上，德国历史科系中地区性学术的分布状况较之20世纪20年代而言仍未有太大改观。但德国的历史学术之所以被局限在国家导向和欧洲导向范围之内，与战前国家主义的延续并没有太大关系，而是由在战后以西方为导向的精神指导下，对德国历史的黑暗面的研究造成的。例如，20世纪60～70年代出现的学术更迭以及社会史的兴起，大体上是为了寻求新的批判性视角来对国家的历史进行思考，这样才能适当地将纳粹统治的根本原因置于历史图景之中。20世纪80年代末期德国的历史研究团体虽然向跨国史主题和全球史主题开放，但这并未形成一股强大的潮流，因为德国的重新统一将研究焦点又拉回到国家问题之上。

不过，特别是从20世纪90年代末以来，新式的全球史和跨国史研究开始在德国的历史学家群体中变得更加强大和醒目。在德国资本雄厚的基金会的支持下，越来越多的跨学科研究中心和学术网络体系为历史学家以及区域研究之间开展合作创造了良好机遇。受此影响，如今在历史领域越来越多的研究生都具有一定的区域研究背景。其中自然有英美学术的影响，德国也出现了一股高涨的研究兴趣，来寻求把欧洲历史（或欧洲各部分的历史）同世界其他地区的历史联系起来的新方法，这些新方法不再主要把欧洲定义为历史推动力的核心。虽然跨洲研究在各个领域呈现增长之势，但一些研究领域特别积极地将跨边界历史研究的重要进展引入德国的史学环境。其中就包括移民史和殖民史领域。这些领域也与一些公共话题的辩论有关，例如德国殖民统治犯下的暴行，或联邦共和国的多元文化等问题。从多种层面来看，德国对跨国研究和跨洲研究越来越大的支持力度，应当被置于德国在过去20年中进行的广泛变革的大背景下看待。除了不断变化的全球政治环境以外，因移民而引起的德国社会的多元化现象，也意味着德国的史学研究中需要添加新的地理意识。

与德国相比，在20世纪的大部分时期，外国史和世界史都在中国大学的机构设置中占有重要地位。不过，虽然中国平均约有1/3的历史学家曾在世界史机构任职，但不能因此就认为，历史研究倾向于均匀而直观地涵盖整个世界。主要受中国的政治制度和整体环境的影响，多数世界史研究其实只聚焦于某些选定的地区。中国现代大学的史学最初曾对西欧、北美和日本的研究投入了大量资源，在毛泽东时代的前半段，增加了对俄国和苏

联的研究力量。而在多数时期，对世界其他地区如拉丁美洲和南亚的关注
程度比较有限。20世纪上半叶以来的另一个显著的连续性是中国史与外国
史相当严格的分离。数十年来，这两个学术团体之间的相互影响很少，甚
至许多重要的世界史文本完全把中国的历史从整个图景中略去了。在许多
方面，这样的制度划分反映了中国在国家建设过程中的某些全球意识模式，
即仍然聚焦于一系列选定的参照性社会的不断变化。

　　特别是在过去的一二十年中，中国社会和学术界经历了迅猛的变革，
有越来越多的尝试致力于改变中国史学的这种制度框架。除了逐步增加对　235
其他非西方世界地区的研究力量之外，还有更多的共同努力来打破国家史
与世界史之间的壁垒。在此背景下，"全球史"这个词的使用变得越来越显
著和频繁。在另外一些项目中，目前有相当一部分学者在研究中国某一地
区与世界其他地区之间的关联、矛盾与互动。此外，包括社会史、文化史
和环境史在内的各个领域都经历了更多层次的、跨越了国界和洲界的研究
活动。尽管从20世纪80年代起，外国学术对中国学术界产生了非常深刻的
影响，但是围绕全球史和世界史领域展开的一些重要争论，走向与大西洋
世界大部分地区学术轨迹显著不同的方向。例如，经过修正的现代化理论
在中国的世界史学术中起着十分重要的作用。之所以如此原因很多，其中
包括中国学者的个人体验，以及对于把革命视为进步的关键这种理念的反
思等。此外，许多有影响力的中国学者把全球化和国家建设视为互为补充
的过程，继之以提倡具有国家特色的世界史观。

　　我们不能贸然得出结论，认为本书所讨论的这些例子代表了世界范围
内一些比较普遍的学术趋势。例如，把中国的情况理解成西方以外的更广
泛研究趋势的一个例子就是不正确的。尽管如此，对于构成美国、德国和
中国的全球史学术研究环境的总体背景，还是可以进行大致描述的。目前
院校史学在思想上的相互交融，足以使我们看到世界不同地区出现一些共
同的观念的转变。例如，在世界许多地区，长期以来构成现代院校史学的
根基的空间概念，已经越来越多地受到职业历史学家的质疑。虽然在早期
存在一些重要的批判形式，但只有到了冷战的后半期，特别是从20世纪90
年代初期以来，对于欧洲中心的主体叙事的质疑才在专业史学的公共领域　236
变得更加突出。在相关进程中，许多国家都出现了越来越多的努力，对国
家史的框架进行批判性反思，并对此前一些未得到充分探讨的历史空间进
行研究。

正如本书在第 1 章较为详细地指出的那样，在历史研究中，至少在世界上一些重要的地区，对替代性意象图的探索已经变得更加强烈了。如此做的原因也非止一端，但大都与变化之中的地缘政治现实和地缘经济现实有关，这些往往被归到新兴的世界多极化的口号之下。例如，历史研究受到了区域范围意识不断变化的影响，这在本书的三个案例研究中都能观察到。在过去的几十年里，美国、德国和中国的全球史和世界史研究以不同的方式各有发展，沿着特定的时间线变得更具区域多样化特色。例如，在非西方史和跨洲史已经开始在德国站稳脚跟的时候，中国的大学正在加强对欧洲、美国和其他参照性社会（很长一段时间内这些地区是他们的研究重心）以外地区的研究。

人们可以把此类发展理解为专业史学的概念世界于近些年来在等级制度上正在经历重大转变的一种体现。实际上，对于西方世界的历史研究和历史教育而言，把世界其他地区的经历边缘化的做法如今似乎已经越来越站不住脚了。对于同时强调本土史与西方史的做法而言，未来将有更多研究寻求其替代方案，有鉴于此，包括拉丁美洲与东亚在内的世界许多地区的全球史和世界史学术很可能将变得更加去中心化。在未来的几十年里，许多国家可能将把更多研究力量投向那些此前被忽视的世界地区的研究上，反过来这也将为新的跨地域学术研究提供机遇。有些戏剧性的是，当多数非西方世界在 19 世纪和 20 世纪的大部分时期里，在全球结构和史学文化中变得相当地方化之后，我们如今也许可以看到西方作为历史话语和学术生产源头的地位逐渐相对化的过程。

虽然有产生此种学术趋势的迹象，但我们距离一个"平等相待"和内在的"平等沟通"的世界还十分遥远。我们需要再次提醒自己，影响力的不均衡性和差距仍然是当今世界的全球学术形势的一个重要特征。虽然一些公开的欧洲中心论形式，如黑格尔式历史叙事的平面逻辑，在过去的若干年里已经趋于消退，但全球的学术环境仍然带有许多不平衡性特征。虽然有所变化，但西方学术的主导性仍然在各种机制中得到体现，比如广泛存在的对于世界其他地区的思想观点的忽视。此外，英语学术强大的全球影响力以及资助结构的差异性等问题，都指向了巨大的问题区域，需要我们相应地构建新的学科交流图景。显然，为了促进全球研究与跨国研究进一步向前发展，我们有必要在汇集各种学术经验的平台上加强论辩，从而能够对史学这种国际性专业领域的文化和结构获得新的批判性视角。

5.2　新的结构与模式

全球性大学的雏形出现于 19 ~ 20 世纪，但还不够完备，不足以支撑全球史和跨国史学者在未来可能选择开展的部分学术任务和学科对话。毕竟，在通常所谓的"洪堡模式"中，大学首先是一种地方性团体，深深地植根于特定的民族国家之中。在更早时期，一些高等教育体系的特点是以更直接的方式建立迁移和交流网络。如在中世纪盛期和现代早期的欧洲大学体系，以及在中国许多朝代，因"学而优则仕"的社会环境而成为常态的各种学术机构。相比之下，今天的大学结构，在开展更加持续的学术对话方面，特别是在跨越国家疆界或宏观的区域边界的学术对话方面，所提供的激励和机会还相对较少。当然，知识分子的迁移、科研基金等机制确保了学者在国家间和大洲之间的平稳流动。然而，特别是在历史和一些相邻学科领域中，大多数学者们的国际性合作往往限于参加某一专题研讨会和大会。会议论文大多被编辑成册，作者们具有多学科背景，很多此类著作提供了相应学术领域内的重要的单一研究。不过，这些文集的章节很少是持续的合作或对话的结果——这也是人们有时会将其戏称为"合订本"的原因。

在未来，新的学术体系需要在冲破过去主导着历史学术的意象图的情况下，共同发展。[①] 毕竟，如果支撑全球史的机构基础和知识社会学改变的话，一些课题，如殖民主义、帝国主义，以及统治与边缘化机制等，也必须以及时的、多边的方式进行探讨。理想情况下，这是新一代全球史学家的重要任务，也就是要废旧立新，创造一种更好的结构，使具有更加多边性的、更少国家中心性的历史视角能够从中得到发展。这不能也不应作为一种计划性的过程出现；相反，只有通过在新型学术工作模式框架下进行的大量新兴项目和实验，学术合作的新局面才有望形成。

当然，早在 20 世纪甚至更早些时候，就有建立持续的跨区域对话和大学联合会的努力。[②] 不过，经过一定时期的发展，只有到了近期，新的合作

238

---

① 参照 Wallerstein（1996），特别是第 94 ~ 105 页。

② 例如，有关 1898 年世界历史学家大会的信息见 Iriye（2002），第 14 页；有关 20 世纪 50 ~ 60 年代，以和平与正义为宗旨建立大学的国际性联合会的努力，见 Bungert（2010）。关于在 20 世纪 50 ~ 60 年代建立一个全球性历史学家团体的失败尝试，以及同期联合国教科文组织试图书写一种能够得到普遍认可的人类历史的尝试，见 Manning（2008b）和 Moore（1997）。

形式才开始变得至少不是那么遥不可及了。例如，随着文件能够以电子方式得到快捷传送，以及各种学术讨论网站上的订阅者和参与者越来越多，如今历史学家之间的专业交流已经达到了一个前所未有的高度。① 网络上大幅增长的原始资料和二手资料，使那些受限于资金、政治或个人因素的学者们更方便地工作。② 从这些以及其他层面来说，通信技术领域的革命，特别是互联网和电子邮件的出现，对所有的学术领域都产生了重大影响，对于史学这个仍须做更多深入研究和思想探讨的领域来说尤其如此。③ 国际交通运输领域的变化对当今世界的学者也具有很大影响，特别是相对于世界许多地区的收入水平而言，机票价格的降低带来了很大便利。与上一代人相比，国际会议和跨国项目的数量有了大幅增加。

239

对于总体上的学术合作尤其是全球史研究而言，上述发展为其体制结构的大变革铺平了道路。例如，在过去的几十年里，虽然跨国的工作团体和研究项目可能仍然属于总体模式中的一种例外，但它们至少已经变得更加常见和明显了。即使在史学这个相对于其他学科而言对地方性个体工作具有更多依赖性的领域，可能的合作模式也有很多。例如，值得一提的是国际性全球学术网络的扩展，其参与者之间的合作会持续好几年。④ 全球劳工史等领域出现了大量国际性研究项目，涵盖了来自世界不同地区的学者。⑤ 此外，韩国的"移动大学"、⑥ 全球经济史网络⑦等项目，就是对史学的意象图以及基础的学术体系进行尝试性改变的样本。跨国性研究生项目数量的上涨也同样具有重要意义，通过这些项目，学生们被吸收进入各种

---

① 有关世界史领域的网络论坛有 H – World（www. h – net. org/ ~ world），德国的"Geschichte Transnational"（http：//geschichte – transnational. clioonline. net）。

② 例如，见 Darnton（2009）。

③ 例如，与全球史有关的一些简要考察见 Barros（2004），特别是自第 33 页起。

④ 经济史学家与文化史学家运用新的空间方法进行共同研究的例子见 Hopkins（2002b），自第 4 页起。

⑤ 见 Van der Linden（2006）。

⑥ www. h – net. org/announce/show. cgi? ID = 174403。

⑦ 该网络是由若干所大学共同组建的，设立了各种国际会议和其他形式的学术交流。见 www. lse. ac. uk/collections/economicHistory/GEHN. htm。另一个例子是全球价格与收入组织（Global Price and Incomes Group）。为了便利数据的交流，为国际辩论提供平台，国际经济史协会已经着手讨论推广互联网研究中心的问题，这将使研究特定主题的学者互相联系起来。见 van Zanden。

网络或大学联合会，在不同的参与地接受教育。① 因此，可以预见，在世界不同地区培养出来的历史学家的人数在未来将持续增加。

但是，我们不能因为看到这种趋势，便抱有任何形式的发展狂热心理甚至是技术决定论：不断增加的联系性并不必然会产生分布更加均等的包容性。学术联系的可能性日益增长，虽然可能为我们提供许多机会，但与此同时，它们也会引发重大危险和新的问题领域。② 例如，随着主要国际学术中心在东亚和世界其他地区的发展壮大，全球学术体系以北大西洋世界为中心的状况很可能也有所缓解。但与全球政治和经济领域类似，③ 在学术界表现出的这种多极性秩序，并不必然昭示着一个更加平衡的体系即将到来。新的知识等级制度或文化帝国主义的竞争形式，有可能会以新的形式并在不同程度上重蹈边缘化模式和排外模式的覆辙。虽然一部分地区之间的互动越来越频繁，但也有一些地区，如拉丁美洲、中亚或撒哈拉以南非洲的部分地区，仍有可能被学术界所遗忘，游离于活跃的全球学术之外。

历史学家之间的国际交往虽然更加密切了，但还远不足以产生一个学术团体，来弥合全球学术领域的外围与中心之间的机会差距。从最基本的层面上讲，不同的基金结构与政治约束，使世界不同地区的大部分学者获得的资源、游学机会和学术参与机会也有很大差异。这种不均衡性不仅体现在富裕国家与贫穷国家之间，也会体现在同一社会之中。例如，在中国，具有必要的外语技能和资金来源且能够积极地参与国际对话和跨国项目的学者，虽然在人数上有所增加，但仍然只占一小部分。因此，在这里，同其他许多案例一样，在一个具有国际联系的精英学者群体，与一个更大的但实际工作经历没有超出某种国家性或区域性界限的学者群体之间，我们可以观察到某种差距。④

换句话说，那些周游四方、经常参加全球会议的著名学术代表，可能只是整个专业表层的浅薄现象。至少存在某些潜在的危险，即具有全球关

---

① 例如，见全球研究领域（全球史在其中占很大比例）的伊拉斯谟世界计划，该项目是由欧盟赞助的：www.uni‐leipzig.de/gesi/emgs。
② 有关整体上的学术网络见 Charle、Schriewer 和 Wagner（2004）。
③ 这种说法并不是就以下问题表明立场，即学术领域的结构性转变是否与地缘政治或地缘经济上的变化方向相同，或者是否遵循不同的逻辑。
④ 参照 Leutner（2003）。

联的那一部分学术界将越发成为一个唯我论的团体,与那些更多在本地活动的学术团体失去联系,成为一个自指性的学术网络。虽然这种超然的"全球主义者"视角既无法想象,也不值得追求,但把来自不同社会的学者视为某个学术体系甚至某个区域的代表,既是幼稚的,也是草率的。在未来,越来越多的历史学家将面临如下问题:为谁而写,在何种公共层面上开展活动,以及如何阐述全球史。

此类问题使人不免担心,某种语言是否会以更为尖锐的方式取得支配地位。在耶路撒冷希伯来大学流行着一则笑话,说上帝无法获得终身教职,因为他的书不是以英文出版的。① 这生动地体现了许多学术体系中的本国语言在当前所面临的巨大压力。不过,这则笑话揭示出来的潜在问题却是严肃而具有挑战性的。例如,全球学术交流程度的提高,是否将不可避免地导致英语和少数其他语言在全球范围内占据主导地位?对于一个长期以来都非常重视社会作用和政治责任的学术领域来说,这个问题是极为重要的。全球史在将来有必要从全球层面对交往的实践、政治和伦理维度进行深入讨论。已经有人提出了一些潜在的可能性,包括把英语从其母语环境中释放出来,作为学术通用语,以及试着在多语言环境中进行交流或运用新的翻译技术。

虽然我们不应幼稚地把日益深化跨国性学术交流当成灵丹妙药,但在尚未对现有的跨国性学术合作形式进行扩展并建立新的对话平台的情况下,我们几乎不可能对世界范围内的知识社会学中的等级制度问题进行更加深入的探讨。② 毕竟,如果我们认真对待视角的多重性和专业的自我反思性的话,就无法在尚未触及跨国性影响的差距和国家差异(它们阻碍了不同学术体系之间共享精神的建立)的情况下,提出一些与史学领域有关的挑战性问题。③ 面向世界各地历史学家的新互动平台可能会催生某些重要交流,

---

① 2008 年,在一场名为"全球范围内的全球史"(Global History, Globally)的由哈佛大学与杜克大学举办的会议上,Diego Olstein 在他的演讲中分享了这则笑话。在此表示感谢。

② 相关学者从不同的角度出发,以不同的术语选项对这些等级制度进行了论述。例如,一些重要的概念包括"世界体系的地缘文化"(world systemic geoculture)、"强国的殖民性"(coloniality of power)、"底层性"(subalterneity)、"霸权"(hegemony)以及更为直白的"偷窃历史"(theft of history)等理念。例如,见 Wallerstein(1997);Mignolo(2000);Chakrabarty(2000);Mudimb(1988)和 Goody(2007)。

③ 与世界主义有关的多数文献大体上都聚焦于网络,而忽视各种势力之间的结构性关联,这种关联恰恰是世界不同地区的思想家和作用者所无法克服的。参照 Glick - Schiller(2005),第 441 页。

有望突破两个极端之间的争论，例如，一边是直白的"西方中心论"逻辑，一边是复仇主义和本土主义观念的世界。找到新的方法使学术能够贯穿于这种两极对立的形势之中，将是至关重要的。史学的全球趋势的一大潜力就是，它能够使那些协调全球视角与地方视角的研究具有更大的学科分量和影响力，同时也能让两种视角在批判中互相完善。[①]

鉴于此类的问题和可能性，我们可以发现，随着全球互动的不断深化，这个学术世界已经变得越来越小；同时，由于具有地方色彩的观点可能会更多地出现在学术理论中，我们的学术世界也已变得越来越大。但不管怎样，院校史学和"学术人"作为一种专业类型，普遍存在于世界多数国家的这样一种事实，在很大程度上是受到西方主导地位的历史影响；与此同时，对于之前从未完全开展的全球性的重要讨论，它也带来了实现的可能性。在世界上许多学术界当中，要想使克服"欧洲中心论"的进程得到有力推进，可以从这种全球专业体系的结构上着手，而不是寻求回到所谓的连续的认识论传统上。[②] 历史学术的这种更具对话性和互动性的结构，必将为不同学术团体之间的相互交流提供更多新的知识机会和可能。毕竟，就像这些案例研究所表明的，正是各种不同的范式、兴趣范围和方法论偏好，才构成了世界不同地区的全球史学术的主流。

此外，学术互动中不断扩大的新的跨国性结构，将为学者们开启新的机会，使他们能在地方团体或国家团体之外承担公共责任。目前该领域不管是在机构设置上还是在思想观念上，大都是由民族国家塑造的，在这样一种领域中，这种跨国性责任范畴往往得不到足够的重视。跨国性学术合作的深化将有助于"使普通民众对全球进程产生更为清晰和深刻的认识，以免被局限在特定的国家政治情境之中"，[③] 同时也有助于其他目标的实现，这些目标往往与尚处于酝酿之中的全球公民社会理念有关。当然，全球性运作的学术机构和项目将有助于填补机构上的一种相对空缺，即那些主要聚焦于全球性主题或问题的机构。总之，用克里斯·贝利（Chris Bayly）的

243

① 相关但并不相同的建议和观点见 Kocka（2002）；Bhabha（1988）；Habermas（2000），第 183~193 页；Mignolo（2002）。

② 抱有类似观点的是 Goonatilake（1999）。

③ Batliwala 和 Brown（2006）。有关全球公民社会观念的概述，见 Keane（2003）。不消说，在多数学术体系中，政府仍然是一个重要的资金来源。当前在对公民社会的定义中，仍未把政府的参与排除在外。有关全球公共科学的概念，见 Chase – Dunn（2005）。

话说就是，"在一个国际主义的时代，我们仍然被固定在原地。我们还没有成为全球大都市的市民"。①

当前的发展状况迫切地需要具有全球思维和跨国关联的历史学家从中发挥更强的干预作用。一个既有全球意识又保留地方特色的史学分支，可以起到更为关键的作用，不仅是在人文和社会科学领域，同样也包括一系列地方性和跨地域性、国家性和跨国性的公共领域。例如，在与全球治理理念有关的一系列事项和问题方面，全球史学术和跨国史学术仍然有很大的发挥空间。对一些主题和议题，如全球环境风险与经济风险、合法性与公民社会问题等，进行更多的史学研究，有助于缩小史学同政治理论以及其他某些领域之间的差距；可以说，这种差距在过去的几十年中是有增无减的。② 此外，让那些在联合国等政府间组织或跨国公司中普遍流行的全球性话语形式，与一些历史视角进行更多的碰撞，也是非常重要的。③

在世界许多地区，在带有国家或文明归属色彩的话语的支持下，新的政治极端化形式可能不再是危言耸听，在此情况下，院校史学在政治认同中发挥的作用再度成为一个重要问题。④ 在排外性认同不断侵蚀语境性认同的大环境下，甚至连一些容易催生文化成见和民族偏见的世界史叙事类型，在全球许多社会中也有所抬头。⑤ 相关过程中，教科书的争议性问题如今在许多地区已经变得相当尖锐。⑥ 这表明，历史记忆形式上的分歧性已经超出了对话性。⑦ 未来在有关殖民主义历史的深入讨论中，很可能不论是在主题上还是在地理上，更加激烈的公共交流、政治交流和学术交流都将扩大。⑧ 毕竟，在许多国家中，大部分民众认为在过去的几百年中都被西方不公正地边缘化了。对于一些被高度政治化的、（在很多情况下）极端化的问题，如人权观念、发展理念等，相关的公共争论将在很大程度上从更具历史内涵、全球意识和地方感知度的学术见解中受益。⑨

---

① Bayly（2005），第 28 页。
② Knöbl（2007）指出，历史社会学从全球史领域的发展中获得了很多启发。
③ 参照 Wigen 和 Lewis（2007）。
④ 例如，见 Megill（2008）。
⑤ Appleby（2002）对世界不同地区的若干案例进行了探讨；另见 Bentley（2005）。有关中东地区的研究，见 Lockman（2004）。
⑥ 例如，见 Nozaki 和 Selden（2009）；Vickers 和 Jones（2005）；Popp（2009）。
⑦ 有关此主题的概述：Margailt（2004）。
⑧ Maier（2000）的观点。
⑨ 见 Sen（1997），Angle（2002），Arjomand（2004）。

不过，这种公共干预在未来将仅仅是全球史与跨国史研究中的一个方面。全球史趋势的大部分潜力将更多地在学术专业领域发展。由于对跨边界研究的兴盛起支撑作用的一些发展，与该领域内外的大型知识变革和结构变革紧密相关，因此史学的全球趋势不大可能是又一个受学术环境中流行风尚和知识泡沫影响的短暂热潮。"全球史"或"跨地域史"等术语可能最终不再被使用，但史学看起来几乎不可能再回到原有空间范畴大体上不受挑战的状态。不消说，认为该趋势将会垄断作为一个学科的历史学的想法同样也是幼稚的。不过，在以地方为导向的研究和以全球为导向的研究中，两者在观念上的发展将产生更加深刻的相互影响。从这个意义上讲，全球史和地方史之间不应是一种零和游戏的关系，而应是一种互为补充的关系。唯其如此，才有可能兼具全球思维与历史思维。

245

术语汇总

academic historiography　学术的史学

academic landscape　学术（研究）形势

agency　能动性

agenda　（研究）议程

agent　作用者；动因

anthropology　人类学

approach　（研究）方法

Arabic world　阿拉伯世界

area studies　区域研究

border-crossing research　跨边界研究

Cambridge School　剑桥学派

capitalism　资本主义

category　类别；范畴

Central Asia　中亚

civil rights movement　民权运动

civil society　公民社会

civilization　文明

Cold War　冷战

colonial history　殖民史

colonialism　殖民主义

communism　共产主义

comparative history　比较史

contingency　偶然性

cosmopolitanism　世界主义

cultural history　文化史

cultural turn　文化转向

currents　潮流

decolonization　非殖民化

dependency theory　依附理论

diplomatic history　外交史

East Asia　东亚

economic history　经济史

elements　原理；因素；要素

empire　帝国

entanglement　纠葛

Enlightenment　启蒙运动

European Union　欧盟

fascism　法西斯主义

feminist history　女权主义史

feudalism　封建主义；封建制度

framework　框架

gender history　性别史

genocide　种族灭绝

geography　地理学；地理环境

global history　全球史

globalization　全球化

hierarchies of knowledge　知识等级制度

Hinduism　印度教

historicism　历史主义

historiography　史学

history department　历史系

human rights　人权

imperialism　帝国主义

industrial revolution　工业革命

institution　机构

institutionalization　机构化；制度化

intellectual migration　知识分子移民；知识移民

international history 国际史

Japanology 日本学

Judaism 犹太教

labor history 劳工史

League of Nations 国际联盟

Leninism 列宁主义

maritime history 海事史

Marxism 马克思主义

mental maps 意象图

modernity 现代性

modernization 现代化

narratives 叙述；叙事

nation-building 国家构建；国家建设

nation-state 民族国家

national historiography 国家史学

nationalism 国家主义；民族主义

neoliberalism 新自由主义

network 网络

oceanic history 海洋史

periodization （历史）分期

philology 文献学

political history 政治史

positivism 实证主义

postcolonialism 后殖民主义

postmodernism 后现代主义

progressivism 进步主义

racism 种族主义

scholarly traditions 学术传统

Social Darwinism 社会达尔文主义

social history 社会史

socialism 社会主义

sociologies of knowledge 知识社会学

subaltern studies　底层研究

theoretical intervention　理论干预

timelines　时间线

tradition　传统

transcultural history　跨文化史

translocal history　跨地域史

transnational history　跨国史

universal history　普遍史

university-based historiography　院校史学

Westernization　西方化

world history　世界史

world systems theory　世界体系理论

参考文献

Abu-Lughod, Janet L. 1989. *Before European Hegemony: The World System A.D. 1250–1350.* New York: Oxford University Press.

Acemoglu, Daron, Simon Johnson, and James A. Robinson. 2002. "Reversal of Fortune: Geography and Institutions in the Making of Modern World Income Distribution." *The Quarterly Journal of Economics* 117-4: 1231–94.

Ackermann, Andreas. 1997. "Ethnologische Migrationsforschung – ein Überblick." *Kea. Zeitschrift für Kulturwissenschaften* 10: 1–28.

Adas, Michael. 2004. "Contested Hegemony: The Great War and the Afro-Asian Assault on the Civilizing Mission Ideology." *Journal of World History* 15-1: 31–64.

Adorno, Rolena. 1986. *Guáman Poma: Writing and Resistance in Colonial Peru.* Austin: University of Texas Press.

Ahmad, Aijaz. 1992. *In Theory: Classes, Nations, Literatures.* London/New York: Verso.

Ajayi, Ade and Jacob Festus. 1994. "National History in the Context of Decolonization. The Nigerian Example." In *Conceptions of National History: Proceedings of Nobel Symposium 78*, edited by Erik Lönnroth, Karl Molin and Björk Ragnar, 65–78. Berlin/New York: Walter de Gruyter.

Akita, Shigeru, ed. 2002. *Gentlemanly Capitalism, Imperialism, and Global History.* Basingstoke: Palgrave Macmillan.

——— 2008. "Creating Global History from Asian Perspectives." In *Global Practice in World History: Advances Worldwide*, edited by Patrick Manning, 57–68. Princeton: Wiener.

Akita, Shigeru and Nicholas White, eds. 2010. *The International Order of Asia in the 1930s and 1950s.* Farnham: Ashgate.

Al-Azmeh, Aziz. 2002. "The Coherence of the West." In *Western Historical Thinking: An Intercultural Debate*, edited by Jörn Rüsen, 58–64. New York: Berghahn Books.

Alber, Jens. 1989. "Nationalsozialismus und Modernisierung." *Kölner Zeitschrift für Soziologie und Sozialpsychologie* 41: 346–65.

Allardyce, Gilbert. 1982. "The Rise and Fall of the Western Civilization Course." *American Historical Review* 87: 695–725.

Allen, Robert C., Tommy Bengtsson, and Martin Dribe, eds. 2005. *Living Standards in the Past: New Perspectives on Well-Being in Asia and Europe.* Oxford/New York: Oxford University Press.

Altbach, Philip G. 2007. *Tradition and Transition: The International Imperative in Higher Education*. Rotterdam: Sense Publishers.

Altrichter, Helmut, ed. 2006. *GegenErinnerung: Geschichte als politisches Argument im Transformationsprozess Ost-, Ostmittel- und Südosteuropas*. Munich: Oldenbourg.

American Historical Review Forum. 2007. "Entangled Empires in the Atlantic World." *American Historical Review* 112-3: 710–99.

Amin, Ash. 2002. "Spatialities of Globalisation." *Environment and Planning A* 34-3: 385–99.

Amin, Samir. 1989. *Eurocentrism*. New York: Monthly Review Press.

Amin, Shahid. 1984. "Gandhi as Mahatma: Gorakhpur District, Eastern UP, 1921–22." In *Subaltern Studies 3: Writings on South Asian History and Society*, edited by Ranajit Guha, 1–61. Delhi: Oxford University Press.

Anderson, Benedict, ed. 1991. *Imagined Communities: Reflections on the Origin and Spread of Nationalism*. London/New York: Verso.

Angle, Stephen. 2002. *Human Rights and Chinese Thought: A Cross-Cultural Inquiry*. Cambridge University Press.

Apffel-Marglin, Frédérique and Stephen A. Marglin. 1996. *Decolonizing Knowledge: From Development to Dialogue*. New York: Oxford University Press.

Appadurai, Arjun. 1988. "How to Make a National Cuisine: Cookbooks in Contemporary India." *Comparative Studies in Society and History* 30-1: 3–24.

1996. *Modernity at Large: Cultural Dimensions of Globalization*. Minneapolis: University of Minnesota Press.

Appiah, Kwame A. 1991. "Is the Post- in Postmodernism the Post- in Postcolonial?" *Critical Inquiry* 17-2: 336–57.

1997. "Cosmopolitan Patriots." *Critical Inquiry* 23-3: 617–39.

Applebaum, Richard and William I. Robinson, eds. 2005. *Critical Globalization Studies*. New York: Routledge.

Appleby, Joyce O., Lynn Hunt, and Margaret C. Jacob. 1995. *Telling the Truth About History*. New York: W. W. Norton.

Appleby, Scott. 2002. "History in the Fundamentalist Imagination." *Journal of American History* 89-2: 498–511.

Arendt, Hannah. 1951. *The Origins of Totalitarianism*. New York: Harcourt, Brace & Co.

Arjomand, Said Amir. 2004. "Islam, Political Change and Globalization." *Thesis Eleven* 76: 9–28.

Arrighi, Giovanni, Po-Keung Hui, Ho-Fung Hung, and Mark Selden. 2003. "Historical Capitalism, East and West." In *The Resurgence of East Asia: 500, 150 and 50 Years Perspectives*, edited by Giovanni Arrighi, Takeshi Hamashita, and Mark Selden, 259–333. London/New York: Routledge.

Assmann, Aleida and Ute Frevert. 1999. *Geschichtsvergessenheit – Geschichtsversessenheit: Vom Ungang mit deutschen Vergangenheiten nach 1945*. Stuttgart: Deutsche Verlags-Anstalt.

Augstein, Rudolf, Karl Dietrich Bracher, and Martin Broszat, eds. 1987. *Historikerstreit: Die Dokumentation der Kontroverse um die Einzigartigkeit der nationalsozialistischen Judenvernichtung*. Munich: R. Piper.

Averkorn, Raphaela, ed. 1994. *Bericht über die 39. Versammlung deutscher Historiker in Hannover: 23. bis 26. September 1992*. Stuttgart: Ernst Klett.

Aydin, Cemil. 2007. *The Politics of Anti-Westernism in Asia: Visions of World Order in Pan-Islamic and Pan-Asian Thought*. New York: Columbia University Press.

Bade, Klaus J. and Michael Bommes. 2004. "Einleitung: Integrationspotentiale in modernen europäischen Wohlfahrtsstaaten – der Fall Deutschland." In *Migrationsreport 2004*, edited by Klaus J. Bade, Michael Bommes, and Rainer Münz, 11–42. Frankfurt: Campus.

Bade, Klaus J. and Jochen Oltmer. 2004. *Normalfall Migration: Deutschland im 19. und 20. Jahrhundert*. Bonn: BPB.

Baechler, Jean. 2002. *Esquisse d'une histoire universelle*. Paris: Fayard.

Bailyn, Bernard. 2005. *Atlantic History: Concept and Contours*. Cambridge, MA: Harvard University Press.

Bairoch, Paul. 1997. *Victoires et déboires. Histoire économique et sociale du monde de XVIe siècle à nos jours*. Vol. III. Paris: Gallimard.

———. 2000. "The Constituent Economic Principles of Globalization in Historical Perspective: Myths and Realities." *International Sociology* 15-2: 197–214.

Banning, Garrett. 2001. "China Faces the Debates: The Contradictions of Globalization." *Asian Survey* 41-3 (May/June): 409–27.

Baran, Paul. 1957. *The Political Economy of Growth*. New York: Monthly Review Press.

Barraclough, Geoffrey. 1957. *History in a Changing World*. Oxford: Blackwell.

Barros, Carlos. 2004. "The Return of History." In *History Under Debate: International Reflection on the Discipline*, edited by Carlos Barros and Lawrence J. McCrank, 3–42. New York: Haworth.

Barth, Boris. 2000. "Internationale Geschichte und europäische Expansion: Die Imperialismen des 19. Jahrhunderts." In *Internationale Geschichte: Themen – Ergebnisse – Aussichten*, edited by Wilfried Loth and Jürgen Osterhammel, 309–27. Munich: Oldenbourg.

Barth, Boris and Jürgen Osterhammel, eds. 2005. *Zivilisierungsmissionen: Imperiale Weltverbesserung seit dem 18. Jahrhundert*. Constance: UVK Verlagsgesellschaft.

Basedau, Matthias and Patrick Koellner. "Area Studies and Comparative Area Studies: Opportunities and Challenges for the GIGA German Institute of Global and Area Studies." GIGA German Institute of Global and Area Studies. http://www.giga-hamburg.de/dlcounter/download.php?d=/content/forumregional/pdf/acas_mbpk_0610.pdf.

Bassin, Mark. 1999. *Imperial Visions: Nationalist Imagination and Geographical Expansion in the Russian Far East 1840–1865*. Cambridge/New York: Cambridge University Press.

Bastedo, Michael N. 2005. "Curriculum in Higher Education: The Historical Roots of Contemporary Issues." In *American Higher Education in the Twenty-First Century: Social, Political, and Economic Challenges*, edited by Philip G. Altbach, Robert Berdahl, and Patricia Gumport, 462–85. Baltimore: Johns Hopkins University Press.

Batliwala, Srilatha and L. David Brown. 2006. "Introduction: Why Transnational Civil Society Matters." In *Transnational Civil Society: An Introduction*, edited by Srilatha Batliwala and L. David Brown, 1–14. Bloomfield, CT: Kumarian Press.

Bauböck, Rainer. 2003. "Towards a Political Theory of Migrant Transnationalism." *International Migration Review* 37-3: 700–23.

Bauerkämper, Arnd. 2003. "Geschichtsschreibung als Projektion: Die Revision der 'Whig Interpretation of History' und die Kritik am Paradigma vom 'deutschen Sonderweg' seit den 1970er Jahren." In *Historikerdialoge: Geschichte, Mythos und Gedächtnis im deutsch-englischen kulturellen Austausch*, edited by Stefan Berger, 383–483. Göttingen: Vandenhoeck & Ruprecht.

Bayly, Christopher A. 1997. "Modern Indian Historiography." In *Companion to Historiography*, edited by Michael Bentley, 663–76. London/New York: Taylor & Francis.

——— 2004a. Introduction to *The Birth of the Modern World, 1780–1914: Global Connections and Comparisons*, by Christopher A. Bayly, 1–22. Malden, MA: Blackwell.

——— 2004b. *The Birth of the Modern World, 1780–1914: Global Connections and Comparisons*. Malden, MA: Blackwell.

——— 2004c. "Writing World History." *History Today* 54-2: 36–40.

——— 2005. "From Archaic Globalization to International Networks, circa 1600–2000." In *Interactions: Transregional Perspectives on World History*, edited by Jerry H. Bentley, Renate Bridenthal, and Anand A. Yang, 14–29. Honolulu: University of Hawai'i Press.

Beaujard, Philippe, Laurent Berger, and Philippe Norel, eds. 2009. *Histoire globale, mondialisations et capitalisme*. Paris: La Découverte.

Beck, Ulrich. 1998. *Was ist Globalisierung?: Irrtümer des Globalismus, Antworten auf Globalisierung*. Frankfurt: Suhrkamp.

Beckert, Sven. 2007. "Featured Review: *A Nation Among Nations. America's Place in World History* by Thomas Bender." *American Historical Review* 112-4: 1123–25.

——— 2004. "Emancipation and Empire: Reconstructing the Worldwide Web of Cotton Production in the Age of the American Civil War." *American Historical Review* 109-5: 1405–38.

Bell, Daniel. 2008. *China's New Confucianism: Politics and Everyday Life in a Changing Society*. Princeton University Press.

Bello, Walden F. 2002. *Deglobalization: Ideas for a New Economy*. London: Zed Books.

Bender, Thomas. 1997. "Politics, Intellect, and the American University, 1945–1995." *Dædalus* 126-1: 1–38.

———2000. *La Pietra Report: A Report to the Profession*. New York: The Organization of American Historians/New York University Project on Internationalizing the Study of American History.

———ed. 2002. *Rethinking American History in a Global Age*. Berkeley: University of California Press.

———2006. *A Nation Among Nations: America's Place in the World*. New York: Hill & Wang.

Bentley, Jerry H. 1996a. "Cross-Cultural Interaction and Periodization in World History." *American Historical Review* 101-3: 749–70.

1996b. *Shapes of World History in Twentieth-Century Scholarship.* Vol. XIV of *Essays on Global and Comparative History.* Washington, DC: American Historical Association.

1999. "Sea and Ocean Basins as Frameworks of Historical Analysis." *Geographical Review* 89-2: 215–24.

2003. "World History and Grand Narrative." In *Writing World History, 1800–2000,* edited by Eckhart Fuchs and Benedikt Stuchtey, 47–66. Oxford University Press.

2005. "Myths, Wagers, and Some Moral Implications of World History." *Journal of World History* 16-1: 51–82.

2006. "The Construction of Textbooks on World History." *Comparativ* 16-1: 49–65.

Bentley, Jerry H., Renate Bridenthal and Kären Wigen, eds. 2007. *Seascapes: Maritime Histories, Littoral Cultures, and Transoceanic Exchanges.* Honolulu: University of Hawai'i Press.

Bentley, Jerry H. and Herbert F. Ziegler. 2002. *Traditions and Encounters: A Global Perspective on the Past.* 2 vols. Columbus: McGraw-Hill.

Bentley, Jerry H., Herbert F. Ziegler, and Heather E. Streets. 2009. *Traditions and Encounters: A Brief Global History.* New York: McGraw-Hill.

Berg, Nicolas. 2003. *Der Holocaust und die westdeutschen Historiker: Erforschung und Erinnerung.* Göttingen: Wallstein.

Bergenthum, Hartmut. 2002. "Weltgeschichten im Wilheminischen Deutschland." *Comparativ* 12-3: 49–50.

2004. *Weltgeschichten im Zeitalter der Weltpolitik: Zur populären Geschichtsschreibung im Wilhelminischen Deutschland.* Munich: Meidenbauer.

Berger, Stefan. 1997. *The Search for Normality: National Identity and Historical Consciousness in Germany since 1800.* New York: Berghahn Books.

2002. "Was bleibt von der Geschichtswissenschaft der DDR?" *Zeitschrift für Geschichtswissenschaft* 50: 1016–34.

2007a. "Comparative History." In *Writing the Nation: A Global Perspective,* edited by Stefan Berger, 161–80. Basingstoke: Palgrave Macmillan.

2007b. "Introduction: Towards a Global History of National Historiographies." In *Writing the Nation: A Global Perspective,* edited by Stefan Berger, 1–29. Basingstoke: Palgrave Macmillan.

ed. 2007c. *Writing the Nation: A Global Perspective.* Basingstoke: Palgrave Macmillan.

Berger, Stefan, Mark Donovan, and Kevin Passmore. 1999. *Writing National Histories: Western Europe Since 1800.* London/New York: Routledge.

Bergmann, Sven and Regina Römhild, eds. 2003. *global heimat: Ethnographische Recherchen im transnationalen Frankfurt.* Frankfurt: Kulturanthropologie Notizen.

Berman, Nina. 1996. *Orientalismus, Kolonialismus und Moderne: Zum Bild des Orients in der deutschsprachigen Literatur um 1900.* Stuttgart: M & P.

Bernabé, Jean, Patrick Chamoiseau, and Raphael Confiant. 1993. *Éloge de la créolité.* Paris: Gallimard.

Bernecker, Walther L. and Thomas Fischer. 1995. "Entwicklung und Scheitern der Dependenztheorien in Lateinamerika." *Periplus* 5: 98–118.

Betterly, Jack. 2000. "Teaching Global History: Context, Not Chronicle; Passion, Not Pedantry." *The History Teacher* 33-2: 213–19.

Bhabha, Homi K. 1988. "The Commitment to Theory." *New Formations* 5: 5–23.

1994a. *The Location of Culture*. London/New York: Routledge.

1994b. "Of Mimicry and Man: The Ambivalence of Colonial Discourse." In *The Location of Culture*, by Homi K. Bhabha, 121–31. New York/London: Routledge.

Bindman, David. 2002. *Ape to Apollo: Aesthetics and the Idea of Race in the 18th Century*. London: Reaktion Books.

Black, Jeremy. 2005. *Introduction to Global Military History: 1775 to the Present*. New York/London: Routledge.

Blackbourn, David. 2004. "Das Kaiserreich transnational. Eine Skizze." In *Das Kaiserreich Transnational: Deutschland in der Welt, 1871–1914*, edited by Sebastian Conrad and Jürgen Osterhammel, 302–324. Göttingen: Vandenhoeck & Ruprecht.

Blackbourn, David and Geoff Eley. 1980. *Mythen deutscher Geschichtsschreibung: Die gescheiterte Revolution von 1848*. Frankfurt/Berlin: Ullstein.

Blaut, James M. 1993. *The Colonizer's Model of the World: Geographical Diffusionism and Eurocentric History*. New York: Guilford Press.

Bley, Helmut. 1999. "Weltgeschichte und Eurozentrismus im 20. Jahrhundert. Ein deutscher Sonderweg?" In *Intentionen – Wirklichkeiten. 42. Historikertag in Frankfurt am Main: 8. bis 11. September 1988*, edited by Marie-Luise Recker, Doris Eizenhöfer, and Stefan Kamp, 24–5. Munich: Oldenbourg.

2000. "Afrikanische Geschichte im Kontext von Weltgeschichte: Konsequenzen für die Lehrpraxis." In *Afrikanische Geschichte und Weltgeschichte: Regionale und universale Themen in Forschung und Lehre*, edited by Axel Harneit-Sievers, 38–48. Berlin: Das Arabische Buch.

Bloch, Marc. 1974. *Apologie pour l'histoire ou métier d'historien*. Paris: Colin.

Blom, Ida. 2001. "Gender as an Analytical Tool in Global History." In *Making Sense of Global History*, edited by Sølvi Sogner, 71–86. Oslo: Universitetsforlaget.

Boahen, A. Adu. 1987. *African Perspectives on Colonialism*. Baltimore: Johns Hopkins University Press.

Bodley, John H. 2002. *The Power of Scale: A Global History Approach*. Armonk, NY: M. E. Sharpe.

Boli, John and George Thomas, eds. 1999. *Constructing World Culture. International Nongovernmental Organizations Since 1875*. Stanford University Press.

Bonnelli, Victoria and Lynn Hunt, eds. 1999. *Beyond the Cultural Turn: New Directions in the Study of Society and Culture*. Berkeley: University of California Press.

Bonnet, Alastair. 2000. "Makers of the West: National Identity and Occidentalism in the Work of Fukuzawa Yukichi and Ziya Gökalp." *Scottish Geographical Journal* 118-3: 165–82.

Bordo, Michael D., Alan M. Taylor, and Jeffrey G. Williamson, eds. 2003. *Globalization in Historical Perspective*. University of Chicago Press.

Bornschier, Volker and Christian Suter. 1996. "Lange Wellen im Weltsystem." In *Theorien der Internationalen Beziehungen*, edited by Volker Rittberger. *Politische Vierteljahresschrift* special volume 21: 175–97.

Borstelmann, Thomas. 2002. *The Cold War and the Color Line: American Race Relations in the Global Arena*. Cambridge, M.A.: Harvard University Press.

Bosbach, Franz and Hermann-Joseph Hiery, eds. 1999. *Imperium, Empire, Reich: Ein Konzept politischer Herrschaft im deutschbritischen Vergleich*. Munich: Saur.

Bose, Sugata. 2006. *A Hundred Horizons: The Indian Ocean in the Age of Global Empire*. Cambridge, M.A.: Harvard University Press.

Bouchard, Gérard. 2001. *Genèse des nations et cultures du nouveau monde: Essai d'histoire comparée*. Montreal: Boréa.

Bourdieu, Pierre. 1988. *Homo Academicus*. Frankfurt: Suhrkamp.

———. 2002. "Les Conditions sociales de la circulation internationale des idées." *Actes de la recherche en sciences socials* 145: 3–8.

Brady, Anne-Marie. 2008. *Marketing Dictatorship: Propaganda and Thought Work in Contemporary China*. Lanham, M.D.: Rowman & Littlefield.

Brahm, Felix and Jochen Meissner. 2004. "'Aussereuropa' im Spiegel allgemeiner Vorlesungsverzeichnisse: Konjunkturen der Beschäftigung mit Afrika und Lateinamerika an ausgewählten Hochschulstandorten, 1925–1960." In *Verräumlichung, Vergleich, Generationalität: Dimensionen der Wissenschaftsgeschichte*, edited by Matthias Middell, Ulrike Thoms, and Frank Uekoetter, 70–94. Leipzig: Akademische Verlagsanstalt.

Brenner, Michael. 2004. "Abschied von der Universalgeschichte: Ein Plädoyer für die Diversifizierung der Geschichtswissenschaft." *Geschichte und Gesellschaft* 30: 118–25.

Brewer, Anthony. 1980. *Marxist Theories of Imperialism: A Critical Survey*. London/Boston: Routledge.

Bright, Charles and Michael Geyer. 2002. "Where in the World Is America? The History of the United States in the Global Age." In *Rethinking American History in a Global Age*, edited by Thomas Bender, 63–99. Berkeley: University of California Press.

———. 2005. "Regimes of World Order: Global Integration and the Production of Difference in Twentieth-Century World History." In *Interactions: Transregional Perspectives on World History*, edited by Jerry H. Bentley, Renate Bridenthal, and Anand A. Yang, 202–38. Honolulu: University of Hawai'i Press.

Brody, David. 1993. "Reconciling the Old Labor History and the New." *Pacific Historical Review* 62: 1–18.

Brownlee, John S. 1997. *Japanese Historians and the National Myths, 1600–1945: The Age of the Gods and Emperor Jinmu*. Vancouver, B.C.: University of British Columbia.

Brunnbauer, Ulf, ed. 2004. *(Re)Writing History: Historiography in Southeast Europe after Socialism*. Münster: Lit Verlag.

Bruns, Claudia, ed. 2009. *Bilder der "eigenen" Geschichte im Spiegel des kolonialen "Anderen" – Transnationale Perspektiven um 1900* (= *Comparativ* 19-5). Leipzig: Leipziger Universitätsverlag.

Budde, Gunilla, Sebastian Conrad and Oliver Janz. eds. 2006. *Transnationale Geschichte: Themen, Tendenzen und Theorien.* Göttingen: Vandenhoeck & Ruprecht.

Bühler, Heinrich. 2003. *Der Namaaufstand gegen die deutsche Kolonialherrschaft in Namibia von 1904–1913.* Frankfurt: IKO-Verlag für Interkulturelle Kommunikation.

Bulliet, Richard T. 2004. *The Earth and Its Peoples: A Global History.* Boston: Houghton Mifflin.

Bungert, Heike. 2010. "Globaler Informationsaustausch und globale Zusammenarbeit: Die International Association of Universities, 1950–1968." *Jahrbuch für Universitätsgeschichte* 13: 177–91.

Burbank, Jane and Frederick Cooper. 2010. *Empires in World History: Power and the Politics of Difference.* Princeton: Princeton University Press.

Burton, Antoinette. 1994. "Rules of Thumb: British History and 'Imperial Culture' in Nineteenth- and Twentieth-Century Britain." *Women's History Review* 3: 483–500.

Calhoun, Craig. 1999. "Nationalism and the Contradictions of Modernity." *Berkeley Journal of Sociology* 42-1: 1–30.

Campt, Tina. 2004. "Schwarze Deutsche Gegenerinnerung: Der Black Atlantic als gegenhistoriografische Praxis." In *Der Black Atlantic*, edited by Tina Campt and Paul Gilroy, 159–177.Berlin: Haus der Kulturen der Welt Verlag.

Canaday, Margot. 2009. "Thinking Sex in the Transnational Turn. An Introduction." *American Historical Review* 114-115: 1250–7.

Cañizares-Esguerra, Jorge. 2007. "Entangled Histories: Borderland Historiographies in New Clothes?", *American Historical Review* 112-3: 787–99.

Cao, Tianyu. 2003. *Xiandaihua, quanqiuhua yu zhongguo daolu* [Modernization, Globalization and China's Path]. Beijing: Shehui kexue wenxian chubanshe.

Caplan, Jane. 1997. "The Historiography of National Socialism." In *Companion to Historiography*, edited by Michael Bentley, 545–90. New York/London: Routledge.

Cardoso, Fernando H. 1977. "The Consumption of Dependency Theory in the United States." *Latin American Research Review* 12-3: 7–24.

Cartier, Carolyn. 1999. "Cosmopolitics and the Maritime World City." *Geographical Review* 89-2: 278–89.

Cartier, Michael. 1998. "Asian Studies in Europe: From Orientalism to Asian Studies." In *Asian Studies in the Age of Globalization*, edited by Tai-Hwan Kwon and Myungk-Seok Oh, 19–33. Seoul: Seoul National University Press.

Castells, Manuel. 1996. *The Rise of the Network Society.* Malden, MA: Blackwell.

Césaire, Aimé. 1955. *Discours sur le colonialisme.* Paris: Présence africaine.

1972. *Discourse on Colonialism.* New York: Monthly Review Press.

Çetinkaya, Handan. 2000. "Türkische Selbstorganisationen in Deutschland: Neuer Pragmatismus nach der ideologischen Selbstzerfleischung." In *Einwanderer-Netzwerke und ihre Integrationsqualität in Deutschland und Israel,* edited by Dietrich Thränhardt and Uwe Hunger, 83–110. Münster: Lit Verlag.

Chakrabarty, Dipesh. 1992. "Postcoloniality and the Artifice of History: Who Speaks for 'Indian' Pasts." *Representations* 37: 1–26.

_____. 2000. *Provincializing Europe: Postcolonial Thought and Historical Difference.* Princeton University Press.

_____. 2006. "A Global and Multicultural 'Discipline' of History?" *History and Theory* 45-1: 101–9.

Chan, Wai-keung. 2007. "Contending Memories of the Nation: National History Education in China, 1937–1945." In *The Politics of Historical Production in Late Qing and Republican China,* edited by Tze-ki Hon and Robert J. Culp, 169–209. Leiden: Brill.

Chanda, Nayan. 2007. *Bound Together: How Traders, Preachers, Adventurers, and Warriors Shaped Globalization.* New Haven: Yale University Press.

Charle, Christophe. 1996. *Les Intellectuels en Europe au XIXe siècle: Essai d'histoire comparée.* Paris: Éditions du Seuil.

_____. 2001. *La Crise des sociétés impériales. Allemagne, France, Grande-Bretagne, 1900–1940: Essai d'histoire sociale comparée.* Paris: Éditions du Seuil.

Charle, Christophe, Jürgen Schriewer, and Peter Wagner, eds. 2004. *Transnational Intellectual Networks: Forms of Academic Knowledge and the Search for Cultural Identities.* Frankfurt/New York: Campus.

Chartier, Roger. 1989. "Le Monde comme representation." *Annales E.S.C.* 44-6: 1505–20.

Chase-Dunn, Christopher. 2005. "Global Public Social Science." *The American Sociologist* 36-3-4: 121–32.

Chatterjee, Kumkum. 2005. "The King of Controversy. History and Nation-Making in Late Colonial India." *American Historical Review* 110-5: 1454–75.

Chatterjee, Partha. 1993. *The Nation and Its Fragments: Colonial and Postcolonical Histories.* Princeton University Press.

Che, Hualing. 2004. " 'Quanqiushiguan' yu zhongxue lishi jiaocai de bianxie" [Global Historical Views and the Composition of History Materials for Secondary School]. *Lishi jiaoxue* [History Teaching] 6: 55–8.

Cheddadi, Abdesselam. 2005. "Reconnaissance d'Ibn Khaldun." *Esprit* 11: 132–47.

Cheek, Timothy. 2007. "The New Chinese Intellectual: Globalized, Disoriented, Reoriented." In *China's Transformations: The Stories Beyond the Headlines,* edited by Lionel M. Jensen and Timothy B. Weston, 265–84. Lanham, MD: Rowman & Littlefield.

Chen, Fenglin. 2007. "Dongya quyu yishi de yuanliu fazhan jiqi xiandai yiyi" [The Origin and Development of East Asian Regional Consciousness and Its Modern Significance]. *Shijie lishi* [World History] 3: 66–75.

_____. 2009. "Dui dongya jingjiquan de lishi kaocha" [Historical Investigations of East Asian Economic Cycles]. *Shijie lishi* [World History] 3: 38–50.

Chen, Guodong. 2006. *Dongya haiyu yiqian nian: lishi shang de haiyang zhongguo yu duiwai maoyi* [One Thousand Years of East Asia Seas: Maritime China and Foreign Trade in History]. Jinan: Shandong huabao chubanshe.

Chen Lai. 2009. *Tradition and Modernity: A Humanist View.* Leiden: Brill.

Chen, Qineng, ed. 1991. *Jianguo yilai shijieshi yanjiu gaishu* [An Introduction to World Historical Research After the Founding of the PRC]. Beijing: Shehui kexue wenxian chubanshe.

Chen, Xiangming. 2005. *As Borders Bend: Transnational Spaces on the Pacific Rim.* Lanham, MD: Rowman & Littlefield.

Chen, Xiaolü, ed. 2004. *Shiwu shiji yilai shijie zhuyao fada guojia fazhan licheng* [The Courses of Development of the Major Developed Countries Since the Fifteenth Century]. Chongqing: Chongqing chubanshe.

Chen, Xiaomei. 1995. *Occidentalism: A Theory of Counter-Discourse in Post-Mao China.* New York: Oxford University Press.

Chen, Zhihua. 1979. "Shijieshi yanjiu yu sige xiandaihua" [World History and the Four Modernizations]. *Shijie lishi* [World History] 5: 3–8.

Chen, Zhiqiang. 2003. "Lishi yanjiu biange da qushi xia de shijieshi chonggou" [The Reconstruction of World History and the Great Trends in the Changes of Historical Research]. *Lishi yanjiu* [Historical Research] 1: 129–39.

Cheng, Anne. 1993. "Ch'un ch'iu, Kung yang, Ku liang and Tso chuan." In *Early Chinese Texts: A Bibliographical Guide,* edited by Michael Loewe, 67–76. Berkeley: Institute of East Asian Studies.

Cheng, Meibao. 2009/2010. "Globalization, Global History, and Chinese History." *Chinese Studies in History* 43–2: 51–6.

Chester, Charles S. 2006. *Conservation across Borders: Biodiversity in an Interdependent World.* Washington: Island Press.

Cheung, Chau-Kiu and Kwok Siu-Tong. 1998. "Social Studies and Ideological Beliefs in Mainland China and Hong Kong." *Social Psychology of Education* 2: 217–36.

Chidester, David. 2000. *Christianity: A Global History.* London: Allen Lane.

Chomsky, Noam, Ira Katznelson, R. C. Lewontin, David Montgomery, Laura Nader, Richard Ohmann, Ray Siever, Immanuel Wallerstein, and Howard Zinn. 1997. *The Cold War and the University: Towards an Intellectual History of the Postwar Years.* New York: New Press.

Choueiri, Y. M. 2000. *Arab Nationalism: A History: Nation and State in the Arab World.* Oxford: Blackwell.

Chow, Kai-wing. 2005. *Publishing, Culture, and Power in Early Modern China.* Stanford University Press.

Christian, David. 2005. "Scales." In *Palgrave Advances in World Histories,* edited by Marnie Hughes-Warrington, 64–89. Basingstoke: Palgrave Mac Millan.

Clark, Robert P. 1997. *The Global Imperative: An Interpretive History of the Spread of Humankind.* Boulder, CO: Westview Press.

Clavin, Patricia. 2005. "Defining Transnationalism." *Contemporary European History* 14-4: 421–39.

Clinton, Michael. 2005. "Reflections about Peace History and Peace Historians." *Peace and Change* 30-1: 55–6.

Codell, Julie F. and Dianne S. MacLeod, eds. 1998. *Orientalism Transposed: The Impact of the Colonies on British Culture*. Aldershot: Ashgate.

Cohen, Deborah and Maura O'Connor, eds. 2004. *Comparison and History: European in Cross-national Perspective*. New York: Routledge.

Cohen, Paul. 2002. "Remembering and Forgetting National Humiliation in Twentieth-Century China." *Twentieth-Century China* 27-2: 1–39.

———. 2003."Reflections on a Watershed Date: The 1949 Divide in Chinese History." In *Twentieth-Century China: New Approaches*, edited by Jeffrey N. Wasserstrom, 27–36. London/New York: Routledge.

Conkin, Paul. 1995. *Gone with the Ivy: A Biography of Vanderbilt University*. Knoxville: University of Tennessee Press.

Connelly, Matthew. 2008. *Fatal Misconception: The Struggle to Control World Population*. Cambridge, MA: Belknap Press of Harvard University Press.

Conrad, Christoph and Sebastian Conrad, eds. 2002a. *Die Nation Schreiben: Geschichtswissenschaft im internationalen Vergleich*. Göttingen: Vandenhoeck & Ruprecht.

———. 2002b. "Wie vergleicht man Historiographien?" In *Die Nation Schreiben: Geschichtswissenschaft im internationalen Vergleich*, edited by Christoph Conrad and Sebastian Conrad, 11–46. Göttingen: Vandenhoeck & Ruprecht.

Conrad, Christoph and Martina Kessel, eds. 1994. *Geschichte schreiben in der Postmoderne: Beiträge zur aktuellen Diskussion*. Stuttgart: Philipp Reclam.

———. 1998. "Blickwechsel: Moderne, Kultur, Geschichte." In *Kultur und Geschichte: Neue Einblicke in eine alte Beziehung*, edited by Christoph Conrad and Martina Kessel, 9–40. Stuttgart: Philipp Reclam.

Conrad, Sebastian. 1999a. *Auf der Suche nach der verlorenen Nation: Geschichtsschreibung in Westdeutschland und Japan, 1945–1960*. Göttingen: Vandenhoeck & Ruprecht.

———. 1999b. "What Time Is Japan? Problems of Comparative (Intercultural) Historiography." *History and Theory* 38-1: 67–83.

———. 2002. "Doppelte Marginalisierung. Plädoyer für eine transnationale Perspektive auf die deutsche Geschichte." *Geschichte und Gesellschaft* 28: 145–69.

———. 2006. *Globalisierung und Nation im Deutschen Kaiserreich*. Munich: C. H. Beck.

Conrad, Sebastian, Andreas Eckert and Ulrike Freitag, eds. 2007. *Globalgeschichte. Theorien, Ansätze, Themen*. Frankfurt/New York: Campus.

Conrad, Sebastian and Jürgen Osterhammel, eds. 2004. *Das Kaiserreich Transnational: Deutschland in der Welt, 1871–1914*. Göttingen: Vandenhoeck & Ruprecht.

Conrad, Sebastian and Shalini Randeria. 2002a. "Einleitung: Re-Orientierung: Geteilte Geschichte in einer postkolonialen Welt." In *Jenseits des Eurozentrismus: Transnationale und Postkoloniale Ansätze in den Geschichts- und Kulturwissenschaften*, edited by Sebastian Conrad and Shalini Randeria, 9–49. Frankfurt: Campus.

———. eds. 2002b. *Jenseits des Eurozentrismus: Postkoloniale Perspektiven in den Geschichts- und Kulturwissenschaften*. Frankfurt: Campus.

Conrad, Sebastian and Dominic Sachsenmaier, eds. 2007. *Competing Visions of World Order: Global Moments and Movements, 1880s–1930s.* New York: Palgrave Mac Millan.

Conze, Eckart, Ulrich Lappenkuper, and Guido Müller, eds. 2004. *Geschichte der Internationalen Beziehungen: Erneuerung und Erweiterung einer historischen Disziplin.* Cologne: Böhlau.

Cooper, Frederick. 1994. "Conflict and Connection: Rethinking Colonial African History." *The American Historical Review* 99-5: 1516–45.

1997a. "Dialectics of Decolonization. Nationalism and Labor Politics in Postwar French Africa." In *Tensions of Empire: Colonial Cultures in a Bourgeois World*, edited by Frederick Cooper and Ann L. Stoler, 406–35. Berkeley: University of California Press.

1997b. "Modernizing Bureaucrats, Backward Africans, and the Development Concept." In *International Development and the Social Sciences*, edited by Frederick Cooper and Randall Packard, 64–92. Berkeley: University of California Press.

2000. "Africa's Past and Africa's Historians." *Canadian Journal of African Studies* 34-2: 298–336.

2001. "What is the Concept of Globalization Good for?" *African Affairs* 100-339: 189–213.

2005. *Colonialism in Question: Theory, Knowledge, History.* Berkeley: University of California Press.

2007. "Postcolonial Studies and the Study of History." In *Postcolonial Studies and Beyond*, edited by Ania Loomba, Suvir Kaul, Matti Bunzi, Antoinette Burton, and Jed Esty, 401–422. Durham, NC: Duke University Press.

Cooper, Frederick and Ann L. Stoler, eds. 1997. *Tensions of Empire: Colonial Cultures in a Bourgeois World.* Berkeley: University of California Press.

Cox, Robert W. 1996. "A Perspective on Globalization." In *Globalization: Critical Reflections*, edited by James H. Mittelman, 21–30. Boulder, CO.: Lynne Rienner Publishers.

Crabbs, Jack. 1984. *The Writing of History in Nineteenth-Century Egypt: A Study in National Transformation.* Detroit: Wayne State University Press.

Crang, Michael and Nigel Thrift. 2000. Introduction to *Thinking Space*, edited by Michael Crang and Nigel Thrift, 1–30. London/New York: Routledge.

Crosby, Alfred W. 1972. *The Columbian Exchange: Biological and Cultural Consequences of 1492.* Westport, C.T.: Greenwood Press.

2004. *Ecological Imperialism: The Biological Expansion of Europe, 900–1900.* Cambridge/New York: Cambridge University Press.

Crossick, Geoffrey and Heinz-Gerhard Haupt. 1998. *Die Kleinbürger: Eine europäische Sozialgeschichte des 19. Jahrhunderts.* Munich: C. H. Beck.

Crossley, Pamela Kyle. 2008. *What Is Global History?* Cambridge: Polity.

Crozier, Ralph. 1990. "World History in the People's Republic of China." *Journal of World History* 1: 151–69.

Cui, Zhiying. 1996. "Shanghai shi shijieshi xuehui disanjie huiyuan dahui ji 1995 nian nianhui zongshu" [Summary of the Third Plenary Meeting of the

Shanghai World History Association in 1995]. *Shijie lishi* [World History] 5: 126–7.

Cui, Zhiyuan and Roberto Mangabeira Unger. Forthcoming. *China and World.* London: Verso.

Culp, Robert J. 2007. "'Weak and Small Peoples' in a 'Europeanizing World': World History Textbooks and Chinese Intellectuals' Perspectives on Global Modernity." In *The Politics of Historical Production in Late Qing and Republican China,* edited by Tze-ki Hon and Robert J. Culp, 211–47. Leiden: Brill.

Cumings, Bruce. 1998. "Boundary Displacement: Area Studies and International Studies during and after the Cold War." In *Universities and Empire: Money and Politics in the Social Sciences During the Cold War,* edited by Christopher Simpson, 159–88. New York: New Press.

Cunliffe, Barry. 2001. *Facing the Ocean: The Atlantic and Its Peoples, 8000 BC–AD 1500.* Oxford/New York: Oxford University Press.

Cusset, François. 2008. *French Theory: How Foucault, Derrida, Deleuze, and Co. Transformed the Intellectual Life of the United States.* Minneapolis: University of Minnesota Press.

Dabringhaus, Sabine. 2006. *Territorialer Nationalismus in China: Historisch-geographisches Denken, 1900–1949.* Cologne: Böhlau.

Dahlmann, Dietmar. 1986. *Land und Freiheit: Machnovsina und Zapatismo als Beispiele antirevolutionärer Bewegungen.* Stuttgart: Steiner.

Dahrendorf, Ralf. 1958. "Out of Utopia: Toward a Reorientation of Sociological Analysis." *American Journal of Sociology* 64-2: 115–27.

    1965. *Gesellschaft und Demokratie in Deutschland.* Munich: R. Piper.

Dalby, Andrew. 2001. *Dangerous Tastes: The Story of Spices.* Berkeley: University of California Press.

Daniel, Ute. 1993. "'Kultur' und 'Gesellschaft'. Überlegungen zum Gegenstandsbereich der Sozialgeschichte." *Geschichte und Gesellschaft* 19: 69–99.

Darnton, Robert. 1984. *The Great Cat Massacre: and Other Episodes in French Cultural History.* New York: Basic Books.

    2009. "Google and the Future of Books." *New York Review of Books* 56-2 (February 12): 9–11.

Darwin, John. 2007. *After Tamerlane: The Global History of Empire, 1400–2000.* London: Allen Lane.

Daston, Lorraine. 2000. "Die unerschütterliche Praxis." In *Auf der Suche nach der verlorenen Wahrheit: Zum Grundlagenstreit in der Geschichtswissenschaft,* edited by Rainer Maria Kiesow and Dieter Simon, 13–25. Frankfurt: Campus.

Davies, Sam, Colin J. Davis, David de Vries, Lex Heerma Van Voss, and Lidewij Hesselink, eds. 2000. *Dock Workers: International Explorations in Comparative Labor History, 1790–1970.* 2 vols. Aldershot: Ashgate.

Davis, Nathalie Zemon. 2001. "Global History, Many Stories." In *Eine Welt – Eine Geschichte? 43. Deutscher Historikertag in Aachen: 26. bis 29. September,* edited by Max Kerner, 35–45. Munich: Oldenbourg.

De Freitas Dutra, Eliana. 2007. "The Mirror of History and Images of the Nation: The Invention of a National Identity in Brazil and Its Contrasts with Similar Enterprises in Mexico and Argentina." In *Writing the Nation. A Global Perspective*, edited by Stefan Berger, 84–102. Basingstoke: Palgrave Macmillan.

De Souza, Philip. 2008. *The Ancient World at War: A Global History*. New York/ London: Thames & Hudson.

Demandt, Alexander. 2003. *Kleine Weltgeschichte*. Munich: C. H. Beck.

Des Forges, Roger and Xu Luo. 2001. "China's Non-Hegemonic Superpower? The Uses of History Among the *China Can Say No* Writers and Their Critics." *Critical Asian Studies* 33-4: 483–507.

Deutsche Gesellschaft für Asienkunde. 1997. "Die deutschen Asienwissenschaften an der Schwelle zum 21. Jahrhundert. Eine Standortbestimmung." *Asien* 65: 143–9.

Diamond, Jared. 1997. *Guns, Germs, and Steel: The Fates of Human Societies*. New York: W.W. Norton.

2005. *Collapse: How Societies Choose to Fail or Succeed*. New York: Viking.

Dillinger, Johannes. 2008. *Die politische Repräsentation der Landbevölkerung: Neuengland und Europa in der Frühen Neuzeit*. Stuttgart: Steiner.

Diner, Dan. 1987. *Ist der Nationalsozialismus Geschichte? Zu Historisierung und Historikerstreit*. Frankfurt: Fischer Taschenbuch.

2003. *Gedächtniszeiten. Über jüdische und andere Geschichten*. Munich: Beck.

Diouf, Mamadu. 2000. "Des historiens et des histories, pour quoi faire? L'historiographie africaine entre l'État et les communautés." *Canadian Journal of African Studies* 34-2: 337–74.

Dirks, Nicholas B., ed. 1992. *Colonialism and Culture*. Ann Arbor: University of Michigan Press.

Dirlik, Arif. 1978. *Revolution and History: the Origins of Marxist Historiography in China, 1919–1937*. Berkeley: University of California Press.

1994. "The Postcolonial Aura: Third World Criticism in the Age of Global Capitalism." *Critical Inquiry* 20: 328–56.

2000. "Reversals, Ironies, Hegemonies: Notes on the Contemporary Historiography of Modern China." In *History After the Three Worlds: Post-Eurocentric Historiographies*, edited by Arif Dirlik, Vinay Bahl, and Peter Gran, 125–56. Lanham, MD: Rowman & Littlefield.

2002a. "History without a Center? Reflections on Eurocentrism." In *Across Cultural Borders: Historiography in Global Perspective*, edited by Eckhardt Fuchs and Benedikt Stuchtey, 247–84. Lanham, M.D.: Rowman & Littlefield.

2002b. "Modernity as History: Post-Revolutionary China, Globalization and the Question of Modernity." *Social History* 27-1: 16–39.

Dittmer, Lowell and Samuel S. Kim. 1993. "In Search of a Theory for National Identity." In *China's Quest for National Identity*, edited by Lowell Dittmer and Samuel S. Kim, 1–31. Ithaca, N.Y.: Cornell University Press.

Doering-Manteuffel, Anselm. 1995. "Dimensionen von Amerikanisierung in der deutschen Gesellschaft." *Archiv für Sozialgeschichte* 35: 1–35.

Dong, Fangshuo. 1996. "Xiandaihua de zhuiqiu yu jiazhi zuobiao de xuanze – du Yu Wujin jiaoshou de *xunzhao xin de jiazhi zuobiao*" [The Pursuit of

Modernization and the Choice of Value Standards – Book Review on Prof. Yu Wujin's *Looking for New Value Standards*]. *Xueshu yuekan* [Academic Monthly] 6: 108–22.

Dongya sanguo jinxiandaishi gongtong bianxie weiyuanhui [Trilateral Textbook Commission for Modern East Asian History]. 2005. *Dongya sanguo de jinxiandaishi* [Contemporary History of the Three Countries of East Asia]. Beijing: Shehui kexue wenxian chubanshe.

Döring, Jörg and Tristan Thielmann. 2008. "Einleitung: Was lesen wir im Raume? Der Spatial Turn und das geheime Wissen der Geographie." In *Spatial Turn: Das Raumparadigma in den Kultur- und Sozialwissenschaften*, edited by Jörg Döring and Tristan Thielmann, 9–45. Bielefeld: Transcript.

Dribins, Leo. 1999. "The Historiography of Latvian Nationalism in the Twentieth Century." In *National History and Identity: Approaches to the Writing of National History in the North-East Baltic Region Nineteenth and Twentieth Centuries*, edited by Michael Branch, 245–55. Helsinki: Finnish Literature Society.

Driver, Felix and David Gilbert, eds. 1999. *Imperial Cities: Landscape, Display and Identity*. Manchester/New York: Manchester University Press.

Du, Zhengsheng. 2002. "Xin shixue zhi lu – jianlun Taiwan wushinianlai de shixue fazhan" [The Path of New Historiography – Examining the Development of Historiography in Taiwan during the Past Fifty Years]. *Xin Shixue* [New Historiography] 13-3: 21–42.

Duara, Prasenjit. 1994. "Transnationalism in the Era of Nation States: China, 1900–1945." *Development and Change* 29-4: 647–70.

——— 1995. *Rescuing History from the Nation: Questioning Narratives of Modern China*. University of Chicago Press.

——— 2000. "Response to Philip Huang's 'Biculturality in Modern Chinese Studies.'" *Modern China* 26-1: 32–7.

——— 2002. "Civilizations and Nations in a Globalizing World." In *Reflections on Multiple Modernities: European, Chinese, and Other Interpretations*, edited by Dominic Sachsenmaier, Jens Riedel, and Shmuel Eisenstadt, 79–99. Leiden: Brill.

——— 2003. *Sovereignty and Authenticity: Manchukuo and the East Asian Modern*. Lanham, MD: Rowman & Littlefield.

——— ed. 2004. *Decolonization: Perspectives from Now and Then (Rewriting Histories)*. London/New York: Routledge.

——— 2008. "The Global and Regional Constitutions of Nations: The View from East Asia." *Nations and Nationalism* 14-2: 323–45.

——— 2009. *The Global and Regional in China's Nation Formation*. New York/London: Routledge.

Dubois, Laurent M. 2000. "La République métissée: Citizenship, Colonialism, and the Borders of French History." *Cultural Studies* 14-1: 15–34.

——— 2004. *Avengers of the New World: The Story of the Haitian Revolution*. Cambridge, MA: Belknap Press of Harvard University Press.

Duchhardt, Heinz. 1997. "Was ist und zu welchem Ende betreibt man – europäische Geschichte?" In *"Europäische Geschichte" als historiographisches*

Problem, edited by Heinz Duchhardt and Andreas Kunz, 191–204. Mainz: P. von Zabern.

Dudziak, Mary L. 2002. *Cold War Civil Rights: Race and the Image of American Democracy*. Princeton: Princeton University Press.

Durrant, Stephen W. 1995. *The Cloudy Mirror: Tension and Conflict in the Writings of Sima Qian*. Albany: State University of New York.

Dussel, Enrique. 1993. "Eurocentrism and Modernity (Introduction to the Frankfurt Lectures)." *Boundary* 20-3: 65–76.

———. 1998. "Beyond Eurocentrism: The World-System and the Limits of Modernity." In *The Cultures of Globalization*, edited by Fredric Jameson and Masao Miyoshi, 3–38. Durham, NC: Duke University Press.

Eaton, Richard M. 1997. "Comparative History as World History: Religious Conversion in Modern India." *Journal of World History* 8-2: 243–71.

Eckart, Wolfgang. 1997. *Medizin und Kolonialimperialismus: Deutschland 1884– 1945*. Paderborn: Schöningh.

Eckert, Andreas. 1999. "Historiker, 'Nation Building' und die Rehabilitierung der afrikanischen Vergangenheit. Aspekte der Geschichtsschreibung in Afrika nach 1945." In *Geschichtsdiskurs*, vol. V: *Globale Konflikte, Erinnerungsarbeit und Neuorientierungen seit 1945*, edited by Wolfgang Küttler, Jörn Rüsen, and Ernst Schulin, 162–87. Frankfurt: Fischer Taschenbuch.

———. 2000. "Weltgeschichte in pragmatischer Absicht? Kommentar zu Helmut Bley." In *Afrikanische Geschichte und Weltgeschichte: Regionale und universale Themen in Forschung und Lehre*, edited by Axel Harneit-Sievers, 49–53. Berlin: Das Arabische Buch.

———. 2002. "Gefangen in der Alten Welt." *Die Zeit*, September 26: 40.

———. 2004a. "Europäische Zeitgeschichte und der Rest der Welt." *Zeithistorische Forschungen – Studies in Contemporary History* 1-3: 416–21.

———. 2004b. "Vom Urknall bis Genua." *Frankfurter Rundschau*, January 8.

———. 2005. "Bitte erklären Sie uns die Welt: Deutschlands Wissenschaft und das aussereuropäische Ausland." *Internationale Politik* 6 (October): 42–9.

———. 2006a. *Kolonialismus*. Frankfurt: S. Fischer.

———. 2006b. "Rezension zu: *Budde, Gunilla; Conrad, Sebastion; Janz, Oliver (Hrsg.): Transnationale Geschichte: Themen, Tendenzen und Theorien. Göttingen 2006*." *H-Soz-u-Kult* (Oct 16), http://hsozkult.geschichte.hu-berlin.de/rezensionen/2006-4-050.

———. 2009. *Deutscher Kolonialismus*. Munich: C. H. Beck.

Eckert, Andreas and Michael Pesek. 2004. "Bürokratische Ordnung und koloniale Praxis. Herrschaft und Verwaltung in Preussen und Afrika." In *Das Kaiserreich Transnational: Deutschland in der Welt, 1871–1914*, edited by Sebastian Conrad and Jürgen Osterhammel, 87–106. Göttingen: Vandenhoeck & Ruprecht.

Eckert, Andreas and Brigitte Reinwald. 1999. "Das Geisteswissenschaftliche Zentrum Moderner Orient in Berlin." *Periplus: Jahrbuch für Aussereuropäische Geschichte* 9: 151–8.

Eckert, Andreas and Albert Wirz. 2002. "Wir nicht, die anderen auch. Deutschland und der Kolonialismus." In *Jenseits des Eurozentrismus:*

Postkoloniale Perspektiven in den Geschichts- und Kulturwissenschaften, edited by Sebastian Conrad and Shalini Randeria, 372–92. Frankfurt: Campus.

Edelmayer, Friedrich, Peter Feldbauer, and Marja Wakounig, eds. 2002. *Globalgeschichte 1450–1620*. Vienna: Promedia.

Ehmann, Annegret. 2002. "Holocaust in Politik und Bildung." In *Grenzenlose Vorurteile. Antisemitismus, Nationalismus und ethnische Konflikte in verschiedenen Kulturen*, edited by Irmtrud Wojat and Susanne Meinl, 41–68. Frankfurt.

Eisenstadt, Shmuel H. and Wolfgang Schluchter. 1998. "Introduction: Paths to Early Modernities." *Dædalus* 127–3: 1–18.

Eley, Geoff. 1998. "Problems with Culture: German History after the Linguistic Turn." *Central European History* 31: 197–227.

Elman, Benjamin A. 1984. *From Philosophy to Philology: Intellectual and Social Aspects of Change in Late Imperial China*. Cambridge, MA: Harvard University Press.

2001. *From Philosophy to Philology: Intellectual and Social Aspects of Change in Late Imperial China*. 2nd rev. edn. Los Angeles: UCLA Asian Pacific Monograph Series.

Elsenhans, Hartmut. 2001. "Zum Gang der Weltsystemstudien." *Zeitschrift für Weltgeschichte* 2-2: 33–50.

Eltis, David. 1999. "Atlantic History in Global Perspective." *Itinerario* 23-2: 141–61.

Ember, Melvin, Carol R. Ember, and Ian Skoggard, eds. 2005. *Encyclopedia of Diasporas: Immigrant and Refugee Cultures around the World*. New York: Springer.

Engel, Jonathan. 2006. *The Epidemic: A Global History of AIDS*. New York: Smithsonian Books/Collins.

Engel, Ulf and Matthias Middell. 2005. "Bruchzonen der Globalisierung, globale Krisen und Territorialitätsregime-Kategorien einer Global-geschichtsschreibung." *Comparativ* 5–6: 5–38.

Erdmann, Karl Dietrich. 2005. *Toward a Global Community of Historians: The International Historical Congresses and the International Committee of Historical Sciences 1898–2000*. New York: Berghahn Books.

Ertl, Thomas and Michael Limberger, eds. 2009. *Die Welt 1250–1500*. Vienna: Mandelbaum.

Eschle, Catherine and Bice Maihguashca, eds. 2005. *Critical Theories, International Relations, and the 'Anti-Globalization Movement': The Politics of Global Resistance*. London/New York: Routledge.

Esherick, Joseph W. 2006. "How the Qing Became China." In *Empire to Nation: Historical Perspectives on the Making of the Modern World*, edited by Joseph W. Esherick, Hasan Kayali, and Eric Van Young, 229–59. Lanham, MD: Rowman & Littlefield.

Esherick, Joseph W. and Mary Backus Rankin. 1990. Introduction to *Chinese Local Elites and Patterns of Dominance*, edited by Joseph W. Esherick and Mary Backus Rankin, 1–25. Berkeley: University of California Press.

Espagne, Michel. 2003. "Der theoretische Stand der Kulturtransferforschung." In *Kulturtransfer. Kulturelle Praxis im 16. Jahrhundert*, edited by Wolfgang Schmale, 63–75. Innsbruck: Studien.

Evans, Luther H. 1965. "The Humanities and International Communication." *Publications of the Modern Language Association of America (PMLA)* 80-2: 37–42.

Evans, Richard. 1998. *Fakten und Fiktionen: Über die Grundlagen historischer Erkenntnis*. Frankfurt: Campus.

Fahrmeir, Andreas. 2007. *Citizenship: The Rise and Fall of a Modern Concept*. New Haven: Yale University Press.

Faist, Thomas. 2002. "Transnationalization in International Migration: Implications for the Study of Citizenship and Culture." *Ethnic and Racial Studies* 23-2: 189–222.

Fan, Shuzhi. 2003. *Wanming shi* [A History of the Late Ming]. Shanghai: Fudan daxue chubanshe.

Feierman, Steven. 1993. "African Histories and the Dissolution of World History." In *Africa and the Disciplines: The Contributions of Research in Africa to the Social Sciences and Humanities*, edited by Robert H. Bates, V. Y. Mudimbe, and Jean O'Barr, 167–212. University of Chicago Press.

——— 1999. "Colonizers, Scholars, and the Creation of Invisible Histories." In *Beyond the Cultural Turn: New Directions in the Study of Society and Culture*, edited by Victoria E. Bonnelli and Lynn Hunt, 182–216. Berkeley: University of California Press.

Feldbauer, Peter. 2009. *Die Welt im 16. Jahrhundert*. Vienna: Mandelbaum.

Feldbauer, Peter and Andrea Komolsy. 2003. "Globalgeschichte 1450–1820: Von der Expansions- zur Interaktionsgeschichte." In *Die Welt querdenken: Festschrift für Hans-Heinrich Nolte zum 65. Geburtstag*, edited by Carl-Hans Hauptmeyer, Dariusz Adamczyk, Beate Eschment, and Udo Obal, 59–94. Frankfurt/New York: Peter Lang.

Feldner, Heiko. 2003. "The New Scientificity in Historical Writing Around 1800." In *Writing History: Theory and Practice*, edited by Stefan Berger, Heiko Feldner, and Kevin Passmore, 3–22. London: Arnold.

Feng, Erkang. 2009/2010. "Studies on Qing History: Past, Present, and Problems." *Chinese Studies in History* 43-2: 20–32.

Feng, Gang. 2000. "Guanyu zhongguo jindaishi yanjiu de 'xiandaihua fanshi'" [On the "Paradigm of Modernization" in Contemporary Chinese Historical Research]. *Tianjin shehui kexue* [The Tianjin Social Sciences Journal] 5: 75–8.

Fenske, Hans. 1991. "Ungeduldige Zuschauer. Die Deutschen und die Europäische Expansion, 1815–1880." In *Imperialistische Kontinuität und nationale Ungeduld im 19. Jahrhundert*, edited by Wolfgang Reinhard, 87–123. Frankfurt: Fischer Taschenbuch.

Ferguson, James. 1997. "Anthropology and Its Evil Twin: 'Development' in the Constitution of a Discipline." In *International Development and the Social Sciences: Essays on the History and Politics of Knowledge*, edited by Frederick Cooper and Randall Packard, 150–75. Berkeley: University of California Press.

Ferguson, Niall. 2003. *Empire. The Rise and Demise of the British World Order and the Lessons for Global Power*. London: Penguin.

Fernandez-Armesto, Felipe. 2006. *Pathfinders: A Global History of Exploration*. New York: Oxford University Press.

Ferro, Marc. 1997. *Colonization: A Global History*. London: Routledge.

Fewsmith, Joseph. 2001. *China since Tiananmen: The Politics of Transition*. Cambridge/New York: Cambridge University Press.

Fink, Carole, Philipp Gassert, and Detlef Junker, eds. 1998. *1968: The World Transformed*. Cambridge: Cambridge University Press.

Fischer, Wolfram. 1998. *Expansion – Integration – Globalisierung: Studien zur Geschichte der Weltwirtschaft*. Göttingen: Vandenhoeck & Ruprecht.

Fischer Taschenbuch Verlag. 1965–1981. *Fischer Weltgeschichte*. Frankfurt: Fischer Taschenbuch.

Fischer-Tiné, Harald. 2007. "Global Civil Society and the Forces of Empire: The Salvation Army, British Imperialism and the 'Pre-history' of NGOs (ca. 1880–1920)." In *Competing Visions of World Order: Global Moments and Movements, 1880s–1930s*, edited by Sebastian Conrad and Dominic Sachsenmaier, 29–67. New York: Palgrave Macmillan.

Fitzgerald, Frances. 1979. *America Revised: History Schoolbooks in the Twentieth Century*. Boston: Little Brown.

Fitzpatrick, Matthew. 2005. "Review of Zimmerer, Jürgen; Zeller, Joachim, *Völkermord in Deutsch-Südwestafrika: Der Kolonialkrieg (1904–1908) in Namibia und seine Folgen*." *H-German* (February), http://www.h-net.org/reviews/showrev.php?id=10206.

2008a. *Liberalism and Imperialism in Germany: Expansionism and Nationalism, 1848–1884*. New York: Berghahn Books.

2008b. "The Pre-History of the Holocaust? The Sonderweg and Historikerstreit Debates and the Abject Colonial Past." *Central European History* 41: 477–503.

Flynn, Dennis O. and Arturo Giráldez. 2004. "Path Dependence, Time Lags and the Birth of Globalization: A Critique of O'Rourke and Williamson." *European Review of Economic History* 8: 81–108.

Fogel, Joshua A., ed. 2000. *The Nanjing Massacre in History and Historiography*. Berkeley: University of California Press.

ed. 2004. *The Role of Japan in Liang Qichao's Introduction of Modern Western Civilization to China*. Berkeley: CA Institute of East Asian Studies.

Frank, Andre G. 1969. *Capitalism and Underdevelopment in Modern Latin America: Historical Studies of Chile and Brazil*. New York: Modern Reader Paperbacks.

1998. *ReOrient: Global Economy in the Asian Age*. Berkeley: University of California Press.

Frank, Thomas. 2004. *What's the Matter with Kansas? How Conservatives Won the Heart of America*. New York: Henry Holt.

Franklin, John Hope. 2005. *Mirror to America: The Autobiography of John Hope Franklin*. New York: Farrar, Straus and Giroux.

Frei, Norbert. 1993. "Wie modern war der Nationalsozialismus?" *Geschichte und Gesellschaft* 19: 365–87.

Freitag, Ulrike. 1997. "The Critique of Orientalism." In *Companion to Historiography*, edited by Michael Bentley, 620–38. London/New York: Taylor & Francis.

1999. "Nationale Selbstvergewisserung und der 'Andere': Arabische Geschichtsschreibung nach 1945." In *Geschichtsdiskurs*, vol. V: *Globale Konflikte, Erinnerungsarbeit und Neuorientierungen seit 1945*, edited by Wolfgang Küttler, Jörn Rüsen, and Ernst Schulin, 142–61. Frankfurt: Fischer Taschenbuch.

2005. "Translokalität als ein Zugang zur Geschichte globaler Verflechtungen." *H-Soz-u-Kult*, hsozkult.geschichte.hu-berlin.de/forum/2005-06-001.pdf.

French, John. 2006a. *Globalizing Protest and Policy: Neo-Liberalism, Worker Rights, and the Rise of Alt-Global Politics.* Durham, NC: Duke University Press.

2006b. "Wal-Mart, Retail Supremacy, and the Relevance of Political Economy: The Intermestic Challenge of Contemporary Research (Academic, Agitational, and Constructive)." *Labor: Studies in Working Class History of the Americas* 4-1: 33–40.

Frevert, Ute. 1991. "Klasse und Geschlecht – ein deutscher Sonderweg?" In *Nichts als Unterdrückung? Geschlecht und Klasse in der englischen Sozialgeschichte*, edited by Logie Barrow, Dorothea Schmidt, and Julia Schwarzkopf, 259–70. Münster: Westfälisches Dampfboot.

Frey, Marc. 2007. "Rezension zu: *Klein, Thoralf; Schumacher, Frank (Hrsg.): Kolonialkriege. Militärische Gewalt im Zeichen des Imperialismus. Hamburg 2006.*" *H-Soz-u-Kult* (March 16), http://hsozkult.geschichte.hu-berlin.de/rezensionen/2007-1-179.

Freyer, Hans. 1949. *Weltgeschichte Europas.* 2 vols. Wiesbaden: Dieterich.

1955. *Theorie des gegenwärtigen Zeitalters.* Stuttgart: Deutsche Verlags-Anstalt.

Friedländer, Saul. 1993. *Memory, History, and the Extermination of the Jews of Europe.* Bloomington: Indiana University Press.

Friedrichsmeyer, Sara, Sara Lennox, and Susanne Zantop. 1998. *The Imperialist Imagination: German Colonialism and Its Legacy.* Ann Arbor: University of Michigan Press.

Fuchs, Eckhardt. 2002. "Introduction: Provincializing Europe: Historiography as a Transcultural Concept." In *Across Cultural Borders: Historiography in Global Perspective*, edited by Eckhardt Fuchs and Benedikt Stuchtey, 1–26. Lanham, MD: Rowman & Littlefield.

2005. "Welt- und Globalgeschichte – Ein Blick über den Atlantik." *H-Soz-u-Kult* (March 31), http//hsozkult.geschichte.hu-berlin.de/forum/2005-03-004.

Fuchs, Eckhardt and Matthias Middell, eds. 2006. *Teaching World History* (= *Comparativ* 16–1). Leipzig: Leipziger Universitätsverlag.

Fuchs, Eckhardt and Benedikt Stuchtey, eds. 2002. *Across Cultural Borders: Historiography in Global Perspective.* Lanham, MD: Rowman & Littlefield.

eds. 2003. *Writing World History, 1800–2000.* Oxford University Press.

Fudan daxue lishixi, ed. 2009. *Jiangnan yu zhongwai jiaoliu – fudan shixue jikan di san ji* [The Yangzi River Delta and China's Foreign Connections – Fudan History Studies Series, vol. III]. Shanghai: Fudan daxue chubanshe.

Fudan daxue lishixi chuban bowuguan, ed. 2009. *Lishishang de zhongguo chuban yu dongya wenhua jiaoliu* [The History of Chinese Publishing and East Asian Cultural Exchanges]. Shanghai: Shanghai baijia chubanshe.

Fuhrmann, Malte. 2006. *Der Traum vom deutschen Orient: Zwei deutsche Kolonien im Osmanischen Reich 1851–1918.* Frankfurt: Campus.

Fulbrook, Mary. 1999. *German National Identity after the Holocaust.* Cambridge: Polity Press.

Furet, François. 1991. *La Révolution, 1770–1880.* Paris: Hachette.

Fürtig, Henner and Gerhard Höpp, eds. 1998. *Wessen Geschichte? Muslimische Erfahrungen historischer Zäsuren im 20. Jahrhundert.* Berlin: Verlag Das Arabische Buch.

Füssel, Karl-Heinz. 2004. *Deutsch-Amerikanischer Kulturaustausch im 20. Jahrhundert: Bildung, Wissenschaft, Politik.* Frankfurt/New York: Campus.

Gabaccia, Donna R. and Franca Iacovetta, eds. 2002. *Women, Gender and Transnational Lives: Italian Workers of the World.* Toronto: University of Toronto Press.

Galtung, Johan. 1999. "World/Global/Universal History and the Present Historiography." *Storia della Storiografia* 35: 141–61.

Galtung, Johan and Sohail Inayatullah, eds. 1997. *Macrohistory and Macrohistorians: Perspectives on Individual, Social, and Civilizational Change.* Westport, CT: Praeger.

Gandhi, Leela. 1998. *Postcolonial Theory: A Critical Introduction.* Edinburgh: Edinburgh University Press.

Gao, Yi. 1997. "French Revolutionary Studies in Today's China." *Canadian Journal of History* 32-3: 437–47.

Garon, Sheldon. 2000. "Luxury Is the Enemy: Mobilizing Savings and Popularizing *Thrift* in Wartime Japan." *Journal of Japanese Studies* 26-1 (Winter): 41–78.

Ge, Zhaoguang. 2010. "Cong 'xiyu' dao 'donghai' – yige xin lishi de xingcheng, fangfa ji wenti" [From the 'Western Regions' to the 'Eastern Sea' – The Genesis of a New History: Methods and Problems]. *Wen shi zhe* [Journal of Literature, History and Philosophy] 1: 18–25.

Geiger, Robert L. 2005. "The Ten Generations of American Higher Education." In *American Higher Education in the Twenty-First Century: Social, Political, and Economic Challenges*, edited by Philip G. Altbach, Robert Berdahl, and Patricia Gumport, 38–70. Baltimore: Johns Hopkins University Press.

Georgi, Viola. 2000. "Wem gehört deutsche Geschichte? Bikulturelle Jugendliche und die Geschichte des Nationalsozialismus." In *"Erziehung nach Auschwitz" in der multikulturellen Gesellschaft. Pädagogische und soziologische Annäherungen*, edited by Bernd Fechler, Gottfried Kößler and Till Liebertz-Groß, 141–62. Weinheim: Juventa.

Gerber, Adrian. 2005. "Transnationale Geschichte 'machen' – Anmerkungen zu einem möglichen Vorgehen." *H-Soz-u-Kult* (April 2), http://hsozkult. geschichte.hu-berlin.de/forum/2005-04-001.pdf.

Gerbig-Fabel, Marco. 2006. "Transnationalität in der Praxis." *Geschichte Transnational* (June 14), http://geschichte-transnational.clio-online.net/ tagungsberichte/id=1150.

Gereffi, Gary and Miguel Korzeniewicz, eds. 1994. *Commodity Chains and Global Capitalism*. Westport, CT: Greenwood Press.

Gerlach, Christian. 2004. "Some Recent Trends in German Holocaust Research." In *New Currents in Holocaust Research*, edited by Jeffrey M. Diefendorf, 285–99. Evanston, IL: North Western University Press.

Gessenharter, Wolfgang. 1994. *Kippt die Republik? Die Neue Rechte und ihre Unterstützung durch Politik und Medien*. Munich: Knaur.

Geulen, Christian. 2004. *Wahlverwandte: Rassendiskurs und Nationalismus im späten 19. Jahrhundert*. Hamburg: Hamburger Edition.

——— 2007. "The Common Grounds of Conflict: Racial Visions of World Order 1880–1940." In *Competing Visions of World Order. Global Moments and Movements, 1880s–1930s*, edited by Sebastian Conrad and Dominic Sachsenmaier, 69–96. New York: Palgrave Macmillan.

Geyer, Martin H. and Johannes Paulmann, eds. 2001. *The Mechanics of Internationalism: Culture, Society, and Politics from the 1840s to the First World War*. Oxford/New York: Oxford University Press.

Geyer, Michael. 1990. "Looking Back at the International Style: Some Reflections on the Current State of German History." *German Studies Review* 13-1: 112–27.

——— 2004. "Deutschland und Japan im Zeitalter der Globalisierung: Überlegungen zu einer komparativen Geschichte jenseits des Modernisierungs-Paradigmas." In *Das Kaiserreich Transnational: Deutschland in der Welt, 1871–1914*, edited by Sebastian Conrad and Jürgen Osterhammel, 68–86. Göttingen: Vandenhoeck & Ruprecht.

——— 2006. "Rezension zu: *Budde, Gunille; Conrad, Sebastian; Janz, Oliver (Hrsg.): Transnationale Geschichte. Themen, Tendenzen und Theorien. Göttingen 2006*." *H-Soz-u-Kult* (October 11), http://hsozkult.geschichte.hu-berlin.de/rezensionen/2006-4-032.

Geyer, Michael and Charles Bright. 1995. "World History in a Global Age." *The American Historical Review* 100-4: 1034–60.

——— 1996. "Global Violence and Nationalizing Wars in Eurasia and America: The Geopolitics of War in the Mid-Nineteenth Century." *Comparative Studies in Society and History* 38-4: 623–53.

Gibbons, Michael, Camille Limoges, Helga Nowotny, Simon Schwartzman, Peter Scott, and Martin Trow. 1994. *The New Production of Knowledge: The Dynamics of Science and Research in Contemporary Societies*. London: Sage Publications.

Giddens, Anthony. 2000. *Runaway World: How Globalization Is Reshaping Our Lives*. New York: Routledge.

Gienow-Hecht, Jessica. 1999. *Transmission Impossible: American Journalism as Cultural Diplomacy in Postwar Germany, 1945–1955*. Baton Rouge: Louisiana State University Press.

Gienow-Hecht, Jessica and Frank Schumacher, eds. 2003. *Culture and International History*. New York: Berghahn Books.

Giere, Jacqueline. 1996. *Die gesellschaftliche Konstruktion des Zigeuners*. Frankfurt: Campus.

Giesen, Bernhard. 1993. *Die Intellektuellen und die Nation: Eine deutsche Achsenzeit*. Frankfurt: Suhrkamp.

Gilroy, Paul. 1993. *The Black Atlantic: Modernity and Double Consciousness.* Cambridge, MA: Harvard University Press.

Glasso, Glenn. 2008. "What Appeared Limitless Plenty: The Rise and Fall of the Nineteenth-Century Atlantic Halibut Fishery." *Environmental History* 13-1: 66–91.

Glick-Schiller, Nina. 2004. "Transnationality." In *A Companion to the Anthropology of Politics*, edited by David Nugent and Joan Vincent, 448–67. Malden, MA: Blackwell.

——— 2005."Transnational Social Fields and Imperialism: Bringing a Theory of Power to Transnational Studies." *Anthropological Theory* 5-4: 439–61.

Goetz, Walter ed. 1929–1933. *Propyläen-Weltgeschichte. Der Werdegang der Menschheit in Gesellschaft und Staat, Wirtschaft und Geistesleben.* 10 vols. Berlin: Propyläen Verlag.

Goldman, Merle and Andrew J. Nathan. 2000. "Searching for the Appropriate Model for the People's Republic of China." In *Historical Perspectives on Contemporary East Asia*, edited by Merle Goldman and Andrew Gordon, 297–319. Cambridge, MA: Harvard University Press.

Goldthorpe, John H. 1997. "Current Issues in Comparative Macrosociology: A Debate on Methodological Issues." *Comparative Social Research* 16: 1–26.

Gollwitzer, Heinz. 1972–1982. *Geschichte des weltpolitischen Denkens.* 2 vols. Göttingen: Vandenhoeck & Ruprecht.

Gong, Gerrit. 1984. *The Standard of Civilization in the International Society.* Oxford: Clarendon Press.

Goodwin, Neva, Julie A. Nelson, Frank Ackerman, and Thomas Weiskopf. 2008. *Microeconomics in Context.* Armonk, NY: M. E. Sharpe.

Goody, Jack. 1996. *The East in the West.* Cambridge/New York: Cambridge University Press.

——— 2007. *The Theft of History.* Cambridge/New York: Cambridge University Press.

——— 2010. *The Eurasian Miracle.* Cambridge/New York: Cambridge University Press.

Goonatilake, Susanta. 1999. *Toward a Global Science: Mining Civilizational Knowledge.* Bloomington: Indiana University Press.

Görtemaker, Manfred. 2002. *Kleine Geschichte der Bundesrepublik Deutschland.* Munich: C. H. Beck.

Gosewinkel, Dieter, Dieter Rucht, Wolfgang van den Daele, and Jürgen Kocka, eds. 2003. *Zivilgesellschaft: National und transnational.* Berlin: Edition Sigma.

Gottlob, Michael. 1997. "Indische Geschichtswissenschaft und Kolonialismus." In *Geschichtsdiskurs*, vol. IV: *Krisenbewusstsein, Katastrophenerfahrungen und Innovationen 1880–1945*, edited by Wolfgang Küttler, Jörn Rüsen, and Ernst Schulin, 314–38. Frankfurt: Fischer Taschenbuch.

Gottlob, Michael, Achim Mittag, and Jörn Rüsen, eds. 1998. *Die Vielfalt der Kulturen.* Frankfurt: Suhrkamp.

Gould, Eliga H. 2007a. "Entangled Atlantic Histories: A Response from the Anglo-American Periphery." *American Historical Review* 112-5: 1415–22.

2007b. "Entangled Histories, Entangled Worlds: The English-Speaking Atlantic as a Spanish Periphery." *American Historical Review* 112-3: 764–86.

Gowilt, Chris. 1995. "True West: The Changing Idea of the West from the 1880s to the 1920s." In *Enduring Western Civilization. The Construct of the Concept of Western Civilization and Its 'Others'*, edited by Sylvia Federici, 37–63. Westport, CT: Praeger.

Grafton, Anthony. 1997. *The Footnote: A Curious History*. Cambridge, MA: Harvard University Press.

2007. *What Was History? The Art of History in Early Modern Europe*. Cambridge/New York: Cambridge University Press.

Graichen, Gisela and Horst Gründer. 2007. *Deutsche Kolonien. Traum und Trauma*. Berlin: Ullstein.

Gran, Peter. 1996. *Beyond Eurocentrism: A New View of Modern World History*. Syracuse University Press.

Grandner, Margarete and Andrea Komlosy, eds. 2004. *Vom Weltgeist beseelt. Globalgeschichte 1700–1815*. Vienna: Promedia.

Gräser, Marcus. 2006. "Weltgeschichte im Nationalstaat. Die transnationale Disposition der amerikanischen Geschichtswissenschaft." *Historische Zeitschrift* 283-2: 355–82.

2009. "World History in a Nation-State: The Transnational Disposition in Historical Writing in the United States." *Journal of American History* 95: 1038–52.

Green, William A. 1998. "Periodizing World History." In *World History: Ideologies, Structures, and Identities*, edited by Philip Pomper, Richard H. Elphik, and Richard T. Vann, 53–68. Malden, MA: Blackwell.

Greenblatt, Stephen. 1995. "Culture." In *Critical Terms for Literary Study*, edited by Frank Lentricchia and Thomas McLaughlin, 225–32. University of Chicago Press.

Greiffenhagen, Martin and Sylvia Greiffenhagen. 1993. *Ein schwieriges Vaterland: Zur politischen Kultur im vereinigten Deutschland*. Munich: List.

Grew, Raymond. 2000. *Food in Global History*. Boulder, CO: Westview Press.

Gries, Peter H. 2004. *China's New Nationalism: Pride, Politics, and Diplomacy*. Berkeley: University of California Press.

2007. "Narratives to Live By: The Century of Humiliation and Chinese National Identity Today." In *China's Transformations: The Stories Beyond the Headlines*, edited by Lionel M. Jensen and Timothy B. Weston, 112–28. Lanham, MD: Rowman & Littlefield.

Gross, Raphael, ed. 2006. *Jüdische Geschichte als Allgemeine Geschichte. Festschrift für Dan Diner zum 60. Geburtstag*. Göttingen: Vandenhoeck & Ruprecht.

Grundy, Kenneth W. 1966. "African Explanations of Underdevelopment: The Theoretical Basis for Political Action." *The Review of Politics* 28-1: 62–75.

Gu, Edward X. 1999. "Cultural Intellectuals and the Politics of Cultural Public Space in Communist China, 1979–1989." *Journal of Asian Studies* 58-2: 389–431.

Guha, Ranajit. 1982a. "On the Historiography of Indian Nationalism." In *Subaltern Studies*, vol. I, edited by Ranajit Guha, 1–8. Delhi: Oxford University Press.

1982b. "The Prose of Counter-Insurgence." In *Subaltern Studies*, vol. II, edited by Ranajit Guha, 45–86. Delhi: Oxford University Press.

Guha, Sumit. 2004. "Speaking Historically: The Changing Voices of Historical Narration in Western India, 1400–1900." *American Historical Review* 109-4: 1084–103.

Guillén, Mauro F. 2001. "Is Globalization Civilizing, Destructive or Feeble? A Critique of Five Key Debates in the Social Science Literature." *Annual Review of Sociology* 27: 235–60.

Gunn, Geoffrey C. 2003. *First Globalization: The Eurasian Exchange 1500–1800*. Lanham, MD: Rowman & Littlefield.

Guo, Huiying. 2002. "Fan 'Ouzhou zhongxin zhuyi' shijie tixi lunzhanli de zhonguo yu shijie" [China and the World in the Debate against 'Eurocentrism' in World System Theory]. *Xin lishi* [New History] 13-3: 241–6.

Guo, Shaotang. 2003. "Wenhua de chongji yu chaoyue: dangdai xianggang shixue" [The Clash of Cultures and the Transcendence of Cultures: Contemporary Historiography in Hongkong]. *Lishi yanjiu* [Historical Research] 1: 120–8.

Guo, Shengming. 1983. *Xifang shixueshi gaiyao* [Outline of the History of Western Historiography]. Shanghai: Shanghai renmin chubanshe.

Guthrie, Doug. 2006. *China and Globalization: The Social, Economic and Political Transformation of Chinese Society*. London: CRC Press.

Guy, R. Kent. 1987. *The Emperor's Four Treasures: Scholars and the State in the Late Ch'ien-lung Era*. Cambridge, MA: Harvard University Press.

Haar, Ingo. 2000. *Historiker im Nationalsozialismus: Deutsche Geschichtswissenschaft und der "Volkstumskampf" im Osten*. Göttingen: Vandenhoeck & Ruprecht.

Habermas, Jürgen. 2000. *The Inclusion of the Other: Studies in Political Theory*. Cambridge, MA: MIT Press.

Haboush, JaHyun Kim. 2005. "Contesting Chinese Time, Nationalizing Temporal Space: Temporal Inscription in Late Choson Korea." In *Time, Temporality, and Imperial Transition: East Asia from Ming to Qing*, edited by Lynn A. Struve, 115–41. Honolulu: Association for Asian Studies and University of Hawai'i Press.

Haddad, Mahmoud. 1994. "The Rise of Arab Nationalism Reconsidered." *International Journal of Middle East Studies* 26-2: 201–22.

Haebich, Anna Elizabeth. 2005. "The Battlefields of Aboriginal History." In *Australia's History. Themes and Debates*, edited by Martyn Lyons and Penny Russell, 1–22. Sydney: University of New South Wales Press.

Hafner-Burton, Emile M. and Kiyoteru Tsutsui. 2005. "Human Rights in a Global World: The Paradox of Empty Promises." *American Journal of Sociology* 110-5: 1373–411.

Hall, Catherine, ed. 2000. *Cultures of Empire: A Reader: Colonizers in Britain and the Empire in the 19th and 20th Centuries*. Manchester/New York: Manchester University Press.

Hall, Marcus. 2005. *Earth Repair: A Transatlantic History of Environmental Restoration*. Charlottesville: University of Virginia Press.

Hamashita, Takeshi. 1988. "The Tribute Trade System and Modern Asia." *Memoirs of the Research Department Toyo Bunko* 46: 7–25.

Harbsmeier, Michael. 1991. "World Histories Before Domestication: The Writing of Universal Histories, Histories of Mankind and World Histories in Late Eighteenth-Century Germany." *Culture and History* 11: 23–59.

Hardt, Michael and Antonio Negri. 2004. *Multitude: War and Democracy in the Age of Empire*. New York: Penguin Press.

——— 2006. *Empire*. Cambridge, MA: Harvard University Press.

Hardy, Grant. 1994. "Can an Ancient Chinese Historian Contribute to Modern Western Theory? The Multiple Narratives of Ssu-ma Ch'ien." *History and Theory* 33-1: 20–38.

Harneit-Sievers, Axel, ed. 2000. *Afrikanische Geschichte und Weltgeschichte: Regionale und universale Themen in Forschung und Lehre*. Berlin: Das Arabische Buch.

——— 2002. *A Place in the World. New Local Historiographies from Africa to South Asia*. Leiden/Boston: Brill.

Hartog, Francois. 1988. *The Mirror of Herodotus: The Representations of the Other in the Writing of History*. Berkeley: University of California Press.

Harvey, John T. and Robert Garnett, eds. 2008. *Future Directions for Heterodox Economics*. Ann Arbor: University of Michigan Press.

Hattendorf, John B., ed. 2007. *The Oxford Encyclopedia of Maritime History*. Oxford/New York: Oxford University Press.

Haupt, Heinz-Gerhard. 2002. "Auf der Suche nach der europäischen Geschichte: Einige Neuerscheinungen." *Archiv für Sozialgeschichte* 42: 544–56.

——— 2004. "Die Geschichte Europas als vergleichende Geschichtsschreibung." *Comparativ* 14-3: 83–97.

——— 2006. "Historische Komparatistik in der internationalen Geschichtsschreibung." In *Transnationale Geschichte: Themen, Tendenzen und Theorien*, edited by Gunilla Budde, Sebastian Conrad, and Oliver Janz, 137–49. Göttingen: Vandenhoeck & Ruprecht.

Haupt, Heinz-Gerhard and Jürgen Kocka, eds. 1996. *Geschichte und Vergleich: Ansätze und Ergebnisse international vergleichender Geschichtsschreibung*. Frankfurt/New York: Campus.

Hausmann, Frank-Rutger. 1998. *"Deutsche Geisteswissenschaft" im Zweiten Weltkrieg. Die "Aktion Riterbusch" (1940–1945)*. Dresden: Dresden University Press.

Hawkins, Michael. 1997. *Social Darwinism in European and American Thought 1860–1945: Nature as Model and Nature as Threat*. Cambridge University Press.

He, Fangchuan. 2000. "Yingjie zhongguo de shijieshi yanjiu xinjiyuan – ershi shiji zhongguo shijieshi yanjiu de huigu yu zhanwang" [Meet the Beginning of a New Era of Chinese World Historical Research – Looking Back at Chinese World Historical Studies during the Twentieth Century and Looking Ahead]. *Shijie lishi* [World History] 4: 74–82.

He, Fangchuan and Yu Pei. 2005. "Shijie lishi yanjiusuo jiansuo sishi zhounian xueshu yantaohui zongshu" [A Summary of the Symposium on the Fortieth Anniversary of the Institute of World History (at the Chinese Academy of Social Sciences)]. *Shijie lishi* [World History] 1: 129–33.

He, Ping. 2000. "Ershi shiji bashi niandai zhongguo shixue fazhan ruogan qushi" [Some Trends in the Development of Chinese Historiography during the 1980s]. *Shixue lilun yanjiu* [Historiography Quarterly] 1: 67–79.

Headley, John M. 2008. *The Europeanization of the World: On the Origins of Human Rights and Democracy*. Princeton University Press.

Hearn, Mark. 2007. "Writing the Nation in Australia: Australian Historians and Narrative Myths of a Nation." In *Writing the Nation. A Global Perspective*, edited by Stefan Berger, 103–25. Basingstoke: Palgrave Macmillan.

Heater, Derek. 1992. *The Idea of European Unity*. New York: St. Martin's Press.

Heil, Johannes. 1999. "Deutsch-jüdische Geschichte, ihre Grenzen, und die Grenzen ihrer Synthesen." *Historische Zeitschrift* 269: 653–80.

Heilbron, Johan, Lars Magnusson, and Björn Wittrock, eds. 1998. *The Rise of the Social Sciences and the Formation of Modernity: Conceptual Change in Context 1750–1850*. Dordrecht: Kluwer Academic Publishers.

Hein, Laura and Mark Selden. 2000. "The Lessons of War, Global Power, and Social Change." In *Censoring History: Citizenship and Memory in Japan, Germany and the United States*, edited by Laura Hein and Mark Selden, 3–52. Armonk, NY: M. E. Sharpe.

Held, David, Anthony McGrew, David Goldblatt, and Jonathan Perraton. 1999. *Global Transformations: Politics, Economics and Culture*. Stanford: Stanford University Press.

Helmolt, Hans, ed. 1899–1907. *Weltgeschichte*. 9 vols. Leipzig: Bibliographisches Institut.

Herbert, Ulrich. 2000. "Extermination Policy: New Answers and Questions About the History of the Holocaust." In *Nationalist Socialist Extermination Policy: Contemporary German Perspectives and Controversies*, edited by Ulrich Herbert, 1–52. New York: Berghahn Books.

———. 2001. *Geschichte der Ausländerpolitik in Deutschland: Saisonarbeiter – Gastarbeiter – Flüchtlinge*. Munich: Beck.

Herren, Madeleine. 2000. *Hintertüren zur Macht: Internationalismus und modernisierungsorientierte Außenpolitik in Belgien, der Schweiz und den USA*. Munich: Oldenbourg.

Heuss, Alfred. 1960. "Introduction to *Propyläen Weltgeschichte: Eine Universalgeschichte*," vol. I: *Vorgeschichte – Frühe Hochkulturen*, edited by Alfred Heuss, Golo Mann, and August Nitschke, 11–32. Frankfurt: Propyläen Verlag.

Heuss, Alfred, Golo Mann, and August Nitschke. 1960–1965. *Propyläen Weltgeschichte: Eine Universalgeschichte*: 10 vols. Frankfurt: Propyläen Verlag.

Hevia, James J. 2007. "Remembering the Century of Humiliation: The Yuanming Gardens and Dagu Forts Museum." In *Ruptured Histories: War, Memory, and the Post-Cold War in East Asia*, edited by Sheila M. Jager and Rana Mitter, 192–208. Cambridge, MA: Harvard University Press.

Hiery, Hermann. 1995. *Das deutsche Reich in der Südsee (1900–1921)*. Göttingen: Vandenhoeck & Ruprecht.

Higham, John. 1989. *History: Professional Scholarship in America*. 2nd edn. Baltimore: Johns Hopkins University Press.

Hill, Christopher L. 2008. *National History and the World of Nations: Capital, State, and the Rhetoric of History in Japan, France, and the United States*. Durham, NC: Duke University Press.

Hillenbrand, Carole. 2000. *The Crusades: Islamic Perspectives*. New York: Routledge.

Ho, Engseng. 2004. "Empire Through Diasporic Eyes: A View from the Other Boat." *Comparative Studies in Society and History* 46-2: 210–46.

Hobsbawm, Eric J. 1990. *Nations and Nationalism since 1780: Programme, Myth, Reality*. Cambridge/New York: Cambridge University Press.

1992. *The Invention of Tradition*. Cambridge University Press.

Hoerder, Dirk and Leslie P. Moch, eds. 1996. *European Migrants: Global and Local Perspectives*. Boston: Northeastern University Press.

Hon, Tze-ki. 2007. "Educating the Citizens: Visions of China in Late Qing History Textbooks." In *The Politics of Historical Production in Late Qing and Republican China*, edited by Tze-ki Hon and Robert J. Culp, 79–108. Leiden: Brill.

Hon, Tze-ki and Robert J. Culp, eds. 2007. *The Politics of Historical Production in Late Qing and Republican China*. Leiden: Brill.

Honold, Alexander and Klaus R. Scherpe, eds. 2004. *Mit Deutschland um die Welt. Eine Kulturgeschichte des Fremden in der Kolonialzeit*. Stuttgart: Metzler.

Hopkins, Anthony G., ed. 2002a. *Globalization in World History*. New York: W. W. Norton.

2002b. "Introduction: Globalization – An Agenda for Historians." In *Globalization in World History*, edited by Anthony G. Hopkins, 1–10. London: W. W. Norton.

2006. "Introduction: Interactions Between the Universal and the Local." In *Global History: Interactions between the Universal and the Local*, edited by Anthony G. Hopkins, 1–38. New York: Palgrave Macmillan.

Hoston, Germaine A. 1986. *Marxism and the Crisis of Development in Prewar Japan*. Princeton University Press.

Hou, Jianxin. 2000. "Xin shiji woguo de shijieshi yanjiu yao shang xinshuiping" [In the New Century World Historical Research in Our Country Must Reach a New Level]. *Shijie lishi* [World History] 1, 13-4.

Howe, Stephen. 2001. "The Slow Deaths and Strange Rebirths of Imperial History." *Journal of Imperial and Commonwealth History* 29-2: 131–41.

Hsiung, Ping-chen. 2005. "Moving the World According to a Shifted 'I': World History Texts in Republican China and Post-War Taiwan." *Berliner China Hefte* 27-2: 38–52.

Hsü, Cho-Yun. 1993. "Das Phänomen der Chinesischen Intellektuellen. Konzeptionelle und historische Aspekte." In *Chinesische Intellektuelle im 20. Jahrhundert: Zwischen Tradition und Moderne*, edited by Karl-Heinz Pohl, Gudrun Wacker, and Liu Huiru, 19–26. Hamburg: Institut für Asienkunde.

Hu, Anquan. 2008. "Gaigekaifang chuqi shehui yishi de shanbian yu zhizhengdang de sixiang jianshe" [The Evolution of Social Awareness in Early Stage of Reform and Opening and the Ideological Construction of the Ruling Party]. *Anhui shifan daxue xuebao* [Journal of Anhui Normal University] 6: 626–31.

Hu, Caizhen. 1995. "Ershi shiji shijieshi yanjiu de xin silu – ji 20 shiji shijieshi xueshu taolunhui" [New Ways of Thinking about Twentieth-century World Historical Research – Summary of Symposium on Twentieth-century World History]. *Shijie lishi* [World History] 6: 120–2.

Hu, Fengxiang and Zhang Wenjian. 1991. *Zhongguo jindai shixue sichao yu liupai* [Trends and Schools in Modern Chinese Historiography]. Shanghai: Huadong shifan daxue chubanshe.

Hu, Weixi. 1994. "Chuantong yu xiandaixing – zailun 'qinghua xuepai' de wenhuaguan" [Tradition and Modernity – Again on the Cultural View of the "Qinghua School"]. *Xueshu yuekan* [Academic Monthly] 8: 3–10.

Huang, Annian. 2000. "Lun dangdai shijieshi jiaocai tixi de gaige – jiantan jiaoxue shijian" [Discussing the Reform of the Contemporary World History Materials System. Issues on Historical Teaching]. *Lishi jiaoxue wenti* [History Teaching and Research] 5: 33–41.

Huang, Chun-Chieh. 2007. "The Defining Character of Chinese Historical Thinking." *History and Theory* 46-2: 180–8.

Huang, Donglan. 2006. "Jindai zhongguo de difang zizhi yu mingzhi riben" [Recent Chinese Local Automony and Meiji Japan]. *Lishi yanjiu* [Historical Research] 5: 186–8.

Huang, Hui. 2002. "Overseas Chinese Studies and the Rise of Foreign Cultural Capital in Modern China." *International Sociology* 17-1: 35–55.

Huang, Philip. 1996. *Civil Justice in China: Representation and Practice in the Qing*. Stanford University Press.

2000. "Biculturality in Modern China and in Chinese Studies." *Modern China* 26-1: 3–31.

Huang, Ruiqi. 1997. "Xiandai yu houxiandai – jidengsi lun xiandaixing" [Modernity and Postmodernism – on Anthony Giddens's Theory of Modernity]. *Dongwu shehuixue bao* 86-6: 281–387.

Huang, Xingtao. 2009. "Xin mingci de zhengzhi wenhua shi – Kang Youwei yu riben xin mingci guanxi zhi yanjiu" [The Cultural Political History of Neologisms – Research on the Relationship between Kang Youwei and Japanese New Terms]. In *Xin shixue*, vol. III: *Wenhuashi yanjiu de zai chufa* [New Historiography, vol. III: A New Perspective of Cultural Historical Studies], edited by Xingtao Huang. Beijing: Zhonghua shuju.

Hübinger, Gangolf, Jürgen Osterhammel, and Erich Pelzer, eds. 1994. *Universalgeschichte und Nationalgeschichten*. Freiburg im Breisgau: Rombach.

Hughes, Christopher. 2006. *Chinese Nationalism in the Global Era*. London: Routledge.

Hughes, Donald. 2001. "Global Dimensions of Environmental History." *Pacific Historical Review* 70-1: 91–101.

Hughes-Warrington, Marnie. 2005. "Shapes." In *Palgrave Advances in World Histories*, edited by Marnie Hughes-Warrington, 112–34. Basingstoke/New York: Palgrave Macmillan.

2009. "Coloring Universal History: Robert Benjamin Lewis's *Light and Truth* (1843) and William Wells Brown's *The Black Man* (1863)." *Journal of World History* 20-1: 99–130.

Hull, Isabel V. 1993. "Military Culture and the Production of 'Final Solutions' in the Colonies: The Example of Wilhelminian Germany." In *The Specter of Genocide: Mass Murder in Historical Perspective*, edited by Robert Gellately and Ben Kiernan, 141–62. New York: Cambridge University Press.

Hunn, Karin. 2004. *"Nächstes Jahr kehren wir zurück . . ." Die Geschichte der türkischen Gastarbeiter in der Bundesrepublik*. Göttingen: Wallstein.

Hunt, Lynn, ed. 1989. *The New Cultural History*. Berkeley: University of California Press.

—2002. "Where Have All the Theories Gone?" *Perspectives* 40-3: 5–7.

Huntington, Samuel. 1998. *The Clash of Civilization and the Remaking of World Order*. London: Touchstone.

Huters, Theodore. 2005. *Bringing the World Home: Appropriating the West in Late Qing and Early Republican China*. Honolulu: University of Hawai'i Press.

Iggers, Georg G. 1994. "Die Bedeutung des Marxismus für die Geschichtswissenschaft heute." *Comparativ* 4: 123–9.

1996. *Geschichtswissenschaft im 20. Jahrhundert: Ein kritischer Überblick im internationalen Zusammenhang*. Göttingen: Vandenhoeck & Ruprecht.

1997a. *Deutsche Geschichtswissenschaft: eine Kritik der traditionellen Geschichtauffassung von Herder bis zur Gegenwart*. Vienna: Böhlau.

1997b. "Historisches Denken im 19. Jahrhundert. Überlegungen zu einer Synthese." In *Geschichtsdiskurs*, vol. III: *Die Epoche der Historisierung*, edited by Wolfgang Küttler, Jörn Rüsen, and Ernst Schulin, 459–69. Frankfurt: Fischer Taschenbuch.

2002. "What Is Uniquely Western about the Historiography of the West in Contrast to that of China." In *Western Historical Thinking: An Intercultural Debate*, edited by Jörn Rüsen, 101–10. New York: Berghahn Books.

Iggers, Georg G. and James T. Powell, eds. 1990. *Leopold von Ranke and the Shaping of the Historical Discipline*. Syracuse University Press.

Iggers, Georg G., Q. Edward Wang, and Supriya Mukherjee. 2008. *A Global History of Modern Historiography*. Harlow: Pearson Longman.

Inden, Richard. 1986. "Orientalist Constructions of India." *Modern Asian Studies* 20-3: 401–46.

Iriye, Akira. 1989. "The Internationalization of History." *American Historical Review* 94-1: 1–10.

1997. *Cultural Internationalism and World Order*. Baltimore: Johns Hopkins University Press.

2002. *Global Community: The Role of International Organizations in the Making of the Contemporary World*. Berkeley: University of California Press.

2008. "Transnational Moments." Unpublished manuscript. Oxford University.

Iriye, Akira and Pierre-Yves Saunier, eds. 2009. *The Palgrave Dictionary of Transnational History: From the Mid-19th Century to the Present Day.* New York: Palgrave Macmillan.

Jackson, Jean E. and Kay B. Warren. 2005. "Indigenous Movements in Latin America, 1992–2004: Controversies, Ironies, New Directions." *Annual Review of Anthropology* 34: 549–73.

Jäger, Friedrich and Jörn Rüsen. 1992. *Geschichte des Historismus – eine Einführung.* Munich: C. H. Beck.

James, C. L. R. 1938. *The Black Jacobins: Toussaint L'Ouverture and the San Domingo Revolution.* London: Secker & Warburg.

Jameson, Fredric. 1991. *Postmodernism: Or the Logic of Late Capitalism.* Durham, NC: Duke University Press.

Jameson, Fredric and Masao Miyoshi, eds. 1998. *The Cultures of Globalization.* Durham, NC: Duke University Press.

Jarausch, Konrad H. and Michael Geyer. 2003. *Shattered Past: Reconstructing German Histories,* Princeton University Press.

Jarausch, Konrad H. and Matthias Middell, eds. 1994. *Nach dem Erdbeben: (Re-) Konstruktionen ostdeutscher Geschichte und Geschichtswissenschaft.* Leipzig: Leipziger Universitätsverlag.

Jarausch, Konrad H. and Hannes Siegrist, eds. 1997. *Amerikanisierung und Sowjetisierung in Deutschland 1945–1970.* Frankfurt/New York: Campus.

Ji, Shaofu. 1991. *Zhongguo Chuban Jianshi* [A Simple History of Chinese Publishing]. Shanghai: Xuelin chubanshe.

Ji, Xiao-bin. 2005. *Politics and Conservatism in Northern Song China: The Career and Thought of Sima Guang (A.D. 1019–1086).* Hong Kong: Chinese University Press of Hong Kong.

Jiang, Dachun. 2000. "Ershiyi shiji shixue lilun yanjiu duanxiang" [New Thoughts on Historiographical Theory in the Twenty-first Century]. *Shixue lilun yanjiu* [Historiography Quarterly] 1: 10–12.

Jiang, Danlin. 1996. *Dongfang fuxing zhi lu: fei xifang shehui fazhan lilun yu jianshe you zhongguo tese shehuizhuyi* [The Path of the East's Renaissance: Non-Western Theory of Social Development and the Construction of Socialism with Chinese Characteristics]. Guangzhou: Guangdong jiaoyu chubanshe.

Jiang, Yihua and Wu Kequan, eds. 2005. *Ershi shiji zhongguo shehui kexue: lishixue juan* [Twentieth-century Chinese Social Sciences: History Volume]. Shanghai: Shanghai renmin chubanshe.

Jin, Guantao. 1994. "Zhongguo jinxiandai shehui jingji lunli de bianqian: lun shehuizhuyi jingji lunli zai zhongguo de lishi mingyun" [The Change of Modern Chinese Social Economic Ethics: On the Historical Fate of Socialist Economic Ethics in China]. *Yazhou yanjiu* [Asian Studies] 8: 2–50.

Jin, Guantao and Liu Qingfeng. 1993. *Kaifang zhong de bianqian – zailun zhongguo shehui chaowending jiegou* [The Transformation during Opening Processes – Returning to the Question of Chinese Society's Ultrastable Structures]. Hong Kong: Hong Kong University Press.

2001. "Duoyuan xindaixing jiqi kunhuo" [Multiple Modernities and Its Puzzles]. *Ershiyi shiji* [Twenty-first Century] 66: 18–27.

2009. *Guannianshi yanjiu: zhongguo xiandai zhongyao zhengzhi shuyu de xingcheng* [The Historiography of Ideas: The Formation of Important Chinese Modern Political Terms]. Beijing: Falü chubanshe.

Jin, Yaoji. 1997. "Xianggang yu ershiyi shiji zhongguo wenhua" [Hong Kong and Twenty-first-century Chinese Culture]. *Mingbao yuekan* [Ming Pao Monthly] 1: 18–22.

Jin, Yaoji and Zhou Xian. 2003. "Quanqiuhua yu xiandaihua" [Globalization and Modernization]. *Shehuixue yanjiu* [Sociological Studies] 6: 97–102.

Jones, Alisa. 2005. "Changing the Past to Serve the Present: History Education in Mainland China." In *History Education and National Identity in East Asia*, edited by Edward Vickers and Alisa Jones, 65–100. New York: Routledge.

Jones, Andrew F. 2001. *Yellow Music: Media Culture and Colonial Modernity in the Chinese Jazz Age*. Durham, NC: Duke University Press.

Jones, Dorothy. 2002. *Toward a Just World: The Critical Years in the Search for International Justice*. Chicago: University of Chicago Press.

Jones, Eric. 1981. *The European Miracle: Environment, Economies and Geopolitics in the History of Europe and Asia*. Cambridge: Cambridge University Press.

Jones, Eric L., Lionel Frost, and Colin White. 1993. *Coming Full Circle: An Economic History of the Pacific Rim*. Boulder, CO: Westview Press.

Joyce, John. 1993. "The Globalization of Music: Expanding Spheres of Influence." In *Conceptualizing Global History*, edited by Bruce Mazlish and Ralph Buultjens, 205–24. Boulder, CO: Westview Press.

Kaelble, Hartmut. 1999a. *Der historische Vergleich: Eine Einführung zum 19. und 20. Jahrhundert*. Frankfurt/New York: Campus.

1999b. "Der historische Zivilisationsvergleich." In *Diskurse und Entwicklungspfade: Der Gesellschaftsvergleich in den Geschichts- und Sozialwissenschaften*, edited by Hartmut Kaelble and Jürgen Schriewer, 29–52. Frankfurt/New York: Campus.

2004a. "Social Particularities of Nineteenth- and Twentieth-Century Europe." In *The European Way: European Societies in the 19th and 20th Centuries*, edited by Hartmut Kaelble, 276–317. New York/Oxford: Berghahn Books.

2004b. "Welche Chancen für eine Weltgeschichte?" *Zeithistorische Forschungen/ Studies in Contemporary History*, Online-Edition. www.zeithistorische-forschungen.de/16126041-Kaelble-3-2004.

2005. "Die Debatte über Vergleich und Transfer und was jetzt?" *H-Soz-u-Kult* (February 8), http://hsozkult.geschichte.hu-berlin.de/forum/id=574&type=artikel.

2006a. "Europäische Geschichte aus westeuropäischer Sicht?" In *Transnationale Geschichte: Themen, Tendenzen und Theorien*, edited by Gunilla Budde, Sebastian Conrad, and Oliver Janz, 105–16. Göttingen: Vandenhoeck & Ruprecht.

2006b. "Herausforderungen an die Transfergeschichte." *Comparativ* 16-3: 7–12.

Kaelble, Hartmut, Martin Kirsch, and Alexander Schmidt-Gernig, eds. 2002. *Transnationale Öffentlichkeiten und Identitäten im 20 Jahrhundert*. Frankfurt/ New York: Campus.

Kaelble, Hartmut and Dietmar Rothermund, eds. 2001. *Nichtwestliche Geschichtswissenschaften seit 1945*. Leipzig: Leipziger Universitätverlag.

Kaelble, Hartmut and Jürgen Schriewer, eds. 2003. *Vergleich und Transfer: Komparatistik in den Sozial-, Geschichts- und Kulturwissenschaften*. Frankfurt/New York: Campus.

Kafadar, Cemal. 1996. *Between Two Worlds: The Construction of the Ottoman State*. Berkeley: University of California Press.

Kailitz, Steffen. 2001. *Die politische Deutungskultur im Spiegel des "Historikerstreits": What's Right? What's Left?* Wiesbaden: Westdeutscher Verlag.

Kaiwar, Vasant. 2004. "Towards Orientalism and Nativism: The Impasse of Subaltern Studies." *Historical Materialism* 12-2: 189–247.

Kalberg, Stephen. 1994. *Max Weber's Comparative Historical Sociology*. Cambridge: Westdeutscher Verlag.

Kaldor, Mary. 2003. *Global Civil Society: An Answer to War*. Cambridge: Polity Press.

Karl, Rebecca E. 2002. *Staging the World: Chinese Nationalism at the Turn of the Twentieth Century*. Durham, NC: Duke University Press.

——— 2005. "The Asiatic Mode of Production: National and Imperial Formations." *Historien* 5: 58–75.

Karmel, Solomon M. 2000. "Ethnic Nationalism in Mainland China." In *Asian Nationalism*, edited by Michael Leifer, 38–62. London/New York: Routledge.

Kay, Cristobal. 1989. *Latin American Theories of Development and Under-development*. London/New York: Routledge.

Keane, John. 2003. *Global Civil Society?* Cambridge University Press.

Keck, Margaret F. 1998. *Activists Beyond Borders: Advocacy Networks in International Politics*. Ithaca, NY: Cornell University Press.

Kelly, Robin D. G. 1999. "'But a Local Phase of a World Problem': Black History's Global Vision, 1883–1950." *Journal of American History* 86-3: 1045–77.

Kern, Stephen. 1983. *The Culture of Time and Space: 1880–1918*. Cambridge, MA: Harvard University Press.

Kerner, Max, ed. 2001. *Eine Welt – Eine Geschichte? 43. Deutscher Historikertag in Aachen: 26. bis 29. September*. Munich: Oldenbourg.

Kim, Chun-Shik. 2004. *Deutscher Kulturimperialismus in China. Deutsches Kolonialschulwesen in Kiautschou (China) 1898–1914*. Stuttgart: Steiner.

Kim, Se-Yeon. 1993. *Karl Marx und die nichteuropäischen Gesellschaften: Zur Kritik der eurozentrischen Interpretation der Marxschen Auffassung über die nichteuropäischen Gesellschaften*. Frankfurt: Peter Lang.

Kirby, William C. 2008. "On Chinese, European and American Universities." *Dædalus* 137-3: 139–47.

Kirby, William C. and Niu Dayong, eds. 2007. *Zhongguo yu shijie: guojihua, neihua yu waihua* [China and the World: Internationalization, Internalization, Externalization]. Beijing: Hebei renmin chubanshe.

Kirby, William C., Mechthild Leutner, and Klaus Mühlhahn, eds. 2006. *Global Conjectures: China in Transnational Perspective* (= *Berliner China-Hefte*, vol. 30). Berlin: Lit.

Klein, Daniel B. and Stern, Charlotta. 2004. "How Politically Diverse Are the Social Sciences and Humanities?" *Ratio Working Papers* 53: 1–20.

Klein, Thoralf and Frank Schumacher, eds. 2006. *Kolonialkriege: Militärische Gewalt im Zeichen des Imperialismus*. Hamburg: Hamburger Edition.

Kleinmann, Hans-Otto. 2001. "Der Atlantische Raum als Problem des europäischen Staatensystems." *Jahrbuch für Geschichte Lateinamerikas* 38: 7–30.

Kleinschmidt, Harald 1991. "Galton's Problem: Bemerkungen zur Theorie der transkulturell vergleichenden Geschichtsforschung." *Zeitschrift für Geschichtswissenschaft* 39-1: 5–22.

1998. *Geschichte der internationalen Beziehungen: Ein systemgeschichtlicher Abriß*. Stuttgart: Reclam.

Klimke, Martin. 2009. *The "Other" Alliance: Global Protest and Student Unrest in West Germany and the U.S., 1962–1972*. Princeton: Princeton University Press.

Knight, Franklin W. and Peggy K. Liss, eds. 1991. *Atlantic Port Cities: Economy, Culture, and Society in the Atlantic World, 1650–1850*. Knoxville: University of Tennessee Press.

Knight, Nick. 1990. "Soviet Philosophy and Mao Zedong's 'Sinification of Marxism.'" *Journal of Contemporary Asia* 20-1: 89–109.

Knöbl, Wolfgang. 2007. *Die Kontingenz der Moderne: Wege in Europa, Asien und Amerika*. Frankfurt/New York: Campus.

Kocka, Jürgen. 1977. *Angestellte zwischen Faschismus und Demokratie: Zur politischen Sozialgeschichte der Angestellten: USA und Deutschland 1890–1914 im Vergleich*. Göttingen: Vandenhoeck & Ruprecht.

1986. "Max Webers Bedeutung für die Geschichtswissenschaft." In *Max Weber, der Historiker*, edited by Jürgen Kocka, 13–27. Göttingen: Vandenhoeck & Ruprecht.

ed. 1988–1989. *Bürgertum im 19. Jahrhundert: Deutschland im europäischen Vergleich*. 3 vols. Munich: Deutscher Taschenbuch Verlag.

1990. "German Identity and Historical Comparison: After the Historikerstreit." In *Reworking the Past: Hitler, the Holocaust and the Historians' Debate*, edited by Peter Baldwin, 279–93. Boston: Beacon Press.

1992. *Die Auswirkungen der deutschen Einigung auf die Geschichts- und Sozialwissenschaften*. Bonn: Friedrich-Ebert-Stiftung.

1997. "Gesellschaftsgeschichte: Profil, Probleme und Perspektiven." In *Historische Familienforschung: Ergebnisse und Kontroversen: Michael Mitterauer zum 60. Geburtstag*, edited by Josef Ehmer, Tamara K. Hareven, and Richard Wall, 57–68. Frankfurt/New York: Campus.

1999. "Asymmetrical Historical Comparison: The Case of the German Sonderweg." *History and Theory* 38-1: 40–50.

2000. "Historische Sozialwissenschaft Heute." In *Perspektiven der Gesellschaftsgeschichte*, edited by Paul Nolte, Manfred Hettling, Frank-Michael Kuhlemann, and Hans-Walter Schmuhl, 5–24. Munich: C. H. Beck.

2002. "Negotiated Universals." In *Reflections on Multiple Modernities: European, Chinese, and Other Approaches*, edited by Dominic Sachsenmaier, Jens Riedel and Shmuel Eisenstadt, 119–28. Leiden: Brill.

2003. "Comparison and Beyond." *History and Theory* 42-1: 39–44.

2005. "Die Grenzen Europas. Ein Essay aus historischer Perspektive." In *Europawissenschaft*, edited by Gunnar Folke Schuppert, Ingolf Pernice, and Ulrich Haltern, 275–88. Baden-Baden: Nomos.

2009. "Die erste Globalisierung." *Frankfurter Allgemeine Zeitung*, February 19.

Kohn, Hans. 1962. *The Age of Nationalism: The First Era of Global History*. New York: Harper.

Kong, Lingdong. 2002. "Maksi de 'shijie lishi' sixiang he jingji quanqiuhua jincheng" [Marx's Thoughts on "World History" and the Processes of Economical Globalization]. *Shixue lilun yanjiu* [Historiography Quarterly] 4: 88–93.

Kossock, Manfred. 1993. "From Universal History to Global History." In *Conceptualizing Global History*, edited by Bruce Mazlish and Ralph Buultjens, 93–112. Boulder, CO: Westview Press.

Kotkin, Joel. 2006. *The City: A Global History*. New York: Modern Library.

Krämer-Lien, Martin. 2004. "Werkstätten der Transformation – Eine Problemskizze zur Arbeitskultur und Entscheidungsgewalt in revolutionären Belegschaften (Char'kov 1917–1927, CSR 1945–1948, Kuba 1959–1962)." *Comparativ* 14-4: 79–104.

Krige, John. 2006. *American Hegemony and the Postwar Reconstruction of Science in Europe*. Cambridge, MA: MIT Press.

Krüger, Gesine. 2005. "The German War Against the Hereros." *Bulletin of the German Historical Institute* 37: 45–9.

Kühl, Stefan. 1997. *Die Internationale der Rassisten: Aufstieg und Niedergang der internationalen Bewegung für Eugenik und Rassenhygiene im 20. Jahrhundert*. Frankfurt/New York: Campus.

Kuhn, Thomas. 1962. *The Structure of Scientific Revolution*. University of Chicago Press.

Kundrus, Birthe. 2003a. *Moderne Imperialisten. Das Kaiserreich im Spiegel seiner Kolonien*. Colgone: Böhlau.

2003b. *Phantasiereiche: Zur Kulturgeschichte des deutschen Kolonialismus*. Frankfurt: Campus.

2004. "Grenzen der Gleichsetzung. Kolonialverbrechen und Vernichtungspolitik." *iz3w* 275: 30–3.

Kuran, Ercüment. 1962. "Ottoman Historiography of the Tanzimat Period." In *Historians of the Middle East*, edited by Bernard Lewis and P. M. Holt, 422–9. London: Oxford University Press.

Kurlansky, Mark. 1997. *Cod: Biography of the Fish that Changed the World*. New York: Walker & Co.

2002. *Salt: A World History*. New York: Walker & Co.

Küttler, Wolfgang. 1992. "Marx's Formationstheorie und die globale Transformation. Grenzen und Chancen an Marx orientierter weltgeschichtlicher Betrachtungsweise." *Comparativ* 1: 105–17.

Küttler, Wolfgang, Jörn Rüsen, and Ernst Schulin, eds. 1993–1999. *Geschichtsdiskurs.* 5 vols. Frankfurt: Fischer Taschenbuch.

Kwok, Siu-Tong. 2003. "Ideologie und Historiographie in den Regionen Chinas im Vergleich." *Zeitschrift für Weltgeschichte* 4-1: 87–102.

2004. "Cultural Migration and Historiography in the Regions of China Since the End of World War II." *Berliner China-Hefte* 26: 53–62.

Kwong, Luke S. K. 2001. "The Rise of the Linear Perspective on History and Time in Late Qing China, c. 1860–1911." *Past & Present* 173-1: 157–90.

Lach, Donald. 1965–1993. *Asia in the Making of Europe.* 4 vols. University of Chicago Press.

Lackner, Michael, Iwo Amelung, and Joachim Kurtz, eds. 2001. *New Terms for New Ideas: Western Knowledge and Lexical Change in Late Imperial China.* Leiden: Brill.

Lackner, Michael and Michael Werner. 1999. *Der cultural turn in den Humanwissenschaften: Area Studies im Auf- oder Abwind des Kulturalismus?* Bad Homburg: Werner-Reimer-Stiftung.

Lal, Vinay. 2002. "The Subaltern School and the Ascendancy of Indian History." In *Turning Points in Historiography: A Cross-Cultural Perspective,* edited by Q. Edward Wang and George Iggers, 237–70. University of Rochester Press.

2003. *The History of History: Politics and Scholarship in Modern India.* New Delhi: Oxford University Press.

Lambert, Peter. 2003. "Friedrich Thimme, G. P. Gooch and the Publication of Documents on the Origins of the First World War: Patriotism, Academic Liberty and a Search for Anglo-German Understanding, 1920–1938." In *Historikerdialoge: Geschichte, Mythos und Gedächtnis im deutsch-britischen kulturellen Austausch 1750–2000,* edited by Stefan Berger, Peter Lambert, and Peter Schumann, 275–308. Göttingen: Vandenhoeck & Ruprecht.

Lamont, Michèle and Laurent Thévenot, eds. 2000. *Rethinking Comparative Cultural Sociology: Repertoires of Evaluation in France and the United States.* Cambridge: Cambridge University Press.

Landes, David S. 1998. *The Wealth and Poverty of Nations: Why Some Are So Rich and Some So Poor.* New York: W. W. Norton.

Lang, Michael. 2006. "Globalization and Its History." *Journal of Modern History* 78: 899–931.

Langewiesche, Dieter. 1995. "Nation, Nationalismus, Nationalstaat. Forschungsstand und Forschungsperspektiven." *Neue Politische Literatur* 40: 190–236.

Latham, David. 2003. *Mandarins of the Future: Modernization Theory in Cold War America.* Baltimore, MD: Johns Hopkins University Press.

Le, Shan, ed. 2004. *Qianliu – dui xiayi minzu zhuyi de pipan yu fansi* [Undercurrents – Critiques and Reflections on Narrow Nationalism]. Shanghai: Huadong shifan daxue chubanshe.

Lee, Benjamin. 1998. "Peoples and Publics." *Public Culture* 10-2: 371–94.

Lefebvre, Henri. 1974. *La Production de l'espace.* Paris: Éditions Anthropos.

Leggewie, Claus, ed. 2004. *Die Türkei und Europa – die Positionen. Frankfurt:* Suhrkamp.

Lehmann, Hartmut, ed. 2006. *Transatlantische Religionsgeschichte: 18. bis 20. Jahrhundert*. Göttingen: Wallstein.

Lehmann, Hartmut and Melten James von Horm. 2003. *Paths of Continuity: Central European Historiography from the 1930s to the 1950s*. New York: Cambridge University Press.

Lehmkuhl, Ursula. 2001. "Diplomatiegeschichte als internationale Kulturgeschichte: Theoretische Ansätze und empirische Forschung zwischen Historischer Kulturwissenschaft und Soziologischem Institutionalismus." *Geschichte und Gesellschaft* 27-3: 394–423.

Leibold, James. 2006. "Competing Narratives of Racial Unity in Republican China: From the Yellow Emperor to Peking Man." *Modern China* 32-2: 181–220.

Lenger, Friedrich. 2009. "Rezension zu: Osterhammel, Jürgen: Die Verwandlung der Welt: Eine Geschichte des 19. Jahrhunderts. München 2009." *H-Soz-u-Kult* (March 13), http://hsozkult.geschichte.hu-berlin.de/rezensionen/2009–1–210.

Lens, Sidney. 1971. *The Forging of the American Empire: From the Revolution to Vietnam: A History of U.S. Imperialism*. New York: Crowell.

Leonard, Jane Kate. 1984. *Wei Yuan and China's Rediscovery of the Maritime World*. Cambridge, MA: Harvard University Council on East Asian Studies.

Lepenies, Wolf, ed. 2003. *Entangled Histories and Negotiated Universals: Centers and Peripheries in a Changing World*. Frankfurt/New York: Campus.

Leutner, Mechthild. 1982. *Geschichtsschreibung zwischen Politik und Wissenschaft: Zur Herausbildung der chinesischen marxistischen Geschichtswissenschaft in den 30er und 40er Jahren*. Wiesbaden: Harrassowitz.

——— 2003. "Die sozialgeschichtliche Wende in China seit den 1980ern: Chinesische und westliche/deutsche Historiographie. Ein Dialog?" *Zeitschrift für Weltgeschichte* 4-2: 103–20.

——— 2004. "Chinese Historiography and (West-) German/Western Historiography: A Dialogue? The Social History Turn in China Since the 1980s." *Berliner China-Hefte* 26: 63–77.

Leutner, Mechthild and Klaus Mühlhahn, eds. 2007. *Kolonialkrieg in China: Die Niederschlagung der Boxerbewegung 1900–1901*. Berlin: Christoph Links.

Levitt, Peggy and Sanjeev Khagram, eds. 2008. *The Transnational Studies Reader: Intersections and Innovations*. London/New York: Routledge.

Lewis, Earl. 1995. "To Turn as a Pivot: Writing African Americans into a History of Overlapping Diasporas." *American Historical Review* 100-3: 765–87.

Lexikonredaktion Brockhaus, ed. 2006. *Weltgeschichte seit der Aufklärung*. Leipzig: Brockhaus.

Li, Anshan. 2001. "Shijieshi yanjiu de guifanhua wenti – jian tanlun zhuzhong zhushi de zuoyong" [The Problem of the Standardization of World Historical Research – Including the Function of Foot-Notes]. *Shixue lilun yanjiu* [Historiography Quarterly] 1: 57–60.

Li, Bozhong. 2001. "Yingguo moshi, jiangnan daolu yu zibenzhuyi mengya" [The British Model, the Yangzi Delta Pathway, and Capitalist Sprouts]. *Lishi yanjiu* [Historical Research] 1: 116–26.

Li, Guojun and Wang Bingzhao. 2000. *Zhongguo jiaoyu zhidu tongshi* [A General History of the Chinese Education System]. Jinan: Shangdong jiaoyu chubanshe.

Li, Huibin. 2003. *Quanqiuhua: zhongguo daolu* [Globalization: Chinese Pathways]. Beijing: Shehui kexue wenxian chubanshe.

Li, Qiang. 1990. "Aisensidate dui xiandaihua lilun ji zhongguo wenhua de zai jiantao" [Eisenstadt's Re-Exploration of Modernization Theory and Chinese Culture]. *Ershiyi shiji* [Twenty-first Century] 1: 60–6.

Li, Shenzhi and He Jiadong. 2000. *Zhongguo de daolu* [The Path of China]. Guangzhou: Nanfan ribao chubanshe.

Li, Shikun. 2001. "Lun shijie lishi lilun yu quanqiuhua" [On Theories of World History and Globalization]. *Beijing daxue xuebao (Zhexue shehui kexue ban)* [Journal of Peking University (Philosophy and Social Sciences)] 2: 5–12.

Li, Shitao, ed. 1999. *Zhishifenzi lichang: jijin yu baoshou zhi jian de dongdang* [The Intellectuals' Standpoints: Conflicts between Radicals and Conservatives]. Changchun: Shidai wenyi chubanshe.

Li, Wen. 2005. *Dongya hezuo de wenhua chengyin* [Cultural Roots for East Asian Cooperation]. Beijing: Shijie zhishi chubanshe.

Li, Xiaodong. 2003. *Quanqiuhua yu wenhua zhenghe* [Globalization and Cultural Integrity]. Changsha: Hunan renmin chubanshe.

Li, Xueqin. 1997. *Zouchu yigu shidai* [Leaving the Doubts about Antiquity]. Shenyang: Changchun chubanshe.

Li, Zehou. 1995. *Gaobie geming: Huiwang ershiyi shiji zhongguo* [Farewell to Revolution: Looking Back at Twentieth-century China]. Hong Kong: Cosmos Books.

2002. "Wenming de tiaotingzhe – quanqiuhua jincheng zhong de zhongguo wenhua dingwei" [The Mediator of Civilizations: The Position of Chinese Culture in the Process of Globalization]. *Mingbao yuekan* [Ming Pao Monthly] 5: 28–9.

Li, Zehou and Liu Zaifu. 1987. *Zhongguo xiandai sixiangshi lun* [History of Contemporary Chinese Thought]. Beijing: Dongfang chubanshe.

Li, Zhizhan. 1994. "Wusi fengxian kaituo jinqu – Shenqie huainian Wu Yujin laoshi" [Selfless Dedication, Pioneering, and Endeavoring – In Memory of Prof. Wu Yujin]. *Shixue lilun yanjiu* [Historiography Quarterly] 1: 35–42.

1996. "Yanjiu ershi shiji shijieshi de ruogan sikao" [Some Thoughts on Research in Twentieth-century World History]. *Shixue lilun yanjiu* [Historiography Quarterly] 3: 5-15.

Li, Zhizhan, Gao Mingzhen, and Tang Xizhong, eds. 1991. *Cong fensan dao zhengti de shijieshi* [From a Scattered to a Holistic World History]. Changsha: Hunan chubanshe.

Liang, Qichao. 1902a. *Xin Shixue* [New Historiography]. Beijing.

1902b. *Xinmin Shuo* [About the New Citizen]. Beijing.

Liao, Guangsheng. 1993. "Xianggang zai Zhonggguo dalu xiandaihua de jiaose" [Hong Kong's Role in the Modernization of the Mainland]. *Yazhou yanjiu* [Asian Studies] 2.

Lieberman, Victor. 2003. *Strange Parallels: Southeast Asia in Global Context, c. 800–1830.* Cambridge University Press.

Lim, Hyunsoo. 2001. "Emerging New Religiosity: Modernity Disputes on Korean Religious Culture – Rethinking the Concept of Time: Modern Historical Consciousness and Historiography in Korean Society." *Korea Journal* 41-1: 44-68.

Lin, Beidian and Dong Zhenghua. 1998. "Xiandaihua yanjiu zai zhongguo de xingqi yu fazhan" [The Rise and Development of Modernization Research in China]. *Lishi yanjiu* [Historical Research] 5: 150-71.

Lin, Judai. 1952. *Waiguo Jindai Shigang* [An Outline of Foreign Contemporary History]. Beijing: Renmin jiaoyu chubanshe.

Lin, Manhong. 1996. "Dangdai Taiwan de shixue yu shehui" [Current History and Society in Taiwan]. *Jiaoxue yu yanjiu* [Teaching and Research] 18: 69-98.

Lin, Min and Maria Galikowski. 1999. *The Search for Modernity. Chinese Intellectuals and Cultural Discourse in the Post-Mao Era*. New York: Palgrave Macmillan.

Lin, Qiuxie. 2004. "90 niandai zhongguo dalu shehui wenhua zhuanxing de fansi yu tantao" [Reflections and Explorations on the Sociocultural Changes in Mainland China in the Nineties]. *Zhanwang yu tansuo* [Prospect and Exploration] 2-12: 85-104.

Lin, Zhenjiang and Liang Yunxiang, eds. 2000. *Quanqiuhua yu zhongguo, riben* [Globalization and China, Japan]. Beijing: Xinhua chubanshe.

Lincke, Hans-Joachim and Sylvia Paletschek. 2003. "Situation des wissenschaft-lichen Nachwuchses im Fach Geschichte: Berufungsaussichten und Karrierestadien von Historikern und Historikerinnen an deutschen Univer-sitäten. Ergebnisse einer Erhebung." *Jahrbuch der Historischen Forschung in der Bundesrepublik Deutschland: Berichtsjahr 2002*, edited by Hans-Martin Hinz, 45-55. Munich: Saur.

Lindquist, Sven. 1999. *Durch das Herz der Finsternis. Ein Afrika-Reisender auf den Spuren des europäischen Völkermords*. Frankfurt/New York: Campus.

Lindström, Naomi. 1991. "Dependency and Autonomy: The Evolution of Concepts in the Study of Latin American Literature." *Ibero-Amerikanisches Archiv* 17-2/3: 109-44.

Linebaugh, Peter and Marcus Rediker. 2000. *The Many-Headed Hydra: Sailors, Slaves, Commoners, and the Hidden History of the Revolutionary Atlantic*. Boston: Beacon Press.

Ling, Xuezhong. 2009. *Cong wanguo gongfa dao gongfa waijiao – wanqing guojifa de chuanru, quanshi yu yingyong* [From International Law to Legal Diplomacy – the Introduction, Interpretation, and Application of International Law during the Late Qing Period]. Shanghai: Shanghai guji chubanshe.

Lingelbach, Gabriele. 2003. *Klio macht Karriere. Die Institutionalisierung der Geschichtswissenschaft in Frankreich und den USA in der zweiten Hälfte des 19. Jahrhunderts*. Göttingen: Vandenhoeck & Ruprecht.

Linke, Angelika. 2006. *Attraktion und Abwehr: Die Amerikanisierung der Alltagskultur in Europa*. Cologne: Böhlau.

Lipschutz, Ronnie D., ed. 2006. *Civil Societies and Social Movements: Domestic, Transnational, Global*. Burlington, VT: Ashgate.

Littrup, Leif. 1989. "World History with Chinese Characteristics." *Culture and History* 5: 39–64.

Liu, Beicheng. 2000. "Chonggou shijie lishi de tiaozhan" [The Challenge of Reconstructing World History]. *Shixue lilun yanjiu* [Historiography Quarterly] 4: 67–9.

Liu, Danian. 1998. "Lishixue de bianqian" [Changes of Historiography]. *Beijing daxue xuebao (Zhexue shehui kexue ban)* [Journal of Peking University (Humanities and Social Sciences)] 4: 32–5.

Liu, Dong. 2001. "Revisiting the Perils of 'Designer Pidgin Scholarship.'" In *Voicing Concerns: Contemporary Chinese Critical Inquiry*, edited by Gloria Davies, 87–108. Lanham, MD: Rowman & Littlefield.

Liu, Hong. 1999. "Yinyu, xiangzheng, houzhimin bianqian – zhongguo yu yinni de xiandaihua lunshuo" [Metaphor, Symbol, Postcolonial Change – Discourse on The Modernization of China and Indonesia]. *Xianggang shehui kexue xuebao* [Hong Kong Journal of Sociology] 15: 169–88.

———. 2000. "Xinjiapo zhonghua zongshanghui yu yazhou huashan wangluo de zhiduhua" [The Singapore Chinese Chamber of Commerce and Industry and the Systemization of Asian Merchant Networks]. *Lishi yanjiu* [Historical Research] 1: 106–18.

Liu, Hsin-ju. 1998. *The Silk Road: Overland Trade and Cultural Interactions in Eurasia*. Washington, DC: American Historical Association.

Liu, Kang. 2004. *Globalization and Cultural Trends in China*. Honolulu: University of Hawai'i Press.

Liu, Longxin. 2001. "Xueke tizhi yu jindai zhongguo shixue de jianli" [The Curriculum System and the Establishment of Modern Chinese Historiography]. In *Ershi shiji de Zhongguo: Xueshu yu shehui-shixue juan* [Scholarship and Society in Twentieth-century China: Section on Historical Studies], edited by Luo Zhitian, 449–585. Jinan: Shangdong jiaoyu chubanshe.

Liu, Lydia H. 1995. *Translingual Practic: Literature, National Culture, and Translated Modernity – China, 1900–1937*. Stanford: Stanford University Press.

———. 1999. *Tokens of Exchange: The Problem of Translation in Global Circulations*. Durham, NC: Duke University Press.

Liu, Peng. 2004. "'Quanqiu lishiguan' yu 'duixiang zhongxin lun' – 'shijie lishi' guannian de hongguan he weiguan tixi" ["Global Historical Perspectives" and "Other-Centered Theories" – World Historical Thinking and Macro- and Micro-Systems"]. *Tianshui shifanxueyuan xuebao* [Journal of Tianshui Normal University] 3: 43–6.

Liu, Qingfeng. 2001. "The Topography of Intellectual Culture in 1990s Mainland China: A Survey." In *Voicing Concerns: Contemporary Chinese Critical Inquiry*, edited by Gloria Davies, 47–70. Lanham, MD: Rowman & Littlefield.

Liu, Xincheng. 1995. "Woguo shijie tongshi biancuan gongzuo de huigu yu sikao" [A Review and Reflection on the Compilation of World History in Our Country]. In *Zhongguo lishixue nianjian 1995* [Annual Assessment of Chinese Historiography – Year 1995], edited by Yanjiao Lin, 8–21. Beijing: Sanlian shudian.

2007. "Lunti: shenme shi quanqiushi?" [What Is Global History?]. *Lishi jiaoxue wenti* [History Teaching and Research] 2: 31–7.

Lockman, Zachary. 2004. *Contending Visions of the Middle East: The History and Politics of Orientalism.* Cambridge/New York: Cambridge University Press.

Lohmann, Hans-Martin, ed. 1994. *Extremismus der Mitte: Vom rechten Verständnis der deutschen Nation.* Frankfurt: Fischer Taschenbuch.

Lombard, Denys and Jean Aubin, eds. 2000. *Asian Merchants and Businessmen in the Indian Ocean and the China Sea.* New Delhi/New York: Oxford University Press.

Lönnroth, Erik, Karl Molin, and Björk Ragnar. eds. 1994. *Conceptions of National History: Proceedings of Nobel Symposium 78.* Berlin/New York: Walter de Gruyter.

Loomba, Ania. 1998. *Postcolonialism/Colonialism.* London: Routledge.

Loomba, Ania, Suvir Kaul, Matti Bunzi, Antoinette Burton, and Jed Esty, eds. 2005. *Postcolonial Studies and Beyond.* Durham, NC: Duke University Press.

Lorenz, Chris. 1999. "Comparative Historiography: Problems and Perspectives." *History and Theory* 38-1: 25–39.

Loth, Wilfried and Jürgen Osterhammel, eds. 2000. *Internationale Geschichte: Themen – Ergebnisse – Aussichten.* Munich: Oldenbourg.

Löw, Martina. 2001. *Raumsoziologie.* Frankfurt: Suhrkamp.

Lowen, Rebecca. 1997. *Creating the Cold War University: The Transformation of Stanford.* Berkeley: University of California Press.

Löwith, Karl. 1953. *Weltgeschichte und Heilsgeschehen: Die theologischen Vorraussetzungen der Geschichtsphilosophie.* Stuttgart: Kohlhammer.

Lucassen, Jan, ed. 2006a. *Global Labor History: A State of the Art.* Bern/New York: Peter Lang.

2006b. "Writing Global Labor History c. 1800–1940: A Historiography of Concepts, Periods and Geographical Scope." In *Global Labor History: A State of the Art,* edited by Jan Lucassen, 39–89. Bern /New York: Peter Lang.

Lucassen, Leo. 2004. "Assimilation in Westeuropa seit der Mitte des 19. Jahrhunderts: Historische und Historiographische Erfahrungen." In *Migrationsreport 2004,* edited by Klaus J. Bade, Michael Bommes and Rainer Münz, 43–66. Frankfurt: Campus.

Luo, Rongqu. 1990. *Cong "xihua" dao xiandaihua-wusi yilai youguan zhongguo de wenhua quxiang he fazhan daolu zhengwen xuan* [From Westernization to Revolution: Selected Essays on the Theories about Chinese Cultural Trends and Development Paths Since the May Fourth Period]. Beijing: Beijing daxue chubanse.

—1992. "Dongya jueqi dui xiandaihua lilun de tiaozhan" [Challenges to Modernization Theory from a Rising East Asia]. *Ershiyi shiji* [Twenty-first Century] 12: 146–52.

—2004. *Xiandaihua xinlun – shijie yu zhongguo de xiandaihua jincheng* [New Theories of Modernity – Modernization Processes in the World and China]. Beijing: Shangwu yinshuguan.

Luo, Zhitian. 1999. *Quanshi zhuanyi – jindai zhongguo de sixiang, shehui yu xueshu* [The Transformation of Authority: Thoughts, Society, and Scholarship in Modern China]. Wuhan: Hubei renmin chubanshe.

Lüsebrink, Hans-Jürgen. 2005. *Interkulturelle Kommunikation. Interaktion, Fremdwahrnehmung, Kulturtransfer.* Stuttgart: Metzler.

    ed. 2006. *Das Europa der Aufklärung und die außereuropäische koloniale Welt.* Göttingen: Wallstein.

Lütt, Jürgen. 1998. "Die Orientalismus-Debatte im Vergleich. Verlauf, Kritik Schwerpunkte im Indischen und Arabischen Kontext." In *Gesellschaften im Vergleich. Forschungen aus Sozial- und Geschichtswissenschaften*, edited by Hartmut Kaelble and Jürgen Schriewer, 511–66. Frankfurt: Peter Lang.

Lyotard, Jean-François. 1989. "Universal History and Cultural Differences." In *The Lyotard Reader*, edited by Andrew E. Benjamin and Jean-François Lyotard, 314–23. Oxford: Blackwell.

Ma, Guoqing. 2000. "Quanqiuhua: wenhua de shengchan yu wenhua rentong – zuqun, defang shehui yu kuaguo wenhuaquan" [Globalization: The Production of Culture and Cultural Identities – Ethnicity, Local Society and Transnational Cultural Realms]. *Beijing daxue xuebao (Zhexue shehui kexue ban)* [Journal of Peking University (Humanities and Social Sciences)] 4: 152–61.

MacFarquahar, Roderick and Michael Schoenhals. 2006. *Mao's Last Revolution.* Cambridge, MA: Belknap Press of Harvard University Press.

Magdoff, Harry. 1969. *The Age of Imperialism: The Economics of U.S. Foreign Policy.* New York: Monthly Review Press.

Mai, Manfred. 2006. *Weltgeschichte.* Frankfurt: DTV.

Maier, Charles S. 1988. *The Unmasterable Past: History, Holocaust, and German National Identity.* Cambridge, MA: Harvard University Press.

    2000. "Consigning the Twentieth Century to History. Alternative Narratives for the Modern Era." *American Historical Review* 105-3: 807–31.

    2006a. *Among Empires. American Ascendancy and Its Predecessors.* Cambridge, MA: Harvard University Press.

    2006b. "Transformations of Territoriality, 1600–2000." In *Transnationale Geschichte: Themen, Tendenzen und Theorien*, edited by Gunilla Budde, Sebastian Conrad, and Oliver Janz, 32–55. Göttingen: Vandenhoeck & Ruprecht.

    2009. "Nation and Nation State." In *The Palgrave Dictionary of Transnational History: From the Mid-19th Century to the Present Day*, edited by Akira Iriye and Pierre-Yves Saunier, 743–50. New York: Palgrave Macmillan.

Maitland, Stobart. 1999. "Fifty Years of European Co-operation on History Textbooks: The Role and Contribution of the Council of Europe." *Internationale Schulbuchforschung* 21: 147–61.

Malik, Iftikhar H. 2004. *Islam and Modernity, Muslims in Europe and the United States.* London: Pluto Press.

Malinowski, Stephan. 2007. "Der Holocaust als 'kolonialer Genozid'? Europäische Kolonialgewalt und nationalsozialistischer Vernichtungskrieg." *Geschichte und Gesellschaft* 33: 439–66.

Mallon, Florencia. 1994. "The Promise and Dilemma of Subaltern Studies: Perspectives from Latin American History." *American Historical Review* 99-5: 1491–515.

Mann, Charles C. 2005. *1491: New Revelations of the Americas Before Columbus.* New York: Knopf.

Mann, Golo. 1960. "Schlussbetrachtung." In *Propyläen Weltgeschichte: Eine Universalgeschichte*, Vol. X: *Die Welt von Heute*, edited by Alfred Heuss, Golo Mann, and August Nitschke, 610–28. Frankfurt: Propyläen Verlag.

Mann, Michael. 2009. "Telekommunikation in Britisch-Indien (ca. 1850–1930). Ein globalgeschichtliches Paradigma." *Comparativ* 19-6: 86–112.

Manning, Patrick. 1996. "The Problem of Interactions in World History." *American Historical Review* 101-3: 771–82.

— 2003. *Navigating World History: Historians Create a Global Past.* New York: Palgrave Mac Millan.

ed. 2008a. *Global Practice in World History: Advances Worldwide.* Princeton: Markus Wiener Publishers.

— 2008b. "World History Network." In *Global Practice in World History: Advances Worldwide*, edited by Patrick Manning, 167–77. Princeton: Markus Wiener Publishers.

Mao, Zedong. 1969. *Xin minzhuzhuyi lun* [About the New Democracy]. Beijing: Renmin chubanshe.

Marcuse, Harold. 1998. "The Revival of Holocaust Awareness in West Germany, Israel, and the United States." In *1968: The World Transformed*, edited by Carole Fink, Philipp Gassert, and Detlef Junker, 421–38. Cambridge/New York: Cambridge University Press.

2001. "Generational Cohorts and the Shaping of Popular Attitudes towards the Holocaust." In *Remembering for the Future: The Holocaust in an Age of Genocide*, vol. III, edited by John Roth and Elizabeth Maxwell, 652–63. London: Palgrave Macmillan.

Margailt, Avishai. 2004. *The Ethics of Memory.* Cambridge, MA: Harvard University Press.

Markovits, Claude. 2000. *The Global World of Indian Merchants, 1759–1947: Traders of Sind from Bukhara to Panama.* Cambridge/New York: Cambridge University Press.

Martin, Dorothea L. 1990. *The Making of a Sino-Marxist View: Perceptions and Interpretations of World History in the People's Republic of China.* Armonk, NY: M. E. Sharpe.

Martin, Helmut. 1999. "Vorwort." In *Chinawissenschaften – Deutschsprachige Entwicklungen: Geschichte, Personen, Perspektiven*, edited by Helmut Martin and Christiane Hammer, 1–8. Hamburg: Institut für Asienkunde.

Masuda, Wataru. 2005. *Japan and China: Mutual Representations in the Modern Era.* New York: Palgrave Macmillan.

Matory, J. Lorand. 2005. *Black Atlantic Religion: Tradition, Transnationalism, and Matriarchy in the Afro-Brazilian Candomblé.* Princeton University Press.

Matthes, Joachim, ed. 1998. *Zwischen den Kulturen? Die Sozialwissenschaften vor dem Problem des Kulturvergleichs.* Göttingen: Otto Schwartz.

Mazlish, Bruce. 1993. Introduction to *Conceptualizing Global History*, edited by Bruce Mazlish and Ralph Buultjens, 1–26. Boulder, CO: Westview Press.

1998a. "Comparing Global History to World History." *Journal of Interdisciplinary History* 28-3: 385–95.

1998b. *The Uncertain Sciences*. New Heaven: Yale University Press.

2005. "Terms." In *Palgrave Advances in World Histories*, edited by Marnie Hughes-Warrington, 18–43. Basingstoke: Palgrave Macmillan.

2006. *The New Global History*. New York/London: Routledge.

Mazlish, Bruce and Ralph Buultjens, eds. 1993. *Conceptualizing Global History*. Boulder, CO: Westview Press.

Mazlish, Bruce and Alfred D. Chandler, eds. 2005. *Leviathans: Multinational Corporations and the New Global History*. Cambridge/New York: Cambridge University Press.

Mazlish, Bruce and Akira Iriye. 2005. Introduction to *The Global History Reader*, edited by Bruce Mazlish and Akira Iriye, 1–15. New York/London: Routledge.

Mazower, Mark. 2009. *No Enchanted Place. The End of Empire and the Ideological Origins of the United Nations*. Princeton University Press.

Mazumdar, Sucheta. 1998. *Sugar and Society in China: Peasants, Technology and the World Market*. Cambridge, MA/London: Harvard University Press.

2009. "Locating China, Positioning America: Politics of the Civilizational Model of World History." In *From Orientalism to Postcolonialism. Asia, Europe and the Lineages of Difference*, edited by Sucheta Mazumdar, Vasant Kaiwar, and Thierry Labica, 43–81. London/New York: Routledge.

Mazur, Mary G. 2007. "Discontinuous Continuity: The Beginnings of a New Synthesis of 'General History' in 20th Century China." In *The Politics of Historical Production in Late Qing and Republican China*, edited by Tze-ki Hon and Robert J. Culp, 109–42. Leiden: Brill.

McGerr, Michael. 1991. "The Price of the New Transnational History." *American Historical Review* 96-4: 1056–67.

McKeown, Adam. 2004. "Global Migration, 1846–1940." *Journal of World History* 15-2: 155–89.

2008. *Melancholy Order: Asian Migration and the Globalization of Borders, 1834–1929*. New York: Columbia University Press.

McNeill, John R. 2000. *Something New Under the Sun: An Environmental History of the Twentieth-Century World*. New York: W. W. Norton.

2003. "Observations on the Nature and Culture of Environmental History." *History and Theory* 42-4: 5–43.

McNeill, William H. 1963. *The Rise of the West: A History of the Human Community*. University of Chicago Press.

1976. *Plagues and Peoples*. New York: Anchor Books.

1990. "The Rise of the West after Twenty-Five Years." *Journal of World History* 1-1: 1–21.

1992. "The Human Condition: An Ecological and Historical View." In *The Global Condition: Conquerors, Catastrophes, and Community*, edited by William H. McNeill, 67–132. Princeton University Press.

1995. "The Changing Shape of World History." *History and Theory* 34-2: 8–26.

2005. *The Pursuit of Truth: A Historian's Memoir.* Lexington: University Press of Kentucky.

McNeill, William H. and John R. McNeill. 2003. *The Human Web: A Bird's Eye View of World History.* New York: W. W. Norton.

Medick, Hans. 1984. "'Missionare im Ruderboot'? Ethnologische Sichtweisen als Herausforderung an die Sozialgeschichte." *Geschichte und Gesellschaft* 10: 295–314.

1994. "Mikro-Historie." In *Sozialgeschichte, Alltagsgeschichte, Mikro-Historie: Eine Diskussion,* edited by Winfried Schulze, 40–53. Göttingen: Vandenhoeck & Ruprecht.

Megill, Allan. 2008. "Historical Identity, Representation, Allegiance." In *Narrating the Nation: Representation in History, Media, and the Arts,* edited by Stefan Berger, Linas Eriksonas, and Andrew Mycok, 19–34. New York: Berghahn Books.

Mehl, Margaret. 1998. *History and the State in Nineteenth Century Japan.* New York: St. Martin's Press.

Meier, Christian. 1989. "Die Welt der Geschichte und die Provinz des Historikers." *Geschichte und Gesellschaft* 15: 147–63.

2002. *Von Athen bis Auschwitz: Betrachtungen zur Lage der Geschichte.* Munich: C. H. Beck.

Meisner, Maurice. 1967. *Li Ta-Chao and the Origins of Chinese Marxism.* Cambridge, MA: Harvard University Press.

Mendras, Henri. 1997. *L'Europe des Européens: Sociologie de l'Europe Occidentale.* Paris: Gallimard.

Meng, Xiangcai. 1985. "Liang Qichao." In *Zhongguo shixuejia pingzhuan,* vol. III, edited by Chen Qingquan and Bai Shouyi, 1190–216. Zhengzhou: Zhongzhou guji chubanshe.

Menzel, Ulrich. 1994. *Geschichte der Entwicklungstheorie: Einführung und systematische Bibliogaphie.* 2nd edn. Hamburg: Deutsches Übersee-Institut.

Mergel, Thomas. 2002. "Überlegungen zu einer Kulturgeschichte der Politik." *Geschichte und Gesellschaft* 28: 574–606.

Mergel, Thomas and Thomas Welskopp, eds. 1997. *Geschichte zwischen Kultur und Gesellschaft: Beiträge zur Theoriedebatte.* Munich: C. H. Beck.

Metzger, Thomas A. 2005. *A Cloud across the Pacific: Essays on the Clash Between Chinese and Western Political Theories Today.* Hong Kong: Chinese University Press.

Middell, Matthias. 1992. "Universalgeschichte heute: Einige Bemerkungen zu einem vernachlässigten Thema." *Comparativ* 1: 131–45.

1997. "Doktorandenausbildung in Form interdisziplinärer Promotionskollegs." In *Studienreform Geschichte – kreativ,* edited by Wolfgang Schmale, 381–97. Bochum: Dieter Winkler.

1999. *Historische Zeitschriften im internationalen Vergleich.* Leipzig: Akademische Verlagsanstalt.

2000. "Kulturtransfer und historische Komparatisktik: Thesen zu ihrem Verhältnis." *Comparativ* 10-1: 7–41.

2002a. "Europäische Geschichte oder global history – master narratives oder Fragmentierung? Fragen an die Leittexte der Zukunft." In *Die historische*

Meistererzählung: Deutungslinien der deutschen Nationalgeschichte nach 1945, edited by Konrad H. Jarausch and Martin Sabrow, 214–52. Göttingen: Vandenhoeck & Ruprecht.

2002b. *Weltgeschichtsschreibung im 20. Jahrhundert* (= *Comparativ* 12–3). Leipzig: Leipziger Universitätsverlag.

2003. "Francophonia as a World Region." *European Review of History* 10-2: 203–20.

2004. *Die Karl-Lamprecht-Gesellschaft Leipzig e.v 1991–2001.* Leipzig: Leipziger Universitätsverlag.

2005a. "Universalgeschichte, Weltgeschichte, Globalgeschichte, Geschichte der Globalisierung – Ein Streit um Worte." In *Globalisierung und Globalgeschichte,* edited by Margarete Grandner, Dietmar Rothermund, and Wolfgang Schwentker, 60–82. Vienna: Mandelbaum.

2005b. *Weltgeschichtsschreibung im Zeitalter der Verfachlichung und Globalisierung: Das Leipziger Institut für Kultur- und Universalgeschichte 1880–1990.* 3 vols. Leipzig: Akademische Verlagsanstalt.

ed. 2006. "Transnationale Geschichte als transnationales Projekt: Zur Einführung in die Diskussion." *Historical Social Research* 31-2: 110–17.

2008. "Der Spatial Turn und das Interesse an der Globalisierung der Geschichtswissenschaft." In *Spatial Turn: Das Raumparadigma in den Kultur- und Sozialwissenschaften,* edited by Jörg Döring and Tristan Thielmann, 103–23. Bielefeld: Transcript.

Middell, Matthias and Katja Naumann. 2006. "Institutionalisierung der Lehre in Welt- und Globalgeschichte in Deutschland und den USA – Ein Vergleich." *Comparativ* 16–1: 78–121.

Middell, Matthias and Ulrike Sommer, eds. 2004. *Historische West- und Ostforschung in Zentraleuropa zwischen dem Ersten und dem Zweiten Weltkrieg – Verflechtung und Vergleich.* Leipzig: Akademische Verlagsanstalt.

Mignolo, Walter D. 1993. "Colonial and Postcolonial Discourse: Cultural Critique of Academic Colonialism." *Latin American Research Review* 28-3: 120–34.

— 2000. *Global Histories/Local Designs: Coloniality, Subaltern Knowledges, and Border Thinking.* Princeton University Press.

— 2002. "The Many Faces of Cosmo-Polis: Border Thinking and Critical Cosmopolitanism." In *Cosmopolitanism,* edited by Carol Breckenridge, Sheldon Pollock, Homi K. Bhabha, and Dipesh Chakrabarty, 157–88. Durham, NC: Duke University Press.

2005. *The Idea of Latin America.* Malden, MA: Blackwell.

Millet, Nicola. 2006. "The Historiography of Nationalism and National Identity in Latin America." *Nations and Nationalism* 12-2: 201–21.

Milza, Pierre. 1998. "De l'international au transnational." In *Axes et méthodes de l'histoire politique (colloque, Paris, 5–7 décembre 1996),* edited by Serge Bernstein and Pierre Milza, 231–9. Paris: Presses universitaires de France.

Mintz, Sidney W. 1985. *Sweetness and Power: The Place of Sugar in Modern History.* New York: Viking.

Mirsepassi, Ali. 2000. *Intellectual Discourse and the Politics of Modernization: Negotiating Modernity in Iran.* Cambridge, MA: Cambridge University Press.

Miskeé, Ahmed Baba. 1981. *Lettre ouverte aux élites du Tiers-Monde*. Paris: Sycomore.

Mitter, Rana. 2004. *A Bitter Revolution: China's Struggle with the Modern World*. New York/Oxford: Oxford University Press.

Mitterauer, Michael. 2003. *Warum Europa? Mittelalterliche Grundlagen eines Sonderwegs*. Munich: C. H. Beck.

Modelski, George. 1972. *Principles of World Politics*. New York: Free Press.

Modelski, George, Robert A. Denemark, Jonathan Friedman, and Barry K. Gills, eds. 2000. *World System History: The Social Science of Long-term Change*. London/New York: Routledge.

Mohanty, Chandra Talpade. 1988. "Under Western Eyes: Feminist Scholarship and Colonial Discourses." *Feminist Review* 30-1: 61–88.

Mollin, Gerhard T. 2000. "Internationale Beziehungen als Gegenstand der deutschen Neuzeit-Historiographie seit dem 18. Jahrhundert. Eine Traditionskritik in Grundzügen und Beispielen." In *Internationale Geschichte: Themen – Ergebnisse – Aussichten*, edited by Wilfried Loth and Jürgen Osterhammel, 3–30. Munich: Oldenbourg.

Moll-Murata, Christine. 2001. *Die chinesische Regionalbeschreibung. Entwicklung und Funktion einer Quellengattung, dargestellt am Beispiel der Präfekturbeschreibungen von Hangzhou*. Wiesbaden: Harrassowitz.

Momigliano, Arnaldo. 1990. *The Classical Foundations of Modern Historiography*. Berkeley: University of California Press.

Mommsen, Wolfgang. 1969. *Das Zeitalter des Imperialismus*. Frankfurt: Fischer Bücherei.

1977. *Imperialismustheorien: ein Überblick über die neueren Imperialismus-interpretationen*. Göttingen: Vandenhoeck & Ruprecht.

1984. *Max Weber and German Politics, 1890–1920*. University of Chicago Press.

1989. "Ansprache des Vorsitzenden des Verbandes der Historiker Deutschlands." In *Bericht über die 37. Versammlung deutscher Historiker in Bamberg: 12. bis 16. Oktober 1988*, edited by Peter Schumann, 35–7. Stuttgart: Ernst Klett.

1994a. "Europa und die außereuropäische Welt." *Historische Zeitschrift* 258: 661–95.

1994b. "Europa und die außereuopäische Welt." In *Bericht über die 39. Versammlung deutscher Historiker in Hannover: 23. bis 26. September 1992*, edited by Raphaela Averkorn. Stuttgart: Ernst Klett.

Moore, Barrington. 1966. *Social Origins of Dictatorship and Democracy: Lord and Peasant in the Making of the Modern World*. Boston: Beacon Press.

Moore, Robert I. 1997. "World History." In *Companion to Historiography*, edited by Michael Bentley, 918–36. New York/London: Routledge.

Moore-Gilbert, Bart. 1997. *Postcolonial Theory: Contexts, Practices, Politics*. London: Verso.

Morawska, Eva. 2003. "Disciplinary Agendas and Analytical Strategies of Research on Immigration and Transnationalism: Challenges of Interdisciplinary Knowledge." *International Migration Review* 37-3: 611–40.

Morris-Suzuki, Tessa. 1993. *Reinventing Japan: Time, Space, Nation*. Armonk, NY: Palgrave Macmillan.

Moses, John A. 1975. *The Politics of Illusion*. London: Serif.

Motte, Jan, Rainer Ohliger and Anne von Oswald, eds. 1999. *50 Jahre Bundesrepublik–50 Jahre Erinnerung: Nachkriegsgeschichte als Migrationsgeschichte*. Frankfurt: Campus.

Mudimb, Valentin Y. 1988. *The Invention of Africa: Gnosis, Philosophy, and the Order of Knowledge*. Bloomington: Indiana University Press.

Mühlhahn, Klaus. 1997. *Herrschaft und Widerstand in der "Musterkolonie Kiautschou": Interaktionen zwischen China und Deutschland 1897 bis 1914*. Munich: Oldenbourg.

——— 1999. "Race, Culture and the Colonial Laboratory. Rethinking Colonialism." *Asien Afrika Lateinamerika* 27: 443–59.

——— 2009. *Criminal Justice in China: A History*. Cambridge, MA: Harvard University Press.

Muhs, Rudolf, Johannes Paulmann, and Willibald Steinmetz, eds. 1998. *Aneignung und Abwehr: Interkultureller Transfer zwischen Deutschland und Großbritannien*. Bodenheim: Philo.

Müller, Guido. 2005. *Europäische Gesellschaftsbeziehungen nach dem Ersten Weltkrieg: Das Deutsch-Französische Studienkomitee und der Europäische Kulturbund*. Munich: Oldenbourg.

Müller, Michael G. 2004. "Wo und wann war Europa? Überlegungen zu einem Konzept von europäischer Geschichte." *Comparativ* 14-3: 72–82.

Mungello, David E. 1977. *Leibniz and Confucianism: The Search for Accord*. Honolulu: University of Hawai'i Press.

——— 1999. *The Great Encounter of China and the West, 1500–1800*. Lanham, MD: Rowman & Littlefield.

Münz, Rainer *et al.* 2007. *Wie schnell wächst die Zahl der Menschen? Weltbevölkerung und weltweite Migration*. Frankfurt: Fischer.

Münz, Rainer, Wolfgang Seifert and Ralf Ulrich, eds. 1999. *Zuwanderung nach Deutschland. Strukturen, Wirkungen. Perspektiven*. 2nd edn. Frankfurt: Campus.

Murphy, Craig N. 1994. *International Organization and Industrial Change: Global Governance Since 1850*. New York: Oxford University Press.

Murthy, Viren. 2006. "Modernity against Modernity: Wang Hui's Critical History of Chinese Thought." *Modern Intellectual History* 3-1: 137–65.

Naffrisi, M. R. 1998. "Reframing Orientalism: Weber and Islam." *Economy and Society* 27-1: 97–118.

Nagano, Yoshiko. 2004. "Philippine Historiography and Colonial Discourse: Eight Selected Essays on Postcolonial Studies in the Philippines (An Introduction to the Japanese Translation)." In *Philippine Historiography and Colonial Discourse*, edited by Yoshiko Nagano, 357–85. Tokyo: Mekong Publishing Co.

Nandy, Ashis. 1983. *Intimate Enemy: Loss and Recovery of Self Under Colonialism*. Delhi: Oxford University Press.

Naumann, Katja. 2007. "Von 'Western Civilization' zu 'World History' – Europa und die Welt in der historischen Lehre in den USA." In *Dimensionen der Kultur- und Gesellschaftsgeschichte*, edited by Matthias Middell, 102–21. Leipzig: Leipziger Universitätsverlag.

Naylor, Simon. 2005. "Introduction: Historical Geographies of Science – Places, Contexts, Cartographies." *British Journal of History of Science* 38-136: 1–12.

Nehru, Jawaharlal. 1939. *Glimpses of World History: Being Further Letters to His Daughter, Written in Prison, and Containing a Rambling Account of History for Young People.* London: Lindsay Drummond Limited.

Nettelbeck, Joachim. 2005. "Durchgangszimmer gesucht. Forscher brauchen Räume: Ein Plädoyer für das Fach der Regionalwissenschaften." *Frankfurter Allgemeine Zeitung*, February 22.

Ng, On-cho. 1993. "A Tension in Ch'ing Thought: 'Historicism' in Seventeenth- and Eighteenth-Century Chinese Thought." *Journal of the History of Ideas* 54-4: 561–83.

Ng, On-cho and Q. Edward Wang. 2005. *Mirroring the Past: The Writing and Use of History in Imperial China.* Honolulu: University of Hawai'i Press.

Niethammer, Lutz. 1993. "Die postmoderne Herausforderung. Geschichte als Gedächtnis im Zeitalter der Wissenschaft." In *Geschichtsdiskurs*, vol. I: *Grundlagen und Methoden der Historiographiegeschichte*, edited by Wolfgang Küttler, Jörn Rüsen, and Ernst Schulin, 31–49. Frankfurt: Fischer Taschenbuch.

Nippel, Wilfried. 2003. "Stolperstein für Neugierige." *Die Zeit*, September 10.

Nolte, Ernst. 1986. "Vergangenheit, die nicht vergehen will." *Frankfurter Allgemeine Zeitung*, June 6.

Nolte, Hans-Heinrich. 1985. *Weltsystem und Geschichte.* Göttingen: Muster-Schmidt.

——— 1994. "Zur Rezeption des Weltsystem-Konzepts in Deutschland." *Comparativ* 5: 91–100.

——— 2000. "Eurasien." *Zeitschrift für Geschichte* 1: 35–8.

——— 2005a. "Das Weltsystem-Konzept – Debatte und Forschung." In *Globalisierung und Globalgeschichte*, edited by Margarete Grandner, Dietmar Rothermund, and Wolfgang Schwentker, 115–38. Vienna: Mandelbaum.

——— 2005b. *Weltgeschichte: Imperien, Religionen und Systeme, 15–19. Jahrhundert.* Vienna: Böhlau.

——— "Der Verein für die Geschichte des Weltsystems." Verein für Geschichte des Weltsystems e.V. www.vgws.org/Texte/nolte-verein.html.

Nolte, Paul. 1999. "Die Historiker der Bundesrepublik: Rückblick auf eine 'lange Generation.'" *Merkur* 53-5: 413–32.

Novick, Peter. 1988. *That Noble Dream. The Objectivity Question and the American Historical Profession.* New York: Cambridge University Press.

Nozaki, Yoshiko and Mark Selden. 2009. "Japanese Textbook Controversies, Nationalism, and Historical Memory: Intra- and Inter-national Conflicts." *Japan Focus* 25-4, www.japanfocus.org/-Mark-Selden/3173.

Nussbaum, Felicity A., ed. 2003. *The Global Eighteenth Century.* Baltimore, MD: Johns Hopkins University Press.

O'Brien, Karen. 1997. *Narratives of Enlightenment. Cosmopolitan History from Voltaire to Gibbon.* Cambridge University Press.

O'Brien, Patrick K. 1992. "The Foundations of European Industrialization: From the Perspective of the World." In *Economic Effects of the European*

Expansion, 1492–1824, edited by José Casas Pardo, 463–502. Stuttgart: In Kommission bei F. Steiner.

2000. "The Status and Future of Universal History." In *Making Sense of Global History: The 19th International Congress of the Historical Sciences,* edited by Sogner Solvi, 15–33. Oslo: Universitetsforlaget.

2003. "The Deconstruction of Myths and Reconstruction of Metanarratives in Global Histories of Material Progress." In *Writing World History, 1800–2000,* edited by Eckhart Fuchs and Benedikt Stuchtey, 67–90. Oxford University Press.

2006. "Historiographical Traditions and Modern Imperatives for the Restoration of Global History." *Journal of Global History* 1-1: 3–39.

O'Hanlon, Rosalind. 1998. "Recovering the Subject: Subaltern Studies and the Histories of Resistance in Colonial South Asia." *Modern Asian Studies* 22-1: 189–224.

O'Rourke, Kevin H. and Jeffrey G. Williamson. 1999. *Globalization and History: The Evolution of a Nineteenth Century Atlantic Economy.* Cambridge, MA: MIT Press.

2002. "When Did Globalization Begin?" *European Review of Economic History* 6-1: 23–50.

Oberkrome, Willi. 1993. *Volksgeschichte: Methodische Innovation und völkische Ideologisierung in der deutschen Geschichtswissenschaft 1918–1945.* Göttingen: Vandenhoeck & Ruprecht.

Oexle, Otto Gerhard. 2004. "Historische Kulturwissenschaft Heute." In *Interkultureller Transfer und nationaler Eigensinn: Europäische und anglo-amerikanische Traditionen der Kulturwissenschaften,* edited by Rebekka Habermas and Rebekka von Mallinckrodt, 25–52. Göttingen: Wallstein.

Ogle, Vanessa. 2004. "Historikertag 2004: Transnationale Geschichte." *H-Soz-u-Kult* (October 29), http://hsozkult.geschichte.hu-berlin.de/forum/id=539&type=diskussionen.

Oldstone, Michael B. A. 1998. *Viruses, Plagues, and History.* Oxford/New York: Oxford University Press.

Oltmer, Jochen. 2004. *Migration und Politik in der Weimarer Republik.* Göttingen: Vandenhoeck & Ruprecht.

Ong, Aihwa. 1999. *Flexible Citizenship: The Cultural Logics of Transnationality.* Durham, NC: Duke University Press.

Opitz, Peter J. 2002. *Die Vereinten Nationen: Geschichte, Struktur, Perspektiven.* Munich: Bayerische Landeszentrale für Politische Bildungsarbeit.

Orleans, Leo A. 1988. *Chinese Students in America: Policies, Issues, and Numbers.* Washington, DC: National Academy Press.

Osiander, Anja and Ole Döring. 1999. *Zur Modernisierung der Ostasienforschung, Konzepte, Strukturen, Empfehlungen.* Hamburg: Institut für Asienkunde.

Osterhammel, Jürgen. 1994a. "Neue Welten in der europäischen Geschichtsschreibung (ca. 1500–1800)." In *Geschichtsdiskurs,* vol. II: *Anfänge modernen historischen Denkens,* edited by Wolfgang Küttler, Jörn Rüsen, and Ernst Schulin, 202–15. Frankfurt: Fischer Taschenbuch.

1994b. "Raumerfassung und Universalgeschichte im 20. Jahrhundert." In *Universalgeschichte und Nationalgeschichten*, edited by Gangolf Hübinger, Jürgen Osterhammel, and Erich Pelzer, 51–72. Freiburg: Rombach.

1995a. "Jenseits der Orthodoxie. Imperium, Raum, Herrschaft und Kultur als Dimensionen von Imperialismustheorie." *Periplus: Jahrbuch für Aussereuropäische Geschichte* 5: 119–31.

1995b. *Kolonialismus: Geschichte, Formen, Folgen*. Munich: C. H. Beck.

1996a. "Sozialgeschichte im Zivilisationsvergleich." *Geschichte und Gesellschaft* 22: 143–64.

1996b. "Transkulturell vergleichende Geschichtswissenschaft." In *Geschichte und Vergleich: Ansätze und Ergebnisse international vergleichender Geschichtsschreibung*, edited by Heinz-Gerhard Haupt and Jürgen Kocka, 271–313. Frankfurt/New York: Campus.

1997a. "Edward Said und die 'Orientalismus'-Debatte. Ein Rückblick." *Asien Afrika Amerika* 25: 597–607.

1997b. "Vorbemerkung: Westliches Wissen und die Geschichte nicht-europäischer Zivilisationen." In *Geschichtsdiskurs*, vol. IV: *Krisenbewußtsein, Katastrophenerfahrungen und Innovationen 1880–1945*, edited by Wolfgang Küttler, Jörn Rüsen, and Ernst Schulin, 307–13. Frankfurt: Fischer Taschenbuch.

1998a. *Die Entzauberung Asiens: Europa und die asiatischen Reiche im 18. Jahrhundert*. Munich: C. H. Beck.

1998b. "'Höherer Wahnsinn': Universalhistorische Denkstile im 20. Jahrhundert." In *Dimensionen der Historik. Geschichtstheorie, Wissenschaftsgeschichte und Geschichtskultur heute. Jörn Rüsen zum 60. Geburtstag*, edited by Horst-Walter Blanke, Friedrich Jaeger, and Thomas Sandkühler, 277–86. Cologne: Böhlau.

2000a. "Internationale Geschichte, Globalisierung und die Pluralität der Kulturen." In *Internationale Geschichte: Themen – Ergebnisse – Aussichten*, edited by Wilfried Loth and Jürgen Osterhammel, 387–408. Munich: Oldenbourg.

2000b. "Raumbeziehungen, Internationale Geschichte, Geopolitik und historische Geographie." In *Internationale Geschichte. Themen – Ergebnisse – Aussichten*, edited by Wilfried Loth and Jürgen Osterhammel, 287–308. Munich: Oldenbourg.

2000c. "Transfer und Migration von Ideen. China und der Westen im 19. und 20. Jahrhundert." In *Das Eigene und das Fremde: Festschrift für Urs Bitterli*, edited by Urs Faes and Béatrice Ziegler, 97–115. Zürich: NNZ.

2001a. "Der europäische Nationalstaat des 20. Jahrhunderts. Eine globalhistorische Annäherung." In *Geschichtswissenschaft jenseits des Nationalstaats: Studien zu Beziehungsgeschichte und Zivilisationsvergleich*, edited by Jürgen Osterhammel, 322–41. Göttingen: Vandenhoeck & Ruprecht.

ed. 2001b. *Geschichtswissenschaft jenseits des Nationalstaats: Studien zu Beziehungsgeschichte und Zivilisationsvergleich*. Göttingen: Vandenhoeck & Ruprecht.

2001c. "On the Spatial Ordering of 'Asia Orientale.'" In *Firenze, il Giappone e l'Asia Orientale: atti del convegno international di studi, Firenze, 25–27 marzo, 1999*, edited by Adriano Boscaro and Maurizio Bossi, 3–15. Florence: Olschki.

2001d. "Transnationale Gesellschaftsgeschichte: Erweiterung oder Alternative?" *Geschichte und Gesellschaft* 27: 464–79.

2002. "Gesellschaftsgeschichtliche Parameter chinesischer Modernität." *Geschichte und Gesellschaft* 28-1: 71–108.

2003. "Transferanalyse und Vergleich im Fernverhältnis." In *Vergleich und Transfer: Komparatistik in den Sozial-, Geschichts- und Kulturwissenschaften*, edited by Hartmut Kaelble and Jürgen Schriewer, 439–66. Frankfurt/New York: Campus.

2004. "Europamodelle und imperiale Kontexte." *Journal of Modern European History* 2-2: 157–81.

2005. "'Weltgeschichte': Ein Propädeutikum." *Geschichte in Wissenschaft und Unterricht* 9: 452–79.

2009. *Die Verwandlung der Welt: Eine Geschichte des 19. Jahrhunderts*. Munich: C. H. Beck.

Osterhammel, Jürgen and Wolfgang Mommsen, eds. 1986. *Imperialism and After: Continuities and Discontinuties*. London: Allen & Unwin.

Osterhammel, Jürgen and Niels P. Petersson. 2003. *Geschichte der Globalisierung: Dimensionen – Prozesse – Epochen*. Munich: C. H. Beck.

Otto, Bishop of Freysing. 1966. *The Two Cities: A Chronicle of Universal History to the Year 1146 A.D.* New York: Octagon Books.

Ou, Zhijian. 2003. "Lishi jiaokeshu yu minzu guojia xingxiang de yingzao: Liu Yizheng *Lidai shilüe* ququ nake tongshi *zhina tongshi* de neirong" [History Textbooks and the Construction of the Image of the Nation-State: The Selective Appropriation of Naka Michiyo's Shina tsushi in Liu Yizheng's *Lidai shilüe*]. In *Qingzhu Biao Xiaoxuan jiaoshou bashi huadan: wenshi lunji* [Celebrating Professor Biao Xiaoxuan's Eightieth Birthday: A Collection of Essays], edited by Dongqing shuwu tongxue hui, 71–96. Nanjing: Jiangsu guji chubanshe.

Packenham, Robert A. 1992. *The Dependency Movement. Scholarship and Politics in Development Studies*. Cambridge, MA: Harvard University Press.

Pai, Hyung-il. 2000. *Constructing "Korean" Origins: A Critical Review of Archeology, Historiography, and Racial Myth in Korean State-Formation Theories*. Cambridge, MA: Harvard University Press.

Palat, Ravi Arvind. 2000. "Fragmented Visions: Excavating the Future of the Area Studies in a Post-American World." In *Beyond the Area Studies Wars: Toward a New International Studies*, edited by Neil L. Waters, 64–108. Hanover, NH: Middlebury College Press.

Palmer, Robert R. 1959. *The Age of Democratic Revolution*. Princeton University Press.

Palti, Elías José. 2001. "The Nation as a Problem: Historians and the 'National Question.'" *History and Theory* 40-3: 324–6.

Pan, Guang. 2000. "Guanyu xinshiji zhongguo shijieshi xueke fazhan de jidian kanfa" [Some Thoughts on the Development of World Historical Studies in China in the New Century]. *Shijie lishi* [World History] 1: 5–6.

Pan, Runhan and Lin Chengjie. 2000. *Shijie jindaishi* [Modern World History]. Beijing: Beijing daxue chubanshe.

Pang, Pu. 2000. "Quanqiuhua yu hua quanqiu" [Globalization and Transforming the Globe]. *Ershiyi shiji* [Twenty-first Century] 61: 76–9.

Park, You-me and Rjeswari Sunder Rajan. 2000. "Postcolonial Feminism/ Postcoloniality and Feminism." In *A Companion to Postcolonial Studies*, edited by Sangeeta Ray and Henry Schwarz, 53–71. Oxford: Blackwell.

Patel, Kiran Klaus. 2003. "Transatlantische Perspektiven transnationaler Geschichte." *Geschichte und Gesellschaft* 29: 625–47.

———. 2004. "Überlegungen zu einer transnationalen Geschichte." *Zeitschrift für Geschichtswissenschaft* 52: 626–45.

Paulmann, Johannes. 1998. "Internationaler Vergleich und interkultureller Transfer: Zwei Forschungsansätze zur europäischen Geschichte des 18. bis 20. Jahrhunderts." *Historische Zeitschrift* 267: 649–85.

Paxton, Pamela, Melanie M. Hughes, and Jennifer L. Green. 2006. "The International Women's Movement and Women's Political Representation, 1893–2003." *American Sociological Review* 71-6: 893–920.

Peng, Shuzhi. 1992. *Dongfang minzu zhuyi sichao* [Reflections on Nationalism in the East]. Xian: Xibei daxue chubanshe.

Perdue, Peter C. 2005. *China Marches West: The Qing Conquest of Central Eurasia*. Cambridge, MA: Belknap Press of Harvard University Press.

Pernau, Margrit. 2004. "Global History – Wegbereiter für einen neuen Kolonialismus?" *H-Soz-u-Kult* (December 17), http://hsozkult.geschichte. huberlin.de/forum/id=572&type=artikel.

Peukert, Detlev. 1987. *Die Weimarer Republik: Krisenjahre der klassischen Moderne*. Frankfurt: Suhrkamp.

Pietschmann, Horst. 1999. "Geschichte der europäischen Expansion – Geschichte des atlantischen Raumes – Globalgeschichte." In *Überseegeschichte: Beiträge der jüngeren Forschung*, edited by Thomas Beck, Horst Gründer, Horst Pietschmann, and Roderich Ptack, 21–39. Stuttgart: Steiner.

Pigulla, Andreas. 1996. *China in der deutschen Weltgeschichtsschreibung vom 18. bis zum 20. Jahrhundert*. Wiesbaden: Harrassowitz.

Pilz, Erich. 1991. *Gesellschaftsgeschichte und Theoriebildung in der marxistischen Historiographie. Zur Entwicklung der Diskussion um die Han-Gesellschaft*. Vienna: Austrian Academy of Science Press.

Pinch, W. R. 1999. "Same Difference in India and Europe." *History and Theory* 38-3: 389–407.

Pingel, Falk. 2000. *The European Home: Representations of Twentieth Century Europe in History Textbooks*. Strasbourg: Council of Europe.

Pletsch, Carl E. 1981. "The Three Worlds, or the Division of Social Scientific Labor, ca. 1950–1975." *Comparative Studies in Society and History* 23-4: 565–90.

Pohl, Karl-Heinz and Anselm Müller, eds. 2002. *Chinese Ethics in a Global Context*. Leiden: Brill.

Pollock, Sheldon. 1993. "Deep Orientalism? Notes on Sanskrit and Power Beyond the Raj." In *Orientalism and the Postcolonial Predicament: Perspectives on South Asia*, edited by Carol A. Breckenridge and Peter van der Veer, 76–133. Philadelphia: University of Pennsylvania Press.

2002. "Ex Oriente Nox. Indologie im nationalsozialistischen Staat." In *Jenseits des Eurozentrismus. Postkoloniale Perspektiven in den Geschichts- und Kulturwissenschaften*, edited by Sebastian Conrad and Shalini Randeria, 335–71. Frankfurt: Campus.

Pomeranz, Kenneth. 2001. *The Great Divergence: China, Europe, and the Making of the Modern World Economy*. Princeton University Press.

2002. "Political Economy and Ecology on the Eve of Industrialization: Europe, China, and the Global Conjecture." *American Historical Review* 107-2: 425–46.

2008a. "Chinese Development in Long-Run Perspective." *Proceedings of the American Philosophical Society* 152-1: 83–102.

2008b. "Scale, Scope, and Scholarship: Regional Practices and Global Economic History." Paper presented at the Harvard/Duke conference *Global History, Globally*, Cambridge, MA, February 8–9.

Pomper, Philip. 1995. "World History and Its Critics." *History and Theory* 34-2: 1–7.

1998. "Introduction: The Theory and Practice of World History." In *World History: Ideologies, Structures, and Identities*, edited by Philip Pomper, Richard H. Elphik, and Richard T. Vann, 1–17. Malden, MA: Blackwell.

2005. "The History and Theory of Empires." *History and Theory, Theme Issue* 44: 1–27.

Pomper, Philip, Richard H. Elphik, and Richard T. Vann, eds. 1998. *World History: Ideologies, Structures, and Identities*. Malden, MA: Blackwell.

Popp, Susanne. 2009. "National Textbook Controversies in a Globalizing World." In *History Teaching in the Crossfire of Political Interest*, edited by Luigi Cajani, Elisabeth Erdmann, Alexander S. Khodnev, Susanne Popp, Nicole Tutiaux-Guillon, and George Wrangham, 109–22. Schwalbach: Wochenschau Verlag.

Popp, Susanne and Johanna Forster, eds. 2003. *Curriculum Weltgeschichte. Interdisziplinäre Zugänge zu einem global orientierten Geschichtsunterricht.* Schwalbach: Wochenschau.

Porter, Theodore M. and Dorothy Ross, eds. 2003. *The Modern Social Sciences*. Vol 7 of *The Cambridge History of Science*. Cambridge University Press.

Powell, Eve M. Troutt. 2003. *A Different Shade of Colonialism: Egypt, Great Britain, and the Mastery of the Sudan*. Berkeley: University of California Press.

Prakash, Gyan. 1990. "Writing Post-Orientalist Histories of the Third World. Perspectives from Indian Historiography." *Comparative Studies in Society and History* 32-2: 383–408.

1994. "Subaltern Studies as Postcolonial Criticism." *American Historical Review* 99-5: 1475–90.

Pu, Changgen. 2002. "Quanqiuhua yu zhongguo yingdui" [Globalization and Chinese Responses]. *Yazhou yanjiu* [Asian Studies] 44: 7–23.

Puhle, Hans-Jürgen, ed. 1991. *Bürger in der Gesellschaft der Neuzeit*. Göttingen: Vandenhoeck & Ruprecht.

2006. "Area Studies im Wandel. Zur Organisation von Regionalforschung in Deutschland." Center for North American Studies. http://web.uni-frankfurt.de/zenaf/contac/AreaStudies.pdf.

Qi, Shirong. 1994. "Shi tan wo guo shijieshi xueke de fazhan lishi ji qianjing" [Exploring the Past Trajectories and Prospects of World Historical Scholarship in Our Country]. *Lishi Yanjiu* [Historical Research] 1: 155–68.

2000. "Youguan shijie xueke jianshe de liangge wenti" [Two Problems of Establishing the Discipline of World History]. *Shijie lishi* [World History] 4: 71–3.

2006–2007. *Shijieshi* [World History]. 4 vols. Beijing: Gaodeng jiaoyu chubanshe.

Qian, Chengdan. 2003. "Yi Xiandaihua wei zhuti guojian shijie jinxiandaishi xin de xueke tixi" [Creating a New Theoretical System for Modern and Contemporary World History around the Theme of Modernization]. *Shijie Lishi* [World History] 3: 2–11.

2009. "Constructing a New Disciplinary Framework of Modern World History Around the Theme of Modernization." *Chinese Studies in History* 42-3: 7–24.

Qian, Chengdan and Liu Jinyuan, eds. 1994. *Huanqiu toushi: xiandaihua de mitu* [The Road to Modernization Went Astray: A Global Perspective]. Hangzhou: Zhejiang renmin chubanshe.

Qian, Chengdan, Yu Yang, and Xiaolü Chen. 1997. *Shijie xiandaihua jincheng* [The Process of World Modernization]. Nanjing: Nanjing daxue chubanshe.

Quirin, Michael. 1996. "Scholarship, Value, and Hermeneutics in Kaozheng: Some Reflections on Cui Shu (1740–1816) and the Confucian Classics." *History and Theory* 35-4: 34–53.

Radkau, Joachim. 2008. *Nature and Power: A Global History of the Environment.* New York: Cambridge University Press.

Radkau, Verena, Eduard Fuchs, and Thomas Lutz, eds. 2004. *Genozide und staatliche Gewaltverbrechen im 20. Jahrhundert.* Innsbruck: Studien.

Randeria, Shalini. 1999. "Geteilte Geschichte und verwobene Moderne." In *Zukunftsentwürfe: Ideen für eine Kultur der Veränderung*, edited by Jörn Rüsen, Hanna Leitgeb, and Norbert Jegelka, 87–96. Frankfurt/New York: Campus.

Ranft, Andreas and Markus Meumann, eds. 2003. *Traditionen – Visionen. 44. Deutscher Historikertag in Halle an der Saale: Vom 10. bis 13. September 2002.* Munich: Oldenbourg.

Raphael, Lutz. 1990. "Historikerkontroversen im Spannungsfeld zwischen Berufshabitus, Fächerkonkurrenz und sozialen Deutungsmustern." *Historische Zeitschrift* 251: 325–63.

1999. "Die 'Neue Geschichte' – Umbrüche und Wege der Geschichtsschreibung in internationaler Perspektive (1880–1940)." In *Geschichtsdiskurs*, vol. IV: *Krisenbewusstsein, Katastrophenerfahrungen und Innovationen 1880–1945*, edited by Wolfgang Küttler, Jörn Rüsen, and Ernst Schulin, 51–89. Frankfurt: Fischer Taschenbuch.

2000. "Nationalzentrierte Sozialgeschichte in programmatischer Absicht: Die Zeitschrift 'Geschichte und Gesellschaft. Zeitschrift für Historische Sozialwissenschaft' in den ersten 25 Jahren ihres Bestehens." *Geschichte und Gesellschaft* 26-1: 5–37.

2003. *Geschichtswissenschaft im Zeitalter der Extreme: Theorien, Methoden, Tendenzen von 1900 bis zur Gegenwart*. Munich: C. H. Beck.

Raymond, Grew. 2006. "Expanding Worlds of World History." *Journal of Modern History* 78: 878–98.

Redding, S. 1990. *Gordon. The Spirit of Chinese Capitalism*. Berlin/New York: W. de Gruyter.

Reid, Donald M. 1990. *Cairo University and the Making of Modern Egypt*. Cambridge University Press.

Reinhard, Wolfgang. 1983–1990. *Geschichte der europäischen Expansion*. 4 vols. Stuttgart: W. Kohlhammer.

1996a. *Kleine Geschichte des Kolonialismus*. Stuttgart: Kröner.

ed. 1996b. *Power Elites and State Building*. New York: Oxford University Press.

1997. *Parasit oder Partner? Europäische Wirtschaft und Neue Welt, 1500–1800*. Münster: Lit.

2001. "Was ist europäische politische Kultur? Versuch zur Begründung einer politischen historischen Anthropologie." *Geschichte und Gesellschaft* 27-4: 593–616.

2005. *La Vieille Europe et les nouveaux mondes: Pour une histoire des relations atlantiques*. Ostfildern: Thorbecke.

Reitermeier, Arnd and Gerhard Fouquet, eds. 2005. *Kommunikation und Raum: 45. Deutscher Historikertag in Kiel vom 14. bis 17. September 2004*. Neumünster: Wachholz.

Ren, Bingqiang. 2004. "Jiushi niandai yilai zhongguo de minzu zhuyi sichao – jian piping Wang Xiaodong de minzu zhuyiguan" [Chinese Nationalist Thought Since the 1990s – and a Critique of Wang Xiaodong's Idea of Nationalism]. In *Qianliu – dui xiayi minzu zhuyi de pipan yu fansi* [Undercurrents – Critiques of Reflections on Narrow Nationalism], edited by Le Shan, 9–32. Shanghai: Huadong shifan daxue chubanshe.

Ren, Qiang, Hu Lijuan and Wang Yanfeng, eds. 2004. *Zhongguo yu riben de tazhe renshi –zhongri xuezhe de gongtong tantao* [The Mutual Recognition of the Other Between China and Japan – Shared Discussions Between Chinese and Japanese Scholars]. Beijing: Shehui kexue wenxian chubanshe.

Revel, Jaccques. 1996. *Jeux d'échelles: La micro-analyse à l'expérience*. Paris: Seuil.

Reynolds, David. 2000. *One World Divisible: A Global History since 1945*. New York: W. W. Norton.

Ricardo, David. 1817. *On the Principles of Political Economy and Taxation*. London: John Murray.

Richard H. Grove. 1998. "Global Impact of the 1789–93 El Niño." *Nature* 393: 318–19.

Riekenberg, Michael, ed. 2005. *Geschichts- und Politikunterricht zeitgemäß? Fragen und Bemerkungen aus der Sicht der Regionalwissenschaften*. Leipzig: Leipziger Universitätsverlag.

Riley, James C. 2001. *Rising Life Expectancy: A Global History.* Cambridge University Press.

Ritter, Gerhard. 1954. "Das Problem des Militarismus in Deutschland." *Historische Zeitschrift* 177: 21–48.

Rittersberger-Tiliç, Helga. 1998. *Vom Gastarbeiter zum Deutschler: Die Rückkehrergemeinschaft in einer türkischen Kleinstadt,* Potsdam: Verlag Perspektiven.

Ritzer, George. 2004. *The Globalization of Nothing.* Thousand Oaks, CA: Pine Forge Press.

Robertson, Roland. 1995. "Glocalization: Time-Space and Homogeneity-Heterogeneity." In *Global Modernities,* edited by Mike Featherstone, Scott Lash and Roland Robertson, 25–44. London: SAGE.

Robin, Ron. 2001. *Making the Cold War Enemy: Culture and Politics in the Military-Intellectual Complex.* Princeton University Press.

Robinson, Chase F. 2003. *Islamic Historiography.* Cambridge University Press.

Ross, Dorothy. 1991. *The Origins of American Social Science.* Cambridge/New York: Cambridge University Press.

Rothermund, Dietmar. 1996. *The Global Impact of the Great Depression, 1929–1939.* New York/London: Routledge.

———. 2003. "Indien und der Rest der Welt: Möglichkeiten und Grenzen der Aussereuropäischen Geschichte in Deutschland." *Neue Politische Literatur* 1: 5–14.

———. 2005. "Globalgeschichte und Geschichte der Globalisierung." In *Globalisierung und Globalgeschichte,* edited by Margarete Grandner, Dietmar Rothermund, and Wofgang Schwentker, 12–35. Vienna: Mandelbaum.

Rothermund, Dietmar and Susanne Weigelin-Schwiedrzik, eds. 2004. *Der Indische Ozean: Das Afro-asiatische Mittelmeer als Kultur- und Wirtschaftsraum.* Vienna: Promedia.

Ruan, Wei. 2001. *Wenming de Biaoxian* [Performances of Civilizations]. Beijing: Jingxiao che Xinhua shudian.

Rueschemeyer, Dietrich. 1991. "Different Methods – Contradictory Results? Research on Development and Democracy." In *Issues and Alternatives in Comparative Social Research,* edited by Charles Ragin, 9–38. Leiden: Brill.

Ruppenthal, Jens. 2007. *Kolonialismus als "Wissenschaft und Technik": Das Hamburgische Kolonialinstitut 1908 bis 1919.* Stuttgart: Steiner.

Rürup, Reinhard. 1984. *Deutschland im 19. Jahrhundert, 1815–1871.* Göttingen: Vandenhoeck & Ruprecht.

Rüsen, Jörn. 1996. "Some Theoretical Approaches to Intercultural Comparative Historiography." *History and Theory* 35-4: 5–22.

———. 1998. "Theoretische Zugänge zum interkulturellen Vergleich historischen Denkens." In *Die Vielfalt der Kulturen,* edited by Jörn Rüsen, Michael Gottlob, and Achim Mitag, 37–73. Frankfurt: Suhrkamp.

———. ed. 2002. *Western Historical Thinking: An Intercultural Debate.* New York: Berghahn Books.

———. 2004. "How to Overcome Ethnocentrism: Approaches to a Culture of Recognition by History in the Twenty-First Century." *History and Theory* 43-4: 118–29.

Sabrow, Martin. 2004. "Von der Moralisierung zur Historisierung. Überlegungen zur deutschen Geschichtskultur." *Mittelweg* 36: 72–88.

Sachse, Carola. 1997. "Frauenforschung zum Nationalsozialismus." *Mittelweg* 36-6: 24–42.

Sachsenmaier, Dominic. 2001. "The Cultural Transmission from China to Europe (China in Western Chronologies)." In *Handbook of Oriental Studies*, edited by Nicolas Standaert, 879–905. Leiden: Brill.

——— 2003. "Politische Kulturen in China und Deutschland nach dem Ersten Weltkrieg – Gedanken zu einer globalhistorischen Perspektive." *Zeitschrift für Weltgeschichte* 4-2: 87–102.

——— 2004. "Die Angst vor dem Weltdorf. Globale und Interkulturelle Forschungen – Neue Ansätze." *WZB: Mitteilungen* 105: 14–18.

——— 2005a. Conference Report: "German and Chinese Historiography in Dialogue." *Berliner China-Hefte: Beiträge zur Geschichte und Gesellschaft Chinas.*

——— 2005b. "Global History, Global Debates." *H-Soz-u-Kult* (March 3), http://hsozkult.geschichte.hu-berlin.de/forum/2005–03–001.

——— 2006. "Searching for Alternatives to Western Modernity. Cross-Cultural Approaches in the Aftermath of World War I." *Journal of Modern European History* 4-2: 241–59.

——— 2007a. "Alternative Visions of World Order in the Aftermath of World War I – Global Perspectives on Chinese Approaches." In *Competing Visions of World Order: Global Moments and Movements, 1880s–1930s*, edited by Sebastian Conrad and Dominic Sachsenmaier, 151–80. New York: Palgrave Macmillan.

——— 2007b. "Chinese Debates on Modernization and the West after the Great War." In *Decentering American History*, edited by Jessica Gienow-Hecht, 109–31. New York: Berghahn Books.

——— 2007c. "World History as Ecumenical History?" *Journal of World History* 18-4: 433–62.

——— 2009a. "Little Red Book." In *The Palgrave Dictionary of Transnational History: From the Mid-19th Century to the Present Day*, edited by Akira Iriye and Pierre-Yves Saunier, 686–87. New York: Palgrave Macmillan.

——— 2009b. "Recent Trends in European History – The World Beyond Europe and Alternative Historical Spaces." *Journal of Modern European History* 7-1: 5–25.

——— 2009c. "Underdevelopment." In *The Palgrave Dictionary of Transnational History: From the Mid-19th Century to the Present Day*, edited by Akira Iriye and Pierre-Yves Saunier, 1062–5. New York: Palgrave Macmillan.

Sachsenmaier, Dominic, Jens Riedel, and Shmuel Eisenstadt, eds. 2009. *Duoyuan xiandaihua de fansi. Ouzhou, Zhongguo ji qitade chanshi* [Reflections on Multiple Modernities: European, Chinese, and Other Interpretations]. Translated by Guo Shaotang (Cantonese: Kwok Siu-Tong). Hong Kong: Chinese University of Hong Kong Press.

——— eds. 2002. *Reflections on Multiple Modernities: European, Chinese, and Other Approaches.* Leiden: Brill.

Said, Edward W. 1979. *Orientalism.* New York: Vintage Books.

Sanders, Thomas. 1998. "Soviet Historiography." In *A Global Encyclopedia of Historical Writing*, 2 vols., edited by D. R. Woolf, 854–6. New York: Garland Publishing.

Sarkar, Sumit. 1997. "The Many Worlds of Indian History." In *Writing Social History*, edited by Sumit Sarkar, 1–49. New York/Delhi: Oxford University Press.

Sarrazin, Thilo. 2010. *Deutschland schafft sich ab. Wie wir unser Land aufs Spiel setzen*. Munich: DVA.

Sassen, Saskia. 1998. *Globalization and Its Discontents: Essays on the New Mobility of People and Money*. New York: New Press.

Sato, Masayuki. 1991a. "Comparative Ideas and Chronology." *History and Theory* 30-3: 275–301.

———. 1991b. "Historiographical Encounters: The Chinese and Western Traditions in Turn-of-the-Century Japan." *Storia della Storiografia* 19: 13–21.

Saunier, Pierre-Yves. 2008. "Learning by Doing: Notes about the Making of the Palgrave Dictionary of Transnational History." *Journal of Modern European History* 6-2: 159–80.

Schaebler, Birgit. 2007. "Writing the Nation in the Arab-Speaking World, Nationally and Transnationally." In *Writing the Nation: A Global Perspective*, edited by Stefan Berger, 179–96. Basingstoke: Palgrave Macmillan.

Schaefgen, Annette. 2006. *Schwieriges Erinnern. Zur Rezeption des Genozids an den Armeniern*. Berlin: Metropol Verlag.

Schäfer, Wolf. 2003. "The New Global History: Toward a Narrative for Pangaea Two." *Erwägen-Wissen-Ethik* 14-1: 75–88.

Schenk, Benjamin Frithjof. 2002. "Mental Maps: Die Konstruktion von geographischen Räumen in Europa seit der Aufklärung." *Geschichte und Gesellschaft* 28: 493–514.

Schleier, Hans. 1993. "Karl Lamprechts Universalgeschichtskonzeption im Umfeld seiner Zeit." In *Karl Lamprecht weiterdenken: Universal- und Kulturgeschichte heute*, edited by Gerald Diesener, 145–55. Leipzig: Leipziger Universitätsverlag.

———. 1997. "Geschichte der internationalen Geschichtswissenschaft im 20. Jahrhundert: Darstellungen – Probleme – Perspektiven." In *Geschichtsdiskurs*, vol. III: *Die Epoche der Historisierung*, edited by Wolfgang Küttler, Jörn Rüsen, and Ernst Schulin, 164–83. Frankfurt: Fischer Taschenbuch.

———. 2003. *Geschichte der deutschen Kulturgeschichtsschreibung*, vol. I: *Vom Ende des 18. bis Ende des 19. Jahrhunderts*. Waltrop: Harmut Spenner.

Schluchter, Wofgang. 1981. *The Rise of Western Rationalism: Max Weber's Developmental History*. Berkeley: University of California Press.

Schlumbohm, Jürgen, ed. 1998. *Mikrogeschichte-Makrogeschichte. Komplementär oder inkommensurabel?* Göttingen: Wallstein.

Schmale, Wolfgang, ed. 1991. *Bericht über die 38. Versammlung deutscher Historiker in Bochum: 26. bis 29. September 1990*. Stuttgart: Ernst Klett.

———. 1997. *Scheitert Europa an seinem Mythendefizit?* Bochum: Winkler.

ed. 1998. "Europäische Geschichte als historische Disziplin. Überlegungen zu einer Europäistik." *Zeitschrift für Geschichtswissenschaft* 46-5: 389–405.

Schnapper, Dominique. 1999. "From the Nation-state to the Transnational World: On the Meaning and Usefulness of Diaspora as a Concept." *Diaspora* 8-3: 225–54.

Schneider, Axel. 1996. "Between Dao and History: Two Chinese Historians in Search of a Modern Identity for China." *History and Theory* 35-4: 54–73.

1997. *Wahrheit und Geschichte: Zwei Chinesische Historiker auf der Suche nach einer modernen Identität für China*. Wiesbaden: Harrassowitz.

2001. "Bridging the Gap: Attempts at Constructing a 'New' Historical-Cultural Identity in the People's Republic of China." *East Asian History* 22: 129–43.

Schneider, Ute. 2004. "Von Juden und Türken. Zum gegenwärtigen Diskurs über Religion, kollektive Identität und Modernisierung." *Zeitschrift für Geschichtswissenschaft* 5: 426–40.

Schölch, Alexander. 1982. "Ägypten und Japan in der zweiten Hälfte des 19. Jahrhunderts. Ein entwicklungsgeschichtlicher Vergleich." *Geschichte, Wissenschaft und Unterrricht* 33: 333–46.

Scholte, Jan Aart. 2000. *Globalization: A Critical Introduction*. New York: Palgrave Macmillan, 2000.

Schönwälder, Karen. 2001. *Einwanderung und ethnische Pluralität: Politische Entscheidungen und öffentliche Debatten in Großbritannien und der Bundesrepublik von den 1950er bis zu den 1970er Jahren*. Essen: Klartext.

Schramm, Gottfried. 2004. *Fünf Wegscheiden der Weltgeschichte*. Göttingen: Vandenhoeck & Ruprecht.

Schubert, Gunter. 2001. "Nationalism and National Identity in Contemporary China." *Issues & Studies* 37-5: 127–56.

Schulin, Ernst, ed. 1974. *Universalgeschichte*. Cologne: Kiepenheuer und Witsch.

1988. "Universalgeschichte und Nationalgeschichte bei Leopold von Ranke." In *Leopold von Ranke und die Moderne Geschichtswissenschaft*, edited by Wolfgang J. Mommsen, 37–71. Stuttgart: Klett-Cotta.

2002. "German and American Historiography in the Nineteenth and Twentieth Centuries." In *An Interrupted Past: German Refugee Historians in the United States After 1933*, edited by Hartmut Lehmann and James Sheehan, 8–31. New York: Cambridge University Press.

Schulte Barbara, ed. 2006. *Transfer lokalisiert: Konzepte, Akteure, Kontexte* (= *Comparativ* 16–3). Leipzig: Leipziger Universitätsverlag.

Schulz, Gerhard. 2004. *Geschichte im Zeitalter der Globalisierung*. Berlin/New York: De Gruyter.

Schulze, Winfried. 1989. *Deutsche Geschichtswissenschaft nach 1945* (= *Historische Zeitschrift, Beiheft 10*). Munich: Oldenbourg.

1990. "Der Wandel des Allgemeinen: Der Weg der deutschen Historiker nach 1945 zur Kategorie des Sozialen." In *Teil und Ganzes. Theorie der Geschichte. Beiträge zur Historik*, vol. IV, edited by Karl Acham and Winfried Schulze, 193–216. Munich: Deutscher Taschenbuch Verlag.

Schulze, Winfried and Otto Gerhard Oexle, eds. 2000. *Deutsche Historiker im Nationalsozialismus*. Frankfurt: Fischer Taschenbuch.

Schumann, Peter. 1989. *Bericht über die 37. Versammlung deutscher Historiker in Bamberg: 12. bis 16. Oktober 1988*. Stuttgart: Ernst Klett.

Schütte, Hans-Wilm. 2004. *Die Asienwissenschaften in Deutschland: Geschichte, Stand und Perspektiven*. Hamburg: Institut für Asienkunde.

2006. "Die Geburt des Instituts für Asienkunde." In *50 Jahre Institut für Asienkunde*, edited by Hans-Wilm, Schütte, 15–86. Hamburg: Institut für Asienkunde.

Schwarz, Benjamin I. 1985. *The World of Thought in Ancient China*. Cambridge, MA: Harvard University Press.

1996. "History in Chinese Culture. Some Comparative Reflections." *History and Theory* 35-4: 23–33.

Schwentker, Wolfgang. 1997. "Zwischen Weltaneignung und Selbstdeutungszwang, Entwicklungstendenzen der Geschichtswissenschaft in Japan 1860–1945." In *Geschichtsdiskurs*, vol. IV: *Krisenbewußtsein, Katastrophenerfahrungen und Innovationen 1880–1945*, edited by Wolfgang Küttler, Jörn Rüsen, and Ernst Schulin, 339–45. Frankfurt: Fischer Taschenbuch.

2005. "Globalisierung und Geschichtswissenschaft. Themen, Methoden und Kritik der Globalgeschichte." In *Globalisierung und Globalgeschichte*, edited by Margarete Grandner, Dietmar Rothermund, and Wolfgang Schwentker, 36–59. Vienna: Mandelbaum.

Scott, John C. 2006. "The Mission of the University: Medieval to Postmodern Transformations." *Journal of Higher Education* 77-1: 1–39.

Seager, Richard H., ed. 1993. *The Dawn of Religious Pluralism: Voices from the World's Parliament of Religions, 1893*. La Salle, IL: Open Court.

Searle, John R. 1994. "Rationality and Realism. What Is at Stake?" In *The Research University at a Time of Discontent*, edited by Jonathan Cole, Elinor Barber, and Stephen Graubard, 55–83. Baltimore: Johns Hopkins University Press.

Seeman, Erik R. and Jorge Cañizares-Esguerra, eds. 2007. *The Atlantic in Global History, 1500–2000*. Upper Saddle River, NJ: Pearson Prentice Hall.

Seigel, Micol. 2005. "Beyond Compare: Comparative Method After the Transnational Turn." *Radical History Review* 91: 62–90.

Sen, Amartya K. 1997. "Human Rights and Asian Values." *The New Republic*, July 14–21.

2005. *The Argumentative Indian: Writings on Indian History, Culture, and Identity*. London: Penguin.

Senghor, Léopold S. 1997. "Negritude: A Humanism of the Twentieth Century." In *Perspectives on Africa: A Reader in Culture, History, and Representation*, edited by Roy R. Grinker and Christopher B. Steiner, 629–36. Cambridge, MA: Blackwell.

Service, Robert. 2007. *Comrades! A History of World Communism*. Cambridge, MA: Harvard University Press.

Shen, Guowei. 2008. "Hanyu de jindai xin ciyu yu zhongri cihui jiaoliu – jianlun xiandai hanyu cihui tixi de xingcheng" [New Words in Contemporary

Chinese and Relations between Chinese and Japanese Words – Discussing the Formation of the Modern Chinese Vocabulary System]. *Nankai yuyan xuekan* [Nankai Linguistics] 1: 72–88.

Shi, Tianjian. 2000. "Cultural Values and Democracy in the People's Republic of China." *China Quarterly* 162: 540–59.

Shi, Yuanhua and Hu Lizhong, eds. 2005. *Dongya hanwenhuaquan yu zhongguo guanxi* [The Relationship between the East Asian Han-Cultural Realm and China]. Beijing: Zhongguo shehui kexue chubanshe.

Shin, Yong-ha. 2000. *Modern Korean History and Nationalism*. Seoul: Jimoondang.

Shirk, Susan L. 1993. *The Political Logic of Economic Reform in China*. Berkeley: University of California Press.

Shore, Chris. 1999. "Inventing Homo Europaeus: The Cultural Politics of European Integration." *Ethnologia Europaea* 29-2: 59–61.

2000. *Building Europe: The Cultural Politics of European Integration*. London: Routledge.

Shteppa, Konstantin F. 1962. *Russian Historians and the Soviet State*. New Brunswick, NJ: Rutgers University Press.

Sigal, Pete. 2009. "Latin America and the Challenge of Globalizing the History of Sexuality." *American Historical Review* 114-5: 1340–52.

Siljak, Ana. 1999. "Christianity, Science and Progress in Sergei M. Soloviev's *History of Russia*." In *The Historiography of Imperial Russia: The Profession and Writing of History in a Multinational State*, edited by Thomas Sanders, 215–38. Armonk, NY: M. E. Sharpe.

Skocpol, Theda. 1979. *States and Social Revolutions: A Comparative Analysis of France, Russia, and China*. New York: Cambridge University Press.

Sluga, Glenda. 2006. *The Nation, Psychology, and International Politics, 1870–1919*. Basingstoke: Palgrave Macmillan.

Smith, Adam. 1904. *The Wealth of Nations*. 5th edn. London: Methuen & Co.

Smith, Bonnie G. ed. 2000. *Global Feminism Since 1945*. London/New York: Routledge.

ed. 2004–2005. *Women's History in Global Perspective*. 3 vols. Urbana: University of Illinois Press.

Smith, Dennis. 1991. *The Rise of Historical Sociology*. Cambridge: Polity Press.

Smith, Woodruff. 1986. *The Ideological Origins of Nazi Imperialism*. New York: Oxford University Press.

Sogner, Sølvi, ed. 2001. *Making Sense of Global History*. Oslo: Universitetsforlaget.

Soja, Edward W. 1989. *Postmodern Geographies: The Reassertion of Space in Critical Social Theory*. London/New York: Verso.

2003. "Writing the City Spatially." *City: Analysis of Urban Trends, Culture, Theory Policy, Action* 7-3: 269–81.

Spakowski, Nicola. 1999. *Helden, Monumente, Traditionen. Nationale Identität und historisches Bewußtsein in der VR China*. Hamburg: Lit.

2005. "Between Normative and Individualizing Didactics: Suzhi Jiaoyu as a New Term in Chinese Theories of History Teaching." In *Historical Truth, Historical Criticism, and Ideology. Chinese Historiography and Historical Culture from a New Comparative Perspective*, edited by Helwig Schmidt-Glintzer, Achim Mittag, and Jörn Rüsen, 465–81. Leiden: Brill.

2008. "Regionalismus und historische Identität – Transnationale Dialoge zur Geschichte Nord/Ost/Asiens seit den 1990er Jahren." In *Asianismen seit dem 19. Jahrhundert (= Comparativ 18–6)*, edited by Marc Frey and Nicola Spakowski, 69–87. Leipzig: Leipziger Universitätsverlag.

Speitkamp, Winfried. 2005. *Deutsche Kolonialgeschichte*. Stuttgart: P. Reclam.

Spence, Jonathan D. 2003. "The Whole World in Their Hands." *New York Review of Books* 50-15 (October 9).

Spengler, Oswald. 1918. *Der Untergang des Abendlandes*. Munich: Braumüller.

Spiliotis, Susanne-Sophia. 2001. "Wo findet Gesellschaft statt? Oder das Konzept der Transterritorialitat." *Geschichte und Gesellschaft* 27: 480–8.

Spivak, Gayatri C. 1998. "Can the Subaltern Speak?" In *Marxism and Interpretation of Culture*, edited by Cary Nelson and Lawrence Grossberg, 271–313. Urbana: University of Illinois Press.

Stavrianos, Leften Stavros. 1966. *The World Since 1500: A Global History*. Englewood Cliffs, NJ: Prentice-Hall.

1970. *The World to 1500: A Global History*. Englewood Cliffs, NJ: Prentice-Hall.

Stavrianos, Leften Stavros, Loretta Kreider Andres, George I. Blanksten, Roger F. Hackett, Ella C. Leppert, Paul L. Murphy, and Lacey Baldwin Smith. 1962. *A Global History of Man*. Boston: Allyn and Bacon.

Stearns, Peter N. 2006. *Gender in World History*. 2nd edn. New York: Routledge.

Steinert, Johannes-Dieter. 1995. *Migration und Politik. Westdeutschland-Europa-Übersee 1945–1961*. Osnabrück: Secolo.

Stewart, Charles, ed. 2007. *Creolization: History, Ethnography, Theory*. Walnut Creek, CA: Left Coast Press.

Stoianovich, Traian. 1976. *French Historical Method: The Annales Paradigm*. Ithaca, NY: Cornell University Press.

Stoler, Ann L. 1995. *Race and the Education of Desire: Foucault's History of Sexuality and the Colonial Order of Things*. Durham, NC: Duke University Press.

Stone, Bailey. 1994. *The Genesis of the French Revolution: A Global-Historical Interpretation*. New York: Cambridge University Press.

Stuchtey, Benedikt, ed. 2005. *Science Across European Empires, 1800–1950*. Oxford/New York: Oxford University Press.

Stuchtey, Benedikt and Eckhardt Fuchs, eds. 2003. *Writing World History, 1800–2000*. Oxford: Oxford University Press.

Stürmer, Michael. 1983. *Das ruhelose Reich: Deutschland, 1866–1918*. Berlin: Siedler.

Su, Xiaokang and Wang Luoxiang. 1991. *Deathsong of the River: A Reader's Guide to the Chinese TV Series Heshang*. Ithaca, NY: Cornell University Press.

Subrahmanyam, Sanjay. 1997. "Connected Histories. Notes towards a Reconfiguration of Early Modern Eurasia." *Modern Asian Studies* 31-3: 735–62.

Sugihara, Kaoru. 1996. "The European Miracle and the East Asian Miracle: Towards a New Global Economic History." *Osaka University Economic Review* 12: 27–48.

2003. "The East Asian Path of Economic Development: A Long-Term Perspective." In *The Resurgence of East Asia: 500, 150 and 50 Years Perspectives*, edited by Giovanni Arrighi, Takeshi Hamashita and Mark Selden, 78–123. London/New York: Routledge.

Sullivan, Lawrence. 1993. "The Controversy over 'Feudal Despotism': Politics and Historiography in China, 1978 – 82." In *Using the Past to Serve the Present: Historiography and Politics in Contemporary China*, edited by Jonathan Unger, 174–204. Armonk, NY: M. E. Sharpe.

Sun, Bingying. 1984. *Ouzhou jindai shixueshi* [Modern European Historiography]. Changsha: Hunan renmin chubanshe.

Sun, Guangde. 1994. *Wan Qing chuantong yu xihua de zhenglun* [Debates over Tradition and Westernization in the Late Qing Period]. Taipei: The Commercial Press.

Sun, Hui. 2002. "Dangqian zhongguo makesi zhuyi zhexue yanjiu de jiben qushi". [Basic Trends in Current Chinese Marxist Philosophical Research]. *Zhongguo shehui kexue* [Social Science in China] 3: 117–26.

Sun, Jiang, ed. 2004. *Shijian, jiyi, xushu – xin shehuishi* [Events, Memories, and Narration – The New Social History]. Hangzhou: Zhejiang renmin chubanshe.

Sun, Yanjie and Wang Xuedian. 2000. *Gu Jiegang he tade dizimen* [Gu Jiegang and His Disciples]. Jinan: Shandong huabao chubanshe.

Sun, Zhaiwei. 2005. *Chengqing lishi – nanjing da tusha yanjiu yu sikao* [Clarify History: Research and Reflections on the Nanjing Massacre]. Nanjing: Jiangsu renmin chubanshe.

Sutcliffe, Bob. 2004. "World Inequality and Globalization." *Oxford Review of Economic Policy* 20-1: 15–37.

Sweet, James H. 2003. *Recreating Africa: Culture, Kinship, and Religion in the Afro-Portuguese World, 1441-1770*. Chapel Hill, NC: University of North Carolina Press.

Taher, Mohamed. ed. 1997. *Medieval Muslim Historiography* (= *Encyclopedic Survey of Islamic Culture* vol. 5). New Delhi: Anmol Publications.

Tan, Seng and Amitav Acharya, eds. 2008. *Bandung Revisited: The Legacy of the 1955 Asian-African Conference for International Order*. Singapore: NUS Press, 2008.

Tanaka, Stefan. 2004. 1993. *Japan's Orient. Rendering Past into History*. Berkeley: University of California Press.
New Times in Modern Japan. Princeton: Princeton University Press.

Tang, Kaijian and Peng Hui. 2005. "Shiliu dao shijiu shiji Aomen 'heiren' laiyuan kaoshu" [Research on the Origins of Macao's 'Blacks' Between the Sixteenth and the Nineteenth Centuries]. *Shijie lishi* [World History] 5: 77–83.

Tang, Xiaobing. 1996. *Global Space and the Nationalist Discourse of Modernity: The Historical Thinking of Liang Qichao*. Stanford: Stanford University Press.

Tang, Yijie. 2001. "Some Reflections on New Confucianism in Mainland Chinese Culture of the 1990s." In *Voicing Concerns: Contemporary Chinese Critical Inquiry*, edited by Gloria Davies, 123–34. Lanham, MD: Rowman & Littlefield.

2002. "Wenhua jiaoliu shi renlei wenming jinbu de licheng bei" [Cultural Relations Are the Landmarks of Progress of Human Civilization]. *Zhongxi wenhua yanjiu* [Study of Sino-Western Culture] 1: 74–83.

Tao, Dongfeng. 1996. "Guanyu jiushi niandai zhongguo wenhua yu zhishifenzi wenti de sikao" [Reflections on the Problem of Chinese Culture and Intellectuals during the 1990s]. *Zhongguo yanjiu* [China Studies] 3.

——. 1999. "Cong huhuan xiandaihua dao fansi xiandaixing" [From Calling for Modernization to Reconsidering Modernity]. *Ershiyi shiji* [Twenty-first Century] 53: 15–22.

Tavakoli-Targhi, Mohamad. 2001. *Refashioning Iran: Orientalism, Occidentalism, and Historiography*. Basingstoke: Palgrave Macmillan.

Taylor, Charles. 1989. *Sources of the Self. The Making of Modern Identity*. Cambridge, MA: Harvard University Press.

Taylor, Victor E. and Charles E. Winquist. 2001. *Encyclopedia of Postmodernism*. London: Routledge.

Tenbruck, Friedrich. 1989. "Gesellschaftsgeschichte oder Weltgeschichte?" *Kölner Zeitschrift für Soziologie und Sozialforschung* 41: 417–39.

Tenfelde, Klaus, ed. 1986. *Arbeiter und Arbeiterbewegung im Vergleich: Berichte zur internationalen historischen Forschung*. Munich: Oldenbourg.

Tenfelde, Klaus and Hans-Ulrich Wehler, eds. 1994. *Wege zur Geschichte des Bürgertums*. Göttingen: Vandenhoeck & Ruprecht.

Thaden, Edward C. 1999. *The Rise of Historicism in Russia*. New York: Peter Lang.

Ther, Philipp. 2004. "Imperial Instead of National History: Positioning Modern German History on the Map of European Empires." In *Imperial Rule*, edited by Alexei Miller and Alfred J. Rieber, 47–69. Budapest/New York: Central European University Press.

Therborn, Goran. 2000. "Globalizations: Dimensions, Historical Waves, Regional Effects, Normative Governance." *International Sociology* 15-2: 151–79.

Thomas, Paul. 1994. *Alien Politics. Marxist State Theory Retrieved*. London/New York: Routledge.

Thorne, Susan. 1997. "The Conversion of Englishmen and the Conversion of the World Inseparable." In *Tensions of Empire: Colonial Cultures in a Bourgeois World*, edited by Frederick Cooper and Ann L. Stoler, 238–62. Berkeley: University of California Press.

Thornton, John. 1998. *Africa and Africans in the Making of the Atlantic World, 1400–1800*. 2nd edn. Cambridge/New York: Cambridge University Press.

Thränhardt, Dietrich. 1995. *Geschichte der Bundesrepublik Deutschland*. Frankfurt: Suhrkamp.

——. 2000. "Einwandererkulturen und soziales Kapital." In *Einwanderer-Netzwerke und ihre Integrationsqualität in Deutschland und Israel*, edited by Dietrich Thränhardt and Uwe Hunger, 15-52. Münster: LIT.

Thränhardt, Dietrich and Uwe Hunger, eds. 2004. *Migration im Spannungsfeld von Globalisierung und Nationalstaat*. Wiesbaden: Westdeutscher Verlag.

Tilly, Charles. 1984. *Big Structures, Large Processes, Huge Comparisons*. New York: Russell Sage Foundation.

Todorova, Maria. 1997. *Imagining the Balkans*. New York: Oxford University Press.

Topik, Steven, Carlos Marichal, and Zephyr L. Frank, eds. 2006. *From Silver to Cocaine: Latin American Commodity Chains and the Building of the World Economy, 1500–2000*. Durham, NC: Duke University Press.

Townsend, Robert B. 2001. "The State of the History Department: A Report on the 1999 Department Survey." *Perspectives on History* 39–8 (November).

——— 2008. "The Status of Women and Minority in the History Profession, 2008." *Perspectives on History* 46–6 (September).

Toynbee, Arnold. 1934–1961. *A Study of History*. 12 vols. New York: Oxford University Press.

Tracy, James, ed. 1990. *The Rise of Merchant Empires: Long Distance Trade in the Early Modern World, 1350–1750*. Cambridge/New York: Cambridge University Press.

Tsai, Weiping. 2006. "Having It All: Patriotism and Gracious Living in Shenbao's Tobacco Advertisements, 1919–1937." In *Creating Chinese Modernity. Knowledge and Everyday Life, 1900–1940*, edited by Peter Zarrow, 117–46. New York: Peter Lang.

Tu, Wei-ming. 1991. "Cultural China: The Periphery as the Center." *Dædalus* 120-2: 1–32.

——— ed. 1994. *The Living Tree: The Changing Meaning of Being Chinese Today*. Stanford: Stanford University Press.

——— ed. 1996. *Confucian Traditions in East Asian Modernity: Moral Education and Economic Culture in Japan and the Four Mini-dragons*. Cambridge, MA: Harvard University Press.

——— 2002. "Mutual Learning as an Agenda for Social Development." In *Reflections on Multiple Modernities. European, Chinese, and Other Interpretations*, edited by Dominic Sachsenmaier, Jens Riedel, and Shumel N. Eisenstadt, 129–38. Leiden: Brill.

Tyrell, Ian. 1991. "American Exceptionalism in an Age of International History." *American Historical Review* 96-4: 1031–55.

——— 2007. *Transnational Nation: United States History in Global Perspective since 1989*. New York: Houndmills.

Van der Linden, Marcel. 2006. "The 'Globalization' of Labour and Working Class History and Its Consequences." In *Global Labor History: A State of the Art*, edited by Jan Lucassen, 13–36. Bern/New York: Peter Lang.

——— 2008. *Workers of the World: Essays towards a Global Labor History*. Leiden: Brill.

Van Kley, Edwin. 1971. "Europe's 'Discovery' of China and the Writing of World History." *American Historical Review* 76-2: 358–85.

Van Laak, Dirk. 1999. *Weiße Elefanten: Anspruch und Scheitern technischer Großprojekte im 20. Jahrhundert*. Stuttgart: Deutsche Verlags-Anhalt.

——— 2004a. *Imperiale Infrastruktur: Deutsche Planungen für die Erschliessung Afrikas, 1860–1960*. Paderborn: Schöningh.

——— 2004b. "Kolonien als 'Laboratorien der Moderne'?" In *Das Kaiserreich Transnational: Deutschland in der Welt, 1871–1914*, edited by Sebastian Conrad and Jürgen Osterhammel, 257–79. Göttingen: Vandenhoeck & Ruprecht.

——— 2005. *Über alles in der Welt: Deutscher Imperialismus im 19. und 20. Jahrhundert*. Munich: C. H. Beck.

Van Zanden, Jan. "On Global Economic History: A Personal View on an Agenda for Future Research." International Institute for Social History. www.iisg.nl/research/jvz-research.pdf.

Veit-Brause, Irmline. 1990. "Paradigms, Schools, Traditions – Conceptualizing Shifts and Changes in the History of Historiography." *Storia della storiografia* 17: 50–65.

Vickers, Edward and Alisa Jones, eds. 2005. *History Education and National Identity in East Asia*. New York/London: Routledge.

Vittinghoff, Natascha. 2004. "Networks of News: Power, Language and Transnational Dimensions of the Chinese Press, 1850–1949." *The China Review* 4-1: 1–10.

Vogt, Joseph. 1961. *Wege zum Historischen Universum: Von Ranke bis Toynbee*. Stuttgart: Kohlhammer.

Völkel, Markus. 2006. *Geschichtsschreibung: Eine Einführung in globaler Perspektive*. Cologne: Böhlau.

Vom Bruch, Rüdiger. 1982. *Weltpolitik als Kulturmission: Auswärtige Kulturpolitik und Bildungsbürgertum in Deutschland am Vorabend des Ersten Weltkrieges*. Paderborn: Schöningh.

Von Albertini, Rudolf. 1976. *Europäische Kolonialherrschaft 1880–1940*. Zürich: Atlantis.

Von Laue, Theodore. 1987. *The World Revolution of Westernization: The Twentieth Century in Global Perspective*. New York: Oxford University Press.

Von Pflugk-Harttung, Julius, ed. 1907–1910. *Ullstein Weltgeschichte*. 6 vols. Berlin: Ullstein.

Wagner, Fritz. 1965. *Der Historiker und die Weltgeschichte*. Freiburg: Karl Alber.

Wagner, Peter. 1990. *Sozialwissenschaften und Staat: Frankreich, Italien, Deutschland 1870–1980*. Frankfurt: Campus.

Wakeman, Frederic. 1985. *The Great Enterprise: The Manchu Reconstruction of Imperial Order in 17th century China*. 2 vols. Berkeley: University of California Press, 1985.

Waley-Cohen, Joanna. 1999. *The Sextants of Beijing: Global Currents in Chinese History*. New York: W. W. Norton.

Wallerstein, Immanuel, ed. 1996. *Open the Social Sciences: Report of the Gulbenkian Commission on the Restructuring of the Social Sciences*. Stanford University Press.

1993. "1968, Revolution in the World System." In *Geopolitics and Geoculture: Essays on the Changing World-system*, edited by Immanuel Wallerstein, 65–83. Cambridge University Press.

1997. "Eurocentrism and Its Avatars: The Dilemmas of Social Science." *New Left Review* 226 (November–December): 93–107.

Walters, Jonathan S. 1998. *Finding Buddhists in Global History*. Washington, DC: American Historical Association, 1998.

Wang, Ban. 2004. *Illuminations from the Past: Trauma, Memory, and History in Modern China*. Stanford University Press.

Wang, Chaohua. 2003. "Introduction: Minds of the Nineties." In *One China, Many Paths*, edited by Chaohua Wang, 9–45. London: Verso.

Wang, Gungwu. 1975. "Juxtaposing Past and Present in China Today." *China Quarterly* 61: 1–24.

ed. 1997. *Global History and Migrations*. Boulder, CO: Westview Press.

Wang, Hui. 1994. "Chuantong yu xiandaixing" [Tradition and Modernity]. *Xueshu yuekan* [Academic Monthly] 6: 9–11.

1998. "Dangdai zhongguo de sixiang zhuangkuang yu xiandaixing wenti" [The State of Contemporary Chinese Thought and the Problem of Modernity]. *Wenyi zhengming* [Debates on Literature and Art] 6: 7–26.

1999. "Guanyu xiandaixing wenti dawen" [Big Questions on the Problem of Modernity]. *Tianya* [Far Corners of the Earth] 1: 18–34.

2000a. "Dangdai zhongguo de sixiang zhuangkuang yu xiandaixing wenti" [The State of Contemporary Chinese Thought and the Question of Modernity]. *Taiwan shehui yanjiu jikan* [Taiwan: A Radical Quarterly in Social Studies] 37: 1–44.

2000b. *Si huo chong wen* [Warming Up the Extinct Fire]. Beijing: Renmin wenxue chubanshe.

2002. " 'Modernity' and 'Asia' in the Study of Chinese History." In *Across Cultural Borders: Historiography in Global Perspective*, edited by Eckhardt Fuchs and Benedikt Stuchtey, 309–34. Lanham, MD: Rowman & Littlefield.

2003. "The New Criticism." In *One China, Many Paths*, edited by Wang Chaohua, 55–86. London: Verso.

2004–2007. *Zhongguo xiandai sixiang de xingqi* [The Rise of Modern Chinese Thought]. 4 vols. Beijing: Sanlian shudian.

Wang, Hui and Theodore Huters. 2003. *China's New Order. Society, Politics, and Economy in Transition*. Cambridge, MA: Harvard University Press.

Wang, Jiafeng. 2009. "Some Reflection on Modernization Theory and Globalization Theory." *Chinese Studies in History* 43-1: 72–98.

Wang, Jing. 1996. *High Culture Fever: Politics, Aesthetics, and Ideology in Deng's China*. Berkeley: University of California Press.

2001. "The State Question in Chinese Popular Cultural Studies." *Inter-Asia Cultural Studies* 2-1: 35–52.

Wang, Lincong. 2002. "Lüelun 'quanqiu lishiguan'" [Outlining "Global Perspectives of History"]. *Shixue lilun yanjiu* [Historiography Quarterly] 3: 100–9.

Wang, Lixi. 2003. "Houzhimin lilun yu jidujiao zai hua chuanjiaoshi yanjiu" [Postcolonial Theory and the Study of Christian Missions in Modern China]. *Shixue lilun yanjiu* [Historiography Quarterly] 1: 31–7.

Wang, Q. Edward. 1991. "Western Historiography in the People's Republic of China [1949 to the Present]." *Storia della Storiografia* 19: 23–46.

1995. "Time Perception in Ancient Chinese Historiography." *Storia della Storiografia* 28: 69–85.

1999a. "History, Space, and Ethnicity: The Chinese Worldview." *Journal of World History* 10-2: 285–305.

1999b. "Ruhe kandai houxiandaihuazhuyi dui shixue de tiaozhan" [How to View the Postmodern Challenge to Historiography]. *Xin Shixue* [New Historiography] 10-2.

2000a. "Between Marxism and Nationalism: Chinese Historiography and the Soviet Influence, 1949–1963." *Journal of Contemporary China* 9-23: 95–111.

2000b. "Historical Writings in 20th Century China: Methodological Innovation and Ideological Influence." In *An Assessment of 20th Century Historiography: Professionalism, Methodologies, Writings*, edited by Rolf Torstendahl, 43–69. Stockholm: The Royal Academy of Letters, History and Antiquities.

2001. *Inventing China through History: The May Fourth Approach to Historiography*. Albany: SUNY Press.

2002. *Taiwan shixue wushi nian: chuancheng, fangfa, quxiang* [Taiwanese Historiography During the Past Fifty Years: Heritage, Methodologies, Trends]. Taipei: Rye Field Publications.

2003a. "Encountering the World: China and Its Other(s) in Historical Narratives, 1949–89." *Journal of World History* 14-3: 327–58.

2003b. "The Rise of Modern Historical Consciousness: A Cross-Cultural Comparison of Eighteenth-Century East Asia and Europe." *Journal of Ecumenical Studies* 40-1/2: 74–95.

2003c. "Zhongguo jindai 'xin shixue' de riben beijing – qingmo de 'lishi geming' he riben de 'wenming shixue'" [Modern Chinese Historiography and Its Japanese Backgrounds: The 'Historiographical Revolution' of the Late Qing and the 'Civilizational History' in Meiji Japan]. *Taida lishi xuebao* [Bulletin of the Department of History of National Taiwan University] 32: 191–236.

2007a. "Between Myth and History: The Construction of a National Past in Modern East Asia." In *Writing the Nation: A Global Perspective*, edited by Stefan Berger, 126–54. New York: Palgrave Macmillan.

2007b. "Is There a Chinese Mode of Historical Thinking? A Cross-Cultural Analysis." *History and Theory* 46-2: 201–19.

2009. "Modernization Theory in/of China." *Chinese Studies in History* 43-1: 3–6.

2009/2010. "Qingshi (Qing History): Why a New Dynastic History?" *Chinese Studies in History* 43-2: 3–5.

2010a. "Globalization, Global History, and Local Identity in 'Greater China.'" *History Compass* 8-4: 320–9.

2010b. "'Rise of the Great Powers' = Rise of China? Challenges of the Advancement of Global History in the People's Republic of China." *Journal of Contemporary China* 19-64: 273–89.

Wang, Rige and Song Li. 1999. "Haiyang siwei: renshi zhongguo lishi de xin shijiao – ping Yang Guozhen zhubian *haiyang yu zhongguo congshu*" [Conceptualizing the Maritime Sphere: New Perspectives on Studying Chinese History – Assessing the Series Book *The Sea and China*, edited by Yang Guozhen]. *Lishi yanjiu* [Historical Research] 6: 170–9.

Wang, Xiaodong. 1996. "Zhongguo de minzuzhuyi he zhongguo de weilai" [China's Nationalism and China's Future]. *Mingbao yuekan* [Ming Pao Monthly] 9: 12.

Wang, Xudong and Li Junxiang. 2003. "Yi xiandaihua wei zhuxian lüelun zhongguo jindaishi yanjiu" [A Short Depiction of Research in Modern Chinese History, Using the Concept of Modernization as the Main Thread]. *Shixue lilun yanjiu* [Historiography Quarterly] 3: 38–46.

Wang, Zhongfu. 1999. "Lishi rentong yu minzu rentong" [Historical Identity and People's Identity]. *Zhongguo wenhua yanjiu* [Chinese Culture Research] 3: 10–16.

Washbrook, David. 1997. "From Comparative Sociology to Global History: Britain and India in the Pre-History of Modernity." *Journal of the Economic and Social History of the Orient* 40-4: 410–43.

Watts, Sheldon. 1999. *Epidemics and History: Disease, Power and Imperialism.* New Haven: Yale University Press.

Wegmann, Heiko. "Kolonialvergangenheit und deutsche Öffentlichkeit." www.freiburg-postkolonial.de.

Wehler, Hans-Ulrich. 1969. *Bismarck und der Imperialismus.* Cologne: Kiepenheuer & Witsch.

1987–2008. *Deutsche Gesellschaftsgeschichte.* 4 vols. Munich: C. H. Beck.

1991. "Selbstverständnis und Zukunft der westdeutschen Geschichtswissenschaft." In *Geschichtswissenschaft vor 2000: Perspektiven der Historiographiegeschichte, Geschichtstheorie, Sozial- und Kulturgeschichte. Festschrift für Georg G. Iggers zum 65. Geburtstag,* edited by Konrad H Jarausch, Jörn Rüsen, and Hans Schleier, 68–81. Hagen: Rottmann.

2001. *Historisches Denken am Ende des 20. Jahrhunderts. 1945–2000.* Göttingen: Wallstein.

2002. "Das Türkenproblem." *Die Zeit* 38.

2006. "Transnationale Geschichte – der neue Königsweg historischer Forschung?" In *Transnationale Geschichte: Themen, Tendenzen und Theorien,* edited by Gunilla Budde, Sebastian Conrad, and Oliver Janz, 161–74. Göttingen: Vandenhoeck & Ruprecht.

Wei, Yuan. 1844–52. *Haiguo tuzhi* [Illustrated Treatise on the Maritime Countries]. Yangzhou: Guweitang.

Wei, Zemin. 2002. " 'Makesizhuyi zhongguohua de quanqiuxing yihan" [The Global Meaning of the 'Sinification of Marxism']. *Gongdang wenti yanjiu* 28-12: 90–91.

Weidner, Marsha Smith, ed. 2001. *Cultural Intersections in Later Chinese Buddhism.* Honolulu: University of Hawai'i Press.

Weigelin-Schwiedrzik, Susanne. 1993. "Party Historiography." In *Using the Past to Serve the Present: Historiography and Politics in Contemporary China,* edited by Jonathan Unger, 151–73. Armonk, NY: M. E. Sharpe.

1996. "On 'Shi' and 'Lun': Towards a Typology of Historiography in the PRC." *History and Theory* 35-4: 74–94.

2005. "History and Truth in Marxist Historiography." In *Historical Truth, Historical Criticism, and Ideology: Chinese Historiography and Historical Culture from a New Comparative Perspective,* edited by Helwig Schmidt-Glintzer, Achim Mittag, and Jörn Rüsen, 421–64. Leiden: Brill.

Weinberg, Gerald L. 1995. *A World at Arms: A Global History of World War II.* New York: Cambridge University Press.

Weisbrod, Bernd. 1990. "Der englische 'Sonderweg' in der neueren Geschichte." *Geschichte und Gesellschaft* 16: 233–52.

Weitz, Eric. 2003. *A Century of Genocide: Utopias of Race and Nation*. Princeton University Press, 2003.

2008. "From the Vienna to the Paris System: International Politics and the Entangled Histories of Human Rights, Forced Deportations, and Civilizing Missions." *American Historical Review* 113-5: 1313–43.

Weller, Robert P. 2006. *Discovering Nature: Globalization and Environmental Culture in China and Taiwan*. Cambridge University Press.

Welskopp, Thomas. 1994. *Arbeit und Macht im Hüttenwerk: Arbeits- und industrielle Beziehungen in der deutschen und amerikanischen Eisen- und Stahlindustrie von den 1860er Jahren bis zu den 1930er Jahren*. Bonn: Dietz.

2002. "Identität ex negativo. Der 'deutsche Sonderweg' als Metaerzählung in der bundesdeutschen Geschichtswissenschaft der siebziger und achtziger Jahre." In *Die historische Meistererzählung: Deutungslinien der deutschen Nationalgeschichte nach 1945*, edited by Konrad H. Jarausch and Martin Sabrow, 109–39. Göttingen: Vandenhoeck & Ruprecht.

Wendt, Reinhard. 2004. "Außereuropäische Geschichte am Historischen Institut der Fern-Universität Hagen." *Periplus: Jahrbuch für Aussereuropäische Geschichte* 14: 246–50.

2007. *Vom Kolonialismus zur Globalisierung. Europa und die Welt seit 1500*. Paderborn: Schöningh.

Werner, Michael. 1995. "Maßstab und Untersuchungsebene. Zu einem Grundproblem der vergleichenden Kulturtransferforschung." In *Nationale Grenzen und internationaler Austausch*, edited by Lothar Jordan and Bernd Kortländer, 20–33. Tübingen: Niemeyer.

Werner, Michael and Bénédicte Zimmermann, eds. 2004. *De la comparaison à l'histoire croisée*. Paris: Seuil.

2006. "Beyond Comparison: Histoire Croisée and the Challenge of Reflexivity." *History and Theory* 45-1: 30–50.

Weston, Timothy B. 2004. *The Power of Position: Beijing University, Intellectuals, and Chinese Political Culture, 1898–1929*. Berkeley: University of California Press.

Whitley, Richard. 1999. *Divergent Capitalisms: The Social Structuring and Change of Business Systems*. Oxford/New York: Oxford University Press.

Wiesner-Hanks, Merry. 2001. *Gender in History*. Malden, MA: Blackwell.

2007. "World History and the History of Women, Gender, and *Sexuality*." *Journal of World History* 18-1: 829–65.

Wigen, Kären E. 2005. "Cartographies of Connection. Ocean Maps as Metaphors for Interarea History." In *Interactions: Transregional Perspectives on World History*, edited by Jerry H. Bentley, Renate Bridenthal, and Anand A. Yang. Honolulu: University of Hawai'i Press: 150–66.

Wigen, Kären E. and Martin W. Lewis. 1997. *The Myth of Continents: A Critique of Metageography*. Berkeley: University of California Press.

1999. "A Maritime Response to the Crisis in Area Studies." *Geographical Review* 89-2: 161–8.

Wigger, Iris. 2007. *Die "Schwarze Schmach am Rhein": Rassische Diskriminierung zwischen Geschlecht, Rasse, Nation und Klasse*. Münster: Westfälisches Dampfboot.

Wilder, Gary. 2004. "Race, Reason, Impasse: Césaire, Fanon, and the Legacy of Emancipation." *Radical History Review* 90: 31–61.

——— 2005. *The French Imperial Nation-State. Négritude and Colonial Humanism Between the Two World Wars*. University of Chicago Press.

Willner, Mark. 2006. *Let's Review Global History and Geography*. 4th edn. Hauppauge, NY: Barron's Educational Series.

Wills, John E., Jr. 2002. *1688: A Global History*. New York: W. W. Norton.

Wilpert, Czarina. 1992. "The Use of Social Networks in Turkish Migration to Germany." In *International Migration Systems. A Global Approach*, edited by Mary Kritz, Lin Lean Lim and Hania Zlotnik, 177–89. Oxford: Clarendon.

Wimmer, Andreas and Nina Glick-Schiller. 2002. "Methodological Nationalism and Beyond: Nation-State Building, Migration, and the Social Sciences." *Global Networks* 2-4: 301–34.

Winkler, Heinrich August. 2000. *Der lange Weg nach Westen*. 2 vols. Munich: C. H. Beck.

——— 2002. "Ehehindernisse – Gegen einen EU-Beitritt der Türkei." *Süddeutsche Zeitung*, November 23.

——— 2004. "Aus Geschichte lernen. Zum Verhältnis von Historie und Politik in Deutschland nach 1945." *Die Zeit*, March 30.

Winnacker, Ernst-Ludwig. 2005. "Die Exzellenzinitiative: Hoffnung auf den grossen Wurf." *Forschung* 30-2: 2–3.

Wirz, Albert. 2001. "Für eine transnationale Gesellschaftsgeschichte." *Geschichte und Gesellschaft* 27: 489–98.

Wissenschaftsrat, ed. 1999. *Stellungnahme zu den Geisteswissenschaftlichen Auslandsinstituten*. Cologne: Wissenschaftsrat.

——— ed. 2006. *Empfehlungen zu den Regionalstudien (area studies) in den Hochschulen und ausseruniversitären Forschungseinrichtungen*. Mainz: Wissenschaftsrat.

Wittrock, Björn. 2000. "Modernity: One, None, or Many? European Origins and Modernity as a Global Condition." *Dædalus* 129-1: 31–60.

Wolf, Eric R. 1982. *Europe and the People Without History*. Berkeley: University of California Press.

Wolfe, Patrick. 1997. "History and Imperialism: A Century of Theory, from Marx to Postcolonialism." *American Historical Review* 102-2: 388–420.

Wolff, Larry. 1994. *Inventing Eastern Europe: The Map of Civilization on the Mind of the Enlightenment*. Stanford University Press.

Woll, Allen. 1982. *A Functional Past: The Uses of History in Nineteenth Century Chile*. Baton Rouge: Louisiana State University Press.

Wong, R. Bin. 1997. *China Transformed: Historical Change and the Limits of the European Experience*. Ithaca, NY: Cornell University Press.

Woodside, Alexander. 2006. *Lost Modernities: China, Vietnam, Korea and the Hazards of World History*. Cambridge, MA: Harvard University Press.

Woolf, Daniel R. ed. 1998. *A Global Encyclopedia of Historical Writing*. 2 vols. New York: Garland Publishing.

2005. "Historiography." In *New Dictionary of the History of Ideas*, edited by Maryanne C. Horowitz, 35–85. New York: Charles Scribner's Sons.

2011. *A Global History of History: The Making of Clio's Empire from Antiquity to the Present*. Cambridge University Press.

Wright, David. 2000. "Yan Fu and the Tasks of the Translator." In *New Terms for New Ideas: Western Knowledge and Lexical Change in Late Imperial China*, edited by Michael Lackner, Iwo Amelung, and Joachim Kurtz, 235–56. Leiden: Brill.

Wright, Gwendolyn. 1991. *The Politics of Design in French Colonial Urbanism*. University of Chicago Press.

Wright, Theresa. 2007. "Disincentives for Democratic Change in China." *AsiaPacific Issues* 82: 2–8.

Wu, Yin. 2003. "Shijieshi de xueke dingwei yu fazhan fangxiang – zai 'xinshiji shijieshi xueke jianshe' xueshu yantaohui shang de jianghua" [The Position and Developmental Directions of World Historical Scholarship – Speech on the Symposium 'Establishing World Historical Sciences for the New Century']. *Shijie lishi* [World History] 1: 6–7.

Wu, Yujin. 1995. *Wu Yujin xueshu lunzhu zixuanji* [Personally Selected Academic Works by Wu Yujin]. Beijing: Shoudu shifan daxue chubanshe.

Wu, Yujin and Qi Shirong, eds. 1994. *Shijie shi* [World History]. 3 vols. Beijing: Gaodeng jiaoyu chubanshe.

Wu, Zhiliang. 2002. "Aomen lishi yanjiu shuping – jiantan zhongguo yu xifang de guandian yu fangfa zhi goutong" [Review of Historical Studies on Macao – Considering Exchanges of Perspectives and Methods between China and the West]. *Shixue lilun yanjiu* [Historiography Quarterly] 1: 43–54.

Xia, Jiguo and Wan Lanjuan. 2006. "Teaching World History at Chinese Universities – A Survey." *Comparativ* 16-1: 66–77.

Xiang, Xiang, Song Faqing, Wang Jiafeng and Li Hongtu. 1999a. "Ershi shiji zhongguo de shijieshi yanjiu" [World Historical Research in Twentieth-century China] (Part I). *Xueshu yuekan* [Academic Monthly] 7: 93–6.

1999b. "Ershi shiji zhongguo de shijieshi yanjiu" [World Historical Research in Twentieth-century China] (Part II). *Xueshu yuekan* [Academic Monthly] 8: 99–109.

Xiao, Gongqin. 1995. "Wuxu bianfa de zai fanxing – jianlun zaoqi zhengzhi jijin zhuyi de wenhua genyua" [A Reconsideration of the Wuxu Movement: Discussing the Cultural Origins of Early Political Radicalism]. *Zhanlüe yu guanli* [Strategy and Management] 4: 11–20.

Xie, Xialing. 1994. "Shehui kexue yanjiu guannian bixu gexin" [The Perspectives of Social Scientific Research Must Be Reformed]. *Xueshu yuekan* [Academic Monthly] 4: 4–6.

Xiong, Yuezhi. 1994. *Xixue Dongjian yu wan Qing shehui* [The Dissemination of Western Knowledge and Late Qing Society]. Shanghai: Shanghai renmin chubanshe.

1996. "*Haiguo Tuzhi* zhengyin xishu kaoshi" [An Investigation of Western Writings referred to in Haiguo Tuzhi]. *Zhonghua wenshi luncong* [Journal of Chinese Literature and History] 55: 235–58.

Xu, Ben. 1998. "From Modernity to 'Chineseness': The Rise of Nativist Cultural Theory in Post-1989 China." *Positions* 6-1: 203–37.

——— 1999. *Disenchanted Democracy: Chinese Criticism after 1989*. Ann Arbor: University of Michigan Press.

Xu, Jilin. 1997. "Fan Xifangzhuyi bu dengyu xiandai minzuzhuyi" [Anti-Westernism Is Not Modern Ethnic Nationalism]. *Mingbao yuekan* [Ming Pao Monthly] 3: 22–6.

——— 1999. *Ling yizhong qimeng* [Another Type of Enlightenment]. Guangzhou: Huacheng chubanshe.

——— 2000. "The Fate of an Enlightenment – Twenty Years in the Chinese Intellectual Sphere (1978–98)." *East Asian History* 20: 169–86.

——— 2004. "Zhongguo de minzu zhuyi: yige juda er kongdong de fuhao" [China's Nationalism – a Huge and Hollow Signifier]. In *Qianliu – dui xiayi minzu zhuyi de pipan yu fansi* [Undercurrents – Critiques and Reflections on Narrow Nationalism], edited by Le Shan, 40–8. Shanghai: Huadong shifan daxue chubanshe.

Xu, Jilin and Chen Dakai. 1995. "Zhongguo xiandaihua de qidong leixing yu fanying xingzhi" [The Initializing Patterns and Reacting Natures of Chinese Modernization]. In *Zhongguo xiandaihua shi 1800–1949* [History of Modernization in China, 1800–1949], edited by Jilin Xu and Chen Dakai, 1–5. Shanghai: Sanlian shudian.

Xu, Kai, Xu Jian, and Chen Yuliang. 2006. "Zhongde guanxi shi yanjiu" [Research on the History of Sino-German Relations, 1996–2005]. *Chinese History and Society/Berliner China-Hefte*: 121–38.

Xu, Lan. 2001. "Jiushi niandai woguo xiandai guoji guanxishi yanjiu zongshu" [A Summary on Research During the 1990s on the History of China's Modern International Relations]. *Shixue lilun yanjiu* [Historiography Quarterly] 2: 144–51.

——— 2004. "Cong 'xiouzhongxin shiguan' dao 'wenming xingtai shiguan' he 'quanqiu shiguan.'" [From 'Western Europe-centrism' to 'Perspectives Focusing on Cultural Conditions' and 'Global Perspectives']. *Lishi yanjiu* [Historical Research] 4: 24–7.

Xu, Luo. 2002. *Searching for Life's Meaning: Changes and Tensions in the Worldviews of Chinese Youth in the 1980s*. Ann Arbor, MI: University of Michigan Press.

——— 2007. "Reconstructing World History in the People's Republic of China Since the 1980s." *Journal of World History* 18-3: 325–50.

——— 2010. "The Rise of World History Studies in Twentieth-Century China." *History Compass* (August 4), http://historycompass.wordpress.com.

Yan, Guangcai. 2009. "The Construction of the Chinese Academic System: Its History and Present Challenges." *Frontiers of Education in China* 4-3: 323–42.

Yan, Yunxiang. 2002. "Managed Globalization. State Power and Cultural Transition in China." In *Many Globalizations: Cultural Diversity in the Contemporary World*, edited by Peter Berger and Samuel Huntington, 19–47. New York & Oxford: Oxford University Press.

Yang, Nianqun, ed. 2001. *Kongjian, jiyi, shehui zhuanxing – 'xin shehuishi' yanjiu lunwen jingxuan ji* [Space, Memory and Social Changes: Selected Research

Essays on the 'New Social History']. Shanghai: Shanghai renmin chubanshe.

2002. "'Guoduqi' lishi de lingyimian" [The Other Side of the History of 'Transitional Periods']. *Dushu* [Reading] 6: 128–35.

Yao, Daxue. 2002. "Xiandaihua shiye zhong de quanqiuhua" [Globalization in the Perspective of Modernization]. *Shixue lilun yanjiu* [Historiography Quarterly] 1: 36–42.

Ye, Weili. 2001. *Seeking Modernity in China's Name: Chinese Students in the United States, 1900–1927*. Stanford University Press.

Yeh, Haiyan. 2003. "Rujia zhexue de dangdai xingtai jiqi kenengxing yanjiu: yi Liu Shuxian yu Tu Weiming wei li" [The Modern Form of Confucian Philosophy and Studies on the Possible: The Examples of Liu Shuxian and Tu Wei-ming]. *Zhexue yu wenhua* [Universitas: Monthly Review of Philosophy and Culture] 30-5: 19-39.

Yeh, Wen-hsin. 1990. *The Alienated Academy. Culture and Politics in Republican China, 1911–1937*. Cambridge, MA: Harvard University Press.

Yi, Mu. 2001. "Shijie wenhua de duoyuan yitihua bulü" [Paths Towards a Pluralistic Integration of World Culture]. *Shixue lilun yanjiu* [Historiography Quarterly] 2: 158–59.

Yi, Zhaoyin, ed. 2000. *Shijie wenhua lishi* [History of World Culture]. Shanghai: Huadong shifan daxue chubanshe.

Yin, Da, ed. 1985. *Zhongguo shixue fazhanshi* [The History of the Development of Chinese Historiography]. Zhengzhou: Zhongzhou guji chubanshe.

Young, John W. and John Kent. 2004. *International Relations since 1945: A Global History*. New York: Oxford University Press.

Young, Robert J. C. 1990. *White Mythologies: Writing History and the West*. London/New York: Routledge.

2001. *Postcolonialism: An Historical Introduction*. Oxford/Malden, MA: Blackwell.

Yu, Heping, ed. 2001. *Zhongguo xiandaihua licheng* [The Journey of Chinese Modernization]. 3 vols. Nanjing: Jiangsu renmin chubanshe.

Yu, Pei. 1994. "Zhuanxing zhong de lishi kexue" [Historical Scholarship in Transition]. *Shijie Lishi* [World History] 5: 11–18.

2000. "Meiyou lilun jiu meiyou lishi kexue – ershi shiji wo guo shixue lilun yanjiu de huigu he sikao" [If There Is No Theory, There Is No Historical Scholarship – Reviews and Reflections on Research in Historical Theory in Twentieth-century China]. *Shixue lilun yanjiu* [Historiography Quarterly] 3: 5–20.

2001. "Quanqiuhua yu 'quanqiu lishiguan'" [Globalization and Global Conceptions of History]. *Shixue jikan* [Collected Papers of History Studies] 2: 1–12.

2003. "Dui dangdai zhongguo shijieshi yanjiu lilun tixi he huayu xitong de sikao" [Reflections on the Theoretical Systems and Chinese Networks in Contemporary Chinese World Historical Research]. *Institute of World History*. worldhistory.cass.cn/index/xueshujiangtan/xsjt_txt/20030627001.htm.

2004. "Hongyang zhongguo shijjieshi yanjiu de minzu jingshen" [Uphold the National Spirit in World Historical Research]. *Shijie lishi* [World History] 5: 4–12.

2006. *Shijieshi yanjiu* [World History Studies]. Fuzhou: Fujian renmin chubanshe.

2007a. "Quanqiushiguan he zhongguo shixue duanxiang." [Global Historical Perspectives and Detailed Visions of Chinese Historiography]. In *Quanqiuhua he quanqiushi* [Globalization and Global History], edited by Pei Yu, 1–10. Beijing: Shehui kexue wenxian chubanshe.

ed. 2007b. *Quanqiuhua he quanqiushi* [Globalization and Global History]. Beijing: Shehui kexue wenxian chubanshe.

2009. "Global History and National Historical Memory." *Chinese Studies in History* 42-3: 25–44.

Yu, Wujin. 2002. "'Quanqiuhua' wenti de zhexue fansi" [Philosophical Reconsiderations of the Problems of Globalization]. *Xueshu yuekan* [Academic Monthly] 5 (2002): 11–31.

Yuan, Weishi. 1996. "Jiusi yisheng de zhongguo xiandaihua" [The Nine Deaths and One Life of Chinese Modernization]. *Yazhou Yanjiu* [Asia Studies] 18.

Yue, Qingping. 2003. "Nuli tuozhan shehuishi yanjiu de shendu he guangdu – zhongguo shehuishi disici yantaohui shuping" [Eagerly Driving Forward the Deepening and Broadening of Social Historical Research – Report on the Fourth Conference of Chinese Social History]. *Zhongguo yanjiu dongtai* 1: 3–9.

Yuzo, Mizoguchi and Sun Ge. 2001. "Guanyu 'zhizhi gongtongti'" [On a 'Knowledge Community']. *Kaifang Shidai* [Open Times] 11: 5–22.

Zanasi, Margherita. 2006. *Saving the Nation: Economic Modernity in Republican China*. University of Chicago Press.

Zantop, Susanne. 1999. *Kolonialphantasien im vorkolonialen Deutschland, 1770–1870*. Berlin: E. Schmidt.

Zeller, Joachim. 2000. *Kolonialdenkmäler und Geschichtsbewusstsein. Eine Untersuchung der kolonialdeutschen Erinnerungskultur*. Frankfurt: IKO-Verlag für Interkulturelle Kommunikation.

Zeng, Ling. 2003. "Huanan haiwai yimin yu zongzu shehui zai jian – yi xinjiapo panjiacun wei yanjiu gean." [Maritime Migrants from Southern China and the Rebuilding of Lineage Society: A Case Study on the Pan Family Village in Singapore]. *Shijie lishi* [World History] 6: 77–84.

Zhang, Binfeng. 2001. "Zhongguo gudai jiujing youmeiyou luoji – dui zhongguo gudai luoji yanjiu de yizhong xin shenshi" [Whether There Was Logic in Ancient China – A New Examination of the Study of Logic in Ancient China]. *Zhexue yu wenhua* [Universitas: Monthly Review of Philosophy and Culture] 28-4: 359–80.

Zhang, Chunnian. 1994. "Zhongguo shixue ying zouxiang shijie" [Chinese Historiography Should Walk towards the World]. *Shijie lishi* [World History] 5: 113–14.

Zhang, Fa, Wang Yichuan, and Zhang Yiwu. 1994. "Cong 'xiandaixing' dao 'zhonghuaxing'– xin zhishi de tanxun" [From "Modernity" to "Chineseness": Exploring New Types of Knowledge]. *Wenyi zhengming* [Debates on Literature and Art] 2: 10–20.

Zhang, Guangzhi. 2000. "Ershiyi shiji zhongguo de xifang shixue lilun yanjiu zhuyi" [Paying Attention to Research on Western Historiographical Theory in Twenty-first-century China]. *Shixue lilun yanjiu* [Historiography Quarterly] 4: 59–62.

Zhang, Haipeng. 2002. "2000 nian zhongguo jindaishi yanjiu xueshu dongtai gaishu" [Report on Trends in the Scholarship on Modern Chinese History in the Year 2000]. *Jindaishi yanjiu* [Modern Chinese History Studies] 1: 200–44.

Zhang, Hongyi. 1992. "Sishi nian lai shijie xiandaishi yanjiu de lilun fansi" [Theoretical Reconsiderations of Research on the World's Modernization during the Past Forty Years]. *Shixue lilun yanjiu* [Historiography Quarterly] 2: 36–46.

Zhang, Kuan. 1999. "The Predicament of Postcolonial Criticism in China." In *Chinese Thought in a Global Context: A Dialogue between Western and Chinese Philosophical Approaches*, edited by Karl-Heinz Pohl, 58–70. Leiden: Brill.

Zhang, Longxi. 1998. *Mighty Opposites: From Dichotomies to Differences in the Comparative Study of China*. Stanford: Stanford University Press.

Zhang, Ming and Li Shitao, eds. 1999. *Zhishifenzi lichang* [The Standpoint of Intellectuals]. 3 vols. Changchun: Shidai wenyi chubanshe.

Zhang, Shuli. 2001. "Circumscribing the Cartographies of Formosa: Motherhood, Motherland, and Modernities." *Zhongshan renwen xuebao* [Sun Yat-sen Journal of Humanities] 12: 45–63.

Zhang, Weiwei. 2008. "Teaching World History at Nankai: A Noncentric and Holistic Approach." In *Global Practice in World History: Advances Worldwide*, edited by Patrick Manning, 69–80. Princeton: M. Wiener.

Zhang, Xudong. 1997. *Chinese Modernism in the Era of Reforms: Cultural Fever, Avant-Garde Fiction, and the New Chinese Cinema*. Durham, NC: Duke University Press.

———. 1999. "Hou xiandaizhuyi yu zhongguo xiandaixing" [Postmodernism and Chinese Modernity]. *Dushu* [Reading] 12: 12–20.

Zhang, Yiping. 2001. "Lun shijie lishi zhengti jiqi xingcheng" [On the Holistic Character of World History and Its Formation]. *Beijing daxue xuebao (Zhexue shehui kexue ban)* [Journal of Peking University (Philosophy and Social Sciences)] S1: 56–62.

Zhang, Yiping and Hu Suping. 1999. "Lun makesizhuyi de shijie lishi zhengti guan" [On Holistic Perspectives in Marxist World History]. *Shixue lilun yanjiu* [Historiography Quarterly] 4: 5–13.

Zhang, Yonghua. 1998. "Hou xiandai guannian yu lishixue" [Postmodern Ideas and Historiography]. *Shixue lilun yanjiu* [Historiography Quarterly] 3: 62–71.

Zhang, Yuanxin and He Chuanqi. 2004. "Miaohui zhongguo lantu de xiandaihua lilun tuohuang ren" [Pioneers in Outlining the Blueprint of China's Modernization Theory]. *Jingbao* [The Mirror], 323.

Zhang, Zhilian. 1995. *Cong "tongjian" dao renquan yanjiu* [From Studies on the Comprehensive Mirror to Studies of Human Rights]. Beijing: Sanlian shudian.

Zhao, Mei. 2006. "Chinese Views of America: A Survey." In *Chinese Images of the United States*, edited by Carola McGiffert, 59–76. Washington: CSIS Press.

Zhao, Shiyu. 2002. "Lishi renleixue: faxian lishi shiqi nüxing de lishi jiyi shifou you le keneng?" [Historical Anthropology: Is There a Possibility for Including the History of Women in a Period of Historiographical Development?]. *Lishi yanjiu* [Historical Research] 6: 150–2.

Zhao, Shiyu and Ding Qingping. 2001. "Ershi shiji zhongguo shehuixue yanjiu de huigu yu sikao" [A Review and Reflection on Chinese Social History Studies During the Twentieth Century]. *Lishi yanjiu* [Historical Research] 6: 157–72.

Zhao, Suisheng. 1997. "Chinese Intellectuals' Quest for National Greatness and Nationalistic Writing in the 1990s." *China Quarterly* 152: 725–45.

——— 2004. *A Nation-State by Construction: Dynamics of Modern Chinese Nationalism*. Stanford University Press.

Zhao, Xifang. 2004. "Yizhong zhuyi, sanzhong mingyun – houzhiminzhuyi zai liangan sandi de lilun lüxing" [One ism, Three Destinies – The Theoretical Journeys of Post-Colonialism in Three Places on Both Sides of the Taiwan Straits]. *Jiangsu shehui kexue* [Jiangsu Social Sciences] 4: 106–10.

Zhao, Yong. 2005. "Pipan jingshen de chenlun – zhongguo dangdai wenhua piping bingyin zhi wojian" [The Disintegration of Critical Spirit: On the Pathogeny of Contemporary Chinese Cultural Criticism]. *Wenyi Yanjiu* [Literature and Art Studies] 12: 4–12.

Zhao, Yuan. 2006. *Zhidu, ·yanlun, ·xintai – mingqing zhiji shidafu yanjiu* [System, Discourse, and Ways of Thinking: Research on Literati during the Ming Qing Transition Period]. Beijing: Beijing daxue chubanshe.

Zheng, Kuangmin. 2001. *Liang qichao qimeng sixiang de dongxue beijing* [The Eastern Studies Background of Liang Qichao's Enlightenment Thought]. Shanghai: Shanghai shudian chubanshe.

Zheng, Su. 2010. *Claiming Diaspora. Music, Transnationalism, and Cultural Politics in Asian/Chinese America*. New York: Oxford University Press.

Zheng, Yongnian. 1999. *Discovering Chinese Nationalism in China: Modernization, Identity, and International Relations*. Cambridge: Cambridge University Press.

——— 2004. *Globalization and State Transformation in China*. Cambridge University Press.

Zhou, Gucheng. 1949. *Shijie Tongshi* [General World History]. 3 vols. Shanghai: Shangwu yinshuguan.

——— 1961. "Ping meiyou shijie xing de shijieshi" [Analysing World History without a World Character]. *Guangming ribao*, February 7.

Zhou, Huimin. 2000. "Cong xifang jingyan kan Taiwan de 'lishi yishi' " [Looking at Taiwanese 'Historical Consciousness' from Western Experiences]. *Jindai Zhongguo* [Modern China] 136: 81–93.

Zhu, Youhuan, ed. 1992. *Zhongguo jindai xuezhi shiliao* [Historical Materials for the Modern Chinese School System]. Vol. 1 part 3. Shanghai: Huadong shifan daxue chubanshe.

Ziebura, Gilbert. 1990. "Die Rolle der Sozialwissenschaften in der westdeutschen Historiographie der internationalen Beziehungen." *Geschichte und Gesellschaft* 16: 79–103.

Zimmerer, Jürgen. 2003. "Krieg, KZ und Völkermord in Südwestafrika: Der erste deutsche Genozid." In *Völkermord in Deutsch-Südwestafrika: Der Kolonialkrieg (1904–1908) in Namibia und seine Folgen*, edited by Jürgen Zimmerer and Joachim Zeller, 45–63. Berlin: Links.

2004a. "Die Geburt des 'Ostlandes' aus dem Geiste des Kolonialismus. Die nationalsozialistische Eroberungs- und Beherrschungspolitik in (post)kolonialer Perspektive." *Sozial.Geschichte* 19-1: 10–43.

ed. 2004b. *Verschweigen – Erinnern – Bewältigen. Vergangenheitspolitik in globaler Perspektive* (= *Comparativ* 14-5/6). Leipzig: Leipziger Universitätsverlag.

Zimmermann, Bruno and Sabine Mönkemöller. 1997. "Graduitertenkollegs: Eine Zwischenbilanz." In *Studienreform Geschichte – kreativ*, edited by Wolfgang Schmale, 351–8. Bochum: Dieter Winkler.

Zinn, Howard. 1980. *A People's History of the United States*. New York: HarperCollins.

Zips, Werner, ed. 2003. *Afrikanische Diaspora: Out of Africa – Into New Worlds*. Münster: Lit.

Zufferey, Nicolas. 1999. "The Development of German Sinology from a French Viewpoint." In *Chinawissenschaften – Deutschsprachige Entwicklungen: Geschichte, Personen, Perspektiven*, edited by Helmut Martin and Christiane Hammer. Hamburg: Institut für Asienkunde.

Zürcher, Erik. 1959. *The Buddhist Conquest of China: The Spread and Adaptation of Buddhism in Early Medieval China*. 2 vols. Leiden: Brill.

Zurndorfer, Harriet T. 1997. "China and 'Modernity': The Uses of the Study of Chinese History in the Past and the Present." *Journal of the Economic and Social History of the Orient* 40-4: 461–85.

索　引

译者后记

20 世纪中期以后，随着时代形势的演化，特别是第二次世界大战后帝国主义殖民体系的崩溃，人类的史学思维方式日益展现出全球性的特征。全球史学史逐渐成为全球史领域的一种重要研究类型。全球史学史书写的主要特点，是努力扩展对世界各地区和国家丰富的史学传统与史学发展实践的认识。正如有学者指出，已经出版的一些全球史学史著作，挑战了史学史中的"欧洲中心论"及其内在的目的论。①

译者曾撰有《如何书写全球史学史？》一文，认为全球史学史是对人类不同群体的史学观念、史学思维方式及其表现形式的系统梳理和综合分析；目前西方的全球史学史书写实践大致可以区分为四种类型，分别是断代史性质的全球史学史、通史性质的全球史学史、百科全书性质的全球史学史和专门史性质的全球史学史，并详细梳理和分析了这四类全球史学史著作的编撰方法及思路，指出书写全球史学史所面临的核心问题，就是如何处理全球范围内的跨文化史学互动。②《全球视角中的全球史：连通世界中的理论与方法》一书，③ 是德国哥廷根大学历史学教授多米尼克·萨克森迈尔在全球史学史研究领域的代表作，该书大体上正是一部专门史性质的、全球史研究本身的学术发展史。

萨克森迈尔教授在导言中明确提出：目前全球史研究中存在着"被忽视的多样性"问题。他认为，目前的全球学术体系仍然表现出很成问题的等级制度的特征，在西方学术界，对世界其他地区的全球史学术发展仍然

---

① Andrew Feldherr, Grant Hardy, eds. , *The Oxford History of Historical Writing*, Volume 1: *Beginnings to AD 600*, Oxford University Press, 2011, Daniel Woolf, Foreword, p. ix.

② 详见董欣洁《如何书写全球史学史？》，《世界历史评论》第 10 辑，上海人民出版社，2019。

③ Dominic Sachsenmaier, *Global Perspectives on Global History*: *Theories and Approaches in a Connected World*, Cambridge University Press, 2011.

存在着广泛的忽视，而全球史学的发展呈现出充满活力的全球分布，需要被看作地方性因素与全球性因素之间的复杂互动；各种社会中的全球史在具体主题、方法论和公众问题方面都各有特点，即使是所有术语中最具全球性的"全球化"一词，在各种语言中也承载着截然不同的意义范畴，所以，全球史研究的地方特性应当受到应有的关注。为了考察全球史发展的多元特征，在关注全球与保持地方敏感性之间维持一种适当的平衡，萨克森迈尔在该书的结构和内容上进行了划分，即第 1 章和结语分析了与全球史相关的跨国性动力和一般性问题，第 2、3、4 章则主要关注美国、德国和中国的全球史发展及其各自的地方性动力。

对于这种书写方法，另一位全球史学史的研究者、德裔美籍史学家格奥尔格·伊格尔斯曾经指出：该书作为对全球方法在当今历史研究中所起作用的第一次全面的跨国性考察，在空间上集中于三个国家，并且回避了如何定义全球史构成的问题，这两项明显的有意为之，反映了萨克森迈尔对什么是史学史的理解，他认为全球史的学术发展要在全球和地方因素的纠葛中来理解，也就是在国家、文化和语言的情境中来理解；这种研究方法反映了当前史学的复杂性，这三个国家的选择是有意义的，这不仅是因为美国和中国的历史学家对全球视野的贡献具有重要意义（德国在这一进程中的作用较小），而且因为没有其他历史学家像萨克森迈尔那样积极参与了这三个国家的学术研究。[1]

诚然，作为一位德国学者，萨克森迈尔曾经在美国的加利福尼亚大学圣塔芭芭拉分校、杜克大学执教，也与中国的首都师范大学、清华大学等高校建立了学术合作联系。他对北美、欧洲和东亚地区的全球史研究的参与及了解程度，在西方学者中是非常突出的。所以，他对全球史学术发展的地方特色和国家背景十分关注，并指出院校史学的全球化没有导致全世界的学术标准化。这个基本判断是具有现实基础和学术基础的。

对于该书的读者来说，这也正是其学术价值和现实意义所在。《全球视角中的全球史：连通世界中的理论与方法》是史学史领域的一项广泛的、必要的比较研究，为如何克服全球学术体系中的"欧洲中心论"及相应的知识等级制度提供了独特的思考。阅读外国史学家的著作是了解西方学术

---

[1] Georg G. Iggers，"*Global Perspectives on Global History：Theories and Approaches in a Connected World* by Dominic Sachsenmaier"，*Journal of Global History*，Volume 7，Issue 1，March，2012，pp. 149 – 150.

观点的一个参考。对中国的全球史研究者而言，来自域外的这种观察视角和书写方式，无疑也具有一定的学术价值。

另外，《全球视角中的全球史：连通世界中的理论与方法》由德国学者用英语写作出版，其本身就是一种跨文化史学互动的产物，作者对美国、德国和中国的全球史学术状况的理解和把握程度，相信读者自然会有各自的判断。该书由英文译为中文则又是一层跨文化的史学互动，翻译工作的难度是可想而知的。

译者在此书的翻译过程中，遇到了很多的疑难问题。中国社会科学院世界历史研究所于沛研究员，中国社会科学院历史理论研究所李桂芝副研究员，厦门大学历史系李莉教授，中国社会科学院国际法研究所张文广副研究员，天津师范大学欧洲文明研究院杜宪兵副教授，中国社会科学院世界历史研究所景德祥研究员、王超副研究员，中国社会科学院历史理论研究所徐志民研究员，宁夏大学阿拉伯学院（中国阿拉伯国家研究院）梁道远讲师，对各种细节的译法提供了详细的释义和中肯的建议。在此向前述的各位老师致以衷心的感谢。译者的硕士研究生齐琦，在学期间参与了中译本的部分校对工作，借此机会向她表达谢意。中译本的编辑王玉敏老师的鼓励和帮助，对于翻译工作具有非常重要的意义，特此鸣谢。家人的理解和支持，使译者能够坚持完成这项艰辛的工作。限于译者学识，译文中的不足之处在所难免，恳请读者包涵指正。

董欣洁

2022 年 1 月

图书在版编目（CIP）数据

全球视角中的全球史：连通世界中的理论与方法 /
（德）多米尼克·萨克森迈尔（Dominic Sachsenmaier）
著；董欣洁译 . -- 北京：社会科学文献出版社，
2022.10（2024.5 重印）
书名原文：Global Perspectives on Global
History：Theories and Approaches in a Connected
World
ISBN 978 - 7 - 5201 - 4210 - 6

Ⅰ.①全… Ⅱ.①多… ②董… Ⅲ.①世界史 - 研究
Ⅳ.①K107

中国版本图书馆 CIP 数据核字（2019）第 019365 号

全球视角中的全球史：连通世界中的理论与方法

著　　者／〔德〕多米尼克·萨克森迈尔（Dominic Sachsenmaier）
译　　者／董欣洁

出 版 人／冀祥德
责任编辑／王玉敏
责任印制／王京美

出　　版／社会科学文献出版社·联合出版中心（010）59367153
　　　　　　地址：北京市北三环中路甲 29 号院华龙大厦　邮编：100029
　　　　　　网址：www. ssap. com. cn
发　　行／社会科学文献出版社（010）59367028
印　　装／唐山玺诚印务有限公司

规　　格／开　本：787mm×1092mm　1/16
　　　　　　印　张：19.25　字　数：323 千字
版　　次／2022 年 10 月第 1 版　2024 年 5 月第 2 次印刷
书　　号／ISBN 978 - 7 - 5201 - 4210 - 6
著作权合同
登 记 号／图字 01 - 2022 - 4492 号
定　　价／89.00 元

读者服务电话：4008918866